Ralf Feuerstein

Strukturmerkmale des Lernens computerinteressierter und begabter Schüler

Medienbildung und Gesellschaft
Band 7

Herausgegeben von

Johannes Fromme
Winfried Marotzki
Norbert Meder
Dorothee M. Meister
Uwe Sander

Ralf Feuerstein

Strukturmerkmale des Lernens computerinteressierter und begabter Schüler

VS VERLAG FÜR SOZIALWISSENSCHAFTEN

Bibliografische Information der Deutschen Nationalbibliothek
Die Deutsche Nationalbibliothek verzeichnet diese Publikation in der
Deutschen Nationalbibliografie; detaillierte bibliografische Daten sind im Internet über
<http://dnb.d-nb.de> abrufbar.

1. Auflage 2008

Lektorat: Monika Mülhausen

VS Verlag für Sozialwissenschaften ist Teil der Fachverlagsgruppe Springer Science+Business Media.
www.vs-verlag.de

Umschlaggestaltung: KünkelLopka Medienentwicklung, Heidelberg
Druck und buchbinderische Verarbeitung: Krips b.v., Meppel
Gedruckt auf säurefreiem und chlorfrei gebleichtem Papier

ISBN 978-3-531-16068-9

Danksagung

Wann immer man sich auch bedankt, so fühlen sich diejenigen vergessen, die hier nicht erwähnt werden. Insbesondere dann, wenn eine Arbeit über einen so langen Zeitraum von 10 Jahren verläuft. Dennoch ist es mir ein Bedürfnis, mich bei allen zu bedanken.

Zunächst ist die eigene Familie zu erwähnen. Hier danke ich insbesondere meiner Frau, dass sie über den langen Zeitraum durchgehalten hat und die vielen Abstriche ertrug. Schließlich ist es ihr maßgeblicher Verdienst, dass die Arbeit doch (schon) fertig ist. Ebenso maßgeblich ist der Anteil meines Vaters an dieser Arbeit mit der Transkription der vielen Interviews. Genauso mühsam dürfte lesen der über 300 Seiten Dissertationsschrift gewesen sein. Die mühevolle Korrekturarbeit übernahm dankswerter Weise Ulrike Hüttner, die Ehefrau meines Freundes Prof. Andreas Hüttner.

Desweiteren möchte ich die vielen Schüler erwähnen, die mir bereitwillig in den Interviews zur Verfügung standen. Wie ich weiß, haben viele der Schüler diese Gespräche genossen. Die Auswahl der in der Arbeit aufgenommenen Interviews oder Fälle begründet sich allein in der Forschungspragmatik. Viele Interviews hätten hier ebenso als Referenz dienen können. Gleichsam danke ich an dieser Stelle der Schule und seinem Schulleiter. Die vielen Freiheiten und Spielräume, die mir die Arbeit ermöglichten, ohne meine eigentliche Tätigkeit als Lehrer zu vernachlässigen, bedurften eines verständnisvollen Kollegiums.

Ein ständiger Begleiter im gesamten Zeitraum war das Forschungskolloquium des Lehrstuhls, das häufig eine Bereicherung und eine Bestätigung meiner Arbeit lieferte. Viele Ideen entstanden in Gesprächen und bei der Beschäftigung mit anderen Themen der Bildungstheorie und Soziologie. Dabei möchte ich die unmittelbaren Mitstreiter Heike, Susan, Katrin, Martina und Katja besonders erwähnen und hoffe, dass ich jetzt nicht doch jemanden vergessen habe.

Im Lehrstuhl Allgemeine Pädagogik der Universität Otto-von-Guericke Magdeburg bedanke ich mich für die Unterstützung bei Dr. Benjamin Jörissen und Frau Schotte, sowie den ehemaligen Mitarbeitern Dr. Walter Bauer, Dr. Wolfgang Ortlepp und Dr. Michael-A. Nohl. Der Erfolg der Arbeit begründet sich ganz wesentlich im tatkräftigten und herzlichen Beistand von Dr. Sandra Tiefel. Sie hat mir über viele Untiefen in der Forschung geholfen, mit Klarheit und Strukturierung die Arbeit immer wieder voran gebracht und schließlich auch am Abschluss der Arbeit ihren Anteil gehabt.

Schließlich bedanke ich mich beim Gutachter Prof. Johannes Fromme und den Mitgliedern der Prüfungskommission Prof. Henning, Prof. Dassow und Dr. Lehmann, die die Arbeit lasen und mit mir diskutierten.

Last but not least – ist an dieser Stelle meinem Betreuer Prof. Winfried Marotzki zu danken. Über den gesamten Zeitraum die Geduld aufzubringen und an einer Fertigstellung nie zu zweifeln, immer wieder Textfragmente zu lesen, zu strukturieren und zu diskutieren ist einen ganz besonderen Dank wert. Darüber hinaus war er für mich nicht nur Betreuer sondern insbesondere ebenso Lehrer in vielen Dingen auch außerhalb der Arbeit. Danke!

Ralf Feuerstein, März 2008

Inhalt

1 Einleitung

Seit über zehn Jahren hat die technische Entwicklung des Internet einen anhaltenden exponentiellen Zuwachs an Quantität und Qualität erfahren. In einer Studie von ZAKON (ZAKON 2005) ist dieses Wachstum veranschaulicht und die Geschichte des Internet detailliert protokolliert. So kann davon ausgegangen werden, dass derzeit mehr als 350 Millionen Computer mit dem Internet verbunden sind. Damit hat sich die Zahl der Computer in den letzten 5 Jahren mehr als verfünffacht. Nicht mit erfasst sind in dieser Zählung die Nutzer, die nur zeitweilig sich über einen Provider mit ihrem PC in das Internet einwählen. Eine quantitative Erfassung der personellen Zugriffe auf das Internet weltweit ist nicht möglich. Besonders bemerkenswert ist die Entwicklung des Informationsdienstes WWW (World Wide Web), deren Standards am Kernforschungsinstitut CERN in Zürich 1992 entwickelt wurden. Es kann heute von mehr als 70 Millionen Informations- Anbietern ausgegangen und damit eine Verzehnfachung in den letzten fünf Jahren konstatiert werden. Letztendlich ist es genau diese Entwicklung gewesen, die dem Internet zu seiner weiten Verbreitung verhalf, da es mit den multimedialen Fähigkeiten zeitgemäße Informationsdarbietung ermöglichte. Nahezu alle Bereiche des gesellschaftlichen Lebens werden von den drei „Visionen" „Education Highway", „Entertainment Highway" und „Commerce Highway" des „Electronic Superhighway" (SANDBOTHE 1996) berührt.

In den demographischen Daten der WWW-Benutzer-Umfragen zeigt sich die Tendenz zur allgemeinen Akzeptanz unter anderem in der Annäherung der Geschlechterverteilung und der Zunahme der Nutzung durch die ältere Generation (s. W3B20 2005). Unter Berücksichtigung, dass die Computertechnik lange Zeit als Männerdomäne galt, ist nun zu beobachten, dass mit dem Internet und dessen Kommunikationsmöglichkeiten ein großer Teil der Frauen sich der Computertechnik und speziell dem Internet zuwenden.

So stellt Nicola DÖRING unter anderem fest:

> „Ist die Motivation zu privater Computernutzung bei Männern häufig an die Attraktivität von Computerspielen geknüpft (vgl. Collmer 1997), so könnten geradezu die vielfältigen Kommunikationsmöglichkeiten der Netze im Grunde Frauen dazu anregen, sich privat Computer und Netzzugang zu beschaffen." (DÖRING 1999, S. 146)

Dies belegen auch die Ergebnisse sehr früher Untersuchungen von Nutzern (z.B. TURKLE 1996) Der Übergang zu einem allgemeinen Medium zeigt sich weiterhin in der Verteilung der erreichten Bildungsabschlüsse. Die Entwicklung des Internet von einem militärischen Projekt zu einem universitären Arbeitsmittel bedingte eine fast ausschließliche Anwendung in der Hochschule. Die Demographie der Abschlüsse deutet auch hier eine Nivellierung an (s. W3B21 2005). Bemerkenswert ist dabei der sehr hohe Anteil der Angestellten. Dies kann durch die gewachsene Anwendung des Internet im kommerziellen Bereich interpretiert werden (s. W3B20 2005). Die allgemeine Akzeptanz geht einher mit der fortschreitenden Entwicklung in der Bedienungsfreundlichkeit von Computersoftware. Konnten vor einigen Jahren noch die Computer nur von speziell ausgebildeten EDV-Fachleuten bedient werden, dies speziell im Hinblick auf das Konfigurieren und Herstellen von Internetverbindungen, so ist es heute beinahe jedem Computernutzer möglich, sich mit dem Internet zu verbinden und dort die Anwendungen zu nutzen.

Die Ausbreitung in fast alle wirtschaftlichen Bereiche und in die Privatsphäre vieler Menschen führt zu spürbaren Veränderungen im gesellschaftlichen Zusammenleben. Dabei handelt es sich nicht nur um ein technisches Werkzeug oder eine Modeerscheinung, sondern um eine grundlegende Wende der Gesellschaft. Der Umgang mit Informationen wird in der Wissensgesellschaft zum wichtigsten Produktionsfaktor.

> „Transversale Medienkompetenz in der globalen Datenlandschaft des Electronic Superhighway wird eine grundlegende, vielleicht sogar die entscheidende Qualifikation auf dem sich zunehmend internationalisierenden Arbeitsmarkt des 21. Jahrhunderts sein." (SANDBOTHE 1998)

Dabei ändern sich die Zugänge und die Arbeitsweise mit diesem Produktionsmittel derart, dass neue Grundqualifikationen erforderlich werden. Neben dem Lesen, Schreiben und Rechnen wurde sehr bald von einer neuen vierten Kulturtechnik gesprochen, einer „Computerbelesenheit" (engl.: computer literacy)[1], die sowohl Kenntnisse, Fähigkeiten als auch Fertigkeiten umfasst, die für diesen erweiterten Umgang mit Informationen erforderlich sind. Die Zunahme der Möglichkeiten der Informationsbeschaffung, -verarbeitung und -verwertung durch die weitere Entwicklung auch der tradierten Medien und die zusätzliche Ausweitung des Internet und der Computernutzung wandeln die Bedeutung von Information. Die schnellere Zirkulation und auch Vergänglichkeit erhöhen den informationellen Durchsatz in der Gesellschaft. Dieser Weg führt dann über die Informationsgesellschaft in die Wissensgesellschaft, dessen grundlegende Perspektive sich langsam konturiert. Sehr frühe optimistische Ausblicke offerierten eine „Problemlösungsgesellschaft" in einer Konstruktion als 5. Kondratieff- Zyklus (VOLKMANN 1997).

> „Die Problemlösungsgesellschaft muss sich für den Fortschritt geistig ertüchtigen: die Organisationen und Bürger müssen lebenslang lernen können. Es sind Technologien und Methodologien in neuen Kombinationen zu nutzen, die geeignet sind, die mentalen Fähigkeiten des Menschen zu fördern: Informationsanlagen, innovative Dienste, immaterielle Waren (Content- Business)." (VOLKMANN 1997a).

Die hochgesteckten Hoffnungen von VOLKMANN zeugen von der anfänglichen Euphorie in der Gesellschaft in den frühen Jahren des Internet. Sehr bald meldeten sich an dieser Stelle aber auch Kritiker wie STOLL und WEIZENBAUM, gerade aus den Reihen der Computerpioniere, die den generellen Nutzen des Internet anzweifelten (s. STOLL 1998, WEIZENBAUM 1996). Die Diskussionen um Vor- und Nachteile, Nutzen und Sinnlosigkeiten führten zu weit reichenden Positionierungen in der Medientheorie und der Bildungstheorie. Die Bedeutsamkeit des Internet für die Bildung, Ausbildung und Schule trat dabei schon in diesen ersten Debatten über das Internet in den Vordergrund und ist wie oben erwähnt auch heute noch von hohem Interesse. Das gesteigerte gesellschaftliche Interesse an der Bildung drückt sich gerade in der Verwendung des Begriffs „Wissensgesellschaft" aus. Das Kernziel der Wissensgesellschaft ist das Lösen von Problemen. Dazu notwendig wird, und das ist ein charakteristisches Merkmal, das lebenslange Lernen.

> „Aber wenn man mit Informationen zugleich Bedeutungen und Sinngehalte verbindet, ...[gekürzt - RF]. Dann muss man vielmehr sagen: Medien wie die Sprache, die Schrift, das Buch, das Telefon, das Radio oder das Fernsehen transportieren nicht einfach nur Information, sondern strukturieren spezifische Kommunikations- und Wahrnehmungsverhältnisse und konsti-

---

[1] Der englische Begriff „computer literacy" umfasst die lern- und bildungstheoretische Dimension von Belesenheit im Sinne weitreichender Erfahrung und fundierten theoretischen Kenntnissen. Dies drückt der deutsche Begriff in der Übersetzung so nicht aus.

tuieren die sich damit verbindenden Sinngehalte. Das hat Folgen für unser Verständnis des neu-
en Mediums Internet. Wir erkennen nun, dass das Internet nicht nur und nicht primär ein bloßes
Mittel zum Transport von Informationseinheiten ist. Die interaktiven Netze sind vielmehr Modi
der Konstruktion neuer Kommunikationsverhältnisse. Mehr noch: Die Netze eröffnen in einem
genuin philosophischen Sinn neue Weisen unseres Selbst- und Weltverstehens." (SANDBOTHE
1996)

Die originäre Sichtweise auf Bildung und die Medien führten nicht nur zu euphorischen
Ansichten auf die Bedeutung und Stellung von Bildungsinstitutionen, sondern erfasste auch
die Bedeutung des Sozialen und nun speziell auch der Frage der Auslagerung der Bildung
aus den Institutionen. Zunehmend ist ein wesentlicher erziehungswissenschaftlicher Forschungsgegenstand das informelle und nonformale Lernen (TULLY 2006), in dem gerade
außerschulisches, selbstständiges Lernen als zukunftsfähig angesehen wird.

"Wissens- und Informationsgesellschaften, wie sie sich in Europa zu etablieren beginnen, erfordern einen neuen Lernhabitus. Der Imperativ vom lebenslangen Lernen impliziert, dass insbesondere junge Menschen Dauerlerner werden, dass sie also von Kindheit und Jugend an und
weiterhin in ihrem Leben an vielen Orten und in vielerlei Hinsichten Informationen finden, bewerten und in sinnhafte Handlungen umsetzen. Lernen findet nicht mehr nur - oder gar: nicht
vorwiegend - in der Schule statt, sondern auch außerhalb ihrer Mauern; Lernbiographien entstehen an vielen Orten, realen und medialen." (DU BOIS-REYMOND 2004, 136f. zitiert in LOER
2006, 150)

In diesem Kontext verlagerten sich sehr früh die Kontroversen auf Probleme der sozialisatorischen, identitätstheoretischen und anthropologischen Dimension (MAROTZKI 2000).
Auch an dieser Stelle fanden sich eine Reihe von Kritikern, die noch nicht untersuchte
Phänomene als schwerwiegende Probleme in die Diskussion einbrachten, wie z.B. die „Internetsucht", die „Vereinsamungsthese" oder auch die „Informationsflut", die schließlich zu
einer skeptischen Haltung bei den Verantwortlichen der Bildungsinstitutionen führte. Im
Laufe der Zeit wurden mehrfach diese Befürchtungen und Negativthesen durch wissen-
schaftliche Studien widerlegt bzw. relativiert (z.B. FROMME/ MEDER/VOLLMER 2000, 229
ff. oder FROMME 2006, 4 ff.) und es entwickelte sich eine allgemeine Legitimation für das
Internet in der Schule mit unterschiedlichen Einschränkungen. Die Haltung gegenüber den
Medien hat sich somit grundlegend in Richtung der Fragestellung der pädagogischen Nutz-
barkeit der Medien geändert. Damit verbindet sich auch heute noch die Notwendigkeit der
Aufklärung der Öffentlichkeit über diese wissenschaftlichen Erkenntnisse (FROMME 2006,
4 ff.). Dies ist insofern erwähnenswert, da vor diesem Hintergrund eine Diskussion über die
Nutzung des Internet im Unterricht erst produktiv werden kann. Diese Produktivität scheint
im Kontext des bereits stattfindenden praktischen Einsatzes dieses Mediums in der Schule
und im privaten Haushalt der Schuljugend dringend erforderlich.

"Das Medium Internet wird mittlerweile zum Lebensalltag der Kinder und Jugendlichen gerechnet, aktuelle Studien sprechen von einer Diffusionsrate von 85% (Internetanschlüsse in bundes-
deutschen Haushalten laut JIM-Studie 2004 [gekürzt -RF]) bzw. von einer Internetnutzungsrate
von 84% unter den Jugendlichen (vgl. JIM-Studie 2004, 32)." (KUTSCHER/ OTTO 2006, 96)

Die bundesweiten Diskussionen um die Vorteile des Internet als neues Kommunikations-
und Informationsmedium greifen aktuelle Themen um die grundlegenden Inhalte des Informatikunterrichts, des Einsatzes von Multimedia im Unterricht und die Integration von
Computeranwendungen in fachspezifische Themen (u. a. auch Informations- und Kom-
munikationstechnische Grundbildung, IKG) erneut auf. Dabei stehen sowohl die Schule
selbst als auch die Lehrerausbildung und Hochschulausbildung allgemein sogar heute noch
vor grundlegenden Veränderungen. Ein zentraler Punkt ist die Frage nach den Vorteilen

und Effektivierungsmöglichkeiten der Stoffvermittlung und im Speziellen des Unterrichts in der Schule durch die Verwendung des globalen Netzes, von Netzwerktechniken und des Computers generell. Die Beantwortung stellt sich als vielschichtiges Problem dar, dessen Lösung wahrscheinlich tief greifende Änderungen erfordern würden, die offenbar auch im Kontext des gesellschaftlichen und wirtschaftlichen Wandels in eine wirklichkeitsnahe Relation rücken könnten.

Die Schule blieb dabei mit der Frage des sinnvollen Nutzens des Netzes vorerst auf sich gestellt. Die drängende Erwartungshaltung von Entscheidungsträgern führten zu einer Vielzahl von Pilotprojekten und Modellversuchen, z.B. „Schulen ans Netz" oder der Aufbau von Landesschulnetzen (s. FEUERSTEIN 1997). Die Projekte, die von den Bildungsträgern und der Wirtschaft unterstützt wurden, basierten zu großen Teilen auf den Erfahrungen der Kollegen vor Ort (s. ETZOLD 1997). Trotz dieser vielfältiger Pilotprojekte und einer ganzen Reihe von kleineren Einzelmaßnahmen hat sich die Situation noch nicht grundlegend geändert. Seit einigen Jahren liegen fundierte Ergebnisse wissenschaftlicher Arbeiten vor (z.B. Schaumburg 2003), die einen sinnvollen Einsatz des Internet in der Schule präferieren. Der Kern der Problematik beim Einsatz des Internet im Unterricht, den Nicola DÖRING schon in den ersten Jahren des Internet in Deutschland mit der schlichten Feststellung *„Das Internet ist kein genuines Instruktionsmedium."* (DÖRING 1995, 327) beschrieb, führte zu verschiedenen Lerntheorien außerhalb des Instruktionsparadigmas. Wie schwer diese Abkehr von der Instruktion fällt, zeigen einige der lerntheoretischen Arbeiten der letzten Jahre (z.B. MANDL/ WINKLER 2003).

Seymour PAPERT beobachtete schon in den 90ger Jahren bei dem Versuch der Integration des Computers in der Schule eine, wie er es in Anlehnung an PIAGET nennt, durch Assimilation bedingte Unterdrückung der erziehungs- und lerntheoretischen Potenzen, die das Medium Computer bietet (s. PAPERT 1994). Der entscheidende Schritt würde in diesem Kontext jedoch erst durch Akkommodation erreicht werden. Gegenwärtig zeichnet sich in der schulischen Praxis eine verhaltene und diffuse Nutzung des Internet und der Computer im Unterricht ab, abgesehen von einigen Pilotprojekten, die bevorzugt als Beispiel für die Vorteile der Nutzung des Internet vorgeführt werden. Die grundlegende Veränderung im Bildungssystem mit einer Relativierung von Instruktion und eigenverantwortlichem Lernen, einer „gesunden" Technikakzeptanz und einem globalen Kulturverständnis steht nach wie vor aus. Eine ablehnende Haltung gegenüber dem Computer unter Lehrkräften führte zu einer defizitären Situation im grundlegenden Verständnis bis hin zu Grundkenntnissen der praktischen Handhabung. Diese Situation war und ist durch eine allgemeine gesellschaftliche Haltung durchaus legitimiert. Der berühmte Spruch „Davon habe ich keine Ahnung." führt auch heute noch zu keiner allgemeinen Empörung über diese Unwissenheit. Eine Konsequenz des Verharrens in alten Zuständen ist die Verlagerung des zentralen Lernorts Schule zu einer eigenständigen außerschulischen Erlangung von Bildung, insbesondere auch von Werten und Normen, die die Selbst- und Weltreferenz ausformen.

> „Noch radikaler wird die Schule als zentrale pädagogische Institution in Frage gestellt, wenn man danach fragt, ob SchülerInnen ihr Wissen inzwischen nicht mehr aus der Schule beziehen, sondern andere Quellen wie das Internet nutzen, um sich Wissen anzueignen." (MAROTZKI/ NOHL/ ORTLEPP 2005, 45)

Vor diesem Hintergrund nutzen Schuljugendliche heute das Internet und den Computer als „natürliches" Medium und technisches Hilfsmittel zum Lernen und in der Freizeit. Eine mögliche Konsequenz ist eine Veränderung in den Lerntätigkeiten.

Die hier vorgelegte Arbeit stellt die Ergebnisse einer Untersuchung in einer Schule mit Internetzugang dar, die in der eben beschriebenen euphorischen Aufbruchstimmung und der einfachen Frage „Was nutzt das Internet in der Schule?" begonnen wurde. Der Gegenstand verortet sich im Kontext der angedeuteten bildungs- und lerntheoretischen Diskussionen sowie sozialpsychologischer Aspekte, die den Einsatz des Internet im Unterricht allein schon motivieren. Der Fokus der Untersuchung lag von Anbeginn auf einer Verwertbarkeit in unterrichtlichen Geschehen. Ausgehend von Ideen, die im weitesten Sinn sich einem sozialen Konstruktivismus verdanken, war es ein Ziel, auf der Grundlage strukturpsychologischer Modelle, insbesondere der Modelle von AEBLI, einen Beitrag in der Suche nach neuen Qualitäten der Stoffvermittlung zu leisten. Dabei wurden sowohl grundlagentheoretische Thesen zur Struktur des Internet und deren neue Qualität als auch Lerntheorien der Computerbildung berücksichtigt.

Der grundlegende Ansatz ist der Blick auf die Schüler, die sich unabhängig von den Debatten im Internet bewegen und sich vor allem auch mit dem Computer und Internet aktiv auseinandersetzen. Sie stellen somit Experten im Hinblick auf die Kenntnisse des Internet und der Funktionsweise von Computern als auch im Hinblick auf das Lernen mit den neuen Medien dar. Die leitende und rahmende Fragestellung lässt sich sehr offen wie folgt formulieren: „Was verändert sich im Lernen dieser Schüler?" oder in einer anderen Perspektive „Wie lässt sich das Lernen dieser Schüler charakterisieren?" Während die erste Frage eher eine Außenperspektive darstellt, steht in der zweiten die Lerntätigkeit der Schüler im Zentrum. Aus diesem Grund wird in dieser Arbeit letztere auch bevorzugt aufgenommen. Hieraus ergibt sich ein offenes Forschungsinteresse, wenngleich im Kern die Lerntätigkeiten fokussiert werden.

Das Ergebnis der Arbeit der zehnjährigen Untersuchung kann als eine phänomenologische Betrachtung bezeichnet werden, die Eigenschaften des Lernens beschreibt und Charakterisierungsmöglichkeiten von Lernprozessen eröffnet. Die Kennzeichnung von Lernprozessen durch Merkmale könnte eine Ergänzung struktural er Lerntheorien darstellen. In dieser Hinsicht lässt sich das Thema der Dissertation als „Strukturmerkmale des Lernens computerinteressierter und begabter Schüler" formulieren. Die Erkenntnisse bilden eine potenzielle Grundlage für mögliche Veränderungen der Lernkultur im Unterricht unter Einbeziehung der neuen Medien Computer und Internet. Das Erkenntnisinteresse an diesen Problemen ist nach wie vor hoch, wie neuerliche Veröffentlichungen zeigen.

> „Absehbar verkehrt sich damit die Ausgangsfrage, die zum Beginn der Computerisierungswelle in Deutschland aufgeworfen wurde (vgl. Tully 1994). Damals ging es im die curriculare Einbindung des Computers in den schulischen Unterricht über das Fach ITG (Informationstechnische Grundbildung). Heute verfügt fast jeder zweite Jugendliche zu Hause über einen Zugang zum Internet und ca. 90 % besitzen ein eigenes Handy (vgl. Tabelle 3). Es wurden hochkomplexe außerschulische Lernwelten erschlossen. Wie werden diese mit der institutionellen Lernwelt Schule verknüpft? Kann die Schule diese Lernprozesse integrieren?" (TULLY/ WAHLER 2006, 67)

Die vorgelegte Dissertation stellt im Kapitel 2 die theoretische Rahmung ausführlicher vor. Ausgehend von den grundlagentheoretischen Positionen, die in erster Linie neue Qualitäten des Internet beschreiben und an dieser Stelle bereits angedeutet sind, werden wesentliche bildungstheoretische Perspektiven vorgestellt bzw. diskutiert und schließlich einige lerntheoretische Aspekte der Arbeit ausgeführt, die die Grundlage für Begrifflichkeiten und für einen Interpretationsrahmen bilden.

Das Kapitel 3 umfasst die empirische Untersuchung. Die offene Fragestellung präferierte für die Untersuchung ein qualitatives Forschungsdesign. Als wesentliche Datenquelle wurden Interviews systematisch über den gesamten Zeitraum erhoben und ausgewertet. Die Art des Datenmaterials und das Forschungsinteresse führte relativ früh zur Bevorzugung der Methode der „Grounded Theory" nach GLASER und STRAUSS bzw. STRAUSS und CORBIN. Im Kapitel 3.1 und 3.2 werden der Zugang zum Untersuchungsfeld, das Datenmaterial sowie die methodische Vorgehensweise ausführlicher erläutert. Das Kapitel 3.3 stellt den umfangreichsten Teil der Arbeit dar. Er umfasst die Beschreibung von vier Basisfällen, die zur Entwicklung und ersten Validierung der Strukturmerkmale des Lernens dienten. In vier weiteren Fällen wurden die Merkmale verfeinert und angewendet. Auf eine Darstellung dieser Fälle wird hier verzichtet. Den Abschluss der empirischen Untersuchung bildet die ausführliche Darstellung der Ergebnisse im Kapitel 3.4.

Im letzten Kapitel 4 findet sich schließlich eine Interpretation der Ergebnisse vor dem einleitenden theoretischen Hintergrund im Sinne eines Fazits. Hierbei wurden versucht die Ergebnisse in Hinsicht der Plausibilität, der lerntheoretischen Bedeutung und schulpraktischer Konsequenzen zu reflektieren. Die Beobachtungen während des Untersuchungszeitraums im Forschungsfeld Schule bilden dafür eine Grundlage.

2 Theoretische Rahmung

Die in diesem Kapitel ausgebreiteten theoretischen Grundlagen dienen im Wesentlichen einer Rahmung der Arbeit und verdeutlichen den Theoriekontext, in der die Arbeit steht. Das Kapitel ist eine systematische Aufarbeitung wesentlicher Sichtweisen und des, für die Arbeit relevanten, theoretischen Hintergrunds. Wie in der Einleitung schon angedeutet tangiert die Beschäftigung mit dem Internet und der Schule grundlegende Fragen der Gesellschaft und besonders Fragen der Medientheorie, der Bildungs- und Lerntheorien. Dabei ist auch zu beachten, dass der Computer an sich als „neues" Medium eine Vielzahl derzeit noch ungenutzter Potenziale mitbringt. In Bezug auf einen sinnvollen Einsatz des Internet stellt er in gewissem Sinne eine Voraussetzung dar.

In dem Abschnitt „Grundlagentheoretische Positionen" werden in erster Linie einige Aspekte der Qualitäten des Internet vorgestellt, die sich als grundlegende Themen für Diskussionen in bildungstheoretischer und lerntheoretischer Hinsicht anbieten. Die „bildungstheoretischen Perspektiven" im zweiten Abschnitt sind durch den frühen Optimismus geprägt. Sie veranschaulichen in erster Linie die kontroversen Diskussionen, die den Bearbeitungszeitraum begleiteten. Die „lerntheoretischen Aspekte" umfassen einige grundlegende Positionen aus dem Kontext „Wissen" und „Information" sowie eine Vorstellung grundlegender Modelle für Lernprozesse im Zusammenhang mit dem Computer und Internet. Hieraus leiten sich wesentliche Begrifflichkeiten für die Analyse des Datenmaterials ab.

Für eine Arbeit im qualitativen Design ist die Betrachtung der theoretischen Kontexte nicht maßgeblich ausschlaggebend für die empirische Bearbeitung. Insbesondere wird im Zusammenhang mit der gegenstandsbezogenen Theoriebildung auf eine Bevorzugung eines offenen und nicht theoriegeleiteten Zugangs verwiesen. So dienen die folgenden Ausführungen keineswegs einer Hypothesenbildung, die durch das Datenmaterial belegt oder widerlegt werden soll, sondern lediglich der Erhöhung der theoretischen Sensibilität (GLASER/STRAUSS 1996). Dieser Gedanke wird im Kapitel 3 „Methoden" ausführlicher dargestellt.

Der lange Bearbeitungszeitraum ermöglichte eine phasenweise intensivere Auseinandersetzung einerseits mit den theoretischen Kontexten im Vorfeld, mit dem Datenmaterial und letztlich einer neuerlichen theoretischen Reflexion der Ergebnisse. Die folgenden Abschnitte sind somit eine Darstellung eines längeren Beobachtungszeitraums und umfassen relativ beständige Positionen im Rahmen des Themas „Internet und Schule".

2.1 Grundlagentheoretische Positionen

Den Ausgangspunkt für die grundlagentheoretischen Positionen bilden zunächst technische Aspekte, die in ihrer zeitweiligen Neuheit zu Veränderungen im gesellschaftlichen Zusammenleben führen. Der Kern der Entwicklung des Internet basiert auf dem Gedanken, einzelne Computer oder lokale Netzwerke mittels verschiedener Adapter auf vorhandenen

Telekommunikationswegen zu verbinden. Damit wird eine Informationsübertragung in Form von Daten von einem Computer zu einem anderen gewährleistet. Die technischen Bemühungen der letzten Jahre richteten sich dabei in erster Linie auf eine Geschwindig- keits- und Kapazitätssteigerung beim Transport der Datenmengen. Die Software bildet die Schnittstelle zur menschlichen Bedienung. Derzeitige Entwicklungen modellieren her- kömmliche Kommunikationstechniken für den Einsatz in Datennetzen (z.B. Brief, Telefon u. a. m.) und vereinen diese. Darüber hinaus passen sich herkömmliche, vor allem elektro- nische Medien dem Internet an bzw. integrieren sich andere elektronische Medien und Internet zu neuen Kommunikations- und Informationsformen. Diese Konvergenzbewegung ist gerade in den letzten Jahren zwischen Fernsehen und Internet zu beobachten. Daraus ergeben sich durch die Steigerung der Quantität und durch die Spezifität von Computer- software verschiedene qualitative Änderungen in den grundlegenden Bedürfnissen und Tätigkeiten in der menschlichen Gesellschaft, die aus verschiedenen Perspektiven zu be- leuchten sind.

So verwies bereits Mark POSTER in seinem Aufsatz „Elektronische Identitäten und Demokratie" auf den Zusammenhang zwischen Medienveränderung und Kulturwandel bzw. Identitätsbildung. Ausgehend von der Handelskultur der Feudalgesellschaft führe die Einführung der Druckmedien zu neuen „urbanen Formen der Identität", welche durch die Massenmedien in „neue Spielarten der Individualität" verwandelt werde (s. POSTER 1997, 147 ff.). Demzufolge müsse mit dem Ausbau des Internet als Massenkommunikationsme- dium ein weiterer soziokultureller Wandel zu erwarten sein. Die vermehrte Kommunikation am Computer und im Netzwerk führt zu einer gesteigerten Auseinandersetzung mit den Vor- und Nachteilen der symbolischen Repräsentation von Informationen. Einher gehen damit neue Qualitäten in der Präsenz von Information, die aus der Leistungsfähigkeit und der Kapazität der Datennetze resultiert. Die Diskurse über die Wandlung der Kulturtechni- ken Lesen und Schreiben zu einer neuen Technik der Netznutzung belegen diese neuen Sichtweisen.

In den folgenden Abschnitten sind die Aspekte des Internet näher ausgeführt, die mög- licherweise zu neuen lerntheoretischen Ansätzen führen könnten. Dabei bilden nicht, wie in älteren Arbeiten zu finden, die technischen Beschreibungen und Unterscheidungen der verschiedenen Dienste den Gegenstand, sondern die grundlegenden möglichen Verände- rungen der Arbeitsweisen mit dem Medium Computer und Internet. Information und Kommunikation sind die zentralen Kategorien, die grundlegend für das Denken sind. Lern- prozesse als Verinnerlichung von Information und Strukturaufbau durch Denken stehen also unmittelbar im Zusammenhang mit diesen grundlegenden Veränderungen, die im Fol- genden näher beschrieben werden. Hierzu zählen, wie erwähnt, die veränderte Art der In- formationspräsenz, die Besonderheiten der Hypertexte sowie das Internet als Kommunika- tionsraum. Im Rahmen medientheoretischer Diskussionen findet sich eine generelle Debatte über den Vergleich von Schriftmedien und digitalen Medien, die in diesem Kapitel nur kurz angerissen wird.

2.1.1   Informationspräsenz im Internet

Mit dem Beginn der Werbekampagnen der Industrie wurden für Anwendungen im Internet Begriffe wie „Teleworking", „Teleshopping" oder „Telelearning" verwendet. Als einen

Oberbegriff bot sich das Kunstwort „Telematik" an, das sich bekanntermaßen aus „Telekommunikation" und „Informatik" zusammensetzt. Grundlegend charakterisieren diese
Formulierungen zumindest einen Teilbereich der neuen Möglichkeiten des Internet. Mit
dem Vorsatz „Tele" werden im Allgemeinen die elektronisch übermittelten Tätigkeiten
oder Gegenstände erfasst. Auf die Datennetze bezogen können also alle Anwendungen mit
diesem Teilwort charakterisiert werden. Begriffe wie „TelePost" und „TeleLexikon" anstatt
„E-Mail" und „WWW" hätten vielleicht anfänglich für weniger Erklärungsbedarf gesorgt.
Grundlegend neu war und ist im Kontext Internet die Diskussion von Präsenz, hier dann
also „Telepräsenz", zu führen.

Die Erhöhung der Geschwindigkeit der Datennetze führt zu immer neuen Möglichkeiten der Realisierung einer synchronen Telepräsenz. Die ständig wachsende Speicherkapazi-
tät und der damit einhergehende Preisverfall eines Bits fördern die Möglichkeiten der asynchronen Telepräsenz. Das Verschwinden räumlicher Distanzen und die scheinbare Unver-
gänglichkeit der Information sind somit auch die, in vielfacher Hinsicht diskutierten, for-
mell bewegendsten Veränderungen in der Entwicklung des Internet.

William J. MITCHELL verwendete in seinem Aufsatz „Die neue Ökonomie der Präsenz" (MITCHELL 1997), ein allgemeines Schema der Interpretation, um diese Problematik
zu veranschaulichen. Unter Präsenz versteht er die körperliche Anwesenheit und die Interaktion von „Angesicht zu Angesicht". Er unterscheidet zunächst anhand der Kommunikation zwischen zwei Personen folgende Arten der Präsenz.

	synchron	*asynchron*
Präsenz	Gespräch von Angesicht zu Angesicht	Notiz auf dem Schreibtisch
Telepräsenz	Telefongespräch	E-Mail

Abbildung 1:   Präsenzmodell nach MITCHELL (übernommen aus MITCHELL 1997, 16)

Bis auf den Punkt „E-Mail", den er in seinen Erläuterungen auch teilweise ersetzt ist durch
die Nutzung eines Anrufbeantworters, sind hier zunächst keine neuen Kommunikations-
formen enthalten. Über die ausführliche Veranschaulichung der möglichen Kriterien zur
Auswahl einer Kommunikationsart dieses Schemas in verschiedenen Kontexten kommt
MITCHELL zu dem Schluss, dass jede dieser Formen „keine funktionalen Äquivalente" habe
„und sich nicht einfach gegenseitig austauschen lassen." (MITCHELL 1997, 18)

	synchron	*asynchron*
Präsenz	Körper, Kleidung, Stimme, Bewegung und Gesten etc.	aufgezeichneter Text, Stimme und Video
Telepräsenz	in Echtzeit übermittelter Text, Liveübertragungen von Stimme und Video, ferngesteuerte Avatare	vorher aufgezeichnete Übertragung von Stimme und Video, MUD-bots, autonome Avatare

Abbildung 2:   Präsenzmodell nach MITCHELL (übernommen aus MITCHELL 1997, 28)

Dieses Schema ist nun grundlegend geeignet verschiedene Aspekte von Präsenz zu veranschaulichen. So verdeutlicht MITCHELL im gleichen Schema den Spielraum der Selbstdarstellung oder genauer gesagt der Verschleierung der wahren Identität.

Über einen kurzen Abriss aus der Geschichte der Medien der Kommunikation gelangt MITCHELL zu der Feststellung, dass der „Effekt der konvergierenden Entwicklungen" in der Auflösung der Monopolstellung der physischen Kommunikation läge.

> „Telepräsenz konkurriert mit Präsenz, asynchrone Kommunikation eifert mit synchroner um die Wette, und als Resultat verteilen wir in wachsendem Maße die Handlungen, die unser tägliches Leben ausmachen, über alle Möglichkeiten, die wir in den Diagrammen erörtert haben." (MITCHELL 1997, 32).

Dass Präsenz und Kommunikation grundlegend für bildungstheoretische Fragen sind, sofern man Bildung als Selbst- und Weltverhältnis versteht, steht außer Frage. Dieser Aspekt wird später noch einmal aufgegriffen. Das Schema von MITCHELL lässt sich allerdings auch auf konkrete Lernsituationen anwenden und somit kann man an dieser Stelle einen Versuch der Transformation auf lerntheoretische Aspekte der Internetnutzung unternehmen. Dieser Aspekt wird bedeutungsvoll und ist deshalb hier erwähnenswert für die Entwicklung von konstruktiven Lerntheorien und mehr noch didaktischer Einsatzmöglichkeiten. Zunächst sollte die Präsenz von Information als mögliche Quelle des Wissens in das Diagramm eingeordnet werden.

	synchron	asynchron
Präsenz	dargebotene Information (Vortrag, Demonstration)	aufgezeichnete Information (LB, Folie, Tonband, Video)
Telepräsenz	übermittelte Information (Talk, Chat, ICQ, Videokonferenz)	permanente Information (E-Mail, WWW, Foren, FTP)

Abbildung 3:   Informationspräsenz

Durch die körperliche Anwesenheit des Lehrers oder eines Darbieters und der Schüler wird im Rahmen der verschiedenen Unterrichtsformen die dargebotene Information ohne zeitlichen Versatz weitergegeben. Dies können die einzelnen Vortrags- oder Demonstrationsformen sowohl von Schülern als auch Lehrern sein. Unter Verwendung der dem Unterrichtsprozess zur Verfügung stehenden Medien bietet sich eine Form der asynchronen Informationsvermittlung durch Lehrbücher, Folien, Tonbänder oder Videos. Durch aufgezeichnete Informationen lassen sich insbesondere auch die außerschulischen und selbstständigen Lernaktivitäten realisieren, obwohl dann wohl nur im Sinne des veranlassenden Lernauftrages von einer Quasipräsenz des Vermittlers bzw. des Lehrers gesprochen werden kann. Die Formen der Telepräsenz in der Schule sind abgesehen von Live-Fernsehübertragungen oder möglicherweise stattgefundenen Telefonkonferenzen mit dem Kontext Internet neu und im schulischen Alltag auch aus heutiger Sicht weniger in Lernprozesse integriert.

Über Formen der synchronen Präsenz können Informationen zwischen Schülern und Lehrern an verschiedenen Orten durch das Internet übertragen werden. In Computernetzen lassen sich in Analogie zum Telefon bzw. in seiner Erweiterung Direktverbindungen zwischen zwei Personen aufnehmen. Der Internetdienst „Talk" und die sich entwickelnde Internetbildtelefonie sind solche Anwendungen. Der Dienst „ICQ" (aus dem Englischen „I seek you", s. Wikipedia), ein weit verbreitetes „instant messaging"-System, ist im Laufe der Jahre zu einem der wichtigsten Kommunikationsdienste geworden. Insbesondere findet auch bei Schülern das direkte Anwählen von Freunden und Bekannten über das Internet einen großen Anklang und dies nicht nur zu Plaudereien, sondern eben auch im Sinne einer direkten synchronen Informationsquelle. Neben den individuellen Kommunikationswegen existieren auch im Bereich der kollektiven Telepräsenz Übermittlungsarten. So sind Videokonferenzen oder auch Treffen in virtuellen Räumen (IRC, MUD) für den synchronen Informationsaustausch denkbar. In diesem Bereich hat sich in erster Linie der Internetdienst „Chat" etabliert, nicht zuletzt dank der Integration in das World-Wide-Web. Die anfänglichen sinnlosen Gespräche in diesen Chatrooms sind zielgerichteteren Informationsaustauschen gewichen und es finden sich in genau verorteten virtuellen Räumen Fachleute zu speziellen Themen ein oder es werden eigene Räume für Freundeskreise und eng umgrenzte Bekanntenkreise eröffnet. Im Bereich virtueller Seminare, Schulen und Universitäten bilden solche virtuellen Räume, meist auf Grundlage spezieller VR-Software (VR – virtual reality), häufig eine Ebene der komplexen Lernumgebungen.

Die auffälligste Anwendung des Internet für die Informationspräsentation ist zweifelsohne das World Wide Web (WWW). Die mit multimedialen Mitteln ausgestatteten speziellen Texte werden im WWW abgelegt, um anderen Personen den beliebig zeitversetzten Zugriff zu gestatten. In diesem Sinne ist auch die Bezeichnung „permanent" gewählt worden, obwohl die Informationsdarstellung im WWW einer gewissen Dynamik unterliegt, was sowohl den Vorteil der Aktualität aber auch den Nachteil der teilweise nur temporären Verfügbarkeit in sich schließt. Da die Struktur des WWW prinzipiell keinen Unterschied zwischen den Lokalitäten der Texte erkennen lässt, ist die Telepräsenz nicht nur auf zwei Punkte beschränkt, sondern ermöglicht sowohl dem Lehrer, dem Schüler als auch jedem anderen Netzteilnehmer die freie Ortswahl beim Zugriff auf die Informationen. Somit finden sich in den Hypertexten oftmals viele Autoren, die zu einer Gesamtinformation einen Beitrag leisten. Ein beeindruckendes Beispiel dieser Online-Autorenschaft ist die freie Enzyklopädie „Wikipedia" (s. Wikipedia). Das Basissystem „Wiki" inklusive eines Online-Editors für WWW-Seiten ist weit verbreitet und auf vielen Webservern zu finden. Ebenso beteiligen sich viele Autoren an kurzweiligen Online- Journalen, den Weblogs (s. dazu bspw. WEBER 2006; HEIDEGGER 2003; MOELLER 2001). Neben diesen aufgearbeiteten Informationen bietet das Internet darüber hinaus mit dem Dienst „Ftp" (File Transfer Protocol) die Möglichkeit, digitale Dokumente jeglicher Art zur weiteren Informationsrecherche zu hinterlegen. Eine typische Praxisrealisation im Lernkontext ist das Hinterlegen von Vorlesungsmanuskripten an Universitäten oder auch die Aufbewahrung spezieller Dokumente für den Unterricht in der Schule auf einem Schulserver. Insofern kann Information als „ubiquitär" angesehen werden (MAROTZKI 1998) und Lernen als Prozess in verschiedenen Präsenzformen eröffnen.

Das Problem der Authentizität der Information, das einen hohen bildungstheoretischen Wert hat, lässt sich bei der asynchronen Telepräsenz unter Nutzung anderer Netzdienste, wie z.B. Net-News oder E-Mail durchaus bewusst umgehen. Die mit eindeutiger Quellenkennzeichnung arbeitenden Anwendungen können ebenfalls zur Informationsrepräsentation eingesetzt werden.

Die hier vorgestellte feinsinnige Unterscheidung von Präsenzformen hat einen bedeutungsreichen Hintergrund, der in der heutigen Diskussion etwas zurückgetreten ist, was sich auch daran erkennen lässt, dass die Vorsilbe „Tele" im heutigen Sprachgebrauch nur noch selten benutzt wird. Die Verlagerung menschlicher Präsenz in verschiedene Bereiche und die generelle Eröffnung dieser Möglichkeiten, die MAROTZKI auch als „Virtualitätslagerung" (MAROTZKI, 2000, 245) bezeichnet, ist von grundlegender Bedeutung für die bildungstheoretischen Perspektiven, die sich hier eröffnen. Das Leben in unterschiedlichen medial vermittelten Welten vervielfältigt nicht nur Daseinsweisen, sondern auch pädagogische Anwendungsfelder (s. FROMME 2006, 14) Die Präsenzformen der Information stehen, wie oben schon angedeutet in einem engen lerntheoretischen Zusammenhang. Insbesondere ist die Konsequenz aus Telepräsenz von Information und die Auswirkungen auf die Lernprozesse eine der aktuellen Fragen im Kontext Schule und Internet (s. BAUMGÄRTNER 2002; Schaumburg 2003). Dabei ist an dieser Stelle nur von verschiedenen Präsenzformen der Information die Rede und nicht von Präsenzformen von Lehrkräften in der Schule. Ein kostengünstiger Ersatz des Präsenzunterrichts ist hier keineswegs motiviert, da Information nicht gleich Wissen ist. Diesem Zusammenhang wird im Rahmen der lerntheoretischen Aspekte genauer Beachtung geschenkt. Offen und durchaus interessant bleibt aber dennoch hier die Fragestellung, die sich aus der geführten Betrachtung ergibt. Bedingt oder ermöglicht diese variierte Informationspräsenz auch äußerlich veränderte Lernformen? Oder anders formuliert: Welchen Einfluss hat die permanente Verfügbarkeit der Information und der Lehrkraft auf die Lernsituation und das Lernverhalten?

2.1.2   Hypertextualität des World-Wide-Web

Wie schon erwähnt, ist das World-Wide-Web (WWW) die augenscheinlichste Anwendung des Internet. Deshalb scheint es lohnenswert, auf die Besonderheiten dieses Informationsdienstes an dieser Stelle einzugehen. Das Merkmal der Hypertextualität erfordert eine neue Art des Lesens und Schreibens. Unter einem Hypertext kann man ein Text aus Texten verstehen. Ein mehr oder weniger zusammenhängender Text wird mit Verweisen (engl.: Links) auf weiterführende Texte versehen und somit zu einem „Über- Text", eben einem „Hypertext". Diese Art des Verweisens ist keineswegs neu, wie Jay D. BOLTER beschreibt.
„Die Enzyklopädie ist dafür vielleicht das beste Beispiel. Seit ihrem Anfang in der römischen Antike stellt die Enzyklopädie ein Buch dar, welches viele Bücher umfasst;" (BOLTER 1997, 44). Seit der Einführung von Computerprogrammen mit fensterorientierten Techniken gibt es Hypertexte in den Erläuterungen zur Bedienung. Das bekannteste Beispiel dürften Texte in der Hilfefunktion des Betriebssystems Windows sein. Dennoch wurde die Diskussion um die Besonderheiten der Hypertextualität erst im Kontext Internet intensiviert.
Eventuell könnten die Gründe dafür in der Vereinfachung der Anwendungsprogramme für die Autoren und in der Faszination der prinzipiellen Unendlichkeit für die Nutzer liegen. Denkbar wäre auch die Erklärung, dass im Gegensatz zur Erstellung einer Hilfefunktion eines Programms, das von einem Autor oder einer beschränkten Autorengruppe mit erheblichem Aufwand geschrieben wird, es für einen Webmaster eine Leichtigkeit ist, mit wenigen Mausklicks einen zumindest quantitativ gleichwertigen Hypertext zusammenzustellen. Der Webmaster bezieht in seine Textgestaltung einen theoretisch nicht überschaubaren Autorenkreis ein und steigert somit seine Effektivität. Eines der beeindruckendsten Beispiele einer weltweiten Autorenschaft ist wie schon erwähnt die freie Enzyklopädie

„Wikipedia" oder auch die Weblogs. Allerdings ist in diesem Punkt anzumerken, dass zwar eine verteilte Autorenschaft existiert und auch die Darstellung weitestgehend im HTML-Format erfolgt, aber textstrukturell es sich bei beiden Anwendungen nur teilweise um einen Hypertext handelt. In den Weblogs werden zu den Themen verschiedene Beiträge zusammengeführt. Somit ähnelt diese Zusammenstellung eher den Themenlinien (Threads) in Foren. Oft bilden die Beiträge in sich geschlossene Abhandlungen und sind strukturell verschieden von den Hypertexten. Ähnlich verhält es sich bei der Enzyklopädie „Wikipedia" und anderen Wiki- Anwendungen. Den Ausgangspunkt bildet jeweils ein geschlossener Text, in dem zwar weiterführende Verweise enthalten sind, der sich dennoch von einem strukturellen Hypertext unterscheidet. Die veränderte Sichtweise in der Technologie des Schreibens von Hypertexten wird im Folgenden noch genauer erläutert. Die Faszination der Unendlichkeit beim Surfen im Internet und die Reflexion einer weltweiten Autorenschaft beschreibt das folgende Zitat aus dem Interview mit dem Schüler Anton P., der versucht, das „Tolle" am Internet zu beschreiben.

> „Erstmal Flexibilität und Freiheit, die Größe überhaupt so. Das Internet hat ´ne Größe und die ist ziemlich enorm. Ähm, nicht dieses Schulbuch nach Schema sowieso, sondern ebend mit Informationsquellen arbeiten, von Leuten aus ganz unterschiedlichen (..) Horizonten. Also ganz verschiedene Sachen. Oder jemand der ebend nur 'nen Bild hat oder jemand der nur 'nen Text schreibt, oder der 'ne Meinung hat, wo man überhaupt nicht hinter steht oder so (..) Das fand ich gut. ... [gekürzt - RF] Das war so ´n Spiel ohne Ende." (Interview Anton P., Z. 781-790)

In dieser Aussage wird zum einen die bildungstheoretische Perspektive der Flexibilisierung (MAROTZKI 1998) aber auch die lerntheoretisch bedeutsame Unterscheidung vernetzter und linearer Strukturen in Lesetexten angesprochen. Bemerkenswert ist die Hervorhebung des kollektiven Tuns und der Anerkennung der Einzelleistung in einer komplexen Struktur, also gerade die soziale Komponente, die hier dem Schüler als augenfälligstes Merkmal spontan einfällt. Die Vielfalt der Vernetzung und scheinbare Unendlichkeit umschreibt neben anderen auch Uwe WIRTH anschaulich mit dem Begriff „Rhizom".

> „So wird das Rhizom zum Modell des Internet und seiner hypertextuellen Teiltexte, die durch Links miteinander vernetzt eine virtuelle Bibliothek bilden." (WIRTH 1997, 322).

Schließlich führt die Vereinfachung der technischen Verweise dazu, dass Hypertexte des World-Wide-Web a priori auf verteilte und alternative Textbausteine setzt. Im Gegensatz dazu findet man in den Hypertexten der Windows-Hilfe meist eher abgeschlossene Erläuterungen, in denen einzelne Begriffe einstufig näher erläutert werden oder am Ende auf weiterführende Themen verwiesen wird. Sogar heute noch ist eine Realisierung der Idee verteilter Alternativtexte im Internet nur selten konsequent vorzufinden. Dies könnte sich ursächlich mit der erlernten Technik des Schreibens und dem grundlegenden Anliegen einer repräsentativen Informationspräsenz des Einzelnen aber auch von Unternehmen, Verlagen und anderen Institutionen begründen.

Die Technologie des Gestaltens von Internetseiten beschreibt Mike SANDBOTHE als ein *„Geschehen der produktiven Vernetzung assoziativer Komplexe"* (SANDBOTHE 1997, 73). Im Gegensatz dazu stehe das Schreiben eines Aufsatzes oder eines Buches, bei dem man seine Gedanken in eine Hierarchie und künstlich in eine lineare Abfolge und hierarchische Ordnung bringe. Für heutige Generationen Erwachsener und Jugendlicher ist vermutlich die erlernte Technik des Aufsatzschreibens die gewohnte Form der Verschriftlichung. Dies lässt sich u. a. daran feststellen, wie störend jede Unterbrechung im Schreiben (z.B. zum Anbringen einer Fußnote) empfunden wird. Bezog sich das Schreiben eines Aufsatzes bislang auf einen begrenzten Themenbereich mit einer begrenzten Anzahl von Quellen, so ist allein schon durch die Zunahme der Vielfalt an Quellen eine intensivere Strukturierung der Assoziationen motiviert.

Auch in Bezug auf das Lesen erklärt sich, dass vorhandene Texte und Dokumente in ihrer ursprünglichen „natürlichen" Struktur digitalisiert und im WWW angeboten und eben nicht durch große Verlage oder Institutionen hypertextualisiert werden. Weiterhin wird mit der Aufforderung „Schreiben Sie mal eine Web-Seite!" vermutlich das Schreiben eines längeren Textes assoziiert. In der schulischen Praxis kann man immer wieder den „Aha"-Effekt erleben, wenn Schüler beim erstmaligen Gestalten einer Webseite darauf hingewiesen werden, dass sie ja nicht alles aufschreiben müssen, geschweige denn aus dem Internet abschreiben sollen, sondern stattdessen einfach nur einen Verweis anzubringen brauchen. Das gerade entgegengesetzte Verhalten erlebt man bei den Internet-„Freaks" unter den Schülern, die bei fast jeder Problemstellung zunächst versuchen, im Internet etwas zu finden, was sie verwenden können. Im gleichen Maße wie das Schreiben zum Gestalten übergeht, verändert sich auch das Lesen eines Hypertextes.

> „Ein als organisierter elektronischer Text öffnet sich nur über seine Struktur und ist im Prinzip nie abgeschlossen, da Verbindungen zu anderen Texten hergestellt werden können. Weil kein vorgegebener Leseweg existiert, erschließt sich die Struktur nicht von selbst, sondern muss vom Schüler aktiv konstruiert und rekonstruiert werden. Mitunter spiegeln sich veränderte Denkweisen im Wechsel vom Buch zum Hypertext." (TOMAN 2004, 31)

Dieser Wechsel könnte ein Indiz dafür sein, dass viele Erstbenutzer des Informationsdienstes WWW Probleme haben, sich ohne Anleitung im Netz frei zu bewegen. Vielmehr tritt die Meinung auf, dass dieses Sammelsurium an vielfältigen unvollständigen Textfragmenten zur Verwirrung beitrage und somit die Informationsrecherche doch eher unproduktiv sei. Selbst mit der Unterstützung durch Suchmaschinen könne keine vernünftige Zusammenstellung erbracht werden. Sicherlich ist aber in solchen Momenten zu vermuten, dass hier eher die gewünschte Assoziation nicht deutlich zum Ausdruck gebracht wurde, z.B. bei der Eingabe des Suchbegriffs. Es zeigt sich in der Praxis, dass Schüler, die ausreichende Erfahrung im Umgang mit dem World-Wide-Web haben, auf Suchmaschinen unter Umständen verzichten und statt dessen mit dem gewünschten Ergebnis in Verbindung stehenden Assoziationen nachgehen und dort nach weiteren Quellen suchen oder zumindest die Auswahl aus dcn Ergcbnislisten von Suchmaschincn cbcn dicscn Kriterien folgen lassen. Es sind die komplexeren Tätigkeiten, Verweisen mit Textfragmenten nachzugehen, ein Ziel sukzessive einzukreisen und dabei konstruktiv seinen eigenen Text aufzubauen, die das Lesen von Hypertexten erschwert. WIRTH illustriert diesen Sachverhalt folgendermaßen:

> „Aufgrund der räumlichen Ausdehnung wird das Lesen von Hypertexten zum 'topografischen Lesen' einer hypertextuellen 'Weltkarte des Wissens'. Das Problem, sich innerhalb der rhizomatischen 'Landkarte der Semiose' zu orientieren, gleicht dem Problem, eine Karte zu lesen, ohne den eigenen Standpunkt zu kennen." (WIRTH 1997, 323).

Er geht in seinem Aufsatz der Frage nach, ob dem Leser im Internet eher die Rolle eines „Daten-Dandys" oder eines „Daten- Detektivs" zuzuschreiben ist. Eine der wesentlichen Fähigkeiten für das erfolgreiche Arbeiten in hypertextuellen Strukturen sei das „abduktive Folgern", im Sinne des logischen Schließens „von einer gegebenen Wirkung auf eine hypothetische Ursache" (ebd. 328). Der damit verbundene „detektivische Rate- Instinkt" wäre eine mögliche Orientierungshilfe im labyrinthisch- verschlungenen Netz. Eine gleichberechtigte Bedeutung habe aber auch das „Umherschweifen" des „Daten- Dandy". Schließlich folge er damit den Assoziationen des Autors, was sich mit einem gemeinsamen „brain storming" vergleichen ließe. Dabei findet die Interaktion mit dem Autor und dem Text durch die Auswahl bzw. Auslassung von Links ebenso statt, wie durch das Erkennen von „diskursiven Leerräumen". WIRTH kommt zu dem Schluss:

> „Nur wenn das assoziative, hypertextuelle Lesen aktiv in den Prozess des abduktiven Hypothesenaufstellens integriert ist, wird die rhizomatische Verweisstruktur des Netzes zu einem ´produktiven Feld´, in dem sich Entdeckungen, Erfindungen und Innovationen abspielen." (ebd. 330).
> „Die kritische Leistung des Lesers bestehe darin, im Akt des Lesens und Interpretierens seine Perspektive zu verändern" (ebd. 327).

Hieraus folgt unmittelbar die schon erwähnte Notwendigkeit der Flexibilisierung des Lesers, die zur eigenständigen Konstruktion von Texten und im weiteren Sinne von Wissen befähigt. Das Vermögen, zwischen der semantischen Konstruktion im Lesen und der Reflexion auf der Metaebene zu wechseln, ist wahrscheinlich eine der grundlegenden Qualitäten des erfolgreichen im Hypertext rezipierenden Surfers. Hier greifen auch nicht äußere Ordnungsprinzipien, die helfend Orientierungen geben könnten, sondern es bleibt dem Rezipienten allein die Aufgabe, gemäß seiner Fragestellung und seinem Vermögen Ordnungen herzustellen. Weder der Startpunkt im WWW sei entscheidend, noch gelinge es einer Institution, sich als alleinigen Mittelpunkt des WWW oder einzig authentische Quelle im Netz zu repräsentieren. Diesen Sachverhalt beschreibt SANDBOTHE als „Transversalität" des Hypertextes (SANDBOTHE 1997, 76 ff) unter Bezugnahme auf WELSCH.

> „Alle drei Thesen [von Welsch - RF] sind anhand der interaktiven Hypertextualität des World Wide Web ausbuchstabierbar. Dabei lasse ich mich von der Annahme leiten, dass das World Wide Web ein Medium ist, in dem die aus Sicht der Buchkultur unbewusste und verborgene Unordentlichkeit der Rationalität, die Welsch zum Gegenstand macht, explizit zutage tritt." (SANDBOTHE 1997, 78)

Diese Eigenschaft des Hypertextes erfordert nun gesteigertes Reflexionsvermögen und kognitive Fähigkeiten, die einen flexiblen Strukturaufbau ermöglichen. Dazu ist es nötig, die Subjektposition stets neu zu verorten und Wissen stets neu zu kontextualisieren (s. dazu MAROTZKI 1997). Aus der Problematik der Hypertextualität ergeben sich also nicht nur bildungs- und lerntheoretische Potenzen, die den Einsatz des Internet im Unterricht motivieren, sondern gleichermaßen auch Erfordernisse, die eine Befähigung beinhalten, textuelle Hierarchien und Ordnungen zu erkennen und neu zu strukturieren. Hinzu kommen auf Grund fehlender äußerer Strukturierungshilfen metakognitive Fähigkeiten, die auf einem breiten Hintergrundwissen aufsetzen. Andererseits sind es genau diese Eigenschaften von Hypertext, die die Gestaltung neuer Lernumgebungen ermöglichen und genau jene Ordnungsleistungen abverlangen. Hier könnte es im Rahmen konstruktivistischer Lerntheorien zu einer verbesserten Effizienz bei der Wissensaneignung kommen. Dann muss aber auch in Rechnung gestellt werden, dass jene Transversalität und die Möglichkeiten des Herumschweifens ein konzentriertes Anstreben eines Lernziels erschweren und die wahre Lernleistung eventuell abseits des vorgegebenen Ziels liegt. Es bleibt die Frage offen, welcher Weg der Bessere ist bzw. in welchem Rahmen sich Lernen verbessert. Zu einer Negativbilanz für das derzeitige Schulsystem kommt auch Claus J. TULLY, die er wie folgt in einfacher Weise beschreibt.

> „Dynamik und Vielfalt sind mit ein Grund dafür, dass künftig notwendige Fähigkeiten und Fertigkeiten nur schwer antizipierbar und in noch viel geringerem Maße planbar sind, um im Kanon des geordneten Schulwesens vermittelt zu werden." (TULLY 2000, 211)

2.1.3   Das Internet als Kommunikationsraum

Die zweite grundlegende Komponente des Internet, neben dem Bereithalten von Informationen, ist die kommunikative Funktion. Einerseits wird das Internet aus diesem Grunde auch als „Kommunikationsmedium" bezeichnet und andererseits spielt hier der Begriff der „Interaktion" eine grundlegende Rolle. Die Unterscheidung ist in der Hinsicht fundamental, da sie die Perspektive auf die Kommunikation grundlegend ändert. Der Begriff „Kommunikation" impliziert den Gedanken des Austauschs von Informationen zweier Subjekte, während „Interaktion" im Internet- und Computerumfeld eher die Kommunikation eines Subjekts mit dem Computer meint. Kommunikation hätte somit vorerst nichts mit dem Computer oder dem Internet zu tun. Fasst man nun „Kommunikation" etwas weiter als eine Form des Handelns verschmelzen beide Begriffe.

> „Der Begriff des kommunikativen Handelns schließlich bezieht sich auf die Interaktion von mindestens zwei sprach- und handlungsfähigen Subjekten, die (sei es mit verbalen oder extra-verbalen Mitteln) eine interpersonale Beziehung eingehen. Die Aktoren suchen eine Verständigung über die Handlungssituation, um ihre Handlungspläne und damit ihre Handlungen einvernehmlich zu koordinieren. Der zentrale Begriff der Interpretation bezieht sich in erster Linie auf das Aushandeln konsensfähiger Situationsdefinitionen. In diesem Handlungsmodell erhält die Sprache, wie wir sehen werden, einen prominenten Stellenwert." (HABERMAS 1981, 128)

In dieser Perspektive liegen dann auch die frühen optimistischen Ansätze der Interpretation von Kommunikation im Internet bei gleichzeitiger Überbrückung räumlicher Distanzen, die zu der von MCLUHAN geprägten und allgegenwärtigen Metapher des „global village" (s. WINKLER 1997, 64; KRÄMER 1997, 87 u. a.) und Visionen eines neuen Demokratieverständnisses führten (s. BAUER 2000), die hier nicht weiter ausgeführt werden sollen. Grundsätzlich stellt sich die Frage, ob die Unterscheidung sinnvoll und für die Theoriebildung nützlich und ob diese Vorstellung heute noch tragfähig ist. Gerade im Versuch der Anpassung von Theorien wurde in der vergangenen Zeit die Auswahl von theoretischen Modellen der Erklärung an dieser Unterscheidung verankert oder eben auch vernachlässigt. Die Problematik dieser Perspektivität wird auch am schon vorgestellten Präsenzmodell von MITCHELL (s. Abb.1) deutlich, bei dem Präsenz beide Aspekte der Kommunikation enthält. Während bei den synchronen Formen und der asynchronen Telepräsenz (E-Mail) offensichtlich der Meinungsaustausch zwischen zwei Personen im Vordergrund steht, scheint die asynchrone Präsenz etwas aus dem Rahmen zu fallen. An dieser Stelle ersetzt das Schreiben als Interaktion eines Subjekts mit einem Text das Sprechen zwischen zwei Personen. Diese Auffassung lässt sich nun auch auf das Schreiben einer E-Mail übertragen. Damit wäre der fundamentale Unterschied der Interaktion der Bezug auf Sprache oder Schrift. Hier eröffnet sich die Frage, ob Schrift nicht auch stets eine Interaktion zwischen Subjekten ist.

> „Wir sind zwar gewohnt, zwischen Personen und Texten zu unterscheiden. Und diese Unterscheidung ist fundamental. Gleichwohl gibt es Aspekte, bei denen das, was wir unter einem Text verstehen, immer noch mit der Idee von Personalität verwoben bleibt: Denn Texte haben Autoren." (KRÄMER 1997, 95)

In dieser Auslegung, so könnte geschlussfolgert werden, stelle die Schrift nur eine medial vermittelte Ausdrucksform der Sprache dar. Anderseits ließe sich aus informationstheoretischer Sicht hinzufügen, dass auch Sprache, technisch gesehen, über das Übertragungsmedium Luft medial vermittelt ist (s. FROMME 2006a). So scheint es plausibel, die besondere Situation der interpersonalen Kommunikation im Internet zunächst als „computervermittel-

te Kommunikation" zu kennzeichnen. Die grundlagentheoretische Debatte hier auszubuchs-
tabieren, wie die Modelle der Sprache und der Schrift greifen, würde den Rahmen dieser
Arbeit überschreiten. Interessant ist eher ein Ergebnis, das SANDBOTHE schon sehr früh
formuliert.

> „Die traditionelle Auszeichnung der gesprochenen Sprache als Medium der Präsenz wird durch
> die 'apräsente Präsenz' der Teilnehmer im geschriebenen Gespräch des Online Chat unterlaufen.
> Es ist dieses performative Schreiben eines Gesprächs, in dem Sprache interaktiv geschrieben
> statt gesprochen wird, das ich als Tendenz zur »Verschriftlichung der Sprache« bezeichne. Ihr
> korrespondiert als Parallelphänomen eine Tendenz zur »Versprachlichung der Schrift«. Das
> Medium der Schrift wird unter Buchdruckbedingungen als eine Verbreitungstechnologie ge-
> nutzt, welche die unmittelbare Interaktion zwischen Sender und Empfänger ausschließt. Das In-
> ternet eröffnet demgegenüber Nutzungsmöglichkeiten, durch welche die Schrift als ein Medium
> einsetzbar wird, das den permanenten Wechsel zwischen Sender- und Empfängerposition ähn-
> lich flexibel zu gestalten erlaubt, wie es im gesprochenen Gespräch der Fall ist. Es ist diese
> sprachanaloge, d.h. reziproke Nutzungsform einer im Gesprächsmodus interaktiv verwendeten
> Schrift, die ich als Tendenz zur »Versprachlichung der Schrift« bezeichne." (SANDBOTHE 1998)

Genau diese Annäherung ist das Phänomen, das die Veränderung der Kommunikation im
Internet kennzeichnet und anfänglich zu einer Abschreckung des pädagogischen Blicks auf
das Internet führte. Thesen wie die „Verrohung menschlicher Umgangsformen", „Verar-
mung des Sprachniveaus" u. v. a. sind erst schrittweise durch systematische Untersuchungen ausgeräumt worden. Pädagogisch gesehen wäre der kritischen Haltung zu entgegnen,
dass die Kultivierung des Internet aber unmittelbar von den Teilnehmern an der Kommunikation abhängig ist und dass hier ein pädagogischer Handlungsbedarf sich allein aus diesem
Zusammenhang ergibt. Über den Zeitraum der letzten zehn Jahre sind in diesem Sinn deutliche Veränderungen durch die allgemeine Legitimation computervermittelter Kommunikation und den enormen Zuwachs an Teilnehmern direkt beobachtbar. Wurden beispielsweise
in der Anfangszeit dieser Untersuchung in E-Mails vielfach Groß- und Kleinschreibung
und Anreden ignoriert, so trägt die Kommunikation per E-Mail heute deutlich klarer den
Charakter von Briefen. Dementsprechend ist auch die defizitäre Perspektive auf die Kommunikation einer konstruktiven Diskussion gewichen.

Im Hinblick auf das pädagogische Handeln ergeben sich, wie eine der frühen Studien
zeigt, im Kontext computervermittelter Kommunikation auch neue Gesichtspunkte. So
zeigte Thomas A. WETZSTEIN in seiner Studie, die eine empirische Untersuchung von Nutzern in verschiedenen Kommunikationssystemen (Chat, Mail, News) beinhaltet (s. WETZ-
STEIN 1995), dass computervermittelte Kommunikation interessante neue Aspekte mit sich
bringe, wie z.B. das Partizipationsvermögen, eine Vervielfältigung der Kommunikation und
besondere Formen der Selektionsarbeit. Unter den metakommunikativen Aspekten fasst
WETZSTEIN Besonderheiten zusammen, die sich aus der grundlegenden Situation der kör-
perlosen räumlich getrennten Situation ergeben. So sei diese Art der Kommunikation berei-
chert durch expressive Textelemente, wie „Emoticons", Grafiken, Sound- und Aktionswör-
ter (WETZSTEIN 1995, 74 ff.) und einen besonderen jugendgemäßen Sprachstil, der sich in
der Wahl der Pseudonyme und Nutzernamen ebenso zeige sowie in Slogans, die der Musik,
der Literatur, dem Film oder der Computerwelt entlehnt seien, und einer besonderen Meta-
phorik (ebd. 80 ff.). Schließlich ergäben sich aus der besonderen Situation der Immateriali-
tät neue Formen der „Virtualität des Ichs", der Bedarf an Identitätsrequisiten aber auch
besondere Probleme einer gestörten Kommunikation und spezifische Problemlösungsstrategien (ebd. 84 ff.).

Ein Kernproblem bei der computervermittelten Kommunikation ergibt sich aus der besonderen Funktion des Computers, Informationen nicht nur synchron oder asynchron zu vermitteln, sondern auch zu verarbeiten. Damit kann der Computer zu einem „Kommunikationspartner" werden. Genau in diesem Zusammenhang wird nun von Interaktion gesprochen. MAROTZKI und FROMME unterscheiden hier unter Bezugnahme auf McMillan drei klassische Arten der Interaktion, „User-to User"-, „User-to-Documents"- und „User-to-System"- Interaktionen (MAROTZKI 2004, 119 ff. ; FROMME 2006, 10). Daraus folgt, dass Kommunikation nun nicht nur von Person zu Person und auch nicht nur als Autor eines Textes, also über die Verschriftlichung, zu sehen ist, sondern ein neuer Bereich des Interagierens mit einem Automaten hinzukommt. Die Kommunikation mit dem Computer, bei der die Kommunikation auf eine streng syntaktisch geregelte und symbolhafte Darstellung reduziert ist, trägt weiter zur Entfremdung der Sprache bei und hat gleichzeitig Rückwirkungen auf die menschliche Kommunikation *„und bilde(n) [Klammerung –RF] im einzelnen sogar neue Sprach- und Handlungsmuster aus."* (SAGAWE 1994, 256). Durch diese Einflüsse könne bei der Mensch-Computer-Kommunikation nicht nur von einem eindimensionalen kommunikativen Handeln des Menschen in Richtung Computer gesprochen werden, sondern der Computer ist in einer virtuellen Welt zum Kommunikationspartner des Menschen geworden. Dies wird im Bereich der Computerspiele besonders deutlich, dessen Faszination im Einzelspielermodus durchaus damit begründbar ist. Den Kindern und auch Erwachsenen steht hier ein begrenzt agierender und durch Eingaben interaktiver „Kommunikationspartner" zur Verfügung (s. FROMME 2006). Damit wird die oben bereits erwähnte zweite Perspektive der Kommunikation angesprochen, die nicht mehr davon ausgeht, dass jegliche Kommunikation oder besser jeder Informationsaustausch unmittelbar eine Beziehung Mensch-Mensch als handelnde Subjekte zu Grunde legt.

> „Die Nutzer computermediatisierter Netzwerke interagieren nicht mit Personen, sondern mit Texten bzw. digitalisierbaren Symbolkonfigurationen. Und sie agieren nicht als Personen, sondern als Symbolketten im Sinne frei gewählter Namen. So beruht die Kommunikation in elektronischen Netzen - jedenfalls im Prinzip - auf der Außerkraftsetzung der Personalität oder Autorenschaft verbundenen illokutionären und parakommunikativen Dimension unseres symbolischen Handelns." (KRÄMER 1997, 97)

Die theoretischen Arbeiten zum Thema Interaktion führen noch auf eine weitere Ebene der Diskussion, die in der Unterscheidung zwischen subjektiver und objektivierter Annäherung an die Thematik liegt. Wie Marotzki ausführt, unterscheide McMillan zwischen dem „perception-based-model" und dem „feature-based-model" (Marotzki 2004, 118 ff.). Demnach könne beispielsweise die Interaktivität einer Webseite interpretiert werden als eine Beziehung des Nutzers zum Text, indem er über den Text mit einem Autor interagiert oder auf der anderen Seite anhand der interaktiven Möglichkeiten, die auf der Webseite vorhanden sind. In den vorherigen Abschnitten wurden beide Ebenen zugrunde gelegt. Die Unterscheidung ist auch für die vorgelegte Arbeit nicht weiter maßgeblich.

An die Kommunikation im Kontext Computer und Internet sind somit mehrere Aspekte anknüpfbar, die bildungstheoretisch relevant sind. Zum einen ist erneut die Reduktion auf die Symbolebene angesprochen, die Norbert MEDER als *„Tiefe des semantischen Raumes"* anspricht (MEDER 2000, 41) und zum anderen eine Anonymität und Distanz in der Kommunikation, die nach Werner SACHER *„ein besonders hohes Maß an kommunikativer Kompetenz"* voraussetze (SACHER 2000, 107). Schließlich sind es „neue Formen der Vergemeinschaftung", die in virtuellen Welten eine Rolle spielen würden (Marotzki 2004, 129).

„Diese konstituieren sich über komplexe Interaktionsmuster, die nicht mehr ausschließlich nach dem klassischen Modell einer User-User Interaktion gedacht werden können, sondern auf der Basis von „User-to-System" Interaktionen erfolgen. Sozialität und Identität konstituieren sich also unter konstitutivem Einbezug von Medialität." (ebd., 129 ff.)

„Vielmehr muss gesehen werden, dass die Gestaltung von Interaktivität letztlich die Gestaltung von Sozialisation, Lernen und Bildung darstellt." (ebd., 130)

Auf der grundlagentheoretischen Seite lässt sich diese Perspektive auf die Kommunikation aber auch noch erweitern. So formuliert KRÄMER unter Bezugnahme auf LUHMANN:

„Sobald wir Kommunikation nicht mehr als Austausch von Botschaften zwischen handelnden Subjekten thematisieren, stoßen wir darauf, dass »die Kommunikation ein Gedächtnis erzeugt, das von vielen auf sehr verschiedene Weise in Anspruch genommen werden kann«". (KRÄMER 1997, 101)

Dieser Gedanke soll an dieser Stelle nicht weiter vertieft werden, wenn gleich sich auch daraus bildungstheoretisch relevante Aspekte ergeben könnten. Insbesondere findet die Medienkritik hier einen ersten Ansatzpunkt für die Diskussion. Im folgenden Abschnitt wird auf diesen Zusammenhang unter Bezugnahme auf WINKLER etwas näher eingegangen (WINKLER 1997).

An dieser Stelle bleibt zu resümieren, dass die Kommunikation im Internet, insbesondere auf Grund der Anonymität und Distanz und der Reduktion auf Symbole eine Veränderung im Kommunikationsverhalten bewirkt. Die abstrakte Interaktion mit diesem Medium führt zu einem Verhältnis, das den Interakteur als Autor oder eben als anonymes Subjekt mit einer nur als Zeichenwelt wahrnehmbaren virtuellen Welt kommunizieren lässt. Dabei ist gerade die Virtualität und Anonymität der Kommunikation in bildungstheoretischer Perspektive viel versprechend.

2.1.4   Isolation und Verdichtung

Nicht nur aus dem Zusammenhang, dass Computer und Internet Veränderungen in den grundlegenden Kategorien Kommunikation und Information zur Folge haben, ergibt sich die Verbindung zu den Medien. Die Veränderung von Schrift und Sprache, wie im letzten Abschnitt ausgeführt und die Möglichkeiten der breiten Wirkung von Informationen stellen Computer und Internet in die Reihe der Medien bzw. Massenmedien. Wie bei allen modernen Medien werden in pädagogischer Hinsicht schnell Einordnungen nach „legitimen" oder „illegitimen" Medien vorgenommen. Wie Burkhard SCHÄFFER anhand des Buchs, des Films und des Fernsehens zeigt,

„ist es professionellen Vertretern institutionalisierter Formen von Bildung schon immer daran gelegen gewesen, bei der Einführung Neuer Medien die Grenzen dessen zu bestimmen, was innerhalb und was außerhalb einer durch sie definierten legitimen Bildungskultur zu verorten ist." (SCHÄFFER 2000, 260)

Somit scheint es sinnvoll, sich einer genaueren Standortbestimmung der Medien Computer und Internet zuzuwenden und sich mit den Problemen der Internetkritik zu beschäftigen. An dieser Stelle soll dies nicht weit ausgeführt werden, sondern es geht vornehmlich darum, ein von Wolfgang WINKLER benutztes Werkzeug dieser Standortbestimmung genauer zu beschreiben, da sich hier engere Verbindungen zu lerntheoretischen Überlegungen andeuten. In seinem Werk „Docuverse" bezieht sich WINKLER zunächst auf die alten Medien Sprache und Text und überträgt medienspezifische Theorien auf den Computer und das Internet. Zu seiner Motivation sagt er in einem Interview mit LOVINK selbst:

> „Es hat mich gereizt, das Medium Computer mit bestimmten Theorien zu konfrontieren, die an den klassischen Medien entwickelt worden sind, und dann zu gucken, was aus denjenigen Kategorien wird, die gegenwärtig in aller Munde sind. Was in der Debatte bisher völlig gefehlt hat, sind Überlegungen zur Theorie der Sprache. Das WWW explodiert als ein Medium der Texte und der Schrift; und kein Mensch überlegt sich, wieso die Mediengeschichte die technischen Bilder (Fotografie, Film und TV) nach 100 Jahren offensichtlich aufgibt und, wie es scheint, zu Schrift und Sprache zurückkommt." (WINKLER in LOVINK 1997, 356)

Dabei dienen ihm die Mechanismen der „Verdichtung" und „Isolation" als Werkzeuge. „Verdichtung" sei ein kulturell notwendiger Prozess, der ähnlich dem Vergessen, aus dem Abtragen des Originals beim Kopieren oder besser bei jedem Reproduzieren entstehe. Damit reduziere sich das Original auf das Wesentliche und es sei eine „Ökonomie der Diskurse" gesichert, die eine Funktion der Zentralisierung und Hierarchisierung erfülle (WINKLER 1997, 131). Es ist hier eine Kumulation ähnlicher bzw. gleicher Objekte zu verstehen, wobei die ursprünglichen kumulierten Objekte ins Vergessen geraten, da ihre Eigenschaften im verdichteten Objekt fortbestehen. Dem gegenüber stehe die „Isolation" als ein Prozess, der einer zusammenhängenden Umwelt einzelne distinkte Einheiten abringe (ebd. 225). Isolation kann als eine Abtrennung von unabhängigen Einheiten verstanden werden, also einer Zerlegung in „atomare" Bestandteile nach bestimmten Kriterien. Beiden Mechanismen drängen sich lerntheoretische Zusammenhänge auf. Es liegt den Begriffen offensichtlich analytisches und synthetisches Vorgehen als Problemlösungsstrategien bzw. als elementare Denkweisen zugrunde. So erinnert Verdichtung bzw. Hierarchisierung an den stufenweisen Aufbau von Handlungsschemata bzw. an den Prozess der Abstraktion in der Begriffsbildung. Andererseits ist Begriffsfindung lerntheoretisch gesehen auch immer eine Objektivierung von realen Prozessen und korreliert so mit dem Begriff der Isolation.

> „Das ist die erste Leistung des begrifflichen Denkens: Distanzierung von der Situation, Isolierung der in ihr enthaltenen Elemente und Beziehungen, reine durchsichtige Fassung der Struktur (der Ordnung), Abgrenzung derselben aus dem Kontext, bei gleichzeitiger Klärung der Beziehungen zu diesem." (AEBLI 1994, 84)

Somit stehen die Begriffe „Isolation" und „Verdichtung" möglicherweise in einem engeren Zusammenhang, als es bei WINKLER den Anschein hat. Beide Mechanismen wendet er nun auf die Sprache, Schrift, Bilder und schließlich den Computer an. Bezüglich der Sprache unterscheidet er zunächst die Beziehungen von Wörtern nach positiven und negativen Verbindungen. Wörter, die in einer positiven Verbindung stehen, würden zu Überbegriffen aggregieren, die ihrerseits wiederum als Basis für neue Überbegriffe dienen. Das Ergebnis sei eine baumartige Netzstruktur, wobei Begriffe höherer Ordnung jeweils abstraktere Dinge beschreiben. Genau dies sei der Prozess der Verdichtung. Die Isolation dagegen wirke bei negativen Verbindungen von Wörtern, da sie unterschiedliche Systeme beschrieben bzw. verschiedene Bereiche der Realität. Das Ergebnis der Prozesse sei die Bildung von Zentren und Peripherien, die eine wesentliche Orientierung für den Menschen darstelle. Im Weiteren unterscheidet WINKLER bezüglich der Sprache zwischen der inneren und äußeren Sprache. Mit der inneren Sprache ist das Denken gemeint, die äußere Sprache verkörpere die Kommunikation. Beide Sprachen seien grundsätzlich verschiedener Natur. Während eine wesentliche Eigenschaft des Denkens die Synästhesie, also die Verbindung mehrer Sinne sei, so unterliege die Kommunikation dem Zwang der einheitlichen Kodierung, als notwendige Voraussetzung einer Verständigung. Ein besonderes Problem entstünde, wenn Fachwissen, welches innerlich repräsentiert ist, nur ungenügend mit den Mitteln der äußeren Sprache dargestellt werden könne. Hierin läge der Ursprung des Wunsches nach einer

Externalisierung des Gedächtnisses, welches die Medienentwicklung vorantreibe. Die Schrift habe dabei das Problem der Linearität, die scheinbar der netzartigen Struktur der inneren Sprache widerstrebe. Dies führte zu der so genannten „Sprachkrise". Isolation sei nun wiederum eine wesentliche Voraussetzung, um die netzartige Struktur in eine lineare Abfolge zu bringen. Andererseits greife auch das Prinzip der Verdichtung in dem Moment, wo aus mehreren Schriften eine neue Schrift entstünde. Es wirken also beide Prinzipien auch in der Schrift.

Dem Versuch WINKLERS, diese Mechanismen im Medium Bild zu interpretieren, soll hier nicht weiter nachgegangen werden. Interessanter scheint an dieser Stelle der Übergang zum Computer und Internet zu sein. Der Computer sei streng genommen isolationistisch, da der realen Umwelt einzelne Elemente entnommen würden und diese in Simulationen nur partiell darstellbar wären.

> „Zerlegung, Ordnung und Distinktion; das entscheidende Potential der »universellen diskreten Maschine« scheint in ihrer trennenden Kraft zu liegen." (ebd., 224)
> „Die Rechner, ohne Zweifel, sind in extremem Maße isolationistisch;" (ebd., 225)

Ebenso ließe sich das Internet als ein Netz von distinktiven Einheiten in dieser Weise interpretieren.

> „Hypertext und World Wide Web, die gegenwärtig avanciertesten Implementierungen, bestehen im Grunde vollständig aus Menüs und haben, was einmal Text war, in eine Fläche von Buttons umgearbeitet." (ebd., 224)

Wenn dem so ist, seien die Wünsche, die an dieses neue Medium herangetragen werden, z.B. der Externalisierung des Gedächtnisses oder die Schaffung einer Repräsentation eines kollektiven Gedächtnisses, sogar verständlich. Gerade die Gleichartigkeit der netzartigen Strukturen der inneren Sprache und des Datenuniversums sei schließlich ein grundlegend treibendes Motiv.

> „Die Struktur des Netzes selbst, das ist meine zentrale These, imitiert die Struktur der Sprache. Und zwar der sprachlichen Struktur, die in unseren Köpfen abgelegt ist. Die Sprache selbst, das lehrt uns die Sprachwissenschaft, ist ein n- dimensionales Netz von Verweisen." (WINKLER in LOVINK 1997, 366)

Dem entgegen sprächen nun aber grundlegende Probleme der Arbitrarität, Kontextualisierung und Verdichtung. Letzteres widerspräche grundlegend der Natur des Digitalen, das erstmals eine verlustfreie Reproduktion ermögliche und diese Eigenschaft im Netz durch die Anhäufung von Duplikaten verschärfe. Dabei würde der Prozess der Verdichtung sich sehr wohl etablieren, die Frage sei wie.

> „Ohne Verfallsdaten wird es nicht gehen, aber das scheint mir gar nicht der zentrale Punkt zu sein. Meine Prognose ist, dass sich absolut naturwüchsig Hierarchisierungsprozesse durchsetzen werden, teils weil es einzelnen mächtigen Anbietern gelingen wird, wichtige Orte im Netz zu etablieren (völlig parallel zur Okkupation der Innenstädte), teils weil eine ständige Abstimmung mit den Füßen (bzw. mit der Maus) stattfindet, welche Regionen des Netzes zentral sind und welche peripher." (WINKLER in LOVINK 1997, 372)

Der interessante Ansatz bei WINKLER ist die Ausbreitung einer Medientheorie auf der Grundlage der Theorien der Sprache und Schrift. Dabei sähe er zwischen der Schrift und dem Computer mehr Gemeinsamkeiten, als zwischen diesen Medien und dem Medium Bild. Das Bild sei ein konjunktives Medium, das selbst bei sequentieller Betrachtungsweise diese Eigenschaft nicht verdrängen könne. Es stehe damit der realen amorphen Welt wesentlich näher, als der Computer und das Internet. Hier sei eher die Rede von einem alternativen Medium, das den Nutzer permanent vor Entscheidungen stelle. Hierbei bezieht sich WINKLER auf die Arbeitstechniken in Programmen, die im Wesentlichen aus einer Vielzahl von Einzelentscheidungen bestünden. Die Entscheidungsvielfalt repräsentiere sich im einfachsten Fall durch die Menüstrukturen (WINKLER 1997, 224). Gleiches gelte für das Internet, insbesondere die Arbeit mit dem WWW. Die distinktive Logik dieser Medien nötige dem Nutzer die Auswahl vorgebahnter Wege ab. Schließlich sei es nicht sinnvoll, in einer Netz- oder Computerkritik die neuen Medien mit der Schrift zu konfrontieren, sondern eher medientheoretisch von dort aus zu denken. Das Bildmedium wäre eine bessere Kontrastierung in dieser Logik, denn, dies zeige die Geschichte der Computer, sei die digitale Bildverarbeitung eines der kompliziertesten Probleme in der Programmierung. Bilder würden vom Computer lediglich als Datenströme aus Nullen und Einsen interpretiert. Somit kommt WINKLER zu dem Schluss:

„Insgesamt ist es ein Schriftmedium, da beißt die Maus keinen Faden ab." (WINKLER 1997, 363)

Wie oben bereits angedeutet, ergeben sich gerade aus dieser Perspektive vielfältige lerntheoretische Denkanstöße. Kontextualisierung, Konkretisierung, das Nebeneinander distinkter Einheiten sind nur einige der Stichworte die hier in die bildungstheoretischen und lerntheoretischen Diskussionen einfließen können.

2.1.5   Zusammenfassung

Die grundlagentheoretischen Betrachtungen zeigen sehr deutlich, dass das Medium Internet in die Grundbedürfnisse und Grundverständnisse des menschlichen Zusammenlebens eingreift. Der grundlegende Wandel vollzieht sich dabei auf allen Ebenen sozialer Systeme und der Gesellschaft. Besonders bemerkenswert sind die Veränderung der Sichtweisen in der Kommunikation und die Bedeutung von Information, die einen unmittelbaren Bezug zu Fragen der Bildung und des Lernens haben. So ergeben sich aus diesen Betrachtungen neue bildungstheoretische Perspektiven, von denen wesentliche Aspekte im nächsten Abschnitt vorgestellt werden.

2.2   Bildungstheoretische Perspektiven

Auch wenn der Schwerpunkt der Arbeit in erster Linie in einem lerntheoretischen Interesse besteht, sind die bildungstheoretischen Perspektiven, die die Arbeit begleiten, nicht weniger bedeutsam, wenn gleich sie sich nicht im Zentrum des Forschungsinteresses finden. In diesem Sinne werden einige kurz gehaltene Zusammenfassungen im Folgenden notwendig. Für die Arbeit von größerem Interesse ist dagegen die Auseinandersetzung mit den kritischen Meinungen der neu entstehenden Internetkultur, die an dieser Stelle ebenfalls nur exemplarisch ausgeführt ist. In vielen bildungstheoretischen Diskussionen wird mehr oder minder ein einheitlicher Bildungsbegriff, meist in Verbindung mit HUMBOLDT, zugrunde gelegt, der für die Arbeit ebenfalls als ein Ausgangspunkt dient.

„Betrachtet man das Problem der Bildung, dann fällt einem sofort Humboldt ein, der von einem Verhältnis zur Welt im Modus der Harmonie spricht, in dem die individuellen Anlagen und erworbenen Eigenschaften in ein allseitig harmonisches Verhältnis zur Welt treten." (MEDER 2000, 35)

In dieser Begriffsbestimmung verkörpere sich die klassische Dreiteilung des Bildungsbegriffs: das Verhältnis zur Welt, das Verhältnis zur Gesellschaft bzw. zum Sozialen und das Verhältnis zu sich selbst (MEDER 2000, 36; s. auch FROMME/ MEDER 2001, 23). Bildung finde durch Sozialisation, Erziehung und institutionelles Lernen statt. Der bewussten Erziehung und dem institutionellen Lernen seien die größten Potenzen zuzumessen. Von diesem Gedanken ausgehend nähert sich MEDER dem Begriff der Lernumgebung, der eine pädagogische Position darstelle, die eine direkte pädagogische Beeinflussung ablehne. Das Internet könne unbestritten als eine mögliche Lernumgebung gelten. Das ist auch unbestritten, aber wesentlich zu einfach in der Darstellung um die immanenten Besonderheiten bezüglich der Bildung herauszukristallisieren. In postmodernen Gesellschaften, in denen die gesetzten Bildungsinstitutionen, die Familie und andere traditionelle soziale Instanzen in ihrem Einfluss unter „Erosionserscheinungen leiden" (Fromme/ Meder 2001, 24), gewinnen Medien, insbesondere das Internet an Bedeutung. In diesen Gesellschaften sind auch die drei Verhältnisse in einer weitergehenden Betrachtung neu zu beschreiben. Die in der Industriegesellschaft auf Erwerbstätigkeit und materielle Bedürfnisse ausgerichteten Verhältnisse, seien in einer Wissensgesellschaft neu auszurichten (ebd.). Bildungseinrichtungen müssen sich neu positionieren und sich in die vielfältigen informellen Bildungsangebote eingliedern (TULLY 2006) bzw. deren Angebote aufnehmen. Eine Konsequenz ist:

> „Bildung wird darin, dass die in Frage stehenden drei Verhältnisse erst einmal inhaltsfrei gedacht werden, strukturell bestimmt." (ebd.)

Es scheint deshalb sinnvoll, ein detaillierteres Modell für Bildungsprozesse heranzuziehen, so wie es MAROTZKI macht (MAROTZKI 1990). Nach seinem strukturalen Verständnis würden Lernprozesse erst zu Bildungsprozessen, wenn die eigenen Lernvoraussetzungen durch einen reflexiven Bezug verfügbar werden. Die Bildungsprozesse führen dann notwendig zu veränderten Sichtweisen auf das Selbst- und Weltbild, also den biographischen Entwurf eines Selbst. Ändere sich die Selbst- und Weltreferenz strukturell, und nur das seien Bildungsprozesse, so führe dies zu einer Modalisierung der Weltsichten (MAROTZKI 1990, 224). In Biographien seien Bildungsprozesse stets an Transformationen von Kontexturen bzw. Komplexität gebunden (ebd.). Kontexttransformationen seien die strukturelle Abbildung der Transformationen im Lernebenenmodell nach BATESON, in den Sinnprovinzen von SCHÜTZ und in den Orientierungssystemen von SCHÜTZE. Grundsätzlich basiere der Bildungsbegriff auf einer Zukunftsoffenheit, die sich aus der Temporalitätsstruktur nach SARTRE ergäbe und einer Polykontexturalität der Wirklichkeit (ebd., 225). Der differenzierten Konstruktion des strukturalen Bildungsbegriffs nach MAROTZKI soll an dieser Stelle nicht weiter nachgegangen werden. Die Konzepte zeugen bereits in dieser oberflächlichen Beschreibung von einer Anschlussfähigkeit zur Interpretation der bildungstheoretischen Bedeutungen beim Wandel zur Wissensgesellschaft. In diesem Modell werden die Bezüge und Übergänge zu lerntheoretischen Überlegungen eröffnet. Das Lernebenenmodell nach BATESON verdeutlicht Anschlusspunkte in anschaulicher Weise (s. Abb. 4).

Theoretisch gäbe es noch eine Lernebene IV, aber eben nur als theoretische Konstruktion. Bildungsprozesse seien nun Lernprozesse auf der Ebene II und III. In der Ebene II würden durch das Erlernen der Interpunktionsprinzipien der Zugang zum Verständnis der Weltauffordnung und somit auch eine Transformation des Weltverhältnisses möglich. Schließlich folge den Änderungen im Weltbezug auch eine Änderung des Selbstbezugs. Dieser Moment sei der Übergang zur Lernebene III und von fundamentaler Bedeutung für die Bildung in modernen Gesellschaften, die durch Pluralisierung und zunehmende Komplexität gekennzeichnet seien (MAROTZKI 1990, 47). MAROTZKIs entscheidender Bezug auf das Lernebenenmodell verbindet das Aufsteigen in den Lernebenen mit einer zunehmenden Flexibilisierung.

Lernebene 0	Kontextinvarianz; starrer Reiz-Reaktion-Mechanismus; einem Problem wird stets das gleiche Lösungsschema aufgelegt
Lernebene I	Kontextbezogenheit; kontextspezifische Muster im Verhalten; situationsadäquate kognitive Rahmen; Verhaltensrepertoire
Lernebene II	Interpunktion; Herausbildung dominanter Muster; Erlernen von Interpunktionsprinzipien; Lernen lernen; Lockerung des Verhältnisses von Kontext und Rahmen
Lernebene III	Auswahl an Rahmungen; Muster werden in Mengen als Repertoire bewusst gelernt; Überwindung der egologischen Haltung

Abbildung 4:   Lernebenenmodell von BATESON (nach MAROTZKI 1997, 190 ff. und MAROTZKI 1990, 34 ff.)

„Die Logik der Lernebenen 0 bis III kann auch so gesehen werden, dass von Ebene zu Ebene die Flexibilität des Subjektes, mit immer komplexer aggregierten Informations- und Problemeinheiten umzugehen, steigt." (MAROTZKI 1990, 51)

Aus den hier angedeuteten Zusammenhängen ergeben sich einige Anschlussmöglichkeiten für die Fragestellung der Arbeit. Zum einen wird die biographische Verankerung von lerntheoretischen Veränderungen klar und somit unmittelbar ein biographischer Ansatz der Untersuchung unterstützt. Weiterhin erhalten die lerntheoretischen Erkenntnisse einen bildungstheoretischen Interpretationsrahmen, der wiederum die gesellschaftlichen Veränderungen dokumentiert. Letztlich ergibt sich aus dem Zitat ein weiterer lerntheoretischer Zusammenhang, den MAROTZKI an anderer Stelle näher ausführt. Unter Bezug auf MITTELSTRAß kommt er zu dem Schluss, dass die zukünftige Gestaltung des Verhältnisses zwischen Fakten- und Orientierungswissen eine der grundlegenden und aktuellen Forschungsfragen sei (MAROTZKI 2006, 51). Während in der institutionalisierten Bildung das Faktenwissen einen gewissen Vorrang erhalten hat, ist es eine der wichtigsten Aufgaben in hochmodernen Gesellschaften sich dem Orientierungswissen mehr zuzuwenden. Orientierungswissen entstehe über Reflexionsmuster, deren Entwicklung ein Bestandteil von Bildung sei.

„Insofern kann gesagt werden, dass der Bildungsbegriff in der klassischen wie in der modernen Version den der Orientierung im Sinne von Reflexionsmuster einschließt." (MAROTZKI 2006, 51)

Obwohl der Rahmen dieser Arbeit, wie oben erwähnt, eher durch lerntheoretische Fragen geprägt ist, sollen im Folgenden einige bildungstheoretische Aspekte der Einführung und Verbreitung der neuen Informations- und Kommunikationstechnologien beschrieben werden. Die grundlegende Struktur der folgenden Abschnitte orientiert sich an zwei von den drei von MAROTZKI vorgeschlagenen Dimensionen der bildungstheoretischen Perspektiven des Internet, der sozialisatorischen und der identitätstheoretischen Dimension (MAROTZKI 2000a, 238).

2.2.1   Sozialisation

Wenn Bildung, wie eben beschrieben, durch ein Verständnis der Weltauffordnung möglich wird und das Erlernen verschiedener Auffordnungen Bildung erhöht, dann kommt dem bedingenden Element der sozialen Kontexte ein großer Stellenwert zu. Die Sozialisation wird im Zusammenhang der neuen Medien Computer und Internet erneut zu einem zentralen Diskussionsschwerpunkt.

Auf einer mikrosozialen Ebene generiert sich Sozialisation durch direkte Bezugspersonen (z.B. Eltern, Geschwister) und durch Gruppen (z.B. Schulklasse, Sportgruppe). Die Modernisierung der Gesellschaft hat in den letzten Jahrzehnten in diesem Bereich bereits zu einer Reihe von Verschiebungen geführt. So sind die klassischen Elemente „Eltern" und „Familie" weniger und in anderem Maße verfügbar geworden. Die unmittelbaren Auswirkungen werden derzeit und in den nächsten Jahren deutlich. Ebenso sind die Veränderungen in der Gesellschaft auch auf der Makroebene (soziale Werte und Normen, Kultur, Politik) spürbar (s. MANSEL 1999 und DOLLASE 1999). Eine der gravierenden Änderungen bewirkt, dass die Bildung und Erziehung mehr und mehr den traditionellen Räumen entrückt und den institutionellen Einrichtungen zugeschrieben wird.

> „Im Kern geht es bei der Diskussion um eine veränderte Kindheit nach unserer Wahrnehmung um eine Auseinandersetzung mit einer pluralisierten und individualisierten Sozialisation. Das heißt, es wird auf der einen Seite auf nachlassende Integrations-, Orientierung- und Bindungskraft traditioneller Sozialisationsinstanzen hingewiesen und auf der anderen Seite eine neue Vielfalt von Einflussfaktoren konstatiert." (Fromme/ Meder/ Vollmer 2000, 229)

Spätestens seit TURKLES Buch „Leben im Netz" (im Original: Life on the Screen) und TAPSCOTTS „Growing up digital" ist klar, dass Sozialisation auch außerhalb der realen gesellschaftlichen Umwelt stattfindet. Mit dem Internet entsteht ein neuer virtueller Lebensraum, in dem sich neben dem real existierenden Umfeld strukturell die gleichen Sozialisationsebenen realisieren. Nicola DÖRING beobachtet in ihrer Studie sowohl die Veränderung bestehender zwischenmenschlicher Beziehungen als auch die Entstehung neuer sozialer Beziehungen durch die computervermittelte Kommunikation im Netz. Die Beziehungen im Netz gestalteten sich aus sozialpsychologischer Sicht eskapistisch, kompensatorisch oder auch supplementär (DÖRING 1999, 367). In diesem Spektrum ergeben sich eine Reihe von defizitären Diskursen, wie z.B. „die Internetsucht", „Realitätsflucht", und befürwortenden Diskursen, wie beispielsweise den „neuen Partizipationsmöglichkeiten" (SCHÄFFER 2000, 331), denen hier nicht weiter nachgegangen werden soll. Für die bildungstheoretische Perspektive ist zunächst die Vervielfältigung der Möglichkeiten unabhängig von den Beweggründen zu konstatieren. Ebenso sind die Bildung neuer virtueller Gruppen und Gemeinschaften ein Phänomen, welches direkte Auswirkungen auf die Sozialisation der Kinder und Jugendlichen aber auch Erwachsenen hat.

> "Computervermittelte Kommunikation im Internet kann dazu beitragen, dass sich herkömmliche Kleingruppen, Großgruppen und Gemeinschaften verändern (und zwar sowohl in ihren Binnenverhältnissen als auch in den Außenkontakten) und dass sich neue soziale Gebilde entwickeln (virtuelle Kleingruppen, virtuelle soziale Netzwerke und virtuelle Gemeinschaften)." (DÖRING 1999, 415)

Ebenso wie im realen Leben etablieren sich hier Mechanismen, die den sozialen Status markieren und Zugehörigkeiten klären. Die Besonderheit liegt in diesem Fall auf den neuen Mechanismen, die ohne Mimik, Gestik oder irgendwelchen den Status klärenden Äußerlichkeiten auskommen. Die Virtualität konstituiert somit nicht nur eine Vervielfältigung der sozialen Möglichkeiten, sondern auch neue kognitive Mittel, die in der realen Welt bisher nicht vonnöten waren und dort auch nicht gleichermaßen wirken. Die eingängigste Formel für diese neuen Fähigkeiten bezeichnet MAROTZKI als „Polyvokalität und -perspektivität" (MAROTZKI 2000, 246). Genau dies mache das Elementare der Transformation von Sozialität aus. Die Erscheinungsformen, z.B. Chat, Foren, „virtual communities", „Cybercities", virtuelle Institutionen, gestalten sich zunehmend genauso vielfältig, wie die Vielfalt des realen Lebens und erfordern Orientierungsleistungen und kommunikative Voraussetzungen für die erfolgreiche Teilhabe.

> "Beim Eintritt in diese Welten müssen zunächst Beobachtungs- und Orientierungsleistungen aufgebracht werden wie beim Eintritt in jede neue Welt, um herauszubekommen, nach welchen Regeln Wirklichkeit erzeugt wird." (MAROTZKI 1997,194)

In diesem Kontext ist ein weiterer Aspekt von zentraler Bedeutung. Wenn das Internet als Sozialisationsraum eine zu beachtende Bedeutung besitzt, so findet Sozialisation zumindest in diesen Bereichen auch unter neuen Setzungen statt. Aufgrund der relativ kurzen Geschichte, fehlender kultureller Traditionen, oder zumindest sehr kurzlebiger, und der geringen gesellschaftlichen Normung verschiebt sich die Bedeutung von Sozialisationsinstanzen. Das hier angesprochene Generationenproblem kann einerseits als temporär angesehen werden, das sich früher oder später selbst nivelliert. Andererseits ist mit der Schnelllebigkeit und dem hohen Entwicklungstempo der modernen Medien und eben einhergehender sozialer Transformationen eher ein Szenario einzukalkulieren, das sich in Zukunft mehrfach wiederholen könnte. Gleichzeitig ist damit aber auch eine Aufwertung der Bedeutung von gleichaltrigen Bezugsgruppen (Peers) verbunden. Mechanismen der Identifikation und Abgrenzung finden sich wieder in den spezifischen Formen der Kommunikation, „Emoticons", Metaphern und Identitätsrequisiten, wie bereits in Kapitel 2.1.3 beschrieben wurde. Die anfängliche euphorische These der Vervielfältigung der Kommunikation kann in diesem Kontext so nicht aufrechterhalten werden. Eher hat die Befriedigung des grundlegenden Bedürfnisses nach Kommunikation hier zu einer Verlagerung der Kommunikation geführt, in der die Eltern und die Schule nicht mehr das Zentrum bilden. Ein positiver Effekt ist die Aufwertung der Schriftlichkeit der Kommunikation, auch wenn die oben bereits erwähnte „Verschriftlichung der Sprache" aus pädagogischem Blickwinkel zu problematisieren ist. In diesen Gemeinschaften finden sich daneben neue korrektive und aggressive Elemente in der Kommunikation, die neue Lösungsstrategien hervorbrachten (S. KAPITEL 2.1.3). Aus sozialisatorischer Hinsicht ist neben diesen Abgrenzungsmechanismen auch eine neue Art der Hilfsbereitschaft interessant. Im Gegensatz zur Hilfe der Eltern und Lehrer, die manchmal gar nicht erwünscht ist und durchaus auch sozialisatorisch und pädagogisch negative Folgen haben kann, ist diese Hilfe selbst gewählt und dies bezüglich des Zeitpunkts, des Partners und des Umfangs. Diese Hilfsbereitschaft zeigt sich bis heute in Foren, Communities und auch Online-Spielen, auf die später noch Bezug genommen wird. Dass dies auch Rückwirkungen auf die Institution Schule hat, steht außer Zweifel.

> „Festzustehen scheint, dass mit der Implementation dieses neuen Mediums in Bildungsbereiche neuartige kulturelle Praxen in den Alltag einsickern, ohne dass es die Lehrkräfte auch nur wahrnehmen." (SCHÄFFER 2000, 281)

Selbst wenn man von einer relativierten Sichtweise ausgeht, besteht dennoch die Möglichkeit gerade für Schuljugendliche und hier auch zunehmend in den früheren Jahrgängen, sich anderen Sozialisationsinstanzen zuzuwenden und hier einen Rahmen zu finden, der ihren Problemen aufgeschlossener gegenübersteht und vielleicht auch erfolgreicher zu Sozialisation beiträgt. Dies belegen zunehmend Studien, die sich mit der Selbstsozialisation im Netz

und am Computer, im Besonderen auch bei Computerspielen (s. FROMME/ KOMMER/ MAN-
SEL/ TREUMANN 1999) auseinandersetzen.

> „Die sozialisatorische Kraft der Peers zeigt sich in neuen kulturellen Ausdrucksformen und do-
> kumentiert das ungebrochene Bedürfnis der Kinder und Jugendlichen nach sozialer Nähe und
> Austausch mit anderen." (Röhner 2000, 63)

Dagegen kann eine Aussage wie die folgende von ECARIUS wahrscheinlich in der Zukunft
nicht mehr aufrechterhalten oder zumindest missverstanden werden.

> „Dabei ist zu bedenken, dass Kinder sich ihre sozialen Räume, in denen sie lernen und aufwach-
> sen, fast nicht – oder gar nicht – aussuchen können." (ECARIUS/ BOCK 1999, 87),

Die Diskussionen über die Rolle der Medien in der Sozialisation von Kindern erfuhren im
Kontext der Internetnutzung einen neuen Schub und sind somit auch die Folge des gesellschaftlichen Wandels. Fast zeitgleich setzte ein vermehrtes Bewusstwerden der Rolle des
Computers und der Videospiele und auch der Medien Film und Fernsehen ein. Der Konkur-
renzdruck der Medien spielt sich dabei auch auf der Ebene der Darstellung und Wirkung in
sozialisatorischer Hinsicht ab. Beispielsweise werden das Fernsehen und die Presse nicht
müde, von Gefährdungen durch Internet und Computer, meist den Computerspielen (s.
FROMME 2006), in regelmäßigen Abständen zu berichten. Vorschnell werden dramatische
Ereignisse in den Kontext von Sozialisationsfolgen durch den Umgang mit dem Computer
und dem Internet gestellt. Im Ergebnis findet allerdings keine Abkehr der Schuljugendlichen von diesen Medien statt, sondern eher eine Verunsicherung der traditionellen Sozialisationsinstanzen. Eltern fühlen sich oftmals hilflos und außer Stande auf eine Vorliebe ihrer
Kinder zu reagieren, die in eine Welt führt, die sie kaum verstehen oder noch deren Bedeutung erfassen.

> „Die konkrete Aneignung findet aber im Wesentlichen in informellen Freizeit- und Peergroup-
> Kontexten statt, in denen Eltern und andere pädagogisch relevante Erwachsene in der Regel al-
> lenfalls die Rolle des Aufpassers und/ oder Sponsors für Hard- und Software innehaben."
> (FROMME/VOLLMER 1999, 201)

Die Kritiker, die im wissenschaftlichen Kontext durchaus berechtigt ihre Bedenken anmel-
den, tragen durch Veröffentlichungen wie die folgende zur Verunsicherung bei.

> „Die Digitalisierung revolutioniert unsere Kultur radikal und rasant. Um es auf einen Kalauer zu
> bringen, der keiner ist: Während die Politiker die "Schulen ans Netz" anschließen wollen, gehen
> die "Schüler ins Netz". Sie gehen in eine Welt, in der eigene Gesetze gelten - oder eben nicht
> gelten. Zu ihren wesentlichen Merkmalen gehören die Entmaterialisierung, der Bedeutungsver-
> lust von Raum und Zeit, von Ursache und Wirkung, von Person und Gesellschaft. Und an die
> Stelle der klassischen Ingenieurtechnologie ist in der digitalen Kultur eine andere getreten: die
> Lebensform des "bricolage"; eine intellektuelle Technik des ziellosen Bastelns mit ungenau pas-
> senden Werkzeugen." (BRENNER 2000)

Dagegen stehen nun aber auch Studien, die den Computer und wiederum die Computerspiele als gegebenes mediales Umfeld untersuchen und durchaus positive Seiten der intensiven Beschäftigung feststellen können. Seymour PAPERT gehört hier zweifellos zu einem
der ersten, der akzeptiert, dass der Computer zu der jüngeren Generation gehört, wie das
Buch und Fernsehen zur älteren.

> „Überall auf der Welt sind Kinder eine leidenschaftliche und dauerhafte Liebesbeziehung zum
> Computer eingegangen. Was sie mit Computern machen, ist so unterschiedlich wie ihre Aktivi-
> täten selbst. Die meiste Zeit verbringen sie mit Spielen, mit dem Ergebnis, dass Namen wie Nin-
> tendo Wörter des alltäglichen Gebrauchs geworden sind. Sie verwenden Computer zum Schrei-
> ben, Zeichnen, um zu kommunizieren, um Informationen zu erhalten. Einige verwenden Com-
> puter, um soziale Bindungen aufzubauen, andere um sich zu isolieren." (PAPERT 1994, 23)

Den lerntheoretischen Ausführungen PAPERTs wird in einem der nachfolgenden Kapitel nachgegangen. In diesem sehr polarisierten Feld eine wissenschaftliche Position einzunehmen, heißt zu akzeptieren, dass die Medien unabstreitbar ihren Anteil an der Sozialisation haben.

In seinen Studien zum Umgang mit interaktiven Medien am Beispiel der Computerspiele kommt FROMME vor allem unter Anerkennung der Spielwelten als Sozialisationsräume zu mehreren interessanten lern- und bildungstheoretischen Erkenntnissen. Seine grundlegende Position beschreibt er wie folgt.

> „Darüber hinaus wird Sozialisation auch nicht mehr nur als ein Prozess des Erwachsenwerdens gesehen, in dem die Kinder und Jugendlichen auf ihre Rolle als Werdende reduziert werden. Vielmehr wird auch ihre Rolle als Seiende mit eigenen kulturellen und subjektiv sinnhaften Praxen als wichtiger Teil von Sozialisation anerkannt." (FROMME/VOLLMER 1999, 203)

An dieser Stelle wird ein zweiter wesentlicher Aspekt von Sozialisation erwähnt, der auch im Kontext der neuen Medien stärker in den Vordergrund rückt. Es sind nicht nur die erzieherischen Instanzen, die den Verlauf beeinflussen, sondern es ist das Subjekt selbst, das einen entscheidenden Beitrag zu diesem Prozess beisteuert. Dies wird allgemein unter dem Begriff der „Selbstsozialisation" verstanden. In den Spielwelten, die durch die Simulation realer oder unrealer Welten im Wesentlichen mittels Animation und Interaktion faszinieren würden, kämen ganz herkömmliche Sozialisationsmotive, wie z.B. Macht und Kontrolle, zum Tragen. An dieser Stelle begründe sich auch das unterschiedliche Nutzungsverhalten von Jungen und Mädchen, da das „weibliche definierte Konzept von Interaktion, Beziehung und Gemeinschaft" in Computerspielen kaum vorkomme (FROMME/VOLLMER 1999, 222). Die Eigenheiten der virtuellen Spielwelten gleichen in dieser Beziehung den virtuellen Welten des Internet. Damit gelten für sie ebenfalls die oben beschriebenen eigenen Regeln, die spezifische Beobachtungs- und Orientierungsleistungen erfordern.

> „Im Rahmen des Prozesses der Persönlichkeits- und Identitätsbildung muss so etwas wie Kontrolle über viele Lebensbereiche, die neu und fremd sind, überhaupt erst gewonnen werden. In diesem Zusammenhang erscheinen Video- und Computerspiele als virtuelle Experimentierfelder, in denen sich die Kinder mit ihren Unsicherheiten und Ängsten, aber auch mit den Hoffnungen und Wünschen auseinandersetzen können – ein Beitrag zur symbolischen Bewältigung von Entwicklungsaufgaben." (FROMME/VOLLMER 1999, 223)

An der Nutzung von Computerspielen sowie beim Fernsehkonsum werden gleichzeitig die Rückwirkungen auf die reale Erlebniswelt der Kinder deutlich. In dieser Hinsicht sind Kinder in der heutigen Zeit mehr gefordert (s. FROMME 2006). Zeitmanagement unter den Aspekten verschiedenster Handlungsangebote zu bewältigen, Tätigkeiten zeitlich, räumlich und sozial zu koordinieren, Intentionen entwickeln und realisieren und darüber zu reflektieren sind nur einige Beispiele, die die gestiegenen Anforderungen einer medienbestimmten Selbstsozialisation verdeutlichen (s. KIRCHHÖFER 1999, 102). Inwiefern hier Medien eine Fremdsteuerung übernehmen würden, soll an dieser Stelle nicht weiter nachgegangen werden (s. KIRCHHÖFER 1999).

Abschließend bleibt zu konstatieren, dass die Sozialisation in erheblichem Maße von den neuen Medien beeinflusst wird. Internet und Computer erweitern dabei die Instanzen und Orte, verändern diese teilweise und wirken gleichzeitig als Vervielfältigung. Die dabei auftretenden Phänomene sind sowohl in bildungstheoretischer als auch in lerntheoretischer Hinsicht interessant und relevant. Hinsichtlich der Selbstsozialisation kommt DOLLASE zu folgendem Schluss:

> „Die Verarbeitung medialer Erfahrung bei Kindern und Jugendlichen kann zu überraschenden moralischen und kulturellen Sozialisationsergebnissen führen, die man zunächst zur Kenntnis

nehmen muss, um sie dann zu prüfen und evtl. auch selbst zu übernehmen. Nicht immer ist das, was Kinder und Jugendliche entwickeln, ein Unglück, sondern es ist oft eine nachgewiesenermaßen nachhaltige Bereicherung des menschlichen Lebens." (DOLLASE 1999, 42)

2.2.2   Identitätsbildung

Aus den im letzten Kapitel beschriebenen Zusammenhängen geht schon eine sehr enge Verflechtung zwischen den neuen Medien und dem Selbstverhältnis hervor. Veränderungen dieses Selbstverhältnisses stehen im engen Kontext der Identitätstheorie. Der Begriff „Identität" lässt sich aus der sozialpsychologischen Perspektive vielseitig interpretieren.
   „Unter Identität sollen kontextspezifisch gebündelte und strukturierte kognitive, emotionale und konative Selbstinhalte hoher subjektiver Relevanz verstanden werden." (DÖRING 1999, 258)
Insofern ließe sich unterscheiden zwischen individueller und kollektiver Identität, zwischen Selbstkonzept und Identität sowie der Selbstdarstellung und Eindrucksbildung. Im Zusammenhang mit dem Internet sind in erster Linie die Selbstdarstellung und das Selbstkonzept interessant. Die Mechanismen der kollektiven Identitätsbildung und der Eindrucksbildung verändern sich zwar auch unter dem Einfluss des Internet, in erster Linie aus der veränderten Kommunikation und erweiterten Reichweite der Erfahrungsräume, treten aber bisher nicht so augenscheinlich in den Vordergrund. Die verschiedenen Aspekte der Identität deuten schon an, dass Identität nicht als ein generalisiertes monolithisches Wahres angesehen werden kann, sondern eher ein durch Körperlichkeit, Tätigkeiten, Funktionen und gesellschaftliches Umfeld geprägtes als auch ein durchaus unterschiedlich dargestelltes und stets neu zu entwickelndes Konzept bildet. Somit sei es gerade eine Erscheinung modernisierter Gesellschaften, dass Identität zu einem „Patchwork" werde (DÖRING 1999, 255). Identität steht somit in einer engeren Beziehung zur Erkenntnisbildung, da Rückmeldungen aus der Umwelt und vor allem die Selbstsicht eine stetig steuernde Funktion besitzen. Erst das Bewusstwerden der Wirkung auf die Umwelt bzw. der Wirkung in der Umwelt führt im positiven Fall zu einem Bedürfnis nach Veränderung. Grundvoraussetzung ist damit die Reflexion des Verhältnisses zu sich Selbst und zur sozialen Umwelt. Der Erkenntnis folgend treten dann die Bereitschaft und die Möglichkeit der Veränderung in den Blickpunkt. Typische Situationen, die potenziell zu einer Änderung der Identität führen könnten, sind beispielsweise die Verlagerung des Wohnorts, die Übernahme einer neuen Funktion oder einer neuen Arbeit oder auch die Zuwendung zu einem neuen Hobby, eventuell verbunden mit der Aufnahme in eine neue Gruppe. Eine hohe Dynamik, die auch mehr oder minder bewusst unterstützt wird in der Identitätsbildung, liegt in der kindlichen bzw. jugendlichen Entwicklungsphase. Es überwiegt in dieser Zeit ein spielerisches Ausprobieren, das die Konstruktion bzw. Konstitution in den Vordergrund rückt. Im Gegensatz wird es in zunehmendem Alter schwieriger seine Identität neu zu definieren.
   Genau hier wird das Internet bedeutungsvoll. Die Virtualität der Kommunikation, bei der Körperlosigkeit, beliebige Räumlichkeit und die gesellschaftliche, z.B. durch den Beruf gekennzeichnete, Stellung in den Hintergrund treten, ermöglicht bzw. erfordert eine erneute Beschreibung einer möglicherweise verschiedenen Identität. Gleichzeitig fördern die Besonderheiten in der Kommunikation im Internet das Bewusstwerden der eigenen Identität. Es kommt somit zu einer verstärkten inneren Auseinandersetzung mit dem Selbstbild. Die begrenzten Möglichkeiten des virtuellen sozialen Umfelds, ein neu konstruiertes Abbild des

eigenen Ichs zu hinterfragen bzw. zu prüfen, geben zudem einen spielerischen Rahmen ähnlich einem Rollenspiel.

> „Das Internet ist zu einem wichtigen Soziallabor für Experimente mit jenen Ich-Konstruktionen und –Rekonstruktionen geworden, die für das postmoderne Leben charakteristisch sind. In seiner virtuellen Realität stilisieren und erschaffen wir unser Selbst." (TURKLE 1998, 289; s. auch MAROTZKI 2000a, 241)

Somit ermöglicht dieses Experimentieren mit dem eigenen Abbild für Erwachsene neue Erfahrungen zu machen, die im Rahmen ihrer gelebten Identität nicht möglich sind. Andererseits ist die Identitätsbildung bei Kindern und Jugendlichen keineswegs gefestigt oder gar abgeschlossen. Vielmehr befinden sie sich in einem laufenden Konstruktionsprozess, der auch in der realen Welt noch mehrere Möglichkeiten einer neuen Ausrichtung offen hält. In dieser Hinsicht kann die Erfahrung aus virtuellen Räumen eine nützliche Orientierung sein (s. auch dazu FROMME 2006a, 121). Betrachtet man nun nicht nur die virtuellen Räume des Internet, sondern die modernen multimedialen Spielwelten, in denen sich Kinder ausprobieren können, so werden die Möglichkeiten der Flexibilisierung bereits in frühestem Kinderalter vergrößert. Hinzu kommt eine Reihe realistisch anmutender Vorbilder aus den Medien, insbesondere dem Film und Fernsehen. Inwiefern dies nützlich oder gar schädlich sein könnte, sei an dieser Stelle nicht weiter ausgeführt. Die Bedeutung von Sozialisation und Identitätsbildung verstärke sich in der modernen Gesellschaft durch die Pluralisierung der Medienlandschaft, die eine Vielzahl von Wahlmöglichkeiten eröffne und auch Entscheidungen erfordere, konstatiert FROMME (FROMME 2006, 22).

> „Our present socio-cultural world is characterised by plurality. Media have contributed to this pluralisation and the world of media itself has become immense. [gekürzt – RF] This forces one to make choices, and any choice is an act of putting oneself into a specific position in the sociocultural world. Having to make choices is constitutional for the notion of socialization becoming too narrow to adequately seize the phenomenon of learning (that is: acquiring the world) outside educational settings (Meder 2002)." (FROMME 2006, 22)

Im Kontext des Internet enthält fast jede Anwendung identitätsbildende Momente, z.B. bei der Gestaltung einer Homepage, der Anfertigung eines Impressum auf einer Webseite, der Signatur einer E-Mail, der Einrichtung eines E-Mail-Accounts, einer Online-Bestellung, dem Eintritt in Foren u. v. a. m. Das identitätsbildende Moment beginnt mit der Angabe eines Nicknamen, des Alters und des Geschlechts, bei der vermutlich am flexibelsten gedacht wird und endet schließlich möglicherweise bei einer vollständigen Personenbeschreibung, mit der man sich mehr oder weniger identifiziert. In einer „Selfservice- Gesellschaft" (TULLY 2006a, 14) sind diese Fragen nicht nur bildungstheoretisch bedeutsam sondern lebensnotwendiger Alltag. Die vielfältigen Identitätsrepräsentationen unterscheidet MAROTZKI in drei Arten der Identität: formale, personale und Rollen- Identität (MAROTZKI 2006, 125). Die formale Identität erlaube eine eindeutige Zuordnung zwischen Offline- und Online-Identität. Sie gewinne hauptsächlich im Zusammenhang mit E-Commerce- Anwendungen an Bedeutung (ebd. 126). Ebenso trifft dies sicherlich bei einem Impressum oder Signatur einer E-Mail zu. Die personale Identität sei die Online- Identität, die im Wesentlichen durch die Zugangsdaten beschrieben würden und eben nicht mit der Realität übereinstimmen müssten (ebd.). Dies ist bei Foren, Communities, auf einer Homepage oder auch bei Spielen die gestaltete Person im Netz. Die Rollen-Identität entstehe durch die Zuschreibungen der Mitglieder einer Online-Gemeinschaft, die sich auf das Handeln der personalen Identität in der Gemeinschaft beziehen (ebd.). In den kommunikativen Anwendungen, wie beispielsweise im Chat oder auch in den textbasierten „multiuser"- Spielen, wird die künstliche (Rollen-) Identität über die Teilnahme und Äußerungen dann sukzessive weiter aufgebaut, wie z.B. ein „Fachmann" im Forum oder ein „guter Verkäufer" bei eBay (ebd.). Das Problem bei einer spielerischen Umgangsweise in diesen Anwendungen ist das Aufrechterhalten der Authentizität. Da keine protokollierenden Daten vorhanden sind, muss die Rolle „gelebt" werden, also eine starke innere Bindung zu ihr aufgebaut werden. Dass dies zu Veränderungen in der Realwelt führen kann, belegen mehrere Studien (z.B. DÖRING 1999, TURKLE 1998). Etwas leichter sind solche Selbstbilder in der „schriftlichen" Kommunikation aufrecht zu erhalten, wie z.B. E-Mail, Net- News oder Foren.

Im Gegensatz zu den beschriebenen Anwendungen, bei denen die Möglichkeiten der Verschleierung einer Identität und dem spielerischen Ausprobieren von Selbstzuschreibungen gegeben sind, steht beim Gestalten und Veröffentlichen im Internet eher die Resonanz der eigenen Tätigkeit im Vordergrund. Die Außenwirkung des eigenen Ichs und eventuelle Hemmungen bzw. Ängste vor dem Hinterlassen von negativen Eindrücken ist hier das identitätsbildende Moment. Die Gestaltung der eigenen Homepage wird so bei vielen Nutzern zu einem umfangreicheren Projekt, in dessen Rahmen genau abgewogen wird, welche Information in welchem Umfang und auf welche Weise dargestellt werden soll. Die Gestaltung einer Homepage, begleitet von der Beschaffung von Werkzeugen, Bildern u. v. a. und eben dieser intensiven Auseinandersetzung mit sich selbst, vergleicht TURKLE mit dem Einrichten einer Wohnung.

„Wenn man die Homepage als metaphorische Wohnung des Selbst betrachtet, dann kann man sagen, die Wohnungseinrichtung ist postmodern. [gekürzt – RF] Homepages im Web veranschaulichen auf besonders plastische Weise die neue Konzeption multipler, aber kohärenter Identität." (TURKLE 1998, 421)

In der Veröffentlichung der persönlichen Identität, dem Bekennen von Neigungen und somit dem Gewähren eines gewissen Einblicks in die Intimsphäre entsteht ein wichtiges Moment der Selbsterkenntnis. Andererseits fürchten an dieser Stelle viele gerade unerfahrene Nutzer, dass sie zu einem „gläsernen" Menschen werden. Vor dem Hintergrund krimineller Machenschaften im Netz sind diese Bedenken zumindest teilweise berechtigt und es sollte schon überlegt sein, welche Informationen man veröffentlicht. Das Eingeständnis der eigenen Persönlichkeit und deren Bedeutung ist allerdings ein früherer und tiefer greifender Schritt.

Genau an dieser Stelle kann man generell einschätzen, dass die Nutzung der identitätsbildenden Möglichkeiten und die bewusste Auseinandersetzung mit der eigenen Identität nicht im Zentrum des Interesses der Mehrzahl der Internetteilnehmer stehen. So ist auch DÖRINGS Aussage als eine Abmahnung der Pauschalisierungen in positiver und negativer Richtung zu bewerten.

„Der pauschale kulturpessimistische Vorwurf des Identitätsverlusts (De-Individuation) und des Versteckens hinter Schein-Identitäten (Eskapismus) ist ebenso zurückzuweisen wie die Annahme, dass Internet-Kommunikation generell Selbstexploration (umfassendere Realisation vorhandener Selbst-Aspekte) und Selbstentwicklung (Erproben neuer Handlungsweisen, Erfahrungstransfer) fördere und damit therapeutisch wirke oder gar zu einer weitgehenden Dekonstruktion sozialer (Macht-) Unterschiede führe." (DÖRING 1999, 312-313).

Die Thematisierung der Aspekte der Identitätsbildung im Internet motiviert sich also eher von den theoretischen Möglichkeiten her. Diese in die therapeutische oder pädagogische Praxis zu überführen, scheute in den letzten zehn Jahren sowohl die Psychotherapie als auch die Pädagogik. Bis auf einige Ausnahmefälle, die das Aufsehen der Wissenschaft durchaus anregten, wird die latente Wirkung dabei nur wenigen Netzteilnehmern wirklich bewusst. Es ist eine gewisse Intensität in der Beschäftigung mit dem Internet oder zumindest einzelnen Anwendungen erforderlich, bis diese Fragen in den Vordergrund rücken und ein spielerisches Experimentieren oder eine bewusste Auseinandersetzung stattfindet. Es wird möglicherweise eine Aufgabe der Pädagogik der nächsten Jahre sein, Gelegenheiten der aktiven Auseinandersetzung mit Identitätsfragen zu schaffen. In ihrer Untersuchung findet TURKLE diese Auseinandersetzung vornehmlich bei MUD- Spielern. Die repräsentative qualitative und quantitative Untersuchung von Netznutzern durch DÖRING führt zu der angedeuteten Relativierung, auch wenn sie von einer größeren Bedeutung spricht.

> „Wenn Netzkommunikation trotzdem für die Mehrzahl der Beteiligten identitätsrelevant ist, dann deshalb, weil wir im Netz mit neuen Präsentationsmitteln und Publika, mit ungewohntem Feedback und spezifischen Irritationen konfrontiert werden, die Anlass bieten, über herkömmliche Umgangsformen mit (eigenen und fremden) Identitäten kritisch nachzudenken." (DÖRING 1999, 313)

Für die Identitätsbildung ist offensichtlich diese Reflexion der maßgebliche Punkt. Das Feedback anderer Netznutzer wird auf Grund der Teilnehmerzahlen im Netz bei einer Veröffentlichung wahrscheinlich und bei einer Kommunikation beispielsweise in einem Chat nicht ausbleiben. Wenn eine bildungstheoretische Wirkung im Rahmen der Identitätsentwicklung erzielt werden soll, so geht dies nur mit einer offensiven Auseinandersetzung mit anderen Netznutzern, sei es in der Form einer Veröffentlichung, der aktiven Teilnahme an Kommunikation oder auch der Einrichtung von spezifischen Feedbackplattformen. Letzteres beginnt beim Hinterlassen einer E-Mail Adresse im Netz oder dem Anbringen eines Impressums auf einer Homepage und geht bis zur Einrichtung von Foren oder Chatkanälen. Genau in diese Richtung weisen auch die von MAROTZKI, NOHL und ORTLEPP aufgestellten grundlegenden Anforderungen an eine bildungstheoretisch orientierte Internetarbeit.

> „Sich in einem Gemeinwesen zu artikulieren, setzt voraus, dass Menschen ihre Stimme erheben, dass sie mit ihren Haltungen sichtbar werden und Verantwortung, zunächst im Sinne einer Responsibilität, übernehmen, d. h. dass sie im öffentlichen Raum gefragt werden und für alle wahrnehmbar antworten können. Diese Art der Responsibilität, die wir etwas allgemeiner Artikulation nennen, ist nicht die gleiche wie Teilnahme oder Teilhabe bzw. Partizipation." (MAROTZKI/ NOHL/ ORTLEPP 2003, 6)

Hier unterscheidet sich das Internet auch wiederum von den anderen Medien, da einerseits der Wirkungskreis wesentlich erweitert, also die potenzielle Häufigkeit von Rückmeldungen erhöht, aber auch die Interaktivität erleichtert und somit die Wahrscheinlichkeit für Rückmeldungen gesteigert sind im Gegensatz zu Veröffentlichungen in der Zeitung oder von Büchern. Darin liegt auch der grundlegende Unterschied zum Fernsehen, in dem die Reflexionsmöglichkeiten eines eigenen Beitrags ziemlich ausgeschlossen sind. Identitätsbildung durch das Fernsehen findet lediglich durch die Übernahme von Idolen und Wunschvorstellungen statt, die dann in verschiedenen sozialen Rahmen reflektiert werden.

Teilweise lässt sich dies auch auf die schon erwähnten Computerspiele übertragen, die einen großen Teil der Freizeitbeschäftigung der Schuljugendlichen einnehmen. Dabei gestatten die Interaktivität und die Möglichkeiten der eigenen Gestaltung der virtuellen Welt eine intensivere Auseinandersetzung mit dem eigenen Ich, auch wenn die Vielfalt der Gestaltungsvarianten ihre Grenzen hat. Neben den Motiven der Macht oder des sportlichen Ehrgeizes zielen Spiele oft auf das Erfüllen von Aufgaben und das Ausstatten von Spielfiguren oder Sportgegenständen (z.B. Autos) mit speziellen Utensilien im Sinne von Identitätsrequisiten ab. Auf die Wahl von Figuren und z.B. Fahrzeugen legen gerade jüngere Spieler ein größeres Augenmerk.

„Vergleichsweise einig sind sich alle Kinder aber, was die allgemeine Beurteilung des Rollen-
spiels angeht. Besonders wichtig ist ihnen hier, dass sie in der jeweiligen Rolle viele Möglichkeiten haben, etwas zu tun (70,3%), dass sie in einem Spiel verschiedene Rollen zur Auswahl
haben (61,7%) und dass sie überhaupt im Spiel jemand anders sein, also eine Rolle spielen können (52,9%)." (FROMME/ VOLLMER 1999, 219-220)

Die Bedeutung der Identitätsbildung durch Medien und auch durch das Internet ist im Kin-
des- und Jugendalter offensichtlich größer als bei Erwachsenen, bei denen die Identität
durch die feste Einbindung in verschiedene Rollen stärker geprägt ist. Kinder und Jugendliche neigen auch eher zu einer spielerischen Anwendung und einem Ausprobieren, da eine
nachhaltige Wirkung weder zu befürchten noch zu erwarten ist. Wenn ein Kind einmal eine
Arztrolle spielt, wird aus ihm ebenso wenig ein Arzt, wie nach einem Actionspiel ein Ge-
walttäter (s. dazu FROMME 2006/ 2006a). Eher etablieren sich Gewohnheiten in der Auseinandersetzung und der Rechtfertigung der Identität.

„Im Rahmen des Prozesses der Persönlichkeits- bzw. Identitätsbildung muss so etwas wie Kontrolle über viele Lebensbereiche, die neu und fremd sind, überhaupt erst gewonnen werden. In
diesem Zusammenhang erscheinen die Video- und Computerspiele als virtuelle Experimentier-
felder, in denen sich die Kinder mit ihren Unsicherheiten und Ängsten, aber auch mit den Hoffnungen und Wünschen auseinandersetzen können – ein Beitrag zur symbolischen Bewältigung
von Entwicklungsaufgaben." (Fromme/ Vollmer 1999, 223)

2.2.3   Zusammenfassung

Die Geschichte der Menschheit ist stets durch die Medien beeinflusst und weiterentwickelt
worden. Die zunehmende Akzeptanz der Medien und damit verbunden ihre kulturelle Legitimität (SCHÄFFER 2000) führt in der alltäglichen Anwendung zu neuem Rezeptionsverhal-
ten. So wie sich früher die Menschen vor den bewegten Bildern fürchteten und es heute
noch Kulturen gibt, in denen ein Foto den Verlust der Seele bedeutet, so verbindet die
Menschen derzeit eine teilweise begründete Skepsis mit den Medien Computer und Internet. Insbesondere sind dabei gerade die Probleme der Sozialität und Identität einem Wandel
unterzogen, der auch eine anthropologische Dimension besitzt. Die neuen Entwicklungen,
die ihrerseits den menschlichen Fortschritt sichern, stehen im Hinblick auf Internet und
Computer immer noch am Anfang. Mit dem kulturellen Wandel und weiteren neuen Entwicklungen geht die Kritik der Kulturpessimisten einher, die die neuen Medien im Kontext
der alten und mit den Mitteln der alten Medien diskutieren.

„Es wird ja auch behauptet, dass jeder Schüler im Internet mit echten Wissenschaftlern kommunizieren und von ihnen lernen könne - ja, auf welchem Planeten leben wir denn eigentlich? Wer
verbringt schon so viel Zeit mit Tausenden von Schülern, die mit ihren Hausaufgaben im Ver-
zug sind? Gewiss, wenn Sie 10 000 Schulen vernetzen, liegt wahrscheinlich einiges an Wert
darin. Aber all das Geld, all die Zeit, all die Gedanken - und wofür? Genau an diesem Punkt
wird die Sache gefährlich." (POSTMAN 1996)

Das Besondere an den neuen Medien Computer und Internet ist die Sensibilisierung insbesondere für bildungstheoretische Fragen. Die Veränderung des sozialen Umfelds und die
neue Öffentlichkeit auf einer breiten Ebene berühren die Kerninhalte der Bildung. Neben
der realen Existenz lässt sich unter den Bedingungen des Internet eine digitale zweite Wirklichkeit aufbauen, in der die sozialen und identitätsbildenden Bedingungen abweichend
vom realen Leben gesetzt sind. Die zunehmende Verlagerung in den virtuellen Raum trägt
derzeit erste Anzeichen durch die Gestaltung von Homepages, aktive Teilnahme an Foren

und Chats oder auch im einfachsten Fall einer E-Mail-Adresse auf der Visitenkarte als eine moderne Identitätsrequisite.

Das Neue an diesen Medien ist die Anonymität und Distanz, die der Einzelne mehr oder minder bewusst nutzen kann und die völlig neue Perspektiven im menschlichen Zusammenleben eröffnet. Daraus ergeben sich die Notwendigkeit des verstärkten Hinterfragens, also einer Kontextualisierung von Information und auch das Bedürfnis nach Prüfung von Authentizität der virtuellen Kommunikationspartner. Zwei weitere wesentliche Neuheiten sind die verstärkte Auseinandersetzung mit dem Selbst, einem damit verbundenen erhöhten Bedarf an Reflexion. Die dritte bildungstheoretische Bedeutsamkeit ist die aus der Virtualität im Sinne einer Simulation entstehende Möglichkeit der Flexibilisierung von Lebenslagen. Insbesondere in den Jugendjahren ist diesem Experimentieren mit der Identität und den sozialen Umfeldern ein größerer Einfluss zuzumessen. Dabei kann davon ausgegangen werden, dass das Internet in dieser Hinsicht sich in einem Entwicklungsstadium befindet, das noch viele Möglichkeiten offeriert. Ebenso ist es eine momentane Erscheinung, dass die Nutzer erst beginnen, sich das Internet in dieser Weise zu erschließen. Die Frage, die sich bereits andeutete, ist, wie die institutionellen Bildungseinrichtungen auf diese veränderten bildungstheoretischen Setzungen reagieren. Die Rückwirkungen auf Schule und Universität werden in jedem Fall eine Reaktion erfordern. Weiter gehen bereits einige bildungstheoretisch motivierte Lernarrangements (MAROTZKI/ NOHL/ ORTLEPP 2006) und die Konzeptionisierung neuer Unterrichtsvorhaben. Das erwähnte Konzept von MAROTZKI, NOHL und ORTLEPP basiert genau auf den hier beschriebenen bildungstheoretischen Potenzen, in dem es die Wissensaneignung, „faktische Genese", mit den Potenzen der Sozialisation, „normative Genese", und Identitätsbildung, „artikulierende Genese", in einem einheitlichen Entwurf für Internetprojekte von Studierenden zusammenführt (ebd.). Die Wissensaneignung wird ein wichtiger Inhaltspunkt des nächsten Kapitels, den lerntheoretischen Annahmen.

Dass die Einbeziehung des Computers und des Internet in allgemeine Lebensprozesse und in bildungstheoretische Debatten erst am Anfang steht, ist auch leicht daran zu erkennen, dass die neuen Medien immer noch als neu bezeichnet werden.

> „Ich vertrete das paradoxe Argument, dass die Technologie einen so tief greifenden radikalen Wandel der Schule herbeiführen kann, wie wir es in der Medizin erlebt haben, dies wird jedoch genau durch den entgegen gesetzten Prozess wie im Fall der modernen Medizin geschehen. Die Medizin hat sich gewandelt, indem sie ihrem Wesen nach immer stärker technisiert wurde; die Schule wird sich wandeln, indem technische Mittel verwendet werden, um das technische Wesen des schulischen Lernens abzuwerfen." (PAPERT 1994, 78)

Im Rahmen der grundlagentheoretischen Aspekte wurde bereits angedeutet, dass die neuen Medien auch für die wissenschaftliche Diskussion neue Perspektiven entwickeln muss, die in Kohärenz und Differenz zu den alten Theorien stehen. Dies gilt nun auch für die bildungstheoretische Forschung und die Entwicklung neuer Bildungsziele.

> „Medienbildung kann sich nicht nur auf die klassischen Bildungsziele der Bürgerlichen Gesellschaft beziehen. So wenig wir heute auch darüber wissen, wie die Zukunft für die Kinder, die heute in den Schulen sind, aussehen wird, so gewiss ist doch auch, dass sie von Technologie geprägt sein wird." (SCHELHOWE 2006, 19)

Die Normalisierung von Technik und die natürliche Einbeziehung in alle Lebensprozesse werden den Menschen verändern, so wie es das Buch, Bilder und Filme schon getan haben. Die Frage, was der Mensch ist und wie viel Maschine in den Mensch implementiert bzw. was vom Menschen „ausgelagert" wird, rücke zunehmend in den Mittelpunkt anthropologi-

scher und somit auch bildungstheoretischer Fragen (Marotzki 2000a, 242 ff.). Dass diese
Fragen nicht nur bildungstheoretischer Natur und auch auf der lerntheoretischen Seite zu
klären sind, zeigt das nächste Kapitel, in dem es um die Einordnung des Computers in
Lernprozesse, das Verhältnis von Wissen und Information und um Lernmodelle geht, die
klären sollen, wie Lernen stattfindet. Der bildungstheoretische Kontext spielt für die vorgelegte Untersuchung insofern eine Rolle, dass davon auszugehen ist, dass die Veränderungen
der bildungstheoretischen Perspektiven bei intensiven Computernutzern bereits jetzt Spuren
in den Lernprozessen hinterlassen.

2.3   Lerntheoretische Aspekte

In der Perspektive der Lerntheorie verändern die Vernetzung der Bildungseinrichtungen
und die Verfügbarkeit des „Weltwissens" den Blick auf die Möglichkeiten individueller
Wissenskonstruktion. Der Schritt vom Instruktions- zum Problemlösungsparadigma scheint
unter dem Einsatz des Internet vollziehbar. Gleichzeitig ergeben sich aus den vorher genannten Änderungen neue Bildungsinhalte und Bildungsziele. Paradigmenwechsel bedeuten stets, das grundlegende Verständnis von Lernprozessen zu ändern. Die daraus resultie-
renden Formen der Anwendung sind stets der Kompromiss aus theoretisch Möglichem und
praktisch Machbarem. So wurden auch im Zeitraum der Arbeit verschiedene Ansätze in der
Praxis unter den aktuellen Bedingungen erprobt. Dies wird teilweise in den Interviews im
Hintergrund deutlich und auch direkt thematisiert. Dieses Kapitel zeichnet einen theoretischen Rahmen, in dem nur die wichtigsten Fragen im Kontext Computer und Internet diskutiert werden. Ausgehend von einer kurzen allgemeinen Vorstellung der Lerntheorien und
der Zuordnung der Anwendung des Computers im Unterricht standen im Zentrum der Bemühungen die Frage des Verhältnisses von Wissen und Information und die Frage, wie
Wissensaneignung grundlegend funktioniere. Das grundlegende Wissensmodell von AEBLI
und die lerntheoretischen Ansätze von PAPERT waren bei der Beantwortung dieser Fragen
besonders hilfreich und haben die praktische Arbeit des Autors in der Schule nachhaltig
geprägt.

2.3.1   Individuelle Wissenskonstruktion im Kontext der Lerntheorien

In vielen Forschungsarbeiten zum Thema Computer- oder Interneteinsatz in der Schule mit
lerntheoretischem Hintergrund finden sich Abhandlungen zur Entwicklung der Lerntheorien (z.B. BAUMGÄRTNER 2002, PARK 2003, SCHAUMBURG 2003, KERRES/ DE WITT 2002).
Deshalb soll an dieser Stelle von einer ausführlichen Darstellung abgesehen werden. Ausgehend von einer kurzen Übersicht interessieren in diesem Abschnitt eher die Abgrenzung
von kurzschlüssigen Theorien, die gerade im Kontext der Internetnutzung in der Schule
aufgestellt wurden und schließlich die Darstellung von Anschlussmöglichkeiten.
    Einen guten Überblick über die Lerntheorien im Hinblick auf den Computereinsatz in
Lernprozessen gibt KLEINSCHROTH bereits 1996 (s. Abb. 5). Er untersucht verschiedene
Computeranwendungen auf ihre lerntheoretischen Paradigmen. Bei Computersoftware
ergäben sich vielfältige Lerneffekte, die sich durch folgende Merkmale auszeichnen: Auf-
merksamkeitslenkung, Motivation, Erziehung zur Exaktheit, sofortige Korrektur, Angsttabu

durch Anonymität, Wiederholbarkeit, Feedback, Selbstvergleich, Schrittmachereffekte und Zeitersparnis, Interaktivität, Flexibilität, Adaptivität, mehrkanaliges, kreatives, projektorientiertes, individualisiertes Lernen und Denkschulung (KLEINSCHROTH 1996, 24 ff.). Diese ungeordnete Zusammenstellung von Lerneffekten ist sicherlich aus lerntheoretischer Sicht diskussionswürdig, dennoch enthält sie viele der im Umfeld des Computers diskutierten Begriffe und ergibt für eine allgemeine Einschätzung von Unterrichtssoftware ein praktikables Werkzeug.

Die meisten auch heute noch gängigen Lern- und Übungsprogramme basieren auf dem Prinzip „drill and practice". Ein relativ eng umgrenzter Themenbereich wird mit einer Auswahl von standardisierten paarweisen Elementen (z.B. Frage – Antwort, Oberbegriff-Teile u. Ä.) dem Nutzer vorgelegt und die Reaktion mit der Vorgabe abgeglichen. Im einfachsten Fall wird die Anzahl der „Treffer" gezählt, Fehlversuche erneut „eingemischt" und dem Lerner wiederholt vorgelegt. KLEINSCHROTH ordnet diese Art des Lernens dem Behaviorismus zu, der im Wesentlichen auf dem Reiz-Reaktions-Schema nach SKINNER und CROWDER basiere (KLEINSCHROTH 1996, 79). Dass diese Lernprogramme auch heute noch ihre Existenzberechtigung besäßen, begründe sich damit, dass es gewisse Lernaufgaben gäbe, die eben besser mit diesem Konzept zu unterrichten seien. Andererseits sei der Behaviorismus eben in den Schulen nicht durch Kognitivismus und Konstruktivismus überwunden worden.

> „Doch vergessen wir nicht, dass Faktenwissen immer noch für die Schulnoten ausschlaggebend ist und dass Drill- und Übungsprogramme nichts anderes tun als viele Lehrer in den ersten Minuten des Unterrichts: abfragen, Fehler korrigieren und Leistung bewerten. Die verachteten Übungsprogramme tun mehr als manche Lehrer beim Abprüfen von Hausaufgaben: Sie geben schnelle und genaue Rückmeldungen, führen eine individuelle Fehlerstatistik über lange Zeit, sie sind geduldig und garantieren angstfreies Lernen." (ebd., 80)

Jeder, der sich heute in der Schulpraxis umsieht, wird dem zweifelsohne in gewissen Grenzen zustimmen können. Insbesondere sind aus dieser Sichtweise die Individualität, Geduld und Angstfreiheit hervorzuheben, die bei größer werdenden Klassenstärken und einer zunehmenden Zahl von Wochenstunden der Lehrer nicht immer gesichert sind. Gerade die Individualisierung des Unterrichts ist ein hochaktuelles Thema, dass sich auch in den Interviews der Schüler widerspiegelt. Binnendifferenzierter Unterricht stellt selbst in der heutigen Schule ein grundlegendes Problem dar.

Die zweite Gruppe der Software zum Lernen bildet bei KLEINSCHROTH die Teachware. Hierunter versteht er intelligente tutorielle und Expertensysteme. Durch die Verbreitung der Zuordnung mittels einer Wissensbasis könnten die Systeme adaptiver auf die Rückmeldungen reagieren und durch Tutoren oder Tutorien den Lerner zu anderen Lösungsansätzen führen. Unter der Teachware schließt KLEINSCHROTH auch die Simulation ein, die eine Beobachtung von Vorgängen ermögliche, die im Klassenraum nicht realisierbar sind und dies auch noch beliebig oft.

> „In der Simulation werden Prozesse, die nicht mehr berechenbar sind, vorstellbar; Räume, die nicht begehbar sind, werden erkundet, Entwicklungen, die sich über Jahre erstrecken, werden überschaubar, Dinge, die mit den Sinnen nicht wahrnehmbar sind, werden im Klassenzimmer erfahrbar, Versuche, die in der Realität gefährlich und kostspielig sind, lassen sich beliebig oft wiederholen." (ebd., 129)

Diese Art von Software ordnet KLEINSCHROTH in erster Linie dem Kognitivismus zu. Dies gilt in besonderer Weise für die kognitiven Tools, die gerade in den letzten Jahren den Markt bereichern (z.B. Mindmapping). Es sei an dieser Stelle angemerkt, dass auch einfache Standardsoftware im Sinne eines kognitiven Tools im Unterricht eingesetzt werden kann, in dem Modellbildung, Beschreibung, Abstraktion und Konkretisierung durch darstellerische Mittel begrenzt bzw. gefördert wird.

Hier ergibt sich dann der fließende Übergang zum Konstruktivismus, in dem KLEINSCHROTH also jene kognitiven Tools, Lernumgebungen und Modellbildungssystemen, aber auch die Simulation sieht. Offensichtlich liegt es also in der Art und Weise, wie ein Programm benutzt wird, um es einem lerntheoretischen Paradigma zuzuordnen. Mehrkanaliges Lernen, also ein Lernen über verschiedene Sinneskanäle, sei meist in jeder Lernsoftware möglich (ebd., 191). Letztlich erfasst KLEINSCHROTH auch die neuen Lernwelten unter dem Konstruktivismus, wobei in der hier angegebenen Literatur die Faszination für das Internet mehr im Vordergrund steht und über die Beschreibung von einzelnen Projekten nicht hinausgegangen wird. Es fehlt somit eine abschließende Einordnung der Internetanwendungen in die lerntheoretischen Paradigmen.

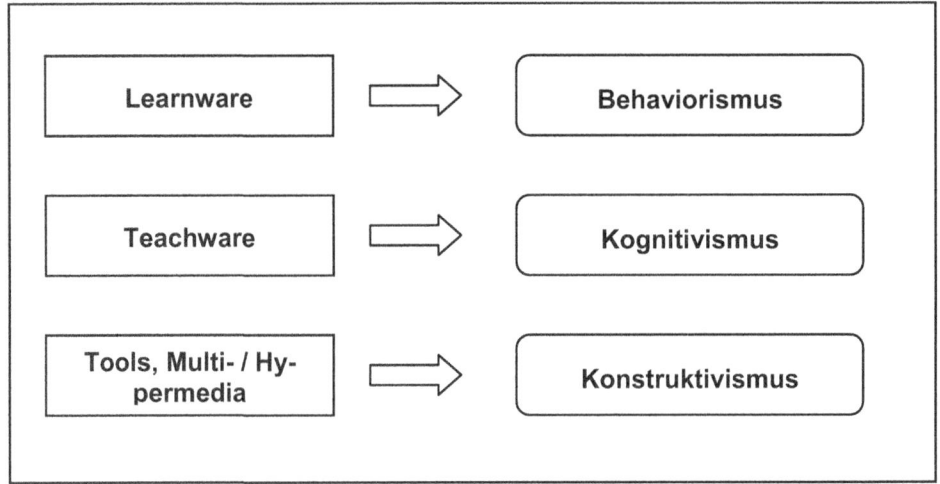

Abbildung 5:   Zuordnung Computersoftware zu lerntheoretische Paradigmen (nach KLEINSCHROTH 1996, 191)

Das Internet wird vielen Literaturquellen lerntheoretisch im Kontext des Konstruktivismus diskutiert (u. a. MANDL 1995, MANDL/ WINKLER 2003, ISSING 1998, BAUMGÄRTNER 2002, SCHAUMBURG 2003). Durch die enorme Vielfalt der Information und die globalen Kommunikationskanäle des Internet erhält der „Viabilitätsbegriff" (GLASERFELD 1995, 9 ff.) eine praktizierbare Relation. Abgesehen von den sozialen und psychologischen Aspekten des Abgleichs der individuellen Persönlichkeit, also den oben beschriebenen bildungstheoretischen Perspektiven, sind im Bereich der schulischen Ausbildung neue Wege im Sinne der individuellen Wissenskonstruktion beschreitbar.

Die Wirklichkeit wird in diesem Verständnis von jedem Subjekt individuell auf der Grundlage vorhandener geistiger Modelle konstruiert. Das Kriterium der Passfähigkeit (Viabilität) führt in der Selbstreflexion zur Veränderung und Verinnerlichung. Der Konstruktivismus erscheint dabei in verschiedenen Stufungsformen des gemäßigten bis hin zum radikalen Konstruktivismus (s. CHOE 2005). In den gemäßigten Positionen finden sich auch die häufigsten lerntheoretischen Ansätze (z.B. SCHAUMBURG 2003).

Für die Erforschung lerntheoretischer Zusammenhänge ist diese Unterscheidung jedoch nicht zwingend erforderlich. Auch MANDL genügt der Hinweis darauf,

> „..., dass alle Konstruktivismus- Formen unter anderem auf der Annahme beruhen, dass Lernen als aktiver Konstruktionsprozess des Lernenden zu konzipieren sei, dass Wissen also nicht einfach transportiert, sondern vielmehr individuell konstruiert wird." (MANDL 1995, 168).

Diese Auffassung führte dazu, verschiedene Ansätze des instruktiven Lernens derart zu gestalten, dass auf der Basis der Vorkenntnisse, anhand von individuell bedeutsamen Sachverhalten und den Situationen typischer Anwendungen ähnelnden komplexen Lernsituationen Wissensaneignungsprozesse möglich werden. Einen hohen Stellenwert erhält in diesem Rahmen die soziale, kulturelle und gesellschaftliche Umwelt, die in der Interaktion und Kommunikation eine Viabilitätsprüfung gewährt. Damit wird die Authentizität der geschaffenen Lernsituationen zu einem wesentlichen Kriterium der Motivation, der Transferfähigkeit in die Umwelt und der Anwendbarkeit des Wissens in der Praxis. Derartige Lernarrangements werden seit Mitte der 90er Jahre unter der Bezeichnung „situierte Kognition" oder „situiertes Lernen" in der Lernpsychologie untersucht (z.B. MANDL 1995).

Ein Beispiel für einen situierten Ansatz der instruierten komplexen Problemlösung ist die Arbeit der Vanderbilt- Gruppe (s. MANDL 1995). Das Konzept der „Anchored- Instruction" geht von einem erzählenden Anker aus, der mit seiner Authentizität beim Schüler individuelle Anreize schafft, die eine Problemsituation und deren Lösungsbedarf plausibel werden lässt und somit motiviert. In der praktischen Umsetzung gelingt dies durch den Einsatz multimedialer Technologie, z.B. von Videos oder Bildplatten bei den „Abenteuern des Jasper Woodbury". (http://peabody.vanderbilt.edu/projects/funded/jasper/Jasperhome.html (Stand 31.03.2006).

Die Untersuchung der neuen Technologien, insbesondere des Computers, auf die Verwendbarkeit für die Unterstützung der Kognition im instruktiven Kontext bildet nach wie vor einen Forschungsschwerpunkt. Die Eignung des Instruktionsdesigns für multimediale Computeranwendungen wurde von ISSING unter dem Blickwinkel des Behaviorismus, Kognitivismus und Konstruktivismus betrachtet (ISSING 1995). Er trennt in seinem Aufsatz „Instruktionsdesign für Multimedia" zunächst das Instruktionsparadigma vom Problemlösungsparadigma und untersucht im Weiteren die Methode des „systematischen Instruktionsdesigns" bei der Entwicklung von CBT- Lernsoftware. In seiner Kritik äußert er:

> „Insbesondere unter dem gegenwärtigen Einfluss des Konstruktivismus auf die Bildung stellt sich die Frage, ob das systematische Instruktionsdesign überhaupt für die Entwicklung von offenen, multimedialen Lernumgebungen geeignet ist, die das Ziel haben, problemorientiertes Lernen in quasi- realen Lernkontexten für viele Lerner zu ermöglichen?" (Issing 1995, 215).

In seinen Vorträgen scheint ISSING die Meinung zu teilen, dass in den multimedialen Hypertexten des Internet situierte Kognition in realen Kontexten möglich sei (ISSING 1998). Der Einsatz des Internet führe im Bereich des selbstständigen Lernens und im Kontext des Problemlösungsparadigmas zu einer Art des informellen Lernens mit offenen interaktiven Materialien. Ebenso wie WETZSTEIN stellte er gleichermaßen fest, dass diese Form des Lernens einen relativ hohen Grad im Kenntnis- und Fertigkeitsstand voraussetze (WETZSTEIN 1995, 263).

In mehreren Veröffentlichungen zum Thema Lerntheorien des Internet aus konstruktivistischer Perspektive wird ein Grundproblem der neuen Sichtweisen deutlich. Konstruktivismus wird versucht in der Instruktion zu verankern. Damit verbunden ist eine deutliche

Abweichung von GLASERFELDS Grundidee in der Hinsicht, dass die Instruktion der Konstruktion zumindest partiell entgegensteht. Besonders deutlich wird dies dann bei den integrativen Versuchen, das Internet in derzeitige Lerntheorien und auch Lernpraxen akkumulativ einzubringen. Aus dieser Sicht kommt es zu einigen kritikwürdigen Äußerungen, die im Folgenden nur kurz exemplarisch andiskutiert werden sollen.

> „Für abgegrenzte Wissensgebiete ist das Lernen per CD-ROM gegenüber dem Lernen per Internet derzeit noch von Vorteil, da die relevante Information gesammelt und systematisch dargestellt dem Lernenden angeboten werden kann und ihm keine Zeit für das Recherchieren und Sammeln im Internet verloren geht." (ISSING 2000, 85)

Aus konstruktivistischer Perspektive ließe sich hier anmerken, dass es zunächst weniger sinnvoll ist, Wissensgebiete abzugrenzen, dass die Relevanz von Informationen vom Subjekt bestimmt wird, dass das Sammeln von Informationen persönliche Einblicke in die Kontexte ermöglicht, dass das Systematisieren eine grundlegende Fähigkeit darstellt und dass die Zeit keineswegs verloren geht, sondern dem individuellen Wissensaufbau dient. Die enge Sichtweise vieler Pädagogen zeigt sich auch in der steten Forderung nach curricularen Rahmenbedingungen für das Internet. Es ist zu überlegen, was man in Curricula einbringt und was man überhaupt einbringen sollte. Vielleicht lassen sich ja einige Fähigkeiten und Fertigkeiten, die durchaus zentrale Ziele von Lernen darstellen, nicht so gut in Curricula fassen. Dies betrifft in erster Linie die Formen des selbst gesteuerten Lernens.

> „Eine medienpädagogische Aufgabe besteht meines Erachtens nun gerade nicht in der Festlegung der curricularen und lernpsychologischen Rahmenbedingungen dieser Selbsttätigkeit und Selbststeuerungsaspekte, sondern in der Aufnahme und Anerkennung einer Bildbarkeit, die methodologisch gesehen bereits ein Spannungsverhältnis zwischen einem Lehren und einem Lernen insofern zum Ausdruck bringt, als das Lernen im Netz gleichsam auch ein Lehren aus dem Netz heraus impliziert." (HANSEN 2000, 69)

Es bleibt in diesem Zusammenhang allerdings immer noch die Frage offen, wie und in welcher Lernform kann das Internet im schulischen Unterricht Vorteile erbringen? Hier lassen sich die schon erfolgreichen Experimente erwähnen, die LÜCK mit hypermedialen Lernumgebungen (z.B. dem Grünen Klassenzimmer) oder der Gestaltung von hypertextuellen Lernangeboten (z.B. zum Thema Gewalt) auf dem Nordrhein- Westfälischen Bildungsserver „Learn-Line" gemacht hat. Er kam schon 1993 zu folgender Einschätzung.

> „Insgesamt muss also beim Einsatz dieses Mediums selbständig und eigenaktiv mit Information umgegangen werden. Und genauso ist eine Hypermedia- Arbeitsumgebung gestaltet: es ist ein Medium, das[s] die subjektive Konstruktion von Wissen (Fakten, Prozessen, Sach- und Sinnzusammenhänge) unterstützt. Das Medium ist kein Lernprogramm, es ist kein Nürnberger Trichter!" (LÜCK 1993, 153)

Ein wesentlicher Aspekt der kognitiven Tätigkeit ist also der Umgang mit den verschiedenen Informationsquellen. Dazu ist die Information kritisch auszuwerten und zu rekontextualisieren. Einzelne Daten aus dem Internet sind nach ihrer Authentizität zu untersuchen und in ein Bezugsschema einzuordnen bzw. sind diese Schemen erst zu bilden. Schließlich müssen die Schüler zu den Einzelfakten die Zusammenhänge individuell konstruieren. Diese Herangehensweise entspricht einem, in der Schule nur selten anzutreffenden, deduktiven Vorgehen. Es könnte sich hier eine neue Qualität des Lernens andeuten.

Für derartige komplexe Szenarien sind nahe liegende Lerntheorien mit einem anderen Paradigma zu verknüpfen. In den Veröffentlichungen der letzten Jahre finden sich so auch zunehmend Konzepte, die auf dem Pragmatismus nach DEWEY basieren (s. KERRES/ DE WITT 2002). Dabei verstehe sich diese Zuwendung nicht also konträres Paradigma zu den hier vorgestellten, sondern als transversales Ziel neuer Medienbildung (ebd., 14). Insbesondere die Zuwendung zum Verhältnis zwischen Theorie und Praxis und der Demokratisierung von Lernprozessen relativiert die eben schon angedeuteten Auseinandersetzungen zwischen Instruktion und Konstruktion.

> „Der Pragmatismus ist dabei keineswegs eine neue Modeströmung, die die bisherigen Paradigmen um eine neue Variante bereichert oder gar in Konkurrenz zu den bisherigen Ansätzen, etwa des Behaviorismus oder Konstruktivismus, tritt. Es handelt sich eher um einen Ansatz, der «quer» zu den bisherigen Konzepten liegt. Er bewertet die anderen Ansätze nicht als solches positiv oder negativ, sondern fragt jeweils in und für eine Situation, welches Konzept welchen Beitrag für eine Problemlösung liefert, die Perspektiven menschlichen Handelns und die Handlungsfähigkeit von Menschen erweitert." (ebd., 14)

Der Pragmatismus relativiere das Verhältnis von Ziel, Mittel und Konsequenzen im Prozess der Erfahrung. Erlebte Erfahrung bildet dann bei Dewey auch einen zentralen Punkt des Lernens.

> „Entwicklung bedeutet nicht, bloß etwas aus dem Geist herauszukriegen. Es ist eine Entwicklung der Erfahrung und zur Erfahrung, die wirklich gebraucht wird." (DEWEY 1902, 93)

In dieser Sicht müsse Lernen in der Form neu gedacht werden, dass es verschiedene Lernsituationen gäbe, die unterschiedliche Medien und unterschiedliche Einsatzformen bedingen.

> „Die Perspektive des Pragmatismus wirkt sich bei didaktischen Entscheidungen schließlich auch darin aus, dass «Hierarchisierungen», soweit es geht, aufzulösen versucht wird: Lernziele und -mittel sind immer jeweils von der aktuellen Lernsituation aus zu denken und von hier in Beziehung zueinander zu sehen." (KERRES / DE WITT 2002, 20)

Auch DUBS kommt bei seinem konstruktivistischen Ansatz zu einer ähnlichen Aussage.

> „Inhaltlich muss sich der Unterricht an komplexen, lebens- und berufsnahen, ganzheitlich zu betrachtenden Problembereichen orientieren. Nicht vereinfachte (reduktionistische) Problemstellungen, sondern die Realität unstrukturierter Probleme sind dem Unterricht zugrunde zu legen." (DUBS 1995, 889).

Zusammenfassend lässt sich vor dem Hintergrund dieser lerntheoretischen Paradigmen sagen, dass die weltweiten Informationsressourcen des Internet die Möglichkeit einräumen könnten, reale Probleme als komplexe Lernumgebung dem Schüler anzubieten. Unter Berücksichtigung der verschiedenen Erfahrungsbereiche und des Vorwissens wäre dann die individuelle Konstruktion und der kommunikative Abgleich von Wissen realisierbar. Die Einbeziehung von zusätzlichen Quellen und Hilfsmitteln könnte eine erfolgreiche Problemlösung sichern. Ergebnisse wären möglicherweise mit anderen parallel arbeitenden Lerngruppen oder Fachleuten validierbar. Die Authentizität des realen Umfeldes würde Transferleistungen eventuell wahrscheinlicher machen. Die im Umgang mit den verschiedensten Informationsquellen notwendige kritische Auswertung und Rekontextualisierung einzelner Daten würde deduktive und reflexive Handlungsleistungen erfordern. Mit diesem Konzept kommt man einem Lernen im Internet nahe, das wie Sandbothe ausführt, vier Basisannahmen des traditionellen pädagogischen Selbstverständnisses in Frage stelle (Sandbothe 2000).

> „Die erste Basisannahme besteht in der Vorstellung, dass das in der Schule und an der Universität zu vermittelnde Wissen abgelöst von seinen konkreten Verwendungszusammenhängen in einem spezifisch akademischen Raum theoretischer Wissensvermittlung zu lokalisieren sei. Die zweite Basisannahme besagt, dass der Unterricht in Klassenzimmer und Seminarraum als Kommunikation unter Anwesenden zu erfolgen hat. Die Stimme erscheint dabei als das ausgezeichnete Medium eines an der face-to-face-Kommunikation orientierten Wissensvermittlungsprozesses. Im Rahmen dieses Prozesses – so die dritte Basisannahme – sind Dozentinnen und Dozenten mit der Autorität von omnikompetenten Wissensverwalterinnen und Wissensverwaltern ausgestattet. ... [gekürzt – RF] Die vierte Basisannahme ergibt sich aus den drei vorherge-

henden. Sie bezieht sich auf die Struktur von Wissen selbst. Dieses wird unter den Bedingungen der traditionellen Lehr- und Lernkultur als ein Bestand von feststehenden Fakten verstanden, der in einem hierarchisch strukturierten Ordnungszusammenhang steht und exemplarisch durch die Institution des bibliothekarischen Katalogsystems repräsentiert wird." (ebd.)

Die Prototypen neuer Groupware und moderne Kommunikationsanwendungen erlauben bereits die Modellierung und Bearbeitung individueller Ergebnisse in der Gruppe. Die uneingeschränkte Darstellung der eigenen Problemlösung und Diskussion in gruppeninternen Kommunikationskanälen könnte die kooperative Erkenntnisgewinnung unterstützen. Es ist zu vermuten, dass der Erfolg in der Entwicklung des individuellen Lernprozesses und der Methodologie für den einzelnen Schüler bedeutsamer wird als das Ergebnis (Lernprodukt) der Gruppe. Inwieweit in Zukunft vom „vernetzten Denken" als kooperative Arbeitsform gesprochen werden kann, bleibt weiterhin offen. Die Entwicklung unterstützender Werkzeuge (Groupware, Workflow) für die Schule befindet sich noch in den Anfängen. In der Arbeitswelt werden bereits solche Werkzeuge erfolgreich eingesetzt. Die ständige Verfügbarkeit der in der Schule verwendeten Systeme räumt die Möglichkeit der häuslichen Auseinandersetzung mit den bearbeiteten Problemen ein. In diesem Sinne ist auch das Schlagwort „Learning on demand" in erreichbarer Nähe.

2.3.2   PAPERTs „Revolution des Lernens"

In der Auseinandersetzung mit Lerntheorien im Kontext Internet und Computer kommt heute kaum eine Arbeit an dem Namen PAPERT vorbei. Mit seinem Weg weisenden Buch „Revolution des Lernens" (im Original: The Childrens Maschine) finden sich nicht nur gute lerntheoretische Ansätze, sondern viele Lerngeschichten die einem Lehrer typische Unterrichtssituationen vor Augen führt und so zu einem intensiveren Nachdenken anregt. Er gibt damit gleichermaßen einen Lehrstil vor, der sich dem Konkreten zuwendet. Eine ausführlichere Vorstellung der wesentlichen Ideen an dieser Stelle begründet sich wiederum aus dem großen Einfluss der Erkenntnisse auf die im Untersuchungszeitraum im Feld ausgeübte Tätigkeit.

Seymour PAPERT wird in der Literatur oftmals als der Erfinder der Programmiersprache LOGO vorgestellt, die ein Ergebnis des Bemühens als Erziehungswissenschaftler ist, Kindern die Programmierung nahe zu bringen. Kern dieser Programmiersprache ist eine Turtlegrafik, eine Art Grafiktool, die den Kindern erlaubt, eine Schildkröte mit einfachen Befehlen auf dem Bildschirm zu steuern und somit eine Spur (die Grafik) zu hinterlassen. PAPERT war jahrelanger Mitarbeiter von PIAGET in Genf und folgt lernpsychologisch den Ideen von DEWEY und BRUNER. 1963 kam er an das MIT und arbeitete zunächst mit MINSKI im Bereich der KI-Forschung. In der lerntheoretischen Forschung stand er u. a. im Kontakt mit TURKLE, RESNIK und KAY.

In einer Rekonstruktion des Buches fallen fünf wesentliche Komplexe auf, um deren Kernpunkte sich die Geschichten des Lernens und theoretischen Ausführungen bewegen. Ausgehend von einer heftigen aber durchaus erschließbaren Kritik an der Schule, mit all ihren Teilbereichen wie Unterricht, Lehrplan, Organisation und Rahmenbedingungen betrachtet er immer wieder das Lernen und die Nutzung moderner Technik im Hinblick auf Situationen, die verdeutlichen, wie der Computer seine Vorteile als Lernpartner entfalten kann. Die Chancen der Nutzung der möglichen Potenzen des Computers lägen in der

Grundhaltung, dass Kinder moderne Technik als ihre Technik verstehen. Er bezeichnet dieses Verhältnis als Liebesbeziehung (s. Kapitel 2.2.1).

> „Diese Liebesbeziehung beinhaltet mehr als nur den Wunsch, Dinge mit dem Computer zu tun. Sie enthält ein Element des Besitzergreifens, und, besonders wichtig, der Bestätigung der geistigen Identität." (PAPERT 1994, 23)

2.3.2.1   Kritik an der Schule

Aus der Vielfalt an Kritikpunkten an der Schule sollen an dieser Stelle nur einige herausgriffen werden, die für die Schulpraxis, für die Diskussion mit Schulverantwortlichen oder lerntheoretisch von Bedeutung sind.

Ganz pragmatisch analysiert PAPERT die Einführung der Computer in der Schule an einer Überschrift aus einer Zeitung mit dem Wortlaut: *„Schulen kaufen Computer! Nutzen im Klassenzimmer jedoch gering!"* (ebd., 60). Mit einem gewissen Zynismus führt er zwei Gegenargumente an, die diese Auffassung widerlegen, aber bezüglich des Internet heute Realität sind, insbesondere in der Frage, welche Vorteile das Internet im Unterricht erbringt.

Erstens zeige sich ein Vorteil erst dann, wenn eine ausreichende Breitenwirkung für eine Normalität sorge, in der die Vorteile zum Tragen kämen. Bezüglich der Internetanschlüsse hieße das, dass jede Schule zu jeder Zeit im Internet erreichbar sein sollte bzw. jede Schule auch über eigene Schulserver verfügt. Die derzeitig häufig vorzufindende Situation der Einwahlleitungen per DSL und ISDN erfüllt diese Forderung nur teilweise (s. BMBF 2005, 20). Erst dann kann man verteilten Unterricht und kooperative Fernarbeit auf Vorteile untersuchen. Auf die Computer bezogen entgegnet Papert:

> „Ich frage mich, ob sie wohl überrascht wären, wenn in einem Land, an dessen Schulen sich fünfzig Schüler ein Schreibgerät teilen müssen, beobachtet würde, dass das Schreiben das Lernen nicht wesentlich verbessert." (PAPERT 1994, 61)

Die Situation an den Schulen Deutschlands unterscheidet sich, selbst nur auf die Computer bezogen, immer noch nicht von der hier beschriebenen. Klassenzimmer werden auch heute noch konzeptionisiert mit 12-16 Computern. Durchschnittlich teilen sich 12 Schüler einen Computer (s. BMBF 2005, 8). Andererseits verlief und verläuft, wiederum in Bezug auf das Internet, ein institutioneller, scheinbar typischer Vorgang ab.

> „Als die Zahl der Computer jedoch stieg und sie zu einer Art Statussymbol wurden, griff die Verwaltung ein. Aus Sicht eines Verwaltungsbeamten war es sinnvoll, alle Computer in einem Raum – mit der irreführenden Bezeichnung »Computerlabor« - unter die Kontrolle eines spezialisierten Computerlehrers zu stellen. Jetzt konnten die Kinder zusammenkommen und sich eine Stunde pro Woche damit befassen. Durch die unerbittliche Logik war der nächste Schritt die Einführung eines Lehrplans für den Computer. So wurden nach und nach die subversiven Eigenschaften des Computers untergraben." (PAPERT 1994, 62)

In diesem Zitat kommt PAPERTs Meinung zum Tragen, dass der Computer in einer restriktiven Umgebung wie der Schule subversiv wirkt. Dieses Argument ist für jeden Lehrer, der mit Kindern am Computer im Unterricht gearbeitet hat, leicht nachvollziehbar. Der Computer scheint die Disziplin gleich in mehrfacher Hinsicht zu untergraben. Nicht nur, dass die Schüler aus Begeisterung schnell dazu übergehen ihre ganze Umgebung zu undisziplinieren, sondern auch, dass ein gut ausgearbeiteter Unterrichtsplan mal schnell überworfen werden muss, da ein Schüler wieder einmal eine gute Idee hatte, die vom Lehrer vorher nicht bedacht wurde. Die Subversivität ist aber in der Auffassung PAPERTs noch weit reichender. Die Medialität des Computers verändere das Verhältnis zwischen Ästhetik und Exaktheit. Dies führe zu einer Gleichstellung des konkret-figürlichen Denkens gegenüber dem abstrakt-logischen Denken. Die Kreativität könne zudem eine Breite einnehmen, die zur Selbstbeschäftigung animiert. Insbesondere sei der Computer als Mittel der Erkenntnis in der Übergangsstufe vom mündlichen, natürlichen Lernen in realen Erfahrungswelten zum schulischen, textuell- formalen Lernen nützlich. Inwiefern dann noch das formale Lernen notwendig wird, stellt PAPERT generell in Frage. Er geht davon aus, dass die Textualität ihre Vormachtstellung zugunsten einer digitalen „Wissensmaschine" verliert. Eine sinnvolle Verwendung des Computers könne nur in einer, dem Wesen des Computers angepassten, Umgebung realisiert werden. Dazu müsse die Schule ihr Wesen aber grundlegend ändern.

> „Der Wandel von einem radikal subversiven Instrument im Klassenzimmer zu einem stumpfen konservativen Instrument im Computerlabor wurde weder durch fehlendes Wissen noch durch fehlende Software herbeigeführt. Ich führe ihn auf (eine) systemimmanente Intelligenz der Schule zurück, die wie jeder lebende Organismus mit Abwehr auf einen Fremdkörper reagierte. Sie setzte eine Immunreaktion in Gang, deren Endergebnis Verdauung und Assimilierung des Eindringlings sein würde." (ebd., 63)

Dies deckt sich erneut mit den Beobachtungen und Erfahrungen der letzten zehn Jahre bezüglich einer landesweiten und bundesweiten Einführung des Internet. Die Abblockung wurde durch die Initiative „Schulen ans Netz" noch unterstützt, indem die Problematik damit nicht einmal mehr als Aufgabe der Kultusministerien angesehen wurde (s. FEUER-STEIN 1997). Die Schulen sind damit auf sich gestellt gewesen und sind es heute (2006) noch. Dies zeigt sich beispielsweise in der Administration von internen Schulnetzen und Servern. Der Wandel der Schule könne nicht durch eine „richtige" Verwendung des Computers erreicht werden, die Wissenschaftler in einem Labor erforscht haben, sondern durch einen Prozess der Integration des Computers in der Schule. In diesem Zuge wären auch die vielfältigen, z. T. wiederholten Pilotprojekte in Frage zu stellen. Nach PAPERT trifft auf die Schule gleichermaßen das piagetsche Modell der geistigen Prozesse des Kindes zu, nach dem zunächst eine Assimilationsphase und danach eine Akkommodation einsetze. In Systemen trete die Phase der Akkommodation allerdings erst beim Erschöpfen der Assimilation ein und sei von Abblockungsprozessen begleitet. Die vollständig assimilierte Form der Computeranwendung in der Schule sei nach seinen Auffassungen „Computer Aided Instruction" (CAI). An dieser Stelle ist noch zu ergänzen, noch schlimmer ist „Computer Based Training" (CBT). In CAI bliebe das Kind in einer passiven Position und das Wort „Instruction" verdeutliche, dass es unterrichtet würde. Den Begriff „Training" als Basis einzuführen, ist deshalb schlimmer, weil das Unterrichten dann auch noch degradiert wird zu einer technischen Tätigkeit. Obwohl durch quantitative Untersuchungen eventuell auch kleine Vorteile, z.B. ein gesteigertes Lerntempo, größere Individualität und scheinbare Objektivität, belegt werden könnten, blieben diese Vorteile vordergründig und von geringem Stellenwert.

Die Ideen der PET –Bewegung (PET: Progressive Educational Technology) beschreibt PAPERT als ein Vertreter für Akkommodation, in denen der Computer bei allem zu verwenden sei, was gemacht bzw. behandelt wird. Ziel solle es sein, ein allgemeines Wissen um den Computer aufzubauen im Sinne von Belesenheit in einer Computerkultur (computer literacy). Viele Gegenstände der Wissenschaften wären damit leichter lernbar. Als Beispiele führt er die Vergleichbarkeit der Strukturierung von Programmen und des strukturellen Aufbaus von Blüten, die programmtechnische Modularisierung, die das allgemeine Konzept der Flexibilität in sich trägt oder das fächerübergreifende Denken in vielen Modellbeschreibungen (z.B. Roboter) an. Die Entwicklung zu einer selbstverständlichen Computerkultur wäre ein tief greifender Wandel in der Schulkultur, der die Nützlichkeit der Computer für das Lernen evaluierbar machen könnte. Noch weit reichender ist die Kritik der hierarchischen Struktur des Systems Schule, die die Ursache für die kalte Maschinerie und die überhäufte Bürokratie sei.

> „Es geht nicht mehr um die Frage, wie Macht innerhalb der Schulhierarchie verteilt wird, sondern darum, ob Hierarchie überhaupt als Organisationsform im Bereich Schule geeignet ist." (ebd., 82)

Als Alternative wäre eine „Heterarchie" vielleicht besser geeignet. Die Konsequenzen bzw. die Ursachen für die Hierarchie in der Schule lägen jedoch tiefer und zeigen eine Grundhaltung, die bedenklich sei.

> „Die hierarchische Struktur der Schule ist auf das engste mit ihren pädagogischen Auffassungen und besonders mit ihrem Festhalten an der Ansicht verbunden, Wissen selbst sei hierarchisch strukturiert." (ebd., 83)

Das Wissen karikiere zu Wissensatomen, die in Konzepten zusammengefasst, in Unterrichtsfächer gegliedert und schließlich als Klassenziele formuliert würden. Lernen wäre dann die Aufnahme von einer Menge von Atomen. Der Lehrer prüft, ob die Aufnahme einer bestimmten Anzahl entspricht. Die Anzahl wird durch einen Lehrplan festgelegt. Wie stark Lehrer in diesem Denken verankert sind, wird in Gesprächen mit Lehrern über die Bewertung von Projektarbeiten klar. In diesem Kontext kann das fachliche Niveau auch an die Grenzen des Wissens des Lehrers stoßen. Dennoch können die Leistungen eingeschätzt werden. Allerdings ist dies ein ungewohntes Szenario, das Lehrer abschreckt. Die Angst vor großer Subjektivität, auf Grund der komplexeren Bewertung, ist hier ebenfalls ein Grund. Selbstbestimmtes Lernen findet dabei auch Wissen außerhalb eines vorgegebenen Plans. Dies wird besonders deutlich bei der Durchführung von Projekten, in deren Bearbeitung sich ein Lehrer einfach den Denkrichtungen der Schüler in gewissen Grenzen anpassen und gegebenenfalls auch neue Zusammenhänge erarbeiten sollte. Diese Überlegungen führen zu der Überzeugung, dass die Wissensmodelle eingehender zu betrachten sind.

PAPERT betont, es gehe nicht nur um alternative Methoden der Aufnahme von Wissensatomen, sondern um die Frage, welches Wissen das zu lernende sein soll. In der Praxis sei das verwendete Wissen in Kontexte eingebunden und oft ungenau. In bestimmten Toleranzgrenzen würde probiert, bis die Lösung gefunden wird. So könne man sicherlich eine Reihe von Erwachsenen finden, die einen Sicherheitscode für ein Gerät nicht auf Kommando angeben könnten. In diesen Fällen würden bei jeder schulischen Prüfung von Sicherheitscodes alle durchfallen, die probieren müssten. So ist es z.B. oft so, dass sich eine Geheimnummer der EC-Karte nur gemerkt wird, in dem man sich das Tastenfeld, real oder gedanklich vor Augen führt. Es entsteht eine Reihenfolge, wie bei einem Hüpfspiel, Anfangszahl - eins nach oben – zurück - eins nach rechts, die leichter einprägsam ist und ausprobiert wird. Weiterhin verweist PAPERT darauf, dass Begabung bedeute, sich in Kontexten frei bewegen zu können und somit nur in entsprechenden Umgebungen entstehe. Wissen müsse im Kontext angewendet werden. Mit dem Wissen müsse experimentiert werden. An dieser Stelle sind die Bezüge zu DEWEY sehr nahe liegend. Als Alternative zu Noten und Prüfungen sieht PAPERT nur ein grundlegend anderes Verständnis für den Leistungsbegriff in der Schule. Diese Veränderungen könnten jedoch nicht einfach in die Tat umgesetzt werden.

„Ein radikaler Wandel des Systems kann nur durch langsame organische Entwicklung und in enger Übereinstimmung mit der gesellschaftlichen Entwicklung erfolgen. Er wird weniger durch die Ergebnisse von Test und Messungen gesteuert, sondern vielmehr durch ein intuitives Verständnis der beteiligten Personen." (ebd., 52)

2.3.2.2   Lerntheoretische Betrachtungen

Die in der Pädagogik wichtigen Methoden seien nicht allein die Methoden des Lehrens, sondern insbesondere die Methoden des Lernens. Allerdings, so stellt PAPERT fest, gibt es bis heute noch keine Bezeichnung dafür. Auch die Lerntheorien beschäftigten sich mehr mit dem Lehren und weniger dem Lernen. Das Kind sei bestenfalls der passive Empfänger und habe einem Handlungsablauf zu folgen. So sollten sich z.B. die konstruktivistischen Lerntheorien mit dem Konstruieren von Wissen beschäftigen und weniger mit der Gestaltung von Lernumgebungen. Der fehlende Tiefgang im theoretischen Hintergrund zeige sich auch an den Bildungsarten. Zum Beispiel spräche man von sprachlicher, kultureller oder technischer Bildung, wie bezeichne man aber das Wissen über das Lernen? Der erste Schritt zur Lückenschließung sei, einen Namen zu finden. PAPERTs Vorschlag: MATHE-TIK, das vom griechischen „mathematikos" „bereit zum Lernen" abgeleitet ist. Mathetik seien tief greifende Prinzipien, die den Heuristiken ähnlich sind.

„Der Versuch, heuristische Regeln anzuwenden, unterbricht den Schüler in seinem Drang, ein Problem schnell abzuhaken, um das nächste in Angriff nehmen zu können. Er führt dazu, dass sie den Problemen mehr Zeit widmen, und mein mathetischer Ansatz beruht auf der einfachen Erkenntnis, dass man durch eine längere entspannte Beschäftigung mit einem Problem, dieses besser kennen lernen und dadurch seine Fähigkeit, ähnliche Probleme zu lösen, verbessern kann." (ebd., 107)

Die Problematik der Realisierung der Mathetik sei in verschiedenen Ursachen begründet. Das Prinzip „Nimm Dir Zeit" z. B. stehe schon allein im Widerspruch zur Stundeneinteilung der Schule. Ein anderes wichtiges mathetisches Prinzip „Über das Denken" zu sprechen, sei ein Tabuthema in der Gesellschaft. Ebenso träfe die Verwendung von Hilfsmitteln auf Ablehnung (Bsp. Kopf-Rechnen). Eines der wichtigsten Prinzipien bei PAPERT, die er an vielen Beispielen immer wieder hervorhebt, ist das Schaffen von Verbindungen, also die Anknüpfung an die Erfahrungswelt, die Analogie in anderen Gebieten und auch die konstruierten Beziehungen zu anderen Themen.

Bezüglich der Lerntheorien übt PAPERT auch am Konstruktivismus seine Kritik, wie oben schon erwähnt. Der Ursprung des Wortes „Konstruktion" solle die Grundhaltung verdeutlichen, dass Wissen aufgebaut würde. Für ihn seien andere Metaphern ebenso sinnvoll, zum Beispiel die Metapher der „Kultivierung" oder der „Erschließung von geographischen Gebieten". Er wendet sich jener Lerntheorie zu, die als „Konstruktionismus" bezeichnet wird. Der Konstruktionismus, im Gegensatz zum Konstruktivismus, gehe davon aus, dass eine gedankliche Konstruktion besser gelingt, wenn eine praktische Konstruktion zu Grunde liegt. Damit würde die Zuwendung zu konkreten Wissensformen, also Abkehr von der Überbewertung des abstrakten Denkens, in den Lerninhalten und in den Diskussionen der Pädagogen notwendig. Im Gegensatz zum Instruktionismus, dessen Wortstamm abgeleitet sei von Unterricht im Sinne von Unterweisen und deren Verbesserungen instruktivistischer Methoden lediglich zu Verbesserungen im Unterricht führe, aber nicht im Lernen, da der Grundgedanke des „Eintrichterns" erhalten bliebe, beschränke der Konstruktionismus das Lehren auf ein Minimum unter dem Aspekt des größtmöglichen Lernerfolgs. Der Konstruktionismus gehe von der Selbstbestimmung des Kindes in der Wissensfindung aus. Informeller und organisierter Unterricht könne dabei unterstützend wirken. Wichtiger sei jedoch das Wissen über das Lernen, also der Mathetik. Der Gegenstand des Konstruktionismus sei nicht eine allgemeingültige Lerntheorie, sondern eine Sammlung von Methoden der praktischen Lernformen. PAPERT nimmt hier das Bild der Bricolage nach LEVI-STRAUSS auf.

> „Bricolage ist eine Metapher für die Methoden des reisenden Kesselflickers früherer Zeiten, des Hansdampfs in allen Gassen, der an die Tür klopft und anbietet, alles Zerbrochene zu reparieren. Wenn er eine Arbeit in Angriff nimmt, wühlt der Kesselflicker in seiner wohl sortierten Werkzeugkiste nach einem für diese Arbeit geeigneten Werkzeug, und wenn es das Problem doch nicht lösen kann, probiert er einfach ein anderes, ohne sich nur im Geringsten über den Mangel an Allgemeingültigkeit aufzuregen." (ebd., 159)

Der Erfolg der Lernprozesse liege hier in der Vertrautheit der mentalen Werkzeuge und ihrer Erschließung. So könne z.B. mathematisches Wissen in der Küche „im Vorbeigehen" und in notwendigen praktischen Kontexten gelernt werden. Sprachen könne man im Ausland schneller und besser lernen, z.B. Englisch in England. PAPERT fragt sicherlich zu Recht, warum Mathematik nicht in einem Matheland gelehrt wird und sieht im Einsatz des Computers eine gute Möglichkeit, ein Umfeld für die Anwendung von Bricolage zu bilden. Die Auffassung, wie Lernen verändert werden könne, sei die Zuwendung zu konkreten Wissensformen, also Abkehr von der Überbewertung des abstrakten Denkens in den Lerninhalten und in den Diskussionen der Pädagogen. Das Konkrete dürfe nicht als Vorstufe des Abstrakten angesehen werden, genauso wenig sei das abstrakte Denken das einzig wahre Denken. Dies sei keine Abwertung, sondern eine Gleichstellung. Die Überbewertung des abstrakt-formalen Wissens stelle eine Behinderung des Lernens dar. Dies könne zur Diskriminierung von Schülern führen, bzw. führe unweigerlich zum Lernzwang. Die Überbewertung des Abstrakten beeinträchtigt nach PAPERT auch die Diskussion von pädagogischen Themen. Abstrahieren bedeute das Isolieren von Eigenschaften. Dies sei in vielen Fällen durchaus sinnvoll. Zum Beispiel hätte Newton seine Gesetze nur schwer finden können, wenn er nicht Planeten als Punktobjekte abstrahiert hätte.

Die Grenze zwischen analytischer und konkreter Wissenschaft ist diffus. Das Konzept der formalen und exakten Wissenschaft, das in der Schule vermittelt wird, hält er für eine Ideologie. Der eigentliche Sinn für das Wesen des wissenschaftlichen Arbeitens solle dabei unverkehrt in der Schule als Ziel gelten. Die Forschungen von LEVI-STRAUSS und PIAGET führten zu Denkweisen, die mit „der Wissenschaft des Konkreten" bzw. „die Phase des konkreten Operierens" bezeichnet wurden. Dabei sei konkretes Denken keine Art der Unterentwicklung. Es diene nicht nur einer ersten Einarbeitung oder irgendwelchen Vorarbeiten. In Experimenten konnte PIAGET zeigen, dass die Kinder in einem bestimmten Alter sehr stark an das konkrete Denken in ihrer eigenen Erfahrungswelt gebunden sind. In der Phase des konkreten Operierens werden mentale Konzepte entwickelt und miteinander verbunden. Es könne jedoch nicht die schnellstmögliche Überwindung des konkreten Operierens ein Ziel der Schule sein. Selbst Erwachsene kennen die Stärke der konkreten Anwendungen in ihrem eigenen Lernen. Eine alternative Erkenntnistheorie sollte sich auf Pluralismus und auf die Bildung von Verbindungen ausrichten. Da die Medialität Text das konkrete Denken verdrängt, kann durch den Computer ein höherer Stellenwert erreicht werden.

„Die traditionelle Erkenntnistheorie basiert auf der Proposition, die so eng mit dem Medium des
– geschriebenen und vor allem gedruckten - Textes verbunden ist. Bricolage und konkretes
Denken haben zwar schon immer bestanden, wurden jedoch im wissenschaftlichen Kontext
durch die privilegierte Stellung des Textes an den Rand gedrängt. Auf dem Weg ins Computer-
zeitalter mit seinen neuen dynamischeren Medien wird hier ein Wandel stattfinden." (ebd., 170)

An dieser Stelle knüpft PAPERT sehr große Hoffnungen an den Computer, die nur in bestimmten Richtungen eintreffen könnten, dies wird aus dem bisher betrachteten grundlagentheoretischen und lerntheoretischen Zusammenhängen klar. Es scheint offensichtlich,
dass die Anwendungen einerseits auf die Multimedialität bauen und andererseits in Form
von Lerntools auch Simulationen erlauben. Zweifelsohne misst er dem Programmieren die
größte Bedeutung zu. Die Vormachtstellung des Textes in der Darstellung von Wissen ist
nun aber gerade auch das Handicap multimedialer Lexika und auch des Informationsdienstes WWW, wie ja WINKLER (1997) ausdrücklich betont. Somit sind gerade zielgerichtete
Lerntools für Kinder im Sinne von PAPERT auch heute noch eher eine Rarität.

2.3.2.3   Kybernetik

Eine Konsequenz aus dem eben Gesagten ist für PAPERT auch Anlass, selbst konkrete Vor-
schläge für die Schule zu entwickeln. Deshalb macht er z.B. den Vorschlag für die Einführung eines neuen Unterrichtsfaches „Kybernetik", so widersinnig das zunächst angesichts
seiner Kritik an der Schule auch sein mag. Da allerdings in einer technisierten Welt Gegenstände und Sachverhalte immer undurchsichtiger würden und dadurch der Einblick in
lehrreiche Technologien verloren gehe, ergibt sich für ihn ein triftiger Grund, dieses Fach
zu diskutieren. Er sieht in der Vernachlässigung der technologischen Prinzipien eine Gefahr
für die Lernumgebungen. Die gesellschaftliche Entwicklung und die Entwicklung der
Lernmöglichkeiten standen früher im Einklang. Transparenz und Einsichten in das Leben,
die notwendig seien, um nicht gesellschaftliche Kräfte mittels Lernmöglichkeiten die gesellschaftliche Stellung des Einzelnen bestimmen zu lassen. Es seien

„... bewusste Anstrengungen [sind] notwendig, Kindern Wissen anzubieten, das nicht für sie geplant war." (ebd., 194).

Den Kern bilde in diesem Fach die Regel- bzw. Robotertechnik. Nach WIENER ist Kybernetik die „*Regelung und Nachrichtenübertragung in Lebewesen und Maschine*" (ebd., 195).
Dieser Vorschlag sei eine Erweiterung der KI-Welten, in Hinsicht der Vielfalt der Verhaltensweisen, mit einer größeren gefühlsmäßigen Bindung der Schüler und einer pluralisti-
scheren erkenntnistheoretischen Grundlage. Naturwissenschaften in angewandten Kontexten zu vermitteln, führe von wahr/falsch- Bewertungen zur Bewertung der Nützlichkeit in
praktischer, gemeinschaftlicher und dem persönlichen Stil angepasster Hinsicht. Im Bereich
des angewandten Wissens sei die oberste Entscheidungsinstanz „Schau, es hat funktioniert!". Ein wesentliches Prinzip der Kybernetik ist die Unschärfe, die in Regelzyklen sich
selbst korrigiert. In militärischen Anwendungen, wie z.B. den Lenkraketen, wurde es zur
Notwendigkeit. So würde z.B. eine Rakete, die über große Entfernungen vielen Störfakto-
ren ausgesetzt ist, mit einer starren Lenkung ihr Ziel nicht erreichen. Das kybernetische
Prinzip basiere auf einem begrenzten Wissen, das bestmöglich eingesetzt wird. Somit würden auch für Kinder Problemlösungen komplexerer Natur zugänglich gemacht.

Diese Auffassung führt zu einigen neueren Tendenzen in den Schulen, die den Themen Steuern und Regeln zuzuordnen sind. Als Beispiele aus der aktuellen Schullandschaft

können hier Wettbewerbe wie „LEGO- League" und „RoboCup" ins Feld geführt werden. Eine andere Entwicklung, die die Ideen von PAPERT aufgreift, ist das System SQUEAK von ALLEN KAY.

Das grundlegende Symbol dieser Denkweisen ist aber die auf Papert zurückgehende Schildkröte, die hier in Form von Fahrzeugen, Robotern und anderen Symbolen deren Rolle übernehmen. Die Vorzüge einer kybernetischen Herangehensweise liegen in der Überwindung eines „Schubladendenkens" aus einer konkreten und praktischen Perspektive. Ein typisches Beispiel, das auch PAPERT in seinem Buch anführt, ist die Aufgabe der Schildkröte, einen rechteckigen Kasten zu umlaufen. Ein kybernetisches System mit Sensoren ermöglicht dem Steuerungsmechanismus eine Rückmeldung, so dass der Prozess der Selbstkorrektur zum Gegenstand wird. In der Lösung des Problems interessiert also keinerlei Kenntnis analytischer Geometrie, sondern lediglich die Frage, was ist zu tun, wenn die Schildkröte vom Weg abweicht. Diese einfachen Regeln liegen auf dem Niveau von Grundschulkindern. Das entstehende Steuerprogramm ist universell, also für beliebige Körper einsetzbar, robust gegen kleine Änderungen und konkret, da auch für Kinder, die sich in die Schildkröte hineinversetzen können, der Ablauf logisch ist. Wenn Programmierstile eine Repräsentation des Denkens sind, so könne hier eine Parallele zum Wissen aufgebaut werden. Universelles, robustes und konkretes Wissen seien für die heutige Zeit das Wünschenswerte, so PAPERT. Als weitere Vorteile seines Unterrichtsfaches führt PAPERT an:

> „Ein Großteil der Faszination der frühen Kybernetik liegt in der scheinbar magischen Kraft von Systemen, die viel besser als ihre Einzelteile funktionieren." und weiter „Kybernetik ist tatsächlich voll von Prinzipien der Anpassung an eine Welt, die nie ganz genau vorherbestimmt und vollständig gesteuert werden kann." (ebd., 203)

Hier kann ein Zusammenhang zu den Viabilitätsprinzipien von GLASERFELD (GLASERFELD 1995) gesehen werden und den Äußerungen von FOERSTER. Als Kriterien für Prinzipien, die in die Kybernetik übernommen werden sollten, führt PAPERT die Übertragbarkeit (Einverleibbarkeit) und Erweiterbarkeit (Ausbreitungsfähigkeit) ein. Das kybernetische Prinzip der Rückkopplung erfülle z.B. die Kriterien und es sei übertragbar. Ein so genanntes Feedback spiele in vielen Systemen bereits eine große Rolle, beispielsweise in der Biologie, Physik, Technik, Kultur, Ökonomie u. v. a. m. Die Ausbreitungsfähigkeit zeige sich z.B. in der Thermostatanwendung, die als Erklärung für Schüttelfrost oder nicht funktionierende Diäten genommen werden könne. Die Kybernetik diene durch ihre Übertragbarkeit und Erweiterbarkeit der pluralistischen Beziehungsbildung im Sinne der Bildung von Verbindungen zwischen Wissensgebieten und Einbettungen in Kontexte.

2.3.2.4   Ausblick

In seinem letzten Kapitel „Was kann getan werden?" gibt PAPERT einige praktische Hinweise zum Wandel der Schule. Zunächst gelangt er zu einer optimistischen Grundhaltung. Obwohl die Schule scheinbar fest verwurzelt sei, müsse man davon ausgehen, dass angesichts des Wandels der Ostblockstaaten nichts unumstößlich sei.

> „Der wichtigste Aspekt ist hier, wie sich ein System selbst dagegen wehrt, das Ausmaß seiner Probleme und die Notwendigkeit eines grundlegenden Wandels zu erkennen." (ebd., 217)

Am Beispiel der Sowjetunion sei deutlich geworden, dass Perestroika „nur" Umbau des alten Systems bedeute und somit nicht ausreichend sei. Zum Beispiel sei es nie das Ziel gewesen, die Planwirtschaft als Kernproblem zu beseitigen. Dies sei durchaus übertragbar auf derzeitige Schulreformen. Die Planwirtschaft sei ein Beispiel für abstrakt-formalen Umgang mit den Notwendigkeiten der Produktion. Der „Gosplan" stehe allerdings den Lehrplänen nicht nach.

> „Wir leben mit einem Schulsystem, das grundsätzlich genauso irrational wie die Planwirtschaft ist, und dies letztendlich aus dem gleichen Grund." (ebd., 220)

Der Weg zum radikalen Wandel der Schule führe über einzelne Lehrer und kleine regionale Schulen zu einer weiteren Verbreitung. Ein Hindernis dabei sei, wie oben erwähnt, die Vergleichbarkeit der Leistungen.

> „Ein Testsystem, das auf alten Lernmodellen basiert, wird bestenfalls diese Modelle festigen und die Entwicklung neuer Richtungen hemmen." (ebd., 222)

Die moderne Schule in einem Land würde ein schlechtes Abschneiden bei internationalen Vergleichen zur Folge haben. Eine synchronisierte weltweite Reform sei jedoch undenkbar. Die einzige Alternative dazu sei, den Gedanken aufzugeben, bei internationalen Tests vorn zu sein, und stattdessen führend in neuen Richtungen, die ein eigenes Messsystem besitzen müssen. An dieser Stelle drängen sich die Parallelen zur den aktuellen TIMMS- und PISA-Studien förmlich auf. Wenn man davon ausgeht, dass diese jüngeren Untersuchungen zum Vergleich der Schulen in Europa auf die neuen Erkenntnissen der Lerntheorie und Methodik abzielen, so erklärt sich das Ergebnis für Deutschland in anderer Weise, als es vielfach bildungspolitisch dargestellt wird. Neue Bildungsstandards sind keine Lösung. Der Wandel in seinem Sinn würde dennoch möglich, wenn viele kleine Schulen eine neue Richtung einschlügen im Konsens mit den Eltern und den Schulbehörden.

> „Selbst wenn es viel mehr kleine Schulen als heute gäbe, würden sie doch keine evolutionsfördernde Umgebung darstellen, wenn sie nicht Teil eines interagierenden Systems wären. Die Entwicklung besserer Kommunikationstechnologien kann einen signifikanten Beitrag zur Umwandlung des Plansystems Schule in ein System der Eigeninitiative leisten." (ebd., 233)

Im Kontext der oben beschriebenen Paradigmen kann man an dieser Stelle konstatieren, dass PAPERT sich ebenfalls einer Mischung aus Pragmatismus und Konstruktivismus zuwendet, die sich in der Hervorhebung des Konkreten kennzeichnet. Zweifelsohne kann in diesem Rahmen der Computer und auch das Internet eine tragende Rolle spielen. Grundsätzlich müsste sich dabei die Ansicht der Wissensvermittlung ändern. Der Transfer von Information zum Wissen ist einer der Kernpunkte des Lernens. Insofern ist es notwendig zunächst eine begriffliche Klarheit herzustellen. Dies soll im nächsten Kapitel versucht werden.

2.3.3   Wissen und Information

In der Beschäftigung mit den Problemen des Einsatzes des Internet in der Schule stellte sich schon sehr früh die Notwendigkeit heraus, den Begriff „Wissen" genauer zu kennzeichnen. In der Folge bildete der Begriff einen Kernpunkt in der Auseinandersetzung mit den Lerntheorien. Einerseits wird der Begriff im Zusammenhang mit der Weiterentwicklung der Informationsgesellschaft verwendet, andererseits hatte PAPERT bei seiner Kritik an der Schule formuliert, dass die hierarchische Struktur der Schule auf das engste mit ihren pädagogischen Auffassungen und besonders mit ihrem Festhalten an der Ansicht verbunden sei, Wissen selbst sei hierarchisch strukturiert. (s. Kapitel 2.3.2.1).

Für die Untersuchung von Lerntheorien ist zunächst eine klare Beschreibung des Begriffes „Wissen" notwendig, die eine deutliche Trennung zur Information enthält. Diese Betrachtungsweise findet sich auch in den Diskursen z.B. bei MANDL und KORING (MANDL 1998; KORING 2000). Eine klare Unterscheidung, der hier zugestimmt werden kann, trifft WILLE im Rahmen mit der informationstechnischen Auseinandersetzung der Wissensverarbeitung.

> „Begriffliche Wissensverarbeitung bezieht sich auf ein Wissensverständnis, nach dem anspruchsvolles Wissen nur durch bewusste Reflexion, diskursive Argumentation und zwischenmenschliche Kommunikation auf der Grundlage lebensweltlicher Vorverständnisse, kultureller Konventionen und persönlicher Wirklichkeitserfahrung entsteht und weiterlebt." (WILLE 2000, 357)

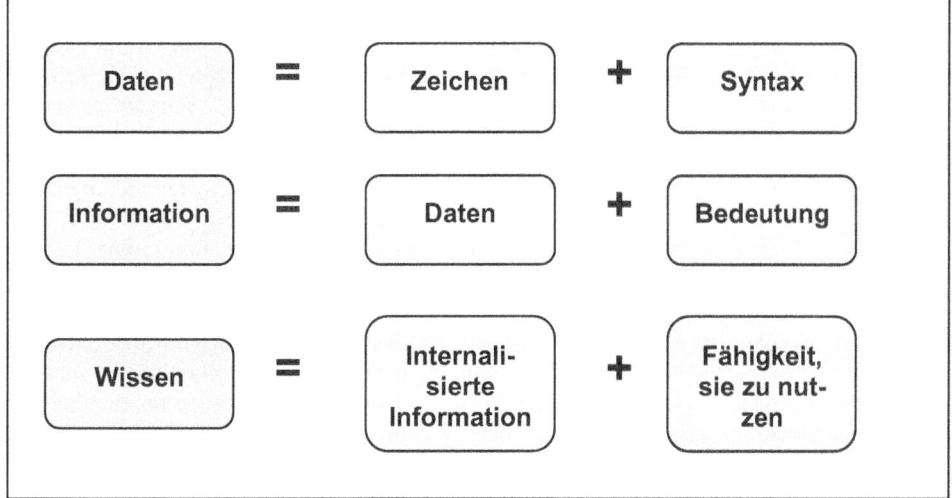

Abbildung 6:   Daten, Information, Wissen (nach WILLE 2000, 357)

Mit einem Verweis auf DEVLIN führt er sehr einprägsame Kurzformeln für die Begriffe „Daten", „Information" und „Wissen" an (s. Abb. 6). Diese informationstheoretische Sicht auf die Begriffe fällt auf, weil hier Lernen nicht nur als Transfer von Information aufgefasst wird, sondern als gesonderter Prozess verständlich wird. Offensichtlich liegt auch genau hier die wesentliche Aufgabe der Institution Schule und eines Lehrers, nämlich die Einbindung von Informationen in ein vorhandenes Wertesystem zu fördern und verschiedenste Anwendungsgebiete aufzuzeigen. Diesem Schema folgt auch MAROTZKI, der an dieser Stelle die Bedeutung der Reflexion nochmals hervorhebt.

> „Daten sind kontextlos und unorganisiert; zu Informationen werden sie, wenn sie organisiert werden (z.B. bezogen auf eine Problemstellung oder einen Kontext): Zu Wissen werden Informationen, wenn die implizierten Werte (die Wertigkeit) reflektiert und eine Relationierung zu anderen Informationen hergestellt wird." (MAROTZKI 2000, 247)

Bemerkenswert ist in diesem Zusammenhang die von KORING gemachte Feststellung, dass nicht einmal der Begriff „Information" in ausreichender Form beschrieben sei, um sowohl dem informationstechnischen als auch dem kulturellen Rahmen gerecht zu werden und so eine wissenschaftlich tiefgründige Auseinandersetzung zu ermöglichen (KORING 2000, 148). In der Informationstheorie finden sich verschiedene Ansätze der Beschreibung der

Information „als widerspiegelte Vielfalt eines Objektes in einem weiteren Objekt" oder „als Maß der beseitigten Unbestimmtheit" (letzteres geht auf SHANNON zurück), die in einem logarithmischen Verhältnis zur Wahrscheinlichkeit sogar berechenbar und mit der Einheit BIT versehen zu einer Art physikalischen Größe avanciert. Diese Begriffsbestimmungen sind zweifelsohne angesichts der Ausweitung der informationstechnischen Fragestellungen auf die kulturelle gesellschaftliche Ebene neu zu überdenken. Aus pädagogischer Sicht ist die Subjektrolle bei der Informationsentstehung von maßgeblicher Bedeutung. Information entsteht nur dort, wo eine Fragestellung existiert, und diese wiederum wird im eigentlichen Sinne als Bezugspunkt gewählt. Die Entstehung einer Fragestellung sei aber eine mentale Konstruktion aus erkannten bzw. wahrgenommenen Unterschieden in den Objekten der Aufmerksamkeit.

> „Es liegt auf der Hand, dass die phänomenale Konstitution von Information und das Wahrnehmen und Erkennen von Unterschieden zwischen Informationseinheiten immer schon kulturell definiert und vermittelt sind, also auch schon kulturell vermittelte Deutungsmuster als Referenz voraussetzen; Informationseinheiten werden nicht schon mit dem Akt der Wahrnehmung konstituiert, sondern erst durch kulturell präformierte Interpretation der Sinnesdaten." (KORING 2000, 149)

Selbst wenn man sich an dieser Stelle zunächst mit diesen Ansätzen zufrieden gibt, bleibt in lerntheoretischer Sicht die Frage nach einer inneren Strukturierung des Wissens und dem Vorgang der „Internalisierung". Im Kernpunkt geht es also um die Frage, wie Lernen „funktioniert", wenn man die Anschlussfähigkeit zu neuen Informationstechnologien im Rahmen pädagogischer Fragestellungen diskutieren will. Eines wird bereits an dieser Stelle deutlich. Der Traum von der „Externalisierung des Gedächtnisses", der mit der Entwicklung von neuen Medien stets verbunden ist, wird auch an dieser Unterscheidung zu messen sein. Die Wissenschaft experimentiert derzeit mit „direkten" Anschlüssen an das Gehirn, zunächst zur Steuerung von Computern. Aber wie weit ist dann die Umkehrung noch entfernt, in der Computer das Gehirn steuern, genau so wie in der Vision des Films „Matrix" gezeigt? Spätestens dann wird das Verhältnis von Information und Wissen neu zu definieren sein und dies wahrscheinlich durch eine Neudefinition des Begriffs „Wissen". Derzeitig ergibt sich auch für den Begriff der „Wissensgesellschaft" eine analoge Betrachtungsweise.

Im Folgenden wird eine Begriffsbestimmung von AEBLI vorgestellt, die einen tieferen Einblick in die Strukturierung von Wissen und von Aneignungsprozessen gibt. Das „Berner Wissensmodell" ist eine gute Grundlage für das Verständnis von Lernen und der hier vorgelegten Arbeit gewesen. Auch wenn die theoretischen Modelle nicht in die Interpretation des Datenmaterials eingeflossen sind, stellen sie eine verinnerlichte Denkweise dar.

2.3.4   AEBLIS „Denken: Das Ordnen des Tuns"

Hans AEBLI wurde in Zürich geboren und studierte Psychologie, Philosophie und Pädagogik in Genf und in Minnesota. AEBLI war Schüler von PIAGET. Der Aufenthalt in den USA könnte die Erklärung für die Aufgeschlossenheit zur Informationstheorie sein. Danach war er tätig als Professor der Psychologie an der Freien Universität Berlin bis 1971 und an der Universität Konstanz. Schließlich wurde er Direktor der Abteilung Pädagogische Psychologie in Bern. Zu seinen bekanntesten Veröffentlichungen gehören der hier zu Grunde gelegte Doppelband „Denken: Das Ordnen des Tuns" (1980/ 1981) sowie die Werke die „Zwölf Grundformen des Lehrens" (1983) und die „Grundlagen des Lehrens" (1987). Bis 1990 lebte er in der Nähe von Bern. AEBLI bezieht in sein Werk, das vielleicht auch sein Lebenswerk war, nicht nur die Ideen der Gestaltpsychologie ein, sondern greift auch auf Erkenntnisse und Experimente der damaligen Computerwissenschaft, also der 60er bis 70er Jahre, zurück. Die Euphorie in der Computerlandschaft bezog sich damals auf die Entwicklungen der künstlichen Intelligenz, insbesondere unter MINSKY. Erfolg versprechend waren zu dieser Zeit einige Experimente mit Computern, die in Mikrowelten unter bestimmten Bedingungen Geschichten verstehen oder Anweisungen interpretieren und ausführen konnten (z.B. CHARNIAK, WINOGRAD). Zugleich wurde der Bereich der theoretischen Informatik von der Linguistik stark beeinflusst, nachhaltig von CHOMSKY. Die Formalisierung von Sprachen beinhaltete die Analyse von Programmiersprachen und die formale Problemklassifikation. Neben diesen Bezügen aus der KI-Forschung fließen in die Werke AEBLIS auch Erkenntnisse der Hermeneutik ein. Er selbst positioniert seine Arbeiten im Bereich der „kognitive Psychologie", obwohl schon der Lehrer und die Neigung zu didaktischen Äußerungen unverkennbar sind.

Die Grundhaltung beschreibt er, und dem ist nur zuzustimmen, als konstruktivistische, pragmatische, strukturalistische Phänomenologie. Wobei es nicht um Strukturvergleiche, sondern eher um die Entwicklung von Strukturen gehe.

> „Das ist die Funktion der Denkpsychologie und der Handlungstheorie: Dem Menschen bei seiner Selbstbeobachtung die Augen aufzutun und ihn im Lichte der angebotenen Begriffe darin neue Zusammenhänge sehen zu lassen." (AEBLI 1993, 28)

2.3.4.1 Die Handlungstheorie AEBLIS

Die Psychologie untersuche Phänomene des Verhaltens, sowohl das eigene als auch das fremder Individuen. Die Verhaltensweisen unterscheidet AEBLI in absichtsvolles zielgerichtetes Tun, automatisierte Tätigkeiten und ein eher unbewusstes oder zumindest mit geringerem Bewusstsein vollzogenes Tun, wie z.B. der Wahrnehmung. Das absichtsvolle Tun wird von ihm als „Handeln" bezeichnet (ebd., 19). Einzelne Einheiten der Handlungen seien „Akte". Eine besondere Form bildeten „Sprachhandlungen" und dementsprechend „Sprechakte". Beiden misst er die gleiche funktionale Bedeutung zu und sieht dies in der gleichen Struktur begründet. Über dem konkreten Handeln spiele sich das Denken und die Reflexion als Metatätigkeiten ab. Die erste grundlegende Definition, die AEBLI einführt ist die, des „Handlungsschemas".

> „Hier sind die definierenden Züge:
> - *Handlungsschemata sind wiederholbar,*
> - *Handlungsschemata sind auf neue Aufgaben und Situationen übertragbar*
> - *Handlungsschemata ist durch seine invariante Struktur im wiederholten Vollzug definiert"* (ebd., 84)

Zwar sei der Gedanke von Schemata bereits bei SELZ als „Gesamtaufgabe" beschrieben, bei BARTLETT als „Schema" benannt und schließlich von PIAGET in den „Assimilationsschemata" mit den Eigenschaften der Übertragung und Reproduktion versehen worden, dennoch wäre es neu, die Handlungsschemata durch ihre Struktur zu definieren. Handlungsschemata bilden einen strukturellen Rahmen („Frame", nach MINSKY) in neuen Situationen. Die Schemata würden die Handlungen in der Durchführung charakterisieren. Eine „Handlung" sei das zielgerichtete Tun, das eine Beziehung zwischen Objekten, den „Handlungselementen", in temporärer oder dauernder Form stifte. Die Elemente in Handlungen seien Sachen, Vorgänge, Personen, fremde Handlungen, eigene Handlungen bzw. abstrakte Beziehungen innerhalb derselben. Die eigene Person und der eigene Körper bilde dabei ein besonderes Handlungselement. Die verschiedenen Ordnungen der Elemente würden zu einer ersten Hierarchisierung führen. Die erzeugte Beziehung als Ergebnis einer Handlung könne im Weiteren ein Handlungselement werden. Durch den Einbezug der Handlungselemente in die Handlung würden diese „Handlungsteilnehmer" ein neues „Rollenmerkmal" erwerben, zumindest das Merkmal der Eignung für die Handlung. Dieses gebe ihre Rolle in der Handlung an oder, anders formuliert, ihre „Relation" zu den beteiligten Elementen (ebd., 90). So manifestiere sich das Handlungsergebnis in einem Merkmal eines Gegenstandes. Gegenstände erhalten also neue Merkmale durch Handlungen und Vorgänge.

„Handlungsmittel", die er als Handlungsbedingungen sieht, unterscheidet AEBLI in materielle Mittel, menschliche Ressourcen und „Mittelhandlungen". Wobei eine Mittelhandlung ein Zwischenziel in einem komplexen Handlungsablauf oder ein Element darin realisiere, das in der übergeordneten Handlung weiterverarbeitet werde (ebd., 93). Schließlich würden

> „im Verlaufe des Lernens und der Entwicklung der Menschen immer neue Handlungsschemata aufgebaut, die immer neue Rollen von Teilnehmern an der Handlung und immer neue Beziehungen zwischen Teilnehmern definieren. Die Zahl der möglichen Kasus ist daher grundsätzlich unbegrenzt." (ebd., 94)

Die Funktionsweise der Handlungsschemata charakterisiert AEBLI als einen Prozess, der zunächst Leerstellen enthielte, die durch Handlungsteilnehmer ausgefüllt würden und denen durch das Schema eine Rolle zugewiesen werde. Das Repertoire der Handlungsschemata, bestehend aus Handlungs- und Sachwissen, sowie das Wissen um den schematischen Charakter der Handlung bestimme die „Handlungskompetenz" eines Menschen (ebd., 98). Die Rolle des Handelnden beschreibt AEBLI in diesem Zusammenhang als dreifache Funktion: „Promotor", „Planer" und „Realisator" seiner Handlung (ebd., 99). Des Weiteren würden gewisse „Randbedingungen" für den Erfolg einer Handlung eine Bedeutung haben. Dies seien Gegebenheiten, die im Ablauf einer Handlung auftreten, geschaffen oder eingehalten werden, wie z.B. Zeit, Ort, Art usw. So könnten sich Mittelhandlungen auf die Schaffung von Randbedingungen ausrichten. In diesem Fall nähmen die Bedingungen die Rolle von Handlungselementen ein. Sei eine Handlung dagegen auf die Einhaltung einer Bedingung ausgerichtet, so würde die Bedingung zu einem Teil der Handlung (ebd., 114). Durch zusätzliche Aussagen über die Gegebenheiten würde aus einem Handlungsschema eine „Handlungsbeschreibung". Handlungsbeschreibungen unterscheiden sich von den Schemata durch ihren Wahrheitsgehalt, auf das diese Kategorisierung nicht anwendbar wäre (ebd., 105).

Eine besondere Art der Handlungen sei die „Wahrnehmungstätigkeit". Sie steuere die Erzeugung und beurteile die Ergebnisse einer Handlung. Strukturell gleiche sie der Handlung, indem sie Elemente in Beziehung setze. Die Wahrnehmung in einer Handlung beziehe sich auf die Beobachtung der Handlungsteilnehmer. Ihr hierarchischer Aufbau ließe sich analog zu den Handlungsschemata skizzieren und wird von AEBLI als „Wahrnehmungsgestalten" bezeichnet.

> „Für die Wahrnehmung der elementarsten Einheiten und ihre Bewegungen besitzt der Mensch angeborene neuronale Detektoren. Die Einheiten höherer Ordnung muss man wahrnehmen lernen." (ebd., 171)

Unmittelbar schließe an die Wahrnehmung die „Deutung" an. Wahrnehmen und Deuten würden im Wesentlichen das Ziel verfolgen, ein Bild der Situation einer Handlung zu gewinnen (ebd., 121). Deuten beruhe auf Verstehen und liefere einen subjektiven Beitrag durch den Deuter. Deuten sei eine synthetische Tätigkeit, die auf der Grundlage des Verstehens, dem Auffinden von Elementen und deren Zuordnung zu begrifflichen Rahmen bzw. Schemata, zu neuen Schemata oder Rahmen aufschreite (ebd., 195). Alle Deutungsleistungen würden somit auf Integration von Handlungs- oder Sachelementen in entsprechende komplexere Schemata beruhen.

In Abgrenzung von PIAGET schließt AEBLI in seinen Betrachtungen die „Operationen" ein. Operationen würden eine dritte Art der Schemata bilden. Im Gegensatz zur Handlung trügen Operationen einen stärkeren strukturellen Charakter. Die Beziehungsstiftung zwischen den Teilnehmern, den „Operanden", könne durch Relationen, dem „Operator", charakterisiert werden.

„Der Unterschied besteht in ihrer Abstraktheit und in der Reinheit ihrer Konstruktion." (ebd., 214)

Diese Abstraktheit beziehe sich dabei auf die Steuerung und die Elemente. Die klare Ausbildung einer Struktur und deren sukzessive Verbesserung ließen das Operieren zu einem kognitiven Prozess werden. Die wesentlichen Merkmale des Operationsbegriffs von PIAGET, die progressive Verinnerlichung des kindlichen Handels und die zunehmende Unabhängigkeit von der Wahrnehmung (ebd., 209), widerlegt AEBLI und stellt somit strukturell Operationsschemata den Handlungsschemata gleich.

Letztlich stelle sich die Frage nach der Planung einer Handlung, denn Problemlösen sei Handlungsplanung, die von einer Zielvorstellung oder einem Handlungsentwurf geleitet würde (ebd., 23). Wenn der gesamte Handlungsablauf bekannt wäre, sei die Planung ein weitgehend reproduktiver, assoziativer und deduktiver Vorgang (ebd. 149). Im anderen Fall gehe sie vom Handlungsziel bzw. *„vorgeordnet ein[em] Bedürfnis oder ein[em] diffusen Drang"* (ebd., 149) aus, weise nun auf ein bestimmtes Schema, dessen Teilnehmer gesucht oder erzeugt werden müssten. Das Erzeugen wäre die Herstellung eines Teilnehmers oder die Präparation eines Merkmals eines Objektes. Dies seien selbst wieder Handlungsschemata von Mittelhandlungen. So setze es sich fort bis ein elementares Schema gefunden würde, bei dem alle Elemente vorhanden sind. Die wesentliche Leistung der Handlungsplanung sei der Hierarchieaufbau in Form von Über- und Unterordnungen im Netz des Handlungswissens (ebd., 243). Im Allgemeinen umfasse ein Handlungsablauf damit einen ganzen Komplex von Handlungen. AEBLI bezeichnet sie als „Komplexionshierarchien" des Handelns und diskutiert diese Auffassung gegenüber den Theorien der kognitiven Landkarten und den frühen Auffassungen von Bewegungen in Netzen.

Damit konturiert sich nun ein Bild der AEBLIschen Handlungstheorie: Das grundlegende Element sind Schemata, deren Funktion die Beziehungsstiftung unter den Teilnehmern ist. Nach dem Abschluss einer Handlung ebnen sich diese Handlungsschemata in eine netzartige Struktur ein, dem Wissen. Relationen und Objekte, Schemata und Teilnehmer oder Operationen und Operatoren seien Elemente des Wissens. Bezüglich des Handlungswissens unterscheidet Aebli zwischen schematischem und spezifischem Handlungswissen und meint damit insbesondere die Form des episodischen Wissens. Der Unterschied zum schematischen Wissen ist offensichtlich die Ausfüllung mit speziellen Teilnehmern oder Elementen in den Handlungen, der Vorgang des Überganges sei die Konkretion im Gegenzug die Abstraktion.

„Das Ordnen des Tuns ist in reiner Form das Denken. Es bereitet sich im Handeln und in der
Wahrnehmung vor und es reicht vor diese zurück in die elementaren Lebenstätigkeiten." (ebd.,
241)

AEBLI verweist auf zwei Formen der kognitiven Tätigkeit in den Systemen des Weltwissens. Das Problemlösen, welches einer Strukturverbesserung diene, sei der Prototyp, neben
einer kontemplativen und ästhetischen Bewegung im System, die er Betrachtung nennt.
AEBLI misst dem Problemlösen und der Begriffsbildung einen hohen pädagogischen Wert
in der Aneignung von Wissen zu.

2.3.4.2   Begriffsbildung und Problemlösen

Analog zur Betrachtung der Handlung ließe sich die Begriffsbildung als Tätigkeit und somit durch Schemata beschreiben. Begriffliches Denken sei eine Distanzierung von der
Situation und Isolation der Elemente und Beziehungen von den Kontexten (s. Zitat AEBLI
1994, Kapitel 2.1.3). Dabei träte die Struktur in den Vordergrund und Beziehung zwischen
Elementen und Kontexten würde klarer. Hier verweist AEBLI offensichtlich auf die Parallelen zum Handeln. Der Unterschied zum Begriff sei: er habe keinen unmittelbaren Nutzen.
Seine Hauptaufgabe bestehe darin, *„dem erkennenden Geist ein Stück Wirklichkeit fassbar
zu machen"* (ebd.). AEBLI geht von der Annahme aus, dass der Erklärer einen ihm bekannten Begriff aus seinem Wissen rekonstruiere und dass diese Rekonstruktion beim Hörer
einem Vorgang erstmaliger Konstruktion entspreche (ebd., 97). Damit wären die Aus-
gangselemente jeglicher Begriffsbildung ohne Ausnahme im Wissensrepertoire des Beg-
riffsbildners enthalten und ein neuer Begriff wäre immer nur die Kombination vorhandener
Elemente. Dies begründe auch, dass die Begriffsbildung *„ganz und gar das Werk des Beg-
riffsbildners"* (ebd., 99) sei. Die grundlegende Bedingung der gelungenen Begriffsbildung
sei dadurch gekennzeichnet, dass die Elemente erfolgreich abgerufen und richtig verknüpft
wurden. Ein konkretes Beispiel helfe dem Begriffsbildner, ihn an konkrete Erfahrungen zu
erinnern, auf die der im Aufbau befindliche Begriff anwendbar sei. Ansonsten gäbe es keine konkrete Vorstufe eines Begriffs. Begriffe seien somit kein Abstraktionsprodukt, woge-
gen Begriffe selbst abstrakt sind. Im Zuge der Begriffsbildung entstünde ein ganzes Netz
von Beziehungen. Indem der Begriffsbildner die Beziehungen in gewissen Elementen ob-
jektiviere, gelinge es ihm, bereits geknüpfte Beziehungen gegenwärtig zu halten (ebd.,
103).

„Das Quasi-Objekt, das den Begriff darstellt, hängt, wenn nicht sachlich, so doch gedanklich
vom übrigen Netz ab, es ist durch dieses bedingt. Die Ausrichtung der untergeordneten Elemente auf die oberste Beziehung und auf das Element, in dem sich diese objektiviert, stellt umge-
kehrt nur die Abhängigkeit der Begriffsspitze von ihrer Basis dar: die übrigen Beziehungen bedingen das oberste Phänomen, zum Teil objektiv und quasi physisch, zum Teil nur gedanklich.
Damit sind wir in der Lage, in einem neuen, tieferen Sinn von der „Begriffshierarchie" zu sprechen. Es besteht für jeden Begriff eine Hierarchie von Beziehungen, die der Spitze untergeord-
net sind." (ebd., 107)

Die begrifflichen Schemata würden untergeordnete Elemente vereinen, die auf eine Begriffsspitze ausgerichtet seien. Bildlich vergleicht er es mit einem Tuch, das man in der Mitte
anhebt. Die Spitzen, die späterhin noch mit Namen etikettiert werden, bezeichnet er als das
lexikalische Wissen.

„Es ist, wie wenn das Netz auf einem Tuch aufgezeichnet wäre und der denkende Mensch an einem Punkte in das Netz hineingriffe und es dort aufhöbe, so dass dieser Punkt zur Spitze eines Zeltes würde." (ebd., 111)

Im Gegensatz zum Handeln ermögliche der Begriff weit reichendere Formen der Assimilation in der Art, dass ein Bild von einem Objekt entstehe und deren Struktur sich dem Lerner im Ganzen öffne. Eine besondere Kategorie in den Begrifflichkeiten stellten für ihn die Objektivierungen von Aussagen und wahrgenommenen Beziehungen dar.

Probleme sind in AEBLIS Perspektive in erster Linie unbefriedigende Strukturen in Handlungsplänen oder in der Wahrnehmung einer Gegebenheit. Das Ungenügen beziehe sich dabei auf den Handlungsplan oder eine Verstehensabsicht und könne durchaus relativ sein. Schwierigkeiten, die einen verzögerten Vollzug einer Handlung bedeuteten, und meist sich in der detaillierten Durchführung ergäben, stellten an sich keine derartigen Probleme dar (AEBLI 1994, 17 ff.).

AEBLI katalogisiert verschiedene Problemtypen:
- fragmentarische Strukturen, mit den Unterarten der Interpolations- und der Gestaltungsprobleme,
- widersprüchliche Strukturen und
- vereinfachungsfähige Strukturen, die durch Redundanz und Akzidenzien entstehen könnten.

Die Zielstellungen der Problemlösungsprozesse ließen sich dabei leicht und klar fassen. Formalisierte Lösungsansätze ergäben sich, in Analogie im strukturvereinfachten mathematischen Denken, in der Form, die fragmentarischen Strukturen zu überbrücken, die Widersprüche zu umgehen oder zu mildern und unnötige Komplikationen zu eliminieren (ebd., 36). Im Zuge der konstruktiven Problemlösungsdiskussion diskutiert AEBLI dann die Problemsicht mit dem angestrebten Wissensmodell noch einmal unter anderer Perspektive. Insbesondere die Verdeutlichung dieses konstruktiven Charakters könne z.B. bei fragmentarischen Strukturen zur Problemlösung beitragen. Allzu häufig würde man die Transformation in solchen Problemen als Kern sehen, wo eventuell ein schrittweise konstruktives Vorgehen angebracht wäre (ebd., 37 ff.). Fragmentarische Strukturen könnten sich nicht nur in Handlungsplänen zeigen, sondern auch in Bereichen der Darstellung der Wirklichkeit. Diese Erklärungsprobleme würden somit auch unter diese Kategorie fallen.

„Der entscheidende Vorgang bleibt derjenige der Konzeption der Erklärung vor dem Phänomen. Wir sehen auch in der Erklärung die Überbrückung einer Lücke, und wir meinen, auch hier sei der Brückenschlag in der Regel ein konstruktiver Akt." (ebd., 44)

Somit könne das Bestreben nach der Kohärenz des Weltbildes auch zu Problemen führen, deren Lösung den Aufschluss neuer Bereiche der Wirklichkeit oder die Ausleuchtung dunkler Bereiche erbringen.

Ein besonders enger Zusammenhang liegt nach AEBLI zwischen dem Problemlösen und der Begriffsbildung (ebd., 47 ff.). So können Begriffsinhalte das Ziel von Gestaltungsproblemen, Beweis- oder Bestimmungsaufgaben sein. Trotzdem könne nicht gesagt werden, jede Problemlösung sei auch eine Begriffsbildung. Das läge sowohl am Handlungs- und Erkenntnisinteresse des Problemlösers als auch in der Sache. Das Handlungsinteresse sei oft nur der gewünschte Effekt. Zum Teil würden Problemlösungen durchaus allgemeine Aspekte beinhalten, die durch Lösungsrückschau, die erforderlich zum Aufbau einer Heuristik sei, erkannt werden könnten.

Der Zugang zu einer Problemlösung sei stets das Abrufen einer Lösungsidee.

> „Wir erkennen, dass zwischen dem Abrufen von Handlungsschemata und den Vorstellungen von notwendigen Handlungsteilnehmern im Zuge der Planung einer Handlung und dem Abrufen von Lösungsideen im Zuge des Problemlösens eine genaue Entsprechung besteht." (ebd., 59)

Die Funktionsweise dieses Abrufens kann AEBLI allerdings nur mit einem anamnestischen Abrufen begründen, welches er selbst nicht näher zu erklären vermag. Den existierenden Theorien könne er nicht beipflichten, denn die Suchschemata, gewisse Signalelemente und Resonanz passen nicht in die vorgelegte Wissenstheorie.

2.3.4.3   Das Berner Wissensmodell

Ausgehend von der Feststellung, dass der Mensch nur ein informationsverarbeitendes System besitze, ließen sich in seinem Gedächtnis sowohl hierarchische als auch nicht-hierarchische Strukturen finden, die Schemata und die Systeme.

> „Schemata sind im Denken »vorübergehende Strukturen«. Ihre Bestimmung ist es, eingeebnet zu werden. Mit diesem Ausdruck bezeichnen wir den fundamentalen Prozess der Wissensverwandlung, der darin besteht, ein hierarchisches Gefüge von Verknüpfungen in ein Netz von gleich geordneten, sozusagen »gleichgeschalteten" Elementen zu verwandeln." (AEBLI 1994, 198)

Schemata und Systeme seien miteinander verknüpft und enthielten Relationen, Objekte, auch als Merkmalsbündel, und Begriffe auf der einen und Handlungs-, Operations- und begriffliche Schemata auf der anderen Seite. Schemata entstünden durch Aufbau in Form einer wiederholten Abfolge von Verknüpfungen und Objektivierungen und zerfielen im Zuge der „Einebnung" in Systeme (ebd., 270 ff.). Aus den Systemen könnten durch Rekonstruktion als Handlungs- oder Operationspläne wiederum Schemata erzeugt werden. Andererseits ermögliche die Nichthierarchie des Systems die Bildung von begrifflichen Perspektiven und die Planung von Handlungen, die nun durchaus als Bewegung im System des Weltwissens verstanden werden können. Das System des Weltwissens könne in der Struktur verbessert werden, *„durch das direkte Weben des Systems in der Wahrnehmung und im Lesen/ Hörensagen."* (ebd. 270). Damit seien die Handlungs-, Operations- und begrifflichen Schemata die hierarchischen Strukturen, die eingeebnet sich im System des Weltwissens wieder fänden.

> „In den Systemen des Weltwissens ist der prozessuale Kern der Handlung und der relational Kern der Operationen und Begriffe verwoben." (ebd., 270)

Abschließend benennt AEBLI die Bereiche des Weltwissens als „praktisches" (Handlungen), „logisches" (Operationen), „ästhetisches" (Wahrnehmungsgestalten) und „lexikalisches" (Begriffe) Wissen. Dieses Wissensmodell umfasse sowohl das Allgemein- als auch das Faktenwissen, sofern man Allgemeinheit auf die Reproduzierbarkeit und vielfältige Anwendbarkeit beziehe (ebd., 224), dies sei eine Forderung an die Handlungsschemata, und Faktizität, bezogen auf die Systeme, aus dem Prädikat der Existenz hervorgehe (ebd., 225).

Das heißt aber, dass Lernen genau diese Prozesse von Einebnung und Strukturaufbau beinhaltet, sowie das Erkennen von Problemen der verschiedenen Arten und die Beweglichkeit im Wissenssystem unterstützen sollten. Genau diese Perspektiven führt AEBLI dann in seinen „Zwölf Grundformen des Lehrens" aus. Die hier ausgeführten Positionen, die keineswegs den Anspruch der Vollständigkeit erheben, könnten nun als Grundlage weiterführender Diskussionen dienen. Interessant wäre beispielsweise eine Interpretation der bildungs-theoretischen und grundlagentheoretischen Aspekte vor diesem Strukturmodell. Dies soll im Folgenden nur exemplarisch an einem häufig diskutierten Aspekt, dem Phänomen der Informationsflut, ausgeführt werden.

2.3.5   Informationsflut (information overloading)

Mehrfach findet man in der Literatur (SANDBOTHE 1997a, PETERS 2000) die These der Bedrohung durch die Informationsflut bzw. der Schwierigkeit des Umgangs mit einer gro-ßen Menge von weltweit verfügbaren Informationen, des „information overloading". Unter Berücksichtigung des eben vorgestellten Modells findet die Vervielfältigung der Informati-onsverfügbarkeit nur in zweierlei Perspektiven einen Bezug. Erstens ist die Erfassung der Vielfalt ein Problem der Wahrnehmung. Hier lässt sich nochmals ein Zitat von KORING hinzuziehen.

> „Das Bewusstsein kann im Fokus der gerichteten Aufmerksamkeit nur etwa 5 bis 10 (nicht wei-ter auflösbare) Unterscheidungen pro Sekunde treffen (z.B. beim Lesen, Hören oder Fernsehen) und folglich nur diese Unterscheidungen (Bits) als relevante Informationen im Bewusstsein be-handeln." (KORING 2000, 149)

Damit dürfte zunächst die Gefahr des „overloading" relativiert sein. Dennoch stellt sich die Frage wie es erklärbar ist, dass Schüler und Jugendliche wesentlich schneller mit dem Computer umgehen, als es Erwachsene tun und wie es zum Gefühl der Hilflosigkeit kom-men kann. Eine Erklärung bezieht sich also auf die Wahrnehmungstätigkeit, die wie oben beschrieben eine hierarchische Struktur besitzt, analog den Handlungen. AEBLI überträgt die Komplexionshierarchien der Handlungen auf die Wahrnehmung und spricht von Wahr-nehmungsgestalten. Wenn nun die Menge der Wahrnehmungen begrenzt ist, kann die Ursa-che für ein unterschiedliches Verständnis bzw. individuelles Gefühl von Informationsfülle nur im strukturellen Aufbau der Wahrnehmung liegen. So wie Handlungen andere Teil-handlungen aufnehmen und damit an Komplexität gewinnen, so könnten sich Wahrneh-mungsgestalten komplexer Natur bilden. Dies setzt jedoch voraus, dass eine ausreichend lange technische Erfahrung im Umgang mit Computersystemen vorliegt, die diese Gestal-ten bereits vorstrukturiert hat. Bei einem derzeit Heranwachsenden liegt dies (Jahrgang 86 und höher) durchaus im Bereich des Wahrscheinlichen. Es ist vorstellbar, dass sich dafür empirische Belege finden lassen. In der Praxis kann man beobachten, wie Schüler in den Programmen „umherfliegen" und diese bedienen. Bei einzelnen Schülern z.B. ist die Be-dienreihenfolge selbst von bekannten Programmen kaum noch zu verfolgen.

Die Begrenzung der Informationsaufnahme und Komplexität der Wahrnehmungen könnten allerdings auch das Phänomen der Oberflächlichkeit bergen. So kann man feststel-len, dass z.B. bei der Installation von Software oder bei Fehlermeldungen Schüler nur sehr selten erklären können, welche Optionen installiert oder angewandt wurden bzw. was im Text der Fehlermeldung stand. Dies führt dann unweigerlich zu Fehlern, deren Konsequenz das bewusste „Langsammachen" des Vorgangs bei der erneuten Abfolge der Sequenz ist. Mehrfach gelingt dies Schülern nur unter Aufsicht und erst nach dem Bewusstmachen des Problems, dass das Nichtlesen von Texten die Ursache für Fehlfunktionen ist.

Ein anderer Aspekt in der Auseinandersetzung mit der These der Informationsflut kann an dieser Stelle ebenfalls plausibel gemacht werden. Fehlende Komplexität in den Wahrnehmungsgestalten und daraus folgend auch in den Handlungsschemata, die sich durch die vielfältige Anwendung im Wissen als Prozesse und Relationen verfestigen, führen möglicherweise im Netz des Wissens zu Lücken oder, wie AEBLI formuliert, *„zu dunklen Bereichen"*. Im Bestreben nach struktureller Vollkommenheit tauchen diese Leerstellen als Probleme auf, in diesem Fall als Gestaltungs- und Interpolationsprobleme. Das Bewusstwerden dieser Probleme führt dann zu einem Unbehagen derart, dass die Informationsfülle als Flut und Gefahr gedeutet wird. Dies lässt sich noch unter einem weiteren Aspekt steigern. Die elaborierten Wahrnehmungsgestalten der älteren Generation (z.B. beim Lesen von Texten), sofern sie nicht seit längerer Zeit den Umgang mit dem Computer und dem Internet gewohnt sind, erlauben es die Informationsfülle im vollen Umfang zu erkennen und diese Vielfalt dann als Gefahr zu empfinden. Dieses Empfinden könnte dann zu einer Abwendung führen, die durchaus auch in der Praxis zu beobachten ist, und somit wäre die Vergrößerung der Wissenskluft ein weiteres Mal unvermeidbar.

Auf ähnlichen Erfahrungen und Überlegungen könnten, dies lässt sich vermuten, die Ausführungen von TULLY liegen, wenn er darauf aufmerksam macht,

> „ ..., dass heute vor allem Jüngere als leistungsfähig und dynamisch gelten, Alter jedoch wesentlich mit starr und wenig flexibel angesetzt wird." Und weiter: „Dynamik, die beständige Suche und Neuorientierung sind schließlich ohnehin die gängigen Bausteine jugendlicher Identitätsbildung." (TULLY 2000, 201)

Das hieße aber, dass das Problem der Informationsflut nur epochal ist und für die bildungstheoretische und lerntheoretische Debatte nur in Bezug auf die Erwachsenenqualifikation und Lehrerfortbildung eine Relevanz erhält.

An dem hier angeführten Beispiel wurde versucht, die Bezugnahme auf das kognitionspsychologische Modell zu veranschaulichen. In analoger Weise ließen sich weitere Themen z.B. der Multimodalität, Multicodalität, Multilinearität und Multimedialität (s. SACHER 2000) diskutieren. Dies würde allerdings den Gegenstand dieses Kapitels, die Kennzeichnung einer theoretischen Rahmung, verfehlen.

2.4   Zusammenfassung

Während die grundlagentheoretischen und bildungstheoretischen Debatten auf einem sehr fortgeschrittenen Niveau auch aktuell weitergeführt werden, ist in der Schulpraxis nach ersten positiven Ansätzen und Modellversuchen scheinbar der „Alltag" eingekehrt. Die hier vorgelegte Arbeit stellt nicht den Anspruch bildungstheoretische Perspektiven bzw. grundlagentheoretische Aspekte in der Praxis zu evaluieren, sondern fokussiert sich auf eine entgegengesetzte Sichtweise.

Wie bereits erwähnt nutzen die Schüler bereits das Internet als „natürliches" Medium und auch im Lernen. Damit ist die Frage weitaus interessanter, inwiefern sich diese Nutzung in ihrem schulischen Lernen, ihren Aktivitäten im und außerhalb des Unterrichts, und ihren Auffassungen von sich selbst, der Schule, dem Internet und auch dem Denken über das Lernen widerspiegelt. Dies wird zum Gegenstand der im Folgenden dargestellten empirischen Untersuchung.

3 Empirische Untersuchung

3.1 Beschreibung des Forschungsfelds und des Datenmaterials

3.1.1 Untersuchungsfeld Schule

Das Untersuchungsfeld bildet ein mathematisch-naturwissenschaftlich-technisches Gymnasium in einer Großstadt der neuen Bundesländer, das kognitiv befähigte Kinder fördert. Gemäß dieser Zielstellung umfasst der Einzugsbereich mehrere Landkreise und die Stadt. Der Bildungsgang schließt mit einem allgemeinen Abitur. Die Schwerpunktsetzung wird auf den allgemeinen Fächerkanon aufbauend durch erweiterte Unterrichtsangebote und eine Vertiefung der Inhalte im Unterricht in den profilbestimmenden Fächern realisiert. Das Fach Informatik wird verbindlich ab Klassenstufe 7 und ab Jahrgangsstufe 10 wahlobligatorisch unterrichtet. Die Schule verfügt seit Beginn der Untersuchung über einen permanenten Internetzugang über eine Standleitung zur städtischen Universität und ein vollständig ausgebautes Hausnetz, an dem unter anderem drei Computerräume, ein Technikunterrichtsraum, das Lehrerzimmer und alle Vorbereitungsräume angeschlossen sind. Der hohe technische Stand der Rechentechnik ist vor allem besonders engagierten Lehrern zu verdanken.

Die Wartung der Computertechnik und des Internetservers sowie die Gestaltung des WWW-Auftritts der Schule und vielfältiger Anwendungen im internen Netz obliegt einer Gruppe besonders befähigter und computerinteressierter Schüler und Schülerinnen, den Schülerfachgehilfen. Die Organisation der zu erledigenden Aufgaben und der dazu nötige Wissenstransfer werden von den Schülern selbst organisiert. Die erfahrenen Schüler werben und leiten jüngere Schüler an. Zu den Aufgaben der Schülerfachgehilfen gehört neben der Wartung der Technik und der Sicherstellung der Funktionalität insbesondere für den Unterricht auch die Beaufsichtigung einer freien bibliothekarischen Nutzung der Computerräume durch Schüler aller Klassenstufen. Während dieser Zeit können die Schüler und Schülerinnen die Software und das Internet frei zugänglich für außerunterrichtliche Zwecke oder Lernaufgaben nutzen.

Die dienstliche und private Nutzung der Rechentechnik und der unterrichtliche Einsatz von Computer und Internet werden seitens der Lehrerschaft zunehmend akzeptiert und teilweise auch forciert. Nach anfänglichen sporadischen „Ausflügen" in die Computerräume in erster Linie durch die Fachschaften Sozialkunde und Englisch zeigt sich die Akzeptanz einerseits in der Thematisierung von technischen Problemen und dem Wunsch nach zusätzlichen Fortbildungen sowie andererseits in der exemplarischen Durchführung von auch längeren Unterrichtseinheiten oder der generellen Verplanung von Stunden in den Computerräumen.

Die Schule ist in ihrer technischen Ausstattung und dem fortgeschrittenen Einsatz der Computer und des Internet beispielgebend im Bundesland. Vor diesem Hintergrund ist das Gymnasium prädestiniert für die Forschungsthematik.

3.1.2   Arten der Datenerhebung

Im Untersuchungsfeld ergaben sich vielfältige Möglichkeiten der Datenerhebung. Ausgehend von einem sehr guten Kontakt zu den Schülerfachgehilfen und der Möglichkeit des Zugriffs auf verschiedene Mailinglisten über die zielgerichtete schriftliche Befragung von Schülern im Rahmen des Unterrichts sowie die Einsicht in Umfragen wurden insbesondere Interviews systematisch unter den Schülerfachgehilfen jeweils in den letzten Schuljahrgängen über einen neunjährigen Zeitraum erhoben. Darüber hinaus erklärten sich einige Schüler und Schülerinnen aus der Schülerschaft, die sowohl aufgeschlossen als auch distanziert dem Computer gegenüberstehen, zu einem Interview bereit, wenngleich sie den Computer und das Internet durchaus als Arbeitsmittel oder in ihrer Freizeit nutzen.

Außerhalb der Schule ergaben sich ebenfalls Möglichkeiten zur Datenerhebung. Neben Interviews mit Schülern anderer Gymnasien und Befragungen von Studenten im Rahmen verschiedener Seminare wurde insbesondere ein für die fortschrittliche Computer- und Internetnutzung bekanntes Gymnasium eines anderen Bundeslandes besucht. Hier wurden Interviews mit Lehrern geführt und eine Unterrichtsstunde in einer Laptop-Klasse hospitiert und gefilmt. Die Forschung begleitend wurde über mehrere Semester ein Seminar mit dem Thema „Internet und Schule" durchgeführt. Neben der Diskussion lern- und bildungstheoretischer Fragen, der Anfertigung von Hausarbeiten und Internetprojekten auf der Basis eigenständiger Recherche und der Erarbeitung von Lerntools auf der Grundlage von Unterrichtsbeobachtungen wurden von den Studenten auch Interviews erhoben, transkribiert und ausgewertet, soweit dies im Rahmen eines Seminars möglich ist. Die Plausibilität der Begründungen in den Diskussionen und den Auswertungen unterstützten die Thesenbildung der Forschungsarbeit.

Im Fortgang der Untersuchung rückte die Analyse der erhobenen Interviews zunehmend in den Vordergrund. Das weitere Datenmaterial erhielt dadurch einen informellen Charakter, der zwar den Erkenntnishintergrund erweiterte, aber keinen unmittelbaren Einfluss auf die Untersuchungen hatte. Aus den Diskursen und der Recherche von veröffentlichten Arbeiten zum Thema „Internet und Schule" sowie der Betrachtung der zusätzlichen Materialien und den vielfältigen Beobachtungen im Forschungsfeld Schule ergab sich unter anderem die grundlegende Einstellung des möglichst offenen Herangehens an die Fragestellung. Dies begründet sich insbesondere auch durch das institutionell gesetzte Lehrer-Schüler-Verhältnis und eine damit verbundene Erwartungshaltung bzw. dem Erfüllungswunsch von Schülern. Selbst mit der Ankündigung der Verwertung der Ergebnisse im Rahmen einer Forschungsarbeit und der Zusicherung der Anonymität zeigen die im Unterricht erhobenen Selbstauskünfte der Schüler genau diese Haltung. Daraus leitet sich ab, dass das Führen von Interviews die wahrscheinlich aussagekräftigste Datenerhebungsmethode ist.

3.1.3   Interviews im Lehrer-Schüler-Verhältnis

Die vielfältigen Fragen, die das Rahmenthema „Schule und Internet" eröffnet, fordert eine möglichst weit gefasste Fragestellung. In diesem Sinne wären narrative Interviews sinnvoll, in denen lediglich eine Schwerpunktlegung auf das Rahmenthema erfolgt. Für die Eingangsfrage und die Generierung von freien Stegreiferzählungen erwies sich ein biographischer Ansatz als geeignet. Da die meisten interviewten Schüler kurz vor Abschluss ihres Abiturs standen, war es plausibel, sie zu einem Rückblick auf ihre Schulzeit aufzufordern. Diese Art der Fragestellung und die offene Form der Interviews sollten der Erwartungshaltung und dem Erfüllungswunsch entgegenwirken, wenngleich dies nicht immer gelang. Im Verlauf der Gespräche zeigte sich, dass die Interviews nur zum Teil einer freien Stegreiferzählung entsprechen. Einerseits ist die Biographie von Schülern von den institutionellen Rahmenbedingungen geprägt. Da dies auf alle Fälle gleichermaßen zutrifft, ist diese Problematik vernachlässigbar. Allerdings sind im Rahmen von Bewerbungen oder auch Erhebungen für das Abitur systematische Erfassungen einiger wesentlicher Eckpunkte des Lebenslaufes von den Schülern gefordert. So sind einige Erzählungen in vereinzelten Abschnitten durch diese rückbetrachtende Beschäftigung vorstrukturiert.

> „Also es ist auch sowieso so, ich musste eine Selbstdarstellung schreiben, jetzt gerade kürzlich, weil ich mich beworben habe bei der Studienstiftung des deutschen Volkes. Deshalb ist das sowieso ein bisschen im Kopf aufgearbeitet." (Interview Carsten W., Z. 105-107)

> „Ich musste mir ja jetzt auch schon mal überlegen, wir mussten ja für 's Abi hier abgeben, was wir alles einbringen wollen und so. Deswegen weiß ich die Daten ganz gut." (Interview Harald S., Z. 90-92)

Weite Teile der Gespräche und vor allem die Wahl des „roten Fadens" der Erzählung sind dagegen spontane Konstruktionen. In dieser Sicht auf die Interviews muss weiterhin die situative Prägung berücksichtigt werden. Trotz wiederholter Aufforderung, das gesamte Leben in die Erzählung einzubringen, fließen die zur Zeit der Interviewführung anstehenden Ereignisse und Probleme in die Gespräche ein. In erster Linie ist dies die Vorbereitung auf das Abitur bzw. auf die berufliche Zukunft. Im Fall David D. scheint aber auch eine zeitnah stattgefundene intensive Auseinandersetzung im Freundeskreis ein einfließendes Problem zu sein (s. Kapitel 3.3.4, Fall David D.). Die Aussicht auf längere freie Stegreiferzählungen wird zusätzlich durch die Setzung der Lehrer-Schüler-Rolle begrenzt. Selbst bei einem ausgesprochen guten Lehrer-Schüler-Verhältnis sind sowohl die Gesprächssituation, der Inhalt und die Art für die Schüler außergewöhnlich. Die vertrauliche und ausführliche Darstellung ihrer eigenen Biographie und das Interesse an der Erörterung von Problemen seitens eines Lehrers außerhalb des Unterrichts bilden eine Situation, die im Schulalltag nur selten erlebt wird. Vielmehr wird von einer Haltung ausgegangen, in der Antworten auf Fragen gegeben werden sollen, die auf die Erfüllung der Erwartungen des Lehrers abzielen. Dies belegt auch eine E-Mail eines Schülers nach einem geführten Interview.

> „Sehr geehrter Herr F.,
> ich möchte mich noch einmal recht herzlich bei ihnen bedanken, dass sie mich für dieses Projekt ausgewählt haben. Ich hoffe meine Aussagen und Meinungen entsprechen ihrem Erwartungsbild und bringen sie ein Stück voran.
> Mit freundlichen Grüßen – GK" (Interview Gerald K., Z1506-1512)

Andererseits ist durch das institutionelle Lehrer-Schüler-Verhältnis in vereinzelten Passagen eine Tendenz sozial erwünschter Antworten abzulesen, wenngleich im Verlauf der Gespräche oftmals persönliche Meinungen und Sichtweisen im Vordergrund standen. In einzelnen Fällen war den Schülern diese Meinungsäußerung so wichtig, dass sie diese ohne Anlass und im Bewusstsein einer Interviewsituation in das Gespräch einbrachten.

> „Das will ich nachher noch fürs Tonband anbringen bei der neuen Schule." (Interview Anton P., Z. 1170)

Dementsprechend sind auch die Aushandlungen in den Eingangspassagen meist mit dem Ziel verbunden, eine konkrete Fragestellung zu erwirken bzw. die Erwartungshaltung des Lehrers, hier des Interviewers, zu erschließen. Erst nachdem dies nicht gelingt bzw. explizit durch den Interviewer ausgeschlossen wird, beginnt die Suche nach einem Erzählfaden. Häufig ist an dieser Stelle die Schullaufbahn der erste Anhaltspunkt. Ein weiterer Aspekt der speziellen Interviewsituation ist auch, dass das Interview von den Schülern genutzt wird, um den Lehrer zu Meinungsäußerungen zu bewegen. An dieser Stelle kann der Lehrer sich seiner Rolle nicht entziehen und muss auf die Argumentationen bzw. auch vereinzelten provokativen Äußerungen reagieren, wenn er die Authentizität im Gespräch aufrechterhalten will.

> „S: Ich weiß nicht, ist das irgendwie klar?
> I: Ja, ja mir ist das schon klar, wie Sie das meinen aber
> S: Ja, sagen Sie mal was dazu.
> I: Warum soll ich dazu was sagen?
> S: Na, was halten sie denn davon?" (Interview Emil S., Z827-831)

Indessen können seitens des Lehrers entstehende bewusste aber auch unbewusste Widersprüche im Gesprächsverlauf nicht unbemerkt bleiben, da sonst ein mangelndes Interesse die Gesprächssituation ändern würde. Die Widersprüche wurden in den Interviews gleichzeitig genutzt um Themen zu problematisieren und somit zielgerichtet die Erzählweise zu wechseln. In diesen Teilen ähnelt die Gesprächsführung der eines Dilemmainterviews (FRIEBERTSHÄUSER 1997, 382) bzw. eines Konstruktinterviews (ebd., 384 ff.) ohne eines vorgegebenen Leitfadens.

3.1.4   Charakterisierung des Datenmaterials

Letztendlich sind unter diesen Umständen die Interviews so einzuschätzen, dass sie
-    vom Ansatz her narrativ angelegt und biographisch orientiert sind,
-    mit argumentativen und problematisierenden Passagen und
-    im Schwerpunkt sich um das Rahmenthema bewegen.

Im Nachhinein zeigen sich besonders die Erzählungen über die Arbeit an Projekten und den erlebten Schulalltag sowie die Argumentationen ergiebiger als die biographischen Ausführungen.

Auf Grund der unterschiedlichen Rahmenbedingungen und der sich entwickelnden Zusammenhänge konzentrierte sich die Untersuchung zunehmend auf die Fälle der Schülerfachgehilfen. Diese Schüler besitzen ein besonders enges Verhältnis zum Computer und nutzen das Internet intensiv in ihrer täglichen Arbeit am Computer. Durch ein gutes Lehrer-Schüler-Verhältnis, das teilweise auch aus der gemeinsamen Arbeit am Netzwerk und der Computertechnik resultierte, war die Aussicht gegeben, dass die Schüler sich öffnen. Weiterhin sind Schüler, die entweder auffällig intensiv den Computer nutzten oder zumindest davon erzählten und zielgerichtet Schüler, die sich dem Computer offenkundig abgeneigt zeigten, für ein Interview geworben worden.

Das besondere Verhältnis zu den Schülerfachgehilfen führte im Fortgang der Untersuchung auf eine Konzentration auf diese Fälle, da hier die Rahmenbedingungen relativ gleich gestaltet sind. Für die Kontrastierung wurden einige Fälle hinzugezogen, die sich einerseits deutlich von den Schülerfachgehilfen abhoben und andererseits auch eine Mittelposition zwischen diesen beiden Seiten beziehen.

Name	Abitur-jahr-gang	Jahrgangs-stufe zur Zeit des Interviews	Stichpunkte zur Einschätzung als Schüler und des Verhältnisses zum Computer
Anton P.	1997	12	Interessierter, sehr guter Schüler; Leiter der Schüler-fachgehilfen; Webmaster; Linux- Administrator; Pro-grammierkenntnisse
Bernd H.	1999	12	Interessierter, sehr guter Schüler; Leiter der Schüler-fachgehilfen; Netzwerk- und Linux- Administrator; Programmierkenntnisse;
Carsten W.	2000	12	Sehr guter Schüler; Informatik in Jahrgangsstufe 11 abgewählt; kein Interesse an Technik;
David D.	1997	12	Interessierter, guter Schüler; Schülerfachgehilfe; Netz-werkadministrator; Linux- Experte; Programmierkennt-nisse
Emil S.	2000	12	Guter Schüler; teilweise stark computerinteressiert; Programmierkenntnisse
Frank B.	2006	11	Interessierter, guter Schüler; Schülerfachgehilfe gewe-sen; Netzwerkadministration; Webmaster
Gerald K.	2002	12	Guter Schüler; Informatik in Jahrgangsstufe 11 abge-wählt; Bezug zum Computer nur oberflächlich; Internet-surfer
Harald S.	2002	12	Interessierter, sehr guter Schüler; Leiter der Schüler-fachgehilfen; Webmaster; Linux- Kenntnisse; Pro-grammierkenntnisse
Ingo J.	2003	12	Am Fach Informatik interessierter, guter Schüler; kaum Programmierkenntnisse; Internetnutzer
Jochen K.	2002	12	Interessierter, guter Schüler; Leiter der Schülerfachge-hilfen; Linux- und Internetexperte; gute Programmier-kenntnisse
Klaus F.	2005	12	Interessierter, mittelmäßiger Schüler; Schülerfachgehil-fe gewesen; Internet- und Linux- Kenntnisse; geringe Programmierkenntnisse;
Lars K.	2003	12	Interessierter, sehr guter Schüler; Netzwerk- und Pro-grammierkenntnisse; LAN-Party- Organisator
Martin H.	1997	12	Interessierter, sehr guter Schüler; Schülerfachgehilfe; Internet- und Programmierkenntnisse; Webmaster
Norbert V.	2007	11	Interessierter, mittelmäßiger Schüler; z. Zt. noch Schü-lerfachgehilfe; Hardwarekenntnisse

Abbildung 7: Überblick über das Interviewmaterial

Die Abbildung 7 gibt einen Überblick über das in dieser Arbeit zugrunde gelegte Sample von 14 Schülern, von denen 8 Fälle in dieser Arbeit als Falldarstellung enthalten sind (Anm.: in dieser Veröffentlichung wurden aus Gründen der Lesbarkeit nur die 4 Basisfälle aufgenommen). Aus den ursprünglich 30 transkribierten Interviews wurden somit zunächst der schulexterne Fall, Interviews mit Lehrern und später auch die Interviews mit Mädchen ausgeschlossen. In diesen Interviews sind die Art und der Verlauf des Gesprächs teilweise stark abweichend und somit für das Forschungsinteresse nicht mehr zuträglich. Dies begründet sich durch ein anderes Verhältnis der Mädchen zum Computer (am Beispiel der Computerspiele; s. FROMME 2006) und auch zur Institution Schule.

> "Unsere Befunde zeigen durchgängige Geschlechterunterschiede in der Einstellung und im prak-
> tischen Veralten gegenüber Schule. Mädchen weisen in der Gesamttendenz ein stärkeres Lern-
> engagement und mehr Akzeptanz gegenüber der Schule auf als die jungen Männer." (TULLY/
> WAHLER 2006, 69)

Die erwähnte Akzeptanz könnte bedeuten, dass sich die Mädchen eher mit den vorgegebenen Lernstilen arrangieren, wie beispielsweise dem Auswendiglernen. Das könnte aber
bedeuten, dass Mädchen ihre Lernstile nicht so stark ändern und somit andere Merkmale
des Lernens bzw. andere Präferenzen im Lernen haben. Diese Formulierung soll keineswegs eine These darstellen, sondern lediglich andeuten, dass für eine Entwicklung von
Strukturmerkmalen des Lernens, es durchaus sinnvoll ist, eine homogene Ausgangslage zu
schaffen. Ganz im Gegensatz wäre nach Abschluss dieser Untersuchung eine analoge Bearbeitung von Fällen unter Mädchen interessant und wünschenswert. Für den schulexternen
Fall zeigte sich, dass der Einsatz von Computer und Internet im schulischen Umfeld nicht
vergleichbar mit der untersuchten Schule ist. Somit könnten computerbezogene Lernweisen
ausschließlich aus dem außerschulischen Umfeld resultieren. Das ist aber nicht der Gegenstand dieser Forschungsarbeit.

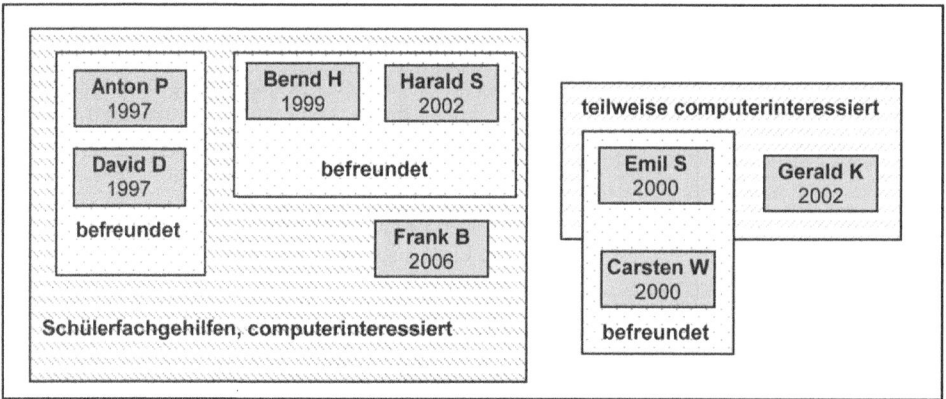

Abbildung 8:   Beziehungen zwischen den Schülern der ausgewählten Interviews

Nach den ersten Voruntersuchungen der Interviews ergab sich ein Fall, an dem wesentliche
Merkmale des Lernens entwickelt werden konnten (Anton P.). Anhand drei weiterer Interviews (Bernd H., Carsten W., David D.) bestätigten sich die Merkmale bzw. wurden diese
verfeinert. Diese vier Interviews werden in der hier vorgelegten Arbeit als „Basisfälle"
bezeichnet und sind ausführlich dokumentiert. Für eine konsistentere Darstellung der Ergebnisse wurden aus den weiteren Untersuchungen nochmals vier Fallbeschreibungen aufgenommen (Emil S, Frank B., Gerald K., Harald S.). Die Auswahl begründet sich mit den
Besonderheiten der Fälle einerseits und den speziellen Beziehungen zwischen den Schülern
andererseits (s. Abb. 8).

In Abbildung 8 sind das Verhältnis zur Gruppe der Fachgehilfen und die Beziehungen
untereinander veranschaulicht. Die Bezeichnung „befreundet" bezieht sich hier nicht nur
auf ein untereinander Kennen, sondern auch auf gemeinsames Arbeiten im Rahmen von
Projekten und auf eine gemeinsame Freizeitgestaltung. Die Schülerfachgehilfen bilden eine

Gruppe von computerinteressierten und auch stark engagierten Schülern, die, wie oben beschrieben, ihre weit reichenden Kenntnisse selbst aneignen. Die anderen Schüler sind zur Kontrastierung ausgewählt worden, wenn sich auch im Nachhinein zeigte, dass zumindest zwei von ihnen den Computer in ihrer Freizeit intensiver nutzen. Die Jahreszahlen geben Aufschluss über den Abiturjahrgang der Schüler.

Die Transkription der Interviews enthält die folgenden symbolischen Einfügungen:

(.) kurze Pause

(..) Pause ca. 2 – 3 Sekunden

(...) längere Pause (die Punkte entsprechen etwa 1 – 2 Sekunden)

[ ] Kommentare zur Gesprächssituation

3.2   Auswertungsverfahren

Aufgrund der offenen Fragestellung bieten sich im Rahmen der qualitativen Forschung verschiedene Auswertungsmöglichkeiten an. Die Art des Datenmaterials und das Forschungsinteresse präferierten relativ früh die Methoden der „Grounded Theory" nach GLASER und STRAUSS bzw. STRAUSS und CORBIN (STRAUSS/CORBIN 1996).

Im Folgenden wird die Vorgehensweise in diese Methodologie eingeordnet, die Einordnung begründet sowie die einzelnen Analyseschritte beschrieben. Die Anwendung der Methoden der gegenstandsbezogenen Theoriebildung führte zu spezifischen Umsetzungen, die in ihrer Art differenziert ausgeführt werden.

3.2.1   Einordnung der Methode

Wie in der theoretischen Rahmung (s. Kapitel 2) gezeigt, sind im Forschungsfeld „Schule und Internet" viele lerntheoretische Fragen noch offen. Die möglichen Potentiale der Internetnutzung sind zunächst theoretische Annahmen, die einen konstruierten Charakter haben. Die dazu notwendigen Veränderungen im Umfeld Schule sind mittelfristig nicht zu erwarten. Somit ist eine empirische Verifikation bzw. Falsifikation von theoretisch begründeten Thesen ein im Untersuchungszeitraum nicht ausführbares Vorhaben. Im Rahmen der empirischen Forschung ist somit die Wahl einer qualitativen Methode die logische Konsequenz (MAROTZKI/ NOHL/ ORTLEPP 2005, 175; KELLE/ KLUGE 1999, 15).

Während eine breitere und auch regelmäßige Nutzung des Internet und des Computers in der Schule derzeit nicht zu realisieren ist, nutzen dagegen die Schüler beide Medien in ihrer Freizeit als auch zum Lernen. Insbesondere trifft dies auf die oben beschriebene Gruppe der Schülerfachgehilfen zu. Gerade die zunehmende Nutzung für Lernzwecke verschiebt die Fragestellung der möglichen Verwendung des Internet im Lernprozess und der Beschreibung zu berücksichtigender bzw. veränderter Bedingungen auf die offene Frage: „Wie verändert sich das Lernen unter der Verwendung des Internet und Computers bei Schülern, die eine besonders enge Beziehung dazu aufweisen?". Das Forschungsinteresse liegt hier klar im Bereich der gegenstandsbezogenen Theoriebildung.

Da das zentrale Phänomen des Lernens im Mittelpunkt der Untersuchung steht und nicht die Sinnstrukturen bzw. objektiven Bedeutungsstrukturen einzelner Fälle, sind Fallrekonstruktion und Sequenzanalyse im Sinne von OEVERMANN (KRAIMER 2000, 31; OEVER-

MANN 2000) nicht sinnvoll anwendbar. Zudem weist schon MAROTZKI darauf hin, dass in der „gedankenexperimentellen Kontextvariation" (MAROTZKI 1996, 74) der Einfluss von theoretischem bzw. „gesellschaftlich-kulturell eingespieltem" (ebd.) Hintergrundwissen unvermeidbar sei und als notwendige „Interpretationsfolie" (ebd.) diene. Im Kontext Internet und Schule sind jedoch lediglich theoretische Interpretationen des Phänomens verfügbar. Auch in Bezug auf das Lernen sind die im Kapitel 2 dargelegten Auffassungen über das Lernen keine regelhaften Beziehungen, die durch Parameter variiert werden (OEVERMANN 2000, 64). Die grundlegende Perspektive in dieser Arbeit ist die unvoreingenommene Analyse des Lernens unter den vorliegenden neuen Bedingungen.

Im Bereich der gegenstandsbezogenen Theoriebildung bieten sich somit vorerst nur zwei methodische Vorgehensweisen an, das Verfahren der „Grounded Theory" nach GLASER und STRAUSS und die Narrationsanalyse von SCHÜTZE, die ebenfalls auf dem Grundgedanken der Theoriebildung nach GLASER/ STRAUSS beruhe (MAROTZKI 1996, 71).

Die Interviews, die in Ansätzen biographisch orientiert angelegt wurden, geben kaum Gelegenheit zur Untersuchung von biographischen Wandlungsprozessen. Insbesondere sind die Mechanismen und Stadien im Ablaufmodell von Verlaufskurven (SCHÜTZE 1996, 129) bei einer durch die Schule institutionell determinierten, relativ kurzen und durch die Familie eingebetteten Entwicklung nur selten aufzufinden.

Die Untersuchung des Phänomens Lernen unter den Bedingungen des Einsatzes von Internet und Computer erfordert den Blick gerade auf die Bereiche des außerunterrichtlichen Lernens (s. TULLY 2006). Die Arbeit an Projekten und die regelmäßige Beschäftigung mit dem Computer und dem Internet basieren nicht auf institutionellen Ablaufmustern. Somit ist dieses Auswertungsset (MAROTZKI 1996, 73) nicht verfügbar und es schließt sich die Narrationsanalyse aus.

Ein anderer Aspekt ist die Form der Interviews, die, wie im letzten Kapitel beschrieben, nur teilweise als narrativ zu charakterisieren ist. Wie ebenfalls bereits erwähnt, sind aber auch die argumentativen Passagen von Bedeutung und interpretationswürdig. Eine Vernachlässigung dieser Textsorten im Rahmen der Sequenzanalyse wäre nicht angebracht. Im Gegenteil sind diese Passagen gerade sinnvoll einsetzbar für die Erfassung von „alltäglich relevante[n – Ergänzung RF] Sinnstrukturen" (APPELSMEYER 1996, 114).

Die Techniken der offenen, axialen und selektiven Kodierung werden den vielfältigen Textstrukturen, wie narrative Segmente, diskursive Elemente bis hin zu argumentativen Phasen, und vor allen Dingen der Forschungsfrage gerecht.

Ein induktives Vorgehen (KELLE/ KLUGE 1999, 16) ermöglicht es aus den Daten durch den Prozess der Interpretation von Kodes und deren Zusammenstellung zu logischen Einheiten Regelmäßigkeiten im Lernen und vergleichbare Eigenschaften, die das Lernen charakterisieren, zu entwickeln. Diese Eigenschaften können nach Unterschieden in den einzelnen Fällen untersucht werden und somit Aufschluss über mögliche Veränderungen geben. In diesem Sinne sind in der Datenerhebung zielgerichtet Kontrastfälle ausgewählt worden. Die Theorie wird letztlich über die Bedeutung der Ergebnisse gegenstandsbezogen entwickelt. Die Vorgehensweise ist somit ziemlich eng an das von GLASER und STRAUSS entwickelte Verfahren angelehnt.

„Seine [Grounded Theory – Anm. RF] systematischen Techniken und Analyseverfahren befähigen den Forscher, eine bereichsbezogene Theorie zu entwickeln, die die Kriterien für »gute« Forschung erfüllt: Signifikanz, Vereinbarkeit von Theorie und Beobachtung, Verallgemeinerbarkeit, Reproduzierbarkeit, Präzision, Regelgeleitetheit und Verifizierbarkeit." (STRAUSS/ CORBIN 1996, 18)

Die Bedeutung des Einflusses von Theorie auf die Analyse der Daten wird in verschiedenen Stellen kritisch reflektiert (s. MAROTZKI 1996; KELLE/ KLUGE 1999). In der vorgelegten Arbeit wurde großer Wert auf die Entwicklung von Begrifflichkeiten aus den Daten gelegt. In der Analyse und der Interpretation der Daten sowie der Darstellung der Fälle und Ergebnisse ist versucht worden, zu den theoretischen Konzepten vorerst eine Distanz zu wahren. Die theoretische Rahmung und die Erfahrung im Beobachtungsfeld bilden dennoch einen notwendigen Hintergrund um Auffälligkeiten und Zusammenhänge aufzudecken. In diesem Sinne ist eine theoretische Sensibilisierung ganz nach dem Verständnis von STRAUSS und CORBIN gegeben.

Die grundlegende Arbeitsweise und die im nächsten Abschnitt vorgestellten Arbeitsschritte orientieren sich am grundlegenden Verständnis der qualitativen Methoden im Sinne von MAROTZKI.

„Qualitative Methoden zeichnen sich – im Sinne der Offenheit – dadurch aus, dass die Forschenden die Äußerungen der Erforschten möglichst wenig standardisieren bzw. strukturieren und so den Erforschten die Gelegenheit geben, ihr Verständnis der Forscherfragen und ihr eigenes Relevanzsystem (den Kontext der Äußerungen) darzulegen. Methodische Kontrolle heißt dann, möglichen Kritikern und Kritikerinnen Einblick in den Interpretationsprozess von den (beispielhaft ausgewählten) Interview- oder Beobachtungsprotokollausschnitten über die einzelnen Interpretationsschritte bis hin zur formulierten Hypothese bzw. Theorie zu geben." (MA-ROTZKI/ NOHL /ORTLEPP 2005, 177 ff.)

Eine wesentliche Rolle bei der Bearbeitung des Datenmaterials spielte die Unterstützung der Computertechnik, insbesondere das Programm AtlasTI.

3.2.2   Analyseschritte in den Falldarstellungen

Die im Folgenden dargestellten und aus der Grounded Theory abgeleiteten Analyseschritte sind um einen pragmatischen Arbeitsschritt ergänzt worden. Die Erfassung der thematischen Struktur der einzelnen Fälle dient in erster Linie dem Verständnis der Inhalte und der Möglichkeit der Beurteilung der Verwertbarkeit des Interviews.

Die Schritte des offenen, axialen und selektiven Kodierens sind für diese Untersuchung spezifiziert worden und mit den noch zu erläuternden Begrifflichkeiten ausgestattet. Dennoch ist das grundlegende Anliegen dieser Analyseschritte berücksichtigt.

Schließlich erwies sich die Hinzufügung eines weiteren Analyseschrittes als zweckmäßig. Die Metaphernanalyse als textstrukturelle Methode stellt einen Methodenwechsel dar, der sich als geeignet erwies, die bis dahin erstellten Hypothesen zu unterstützen.

3.2.2.1   Analyse der thematische Struktur und des äußeren Kontexts

Die Erfassung der thematischen Struktur dient in erster Linie der Abschätzung und der Darstellung der Themenbreite in den Interviews, die für eine Eignung des Interviews für die Untersuchung im Interesse der Forschungsfrage notwendig ist.

Im Rahmen dieses Analyseschritts wurden größere Textpassagen kodiert, die jeweils eine zusammenhängende thematische Einheit bilden. Dabei können bereits in der Eingangserzählung mehrere Themen angesprochen worden sein. Weitere ergänzende Erzählpassagen und Argumentationen runden die Themenbereiche ab.

Grundlegend geeignet ist ein Interview, wenn es sowohl schulische als auch außerschulische Kontexte umfasst, die Ereignisse beinhalten, die mit dem Lernen in Verbindung stehen. Insbesondere eignet sich ein Interview, wenn im Sinne der Forschungsfrage Computer- und Internetnutzung sowie das Verhältnis und die Meinung von Schülern in den Gesprächen thematisiert wurden.

Insofern stellt die Erfassung der thematischen Struktur des Interviews keine textstrukturelle Untersuchung dar und ist mit einer Sequenzanalyse nicht zu vergleichen. Im Rahmen der Metaphernanalyse wurde die thematische Struktur teilweise in die Betrachtungen mit einbezogen.

Ein weiterer Blick auf das Themenspektrum wurde im Anschluss an den ersten Analyseschritt in der Form realisiert, dass alle Kodes thematisch gruppiert wurden und hier sich erneut die inhaltliche Breite bestätigte.

3.2.2.2   Analyse von Strukturmerkmalen

Im ersten Schritt der offenen Kodierung ganz im Sinne der gegenstandsbezogenen Theoriebildung wurden alle Begebenheiten benannt. In Anlehnung an STRAUSS und CORBIN wurden Aussagen in den Texten als Phänomene bezeichnet. Phänomene entsprechen somit Textstellen, die interpretationsbedürftig sind. Phänomene können in verschiedenen Kontexten auftreten. Die für die Forschungsfrage relevanten Kontexte des Lernens ergeben sich allerdings in verschiedenen Zusammenhängen. Es können Merkmale der Aneignung von Wissen auch in alltäglichen Begebenheiten zum Ausdruck kommen. Dies wurde in den Fallbeschreibungen und der Wertung der Ausprägung berücksichtigt.

Alle Phänomene werden in einem ersten Arbeitsschritt kodiert. Die Kodes tragen weitestgehend einen deskriptiven Charakter, auch wenn sich schon die Verwendung von abstrakteren Begriffen aufdrängte. Teilweise wurde versucht, Kodes IN-VIVO[2] einzusetzen (STRAUSS/ CORBIN 1996, 17), um die Begrifflichkeiten der Schüler aufzunehmen.

Diese erste Kodierebene ermöglicht einen Überblick, über die angesprochenen Themen und die Abschätzung der Themenbreite. Sie bildet aber auch gleichzeitig die erste Ebene bei der Untersuchung von Auffälligkeiten. Die für die inhaltliche Strukturierung zusätzlich verwendeten speziellen Deskriptoren ermöglichen das Nachvollziehen des Gesprächsverlaufs. Dieser Gesprächsverlauf stellte sich später oft als ein erster Anhaltspunkt für die Prägung der Eigenschaften des Lernens heraus.

Auf der Grundlage eines Gruppierens (Clustern) der deskriptiven Kodes ergaben sich Gemeinsamkeiten, die eine Zusammenfassung der Phänomene in einer abstrakteren Ebene ermöglichen. Im Rahmen dieser Interpretation resultieren daraus sinnvoll mehrfache Zuweisungen von Phänomenen zu abstrakten übergeordneten Kodes. Beispielsweise ist eine Äußerung der Form „Ich muss meine Gedanken sortieren." ein Phänomen der Reflexion und des strukturellen Denkens gleichermaßen. Dennoch sind Reflexion und strukturelles Denken analytisch getrennte Einheiten, die durch verschiedene abstrakte Kodes repräsentiert werden. An dieser Stelle drückt sich eher eine enge Beziehung zwischen diesen Einheiten aus.

---

[2]   In vivo (lat., »im Leben«) bedeutet, dass kurze Textstellen (meist eine Wortgruppe) als Deskriptoren während der Kodierung zur Vermeidung der Einbringung eigener Begrifflichkeiten benutzt werden.

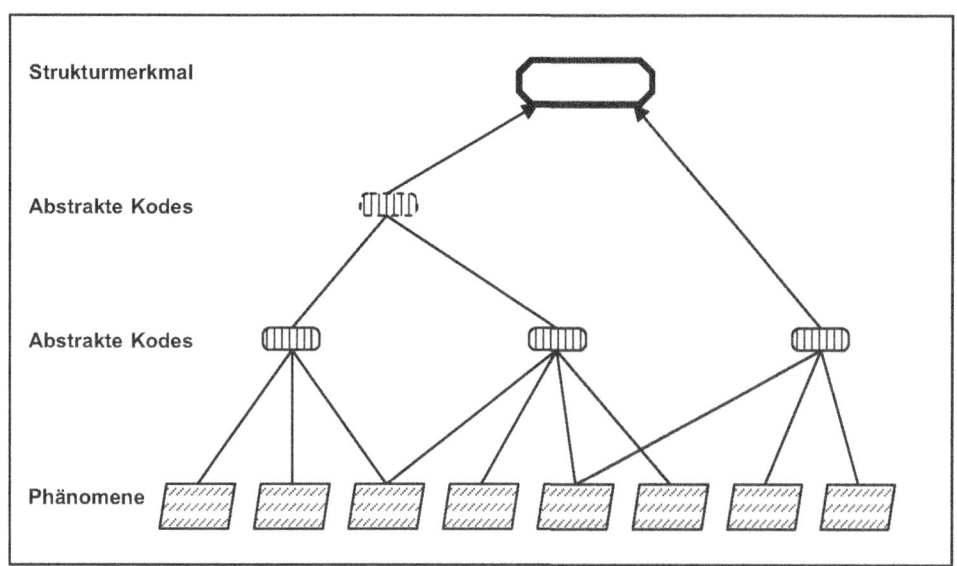

Abbildung 9: Kodierebenen zur Analyse der Strukturmerkmale

Schließlich ergibt die Interpretation der Ebene der abstrakten Kodes, die durchaus auch mehrstufig auftreten kann, die Beschreibung von Eigenschaften des Lernens, die als **Strukturmerkmale** benannt wurden (s. Abb. 9).

Damit ist auch klar, dass ein Phänomen über die mehrstufige Abstraktion in mehreren Merkmalen präsent sein kann oder andersherum ausgedrückt, dass in einzelnen Textstellen als Quellen mehrere Merkmale gleichzeitig in Erscheinung treten. So würde die beispielhafte obige Textstelle sowohl für das Merkmal „Strukturbezug" als auch für das Merkmal „Reflexionsbezug" als Quelle dienen.

Die Zuordnung der abstrakten Kodes zu den Strukturmerkmalen lässt sich in ihrer Bedeutung unterscheiden. Die Strukturmerkmale vereinen somit nicht nur Repräsentanten, sondern auch Konsequenzen und Voraussetzungen. Dies wurde durch spezielle Bezeichner für Relationen berücksichtigt. Diese Relationen spielen im Fortgang der Untersuchung, insbesondere beim axialen Kodieren, eine größere Rolle.

3.2.2.3 Metaphernanalyse

Die Interpretation der einzelnen Fälle kann sich auch auf anderen methodischen Wegen erschließen. Neben der semantischen Betrachtung bietet sich die Möglichkeit, eine formelle Untersuchung des Textes aufzunehmen. Bereits im ersten Interview ist die Verwendung von Metaphern besonders auffällig.

Die Vorgehensweise der Metaphernanalyse wird von Hans-Christian KOLLER unter Bezugnahme auf GENETTE methodologisch begründet (S. KOLLER 1993). Interessant ist die Feststellung, dass die „Figuralität eines Textes" (ebd., 39) eine Konnotation im linguistischen Sinn darstelle, die eine Erschließung der „Bedeutung jenseits des Inhalts" (ebd.)

ermögliche. Neben der konkreten Bedeutungszumessung der Metaphern wie auch bei MA-
ROTZKI (s. MAROTZKI 1990) und tiefer greifenden Sinnzuweisungen geht es hier noch um
einen einfacheren Zusammenhang, der sich aus der Art der Metaphern ergibt.

Nach KOLLER unter Bezugnahme auf BLUMBERG würden Metaphern als rhetorisches Mittel
im Gestaltungszwang angesichts von Evidenzmangel eingesetzt.

> „Den grundlegenden Vorgang sieht BLUMBERG dabei im substitutiven Akt der Metapher. Ver-
> mittels der rhetorischen Figur der Metapher versuche ein Sprecher, etwas durch etwas anderes
> zu begreifen, etwas Unverfügbares durch etwas dem Bewusstsein Zugänglicheres verstehbar zu
> machen." (KOLLER 1993, 38)

Bei der Analyse wurden Metaphern in einem weiten Sinn verstanden, so wie auch bei KOL-
LER und MAROTZKI. Eine Unterscheidung zwischen Metaphern, metaphorischen Äußerungen und umgangssprachlichen Redewendungen ist im Sinne dieser Untersuchung nicht
erforderlich. Durch den weit gefassten Begriff ergibt sich allerdings das Problem der Abgrenzung von metaphorischen Äußerungen und umgangssprachlichen Redewendungen von
Floskeln und Begriffen im Alltagsgebrauch und im spezifischen Umfeld von Computeren-
thusiasten.

Besonders im Themenkontext des Internet und Computers finden sich durch den Ang-
lizismus viele eingedeutschte Begriffe, die ihre metaphorische Bedeutung verloren haben.
Als ein Beispiel sei hier der Begriff „surfen" angeführt. Allerdings ist in der frühen Zeit des
Internet (1995), in der auch ein Teil der Interviews stattfand, ein gewisses Bewusstsein für
die metaphorische Bedeutung dieser Anglizismen nicht in Abrede zu stellen. So kann bei-
spielsweise durchaus ein Zusammenhang zwischen dem Begriff „surfen" und der Metapher
„Bitwellen" gesehen werden. Die Abgrenzung und Auswahl der Metaphern wird dennoch
möglich auf der Grundlage der Beobachtungen in diesem Umfeld und der Einschätzung der
Schüler und ihrer Redensart. Dies ist durch das enge Lehrer-Schüler-Verhältnis gegeben.
So sind in erster Linie außergewöhnliche Äußerungen, aber auch für den Schüler typische
Metaphern in die Untersuchung einbezogen worden.

Die in der Metaphernanalyse gegebene Möglichkeit der Interpretation von latenten
Sinnstrukturen wurde einerseits unter der Fragestellung, in welchen Kontexten metaphorische Äußerungen zu finden sind, geführt. Die Unterscheidung zwischen Schule und Internet steht dabei wiederum im Interesse der Forschungsfrage. Hierzu wurden die Deskriptoren der Analyse der thematischen Struktur hinzugezogen. Andererseits wurden die Metaphern bezüglich bestimmter semantischer Inhalte, beispielsweise räumliche Strukturen,
Bewegungsmetaphern oder Personifizierungen des Computers klassifiziert. Es ist an dieser
Stelle also die formale Beschreibung unterschiedlicher Arten metaphorischer Äußerungen
von Interesse und nicht die Interpretation der Verwendung einer Metapher in einem bestimmten Kontext. Auch hier erwies sich die Technik des Gruppierens als nützlich. Beispielsweise sind metaphorische Äußerungen wie „im Filesystem rumbewegen", „Dokumente eingrenzen" und „Probleme umschiffen" ein Ausdruck für räumliche Bewegungen.
Räumlichkeit korrespondiert aber wiederum mit Strukturen. Finden sich nun mehrere solche Anhaltspunkte, so kann davon ausgegangen werden, dass sich das strukturelle Denken
tief verinnerlicht hat und sich auch auf der sprachlichen Ebene äußert.

Gerade in dieser Interpretation führt die Untersuchung der Metaphern zur Unterstrei-
chung der Prägung der Strukturmerkmale. Die metaphorischen Äußerungen lassen sich
dabei meist auf das Hauptstrukturmerkmal bezogen interpretieren bzw. unterstützen die
These, dass es sich um ein Hauptstrukturmerkmal oder zumindest dominantes Merkmal
handelt.

3.2.2.4 Interpretation der Strukturmerkmale als Merkmalsprofil

In den einzelnen Falluntersuchungen zeigt sich, dass stets mehrere Merkmale in Kombinationen auftreten. Ausgehend vom ersten Fall, bei dem sechs Strukturmerkmale benannt wurden, waren zwei weitere in den folgenden Fällen auffällig und wurden sukzessiv ergänzt. In der Ergebnisdarstellung wurden diese wiederum auf sechs reduziert. Diese Merkmale sind dann in allen Fällen konsistent besetzt.

Charakteristisch für die einzelnen Interviews ist die unterschiedliche Ausprägung der Strukturmerkmale. Für die weiteren Untersuchungen erwies sich deshalb ein Klassifikationssystem als sinnvoll. Demzufolge wird zwischen dominanten, lernrelevanten, gering lernrelevanten, kein Lernkontext und nicht vorhandenen Strukturmerkmalen fallweise unterschieden.

Dabei bedeutet „kein Lernkontext" in erster Linie, dass eine Zuordnung zu einem Lernkontext aus dem Text nicht ersichtlich ist, wenngleich das Merkmal in anderen Kontexten auftritt. Die Klassifizierung „nicht vorhanden" ist eine für die Untersuchung nur pragmatisch geschaffene Stufe, die sich durch die Konkretisierung der Merkmale in der Ergebnisdarstellung und der daraus folgenden konsistenten Besetzung der Merkmale erübrigt.

Die Darstellung aller Strukturmerkmale in ihrer Ausprägung ergibt ein Muster, das in der Arbeit als M e r k m a l s p r o f i l bezeichnet wird (s. Abb. 10). Sie bilden ein Zwischenergebnis der Untersuchung.

Die Einschätzung des Ausprägungsgrades ist ein weiterer Interpretationsschritt. Anhaltspunkte für die unterschiedlichen Wertungen ergeben sich aus den Kontexten der Phänomene, der persönlichen Bedeutung, der Vielgestaltigkeit und schließlich auch der Häufigkeit der Phänomene.

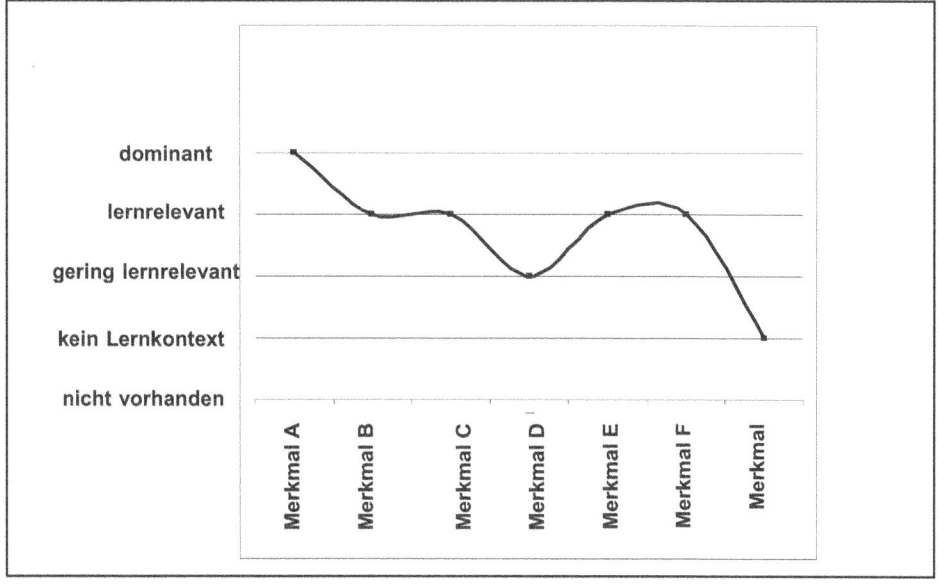

Abbildung 10: Merkmalsprofil

Als dominant wird ein Merkmal bezeichnet, wenn es einerseits den selbst gewählten Erzählrahmen für das Gespräch bildet. Es ist bei mehreren Fällen äußerst auffällig, dass unabhängig vom Inhalt die für das Merkmal charakteristischen Bezüge konsistent über den gesamten Gesprächsverlauf mit einbezogen werden. Daraus ergibt sich auch gleichzeitig eine Häufung der Phänomene. Andererseits ergeben sich auf das Lernen bezogene explizite Äußerungen zu einem Strukturmerkmal, aus denen hervorgeht, dass dieser Bezug eine hohe persönliche Bedeutung hat. Oftmals zeigt sich dann diese Bedeutsamkeit auch in anderen Kontexten. In diesem Fall ist ein Merkmal ebenfalls als dominant einzuordnen.

Im Gegensatz zur Identifikation von dominanten Merkmalen ist die Unterscheidung in den beiden Stufen lernrelevant und gering lernrelevant etwas schwieriger, aber dennoch sinnvoll. Insbesondere sind in einzelnen Fällen Phänomene von Merkmalen des Lernens nur am Rande erwähnt, aus einem Argumentationskontext heraus zu interpretieren oder nur über eine enge Beziehung zu einem anderen Merkmal herauszulesen. In diesem Fall wird das Merkmal als gering lernrelevant bezeichnet. Die Häufigkeit der Phänomene, die einer solchen weiter gefassten Interpretation zu Grunde liegen, spielt dabei eine untergeordnete Rolle.

Zwischen der Stufe dominant und gering lernrelevant finden sich alle Merkmale, die sehr wohl in Lernkontexten auftreten und zu Teilen auch durchaus persönlich bedeutsam für das Lernen sind. Im Gegensatz zu den dominanten Merkmalen fehlen hier aber andere Kontexte, die einen tieferen Bezug belegen würden oder die gehäufte Bezugnahme zu diesem Merkmal.

Ergibt sich kein Anhaltspunkt für eine Bedeutsamkeit im Lernen oder ergibt sich aus dem Kontext oder Inhalt der Erzählung eindeutig die Unbedeutsamkeit eines Merkmals, so kann diese Eigenschaft des Lernens nur in der Form interpretiert werden, dass sich im Gespräch kein Lernkontext zeigt. In diesen Fällen kann lediglich angenommen werden, dass das Strukturmerkmal für das Lernen nicht relevant ist.

3.2.2.5   Analyse der Beziehungen der Merkmale

Die Interpretation der Strukturmerkmale wirft erstmals Fragen nach den Beziehungen und Zusammenhängen auf. Auch die weitere Untersuchung der Merkmalsprofile erfordert diese Beziehungsanalyse.

Nach STRAUSS und CORBIN (s. STRAUSS/ CORBIN 1996) sei ein weiterer produktiver Schritt bei der Erarbeitung einer Theorie die Erstellung von Verbindungen zwischen Kategorien und die Untersuchung von Kategorien nach Bedingungen, Kontexten, Handlungs- und interaktionalen Strategien und Konsequenzen. Dabei sollen die Daten neu zusammengesetzt werden. Für diese tiefer greifende Arbeit am Datenmaterial, die von ihnen als „axiales Kodieren" bezeichnet wird, stellen sie ein paradigmatisches Modell vor (ebd., 78 ff.), dass als Orientierungsgrundlage genutzt werden kann (vgl. Abb. 11). Der komplexe Prozess des axialen Kodierens verlaufe in vier analytischen Schritten (ebd., 86 ff.):

-    das hypothetische In-Beziehung-setzen von Kategorien
-    das Verifizieren von Hypothesen
-    die fortgesetzte Suche nach Eigenschaften und dimensionalen Einordnungen
-    die Untersuchung von Variationen der Phänomene.

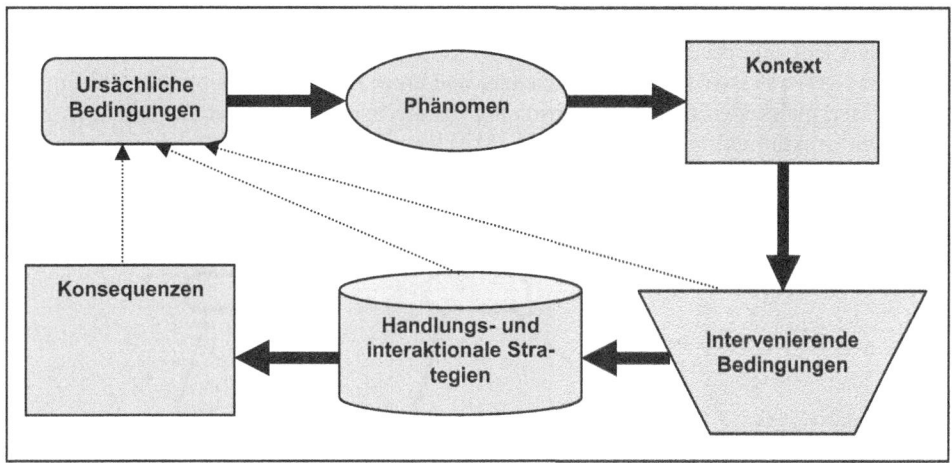

Abbildung 11: Veranschaulichung des paradigmatischen Modells nach STRAUSS/ CORBIN
(ebd.)

Ziel dieser Betrachtungen sei die Erhöhung der theoretischen Sensibilität. Anhand der Ergebnisse könnten im Fortgang der Untersuchungen besser Unterschiede und Ähnlichkeiten anderer Fälle herausgestellt werden sowie das Erkennen charakteristischer Muster erleichtert werden (ebd.). Die Interpretation von Beziehungen und das „hypothetische In-Beziehung-setzen" erfordert den Rückblick auf die Daten zur Verifikation der Beziehungen. In dieser Arbeit wurde von einem rein hypothetischen Vorgehen abgesehen und auf die Ergebnisse des Abstraktionsprozesses während des offenen Kodierens zurückgegriffen. Die sich daraus ergebenden Beziehungen können im Rahmen des axialen Kodierens unter Berücksichtigung des Kontextes plausibel erklärt werden.

3.2.2.5.1   Verbindungen als Merkmalsketten

Im Rahmen der beschriebenen Vorgehensweise beim offenen Kodieren, des mehrstufigen Abstrahierens von Phänomenen, ergeben sich auf Grund der Zuordnung der Phänomene zu verschiedenen abstrakten Kodes, wie oben beispielhaft beschrieben, bereits eine Art „natürlicher" Beziehungen, die im Datenmaterial verankert und gut interpretierbar sind.

Die Beziehungen zwischen Strukturmerkmalen entstehen nun durch die Verbindung von abstrakten Kodes ein- oder mehrstufig zu den Strukturmerkmalen. Sie bilden sich somit nicht zufällig, sondern im Prozess der Abstraktion durch die Interpretationsleistung und besitzen durchaus eine sinnvolle Bedeutung. Diese Verbindungen werden in der vorliegenden Arbeit als M e r k m a l s k e t t e n bezeichnet (s. Abb. 12).

Wie in der Abbildung dargestellt, ergibt sich also eine Verbindung zwischen zwei Strukturmerkmalen durch die Bezugnahme auf abstrakte Kodes, die mit einem Phänomen verbunden sind. Obwohl in der Abbildung nur eine Merkmalskette farblich hervorgehoben wurde, ist bereits hier zu sehen, dass es eine große Vielfalt solcher Verbindungen gibt.

Zur Herstellung der Übersichtlichkeit wurden deshalb Vereinfachungen eingeführt, die in Anbetracht der Logik des Abstraktionsvorganges zur Redundanz führen. Spezielle Knotenpunkte, die aus der Interpretation einer aussagestarken Textpassage, der Verwendung eines allgemein interpretierbaren Kodes oder durch Überinterpretation entstanden sind, wurden als a t t r a k t i v e   P u n k t e bezeichnet und unter Berücksichtigung ihrer Bedeutung aus den Merkmalsketten entfernt. Ebenso sind für die Interpretation der Beziehungen zwischen den Strukturmerkmalen p a r a l l e l e   M e r k m a l s k e t t e n und S c h l e i f e n redundant. Die Vereinfachungen werden in den nachfolgenden Abschnitten näher erläutert.

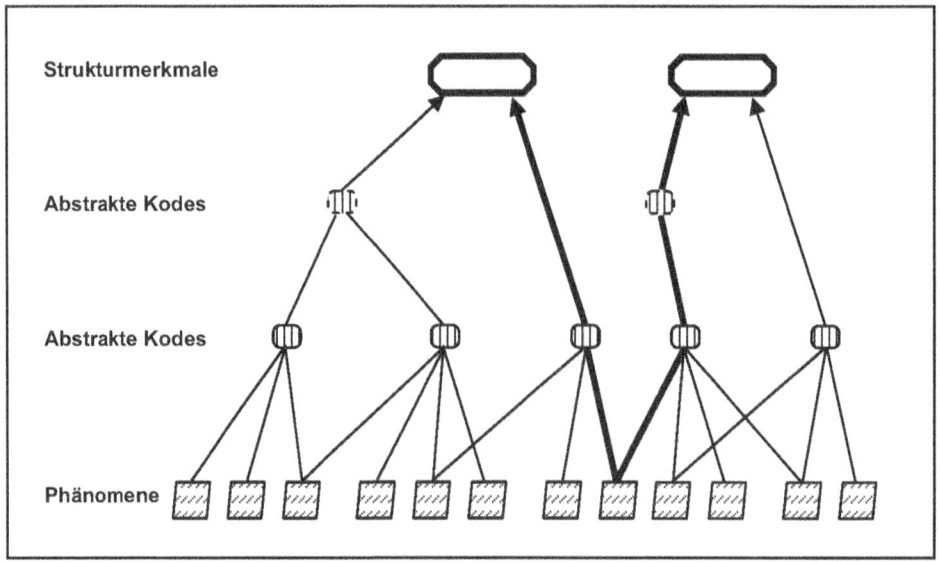

Abbildung 12: Merkmalsketten (fett)

Die verbleibenden Schemata der Merkmalsketten bieten schließlich einen ausreichenden Interpretationsraum für die Formulierung von grundlegenden Thesen über das Verhältnis und die Bedeutung der Strukturmerkmale. Unterstützt wird die Interpretation durch die bereits im Rahmen des offenen Kodierens verwendeten Zuordnungen in Form von „Repräsentanten", „Konsequenzen" und „Voraussetzungen".

In den mitunter sehr umfangreichen Beziehungsgefügen sind insbesondere auch ausbleibende Verbindungen interpretationswürdig. Im Verlauf der Untersuchung ergibt sich auch durch eine zunehmende Dichte der deskriptiven Kodierung die Notwendigkeit der Einführung eines W e r t u n g s s y s t e m s, da kaum noch ausbleibende Verbindungen in den Gefügen auftreten, aber dennoch qualitativ Unterschiede zu verzeichnen sind. Andererseits zeigt sich durch diese Art der Untersuchung erneut die Dominanz bestimmter Merkmale bzw. wird die Bedeutung oder auch Funktionalität bestimmter Merkmale deutlich. Die Figürlichkeit der Schemata wurde deshalb insbesondere nach dem Zusammenwirken von Merkmalen untersucht. Die Betrachtungen führten zu einer Reihe von Thesen.

Attraktive Punkte
Einige Kodes vereinen mehrere Merkmale und bilden somit eine Schlüsselstellung. Sie werden in dieser Arbeit als attraktive Punkte bezeichnet (s. Abb. 13). Diese Punkte entste-

hen ebenfalls nicht zufällig, sondern sind ein Ergebnis der Interpretation im Rahmen des offenen Kodierens. Die dadurch erzeugte Vielfalt an Merkmalsketten ist für die Untersuchung der Beziehungen nicht produktiv, da fast alle Merkmale dadurch miteinander verbunden werden und die Besonderheiten verschwimmen.

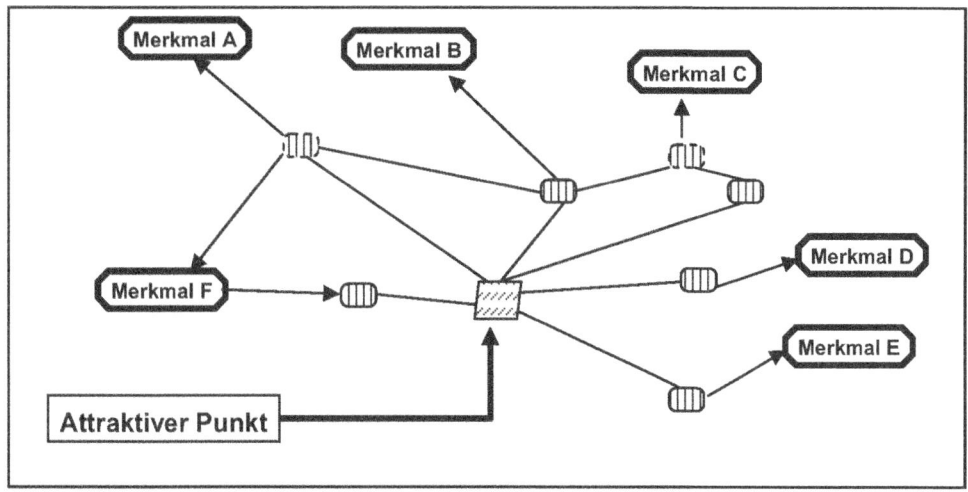

Abbildung 13: Attraktiver Punkt

Es gibt verschiedene Gründe für das Auftreten solcher attraktiven Punkte, also Kodes die mehrere Merkmale verbinden.

Erstens kann eine Textstelle einen vielseitig interpretierbaren Inhalt besitzen, so dass der Kode mit verschiedenen Attributen versehen wird, die während der Abstraktion eine Zuordnung zu verschiedenen Strukturmerkmalen zur Folge haben. In diesem Sinne ist der attraktive Punkt durchaus eine wesentliche Verbindung, die dennoch auf Grund der Vielfalt einer Klarheit im Wege steht. In solchen Fällen zeigt es sich, dass diese attraktiven Punkte weggelassen werden können, da der Zusammenhang zwischen den Strukturmerkmalen zumeist auch durch andere Kodes belegbar bleibt.

Zweitens ergeben sich Kodes als attraktive Punkte durch ihre begriffliche Universalität. Hier handelt es sich nicht um eine Fehlinterpretation oder schlechte Begriffswahl, sondern vielmehr um eine generelle Eigenschaft abstrakter Begriffe. Je abstrakter die Begriffswahl ausfällt, desto universeller lässt sich der Begriff verschiedenen Kontexten zuordnen. Somit werden solche Kodes in verschiedenen Strukturmerkmalen eine Rolle spielen und haben dort auch ihre Berechtigung.

Letztlich liegt ein weiterer Grund gerade in der gegensätzlichen Ursache, dass die Interpretation zu einem Begriff führt, der zu ausdruckslos ist. Solche „nichts sagenden" Begriffe sind einfach ungeeignet für die Kodierung von Texten und sollten eigentlich vermieden werden. Dennoch kann in Anbetracht der Bedeutung der Textstelle und der Intention des Interpreten ein derartiger Kode gezielt eingesetzt werden. Im Zuge der Abstraktion und der fortschreitenden Interpretation können diese Kodes mehreren Merkmalen zugeordnet werden und bilden dann im Verbindungsschema einen attraktiven Punkt.

Auch in den letzten beiden Fällen ist es sinnvoll diese Punkte aus dem Schema der Verbindungen zu beseitigen. Aber gerade in diesen Fällen sollte ein erhöhtes Augenmerk auf das Ausbleiben von Verbindungen gelegt bzw. in die anschließende Interpretation der Beziehung zwischen den Merkmalen diese Punkte wieder mit einbezogen werden.

Parallelen

Beim offenen Kodieren spielt für die Abstraktion das Clustern eine wesentliche Rolle. Das Zusammenstellen gleichartiger Phänomene ist der erste Schritt zu abstrakten Begrifflichkeiten. Daraus ergibt sich die logische Konsequenz, dass ein abstrakter Kode durch mehrere Phänomene belegt wird und über deren Häufigkeit emergent wird.

Bei der Interpretation von Beziehungen tritt die Bedeutung der einzelnen Phänomene aber zurück. Wenn eine Beziehung plausibel erklärt ist, sind die einzelnen Phänomene und deren Häufigkeit weniger entscheidend. In der bildlichen Darstellung der Merkmalsketten erscheinen diese mehrfachen Verbindungen als Parallelen (s. Abb. 14), die der Übersichtlichkeit sehr abträglich sind.

Im Zuge der Interpretation wurden diese parallelen Verbindungen nicht alle einzeln beschrieben und ausgewertet. Die Konzentration auf ein repräsentatives Phänomen, das zur Beschreibung der Art der Beziehung geeignet ist, zeigte sich in dieser Hinsicht als ein sinnvolles Vorgehen. Die parallelen Merkmalsketten wurden in diesem Zuge reduziert auf eine repräsentative Verbindung.

Wie bereits oben erwähnt wurde im Fortgang der Untersuchung ein Wertungssystem eingeführt, das die Dichte zweier Merkmale klassifiziert. An dieser Stelle spielen die Parallelen nun wieder eine entscheidende Rolle, da ja gerade bei einem vielfältigen Auftreten, also einer fast konsistenten Repräsentation einer Beziehung in vielen Phänomenen, eine Zusammengehörigkeit der Merkmale in diesem Fall angenommen werden kann.

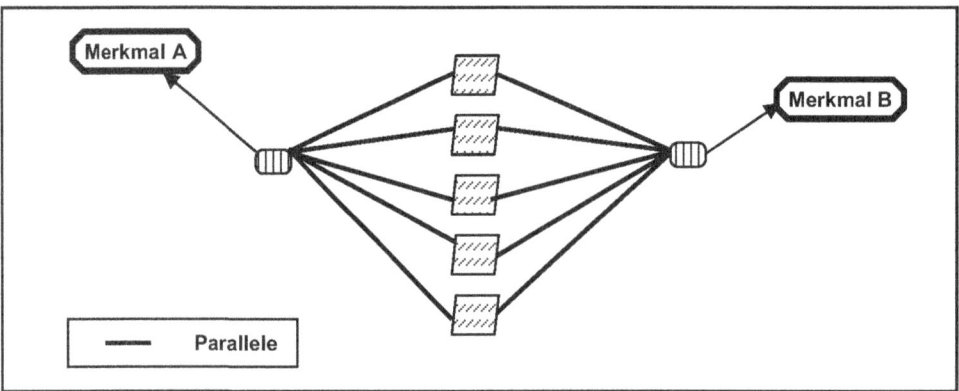

Abbildung 14: Parallelen in den Merkmalsketten

Gleichzeitig ist aber gerade an diesen parallelen Merkmalsketten auch besondere Aufmerksamkeit erforderlich, da es durchaus sein kann, dass ein und dasselbe Phänomen über mehrere Textstellen verteilt auftritt und im Zuge des offenen Kodierens ähnlich aber mehrfach bezeichnet wurde. Die Untersuchung und Interpretation erfordert also an diesen Stellen eine besondere Sorgfalt.

Schleifen
Eine weitere Besonderheit bei dem an dieser Stelle beschriebenen Vorgehen ist das Auftreten von Schleifen. Eine Schleife ist eine Merkmalskette, die von einem Merkmal ausgehend
über abstrakte und deskriptive Kodes schließlich über einen anderen abstrakten Kode wieder zum gleichen Strukturmerkmal zurückführt (s. Abb. 15).

Die Ursachen für diese Schleifen liegen wiederum in der oben bereits erläuterten
mehrfachen und unterschiedlichen Zuordnung von einzelnen Phänomenen zu abstrakten
Zwischenstufen, also in der Interpretationsart eines Phänomens.

Für die Untersuchung und Beschreibung der Beziehungen zwischen den Strukturmerkmalen sind diese Schleifen bedeutungslos, da die Beziehungsanalyse gerade zwischen
mindestens zwei Merkmalen geführt wird. Deshalb können Schleifen bedenkenlos aus den
Verbindungsschemata entfernt werden, sofern sie nicht Bestandteil einer relevanten Merkmalskette sind.

In einem späteren Stadium der Arbeit am Datenmaterial wurde jeweils die Beziehung
von genau zwei Strukturmerkmalen einzeln untersucht. Durch das Weglassen der anderen
Merkmale entstehen aber weitere Schleifen, allerdings in einem weiter gefassten Sinn. Da
es an dieser Stelle um die Beziehung nur der beiden ausgewählten Merkmale geht, sind
auch diese Schleifen bedeutungslos (s. Abb. 15).

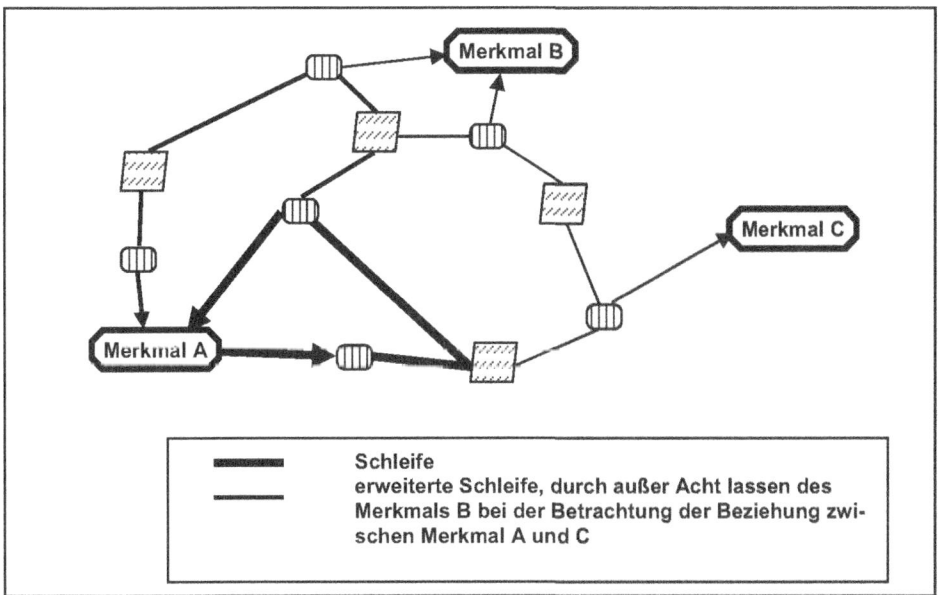

Abbildung 15: Schleifen in Merkmalsketten

In der Abbildung sind sowohl eine direkte als auch eine erweiterte Schleife dargestellt. Hier
wird auch nochmals deutlich, dass nicht alle Elemente von Schleifen entfernt werden dür-
fen, sondern jeweils nur die Teile, die zur Interpretation der Beziehung bedeutungslos sind.

3.2.2.5.2   Wertigkeit von Verbindungen

Im letzten Abschnitt wurde schon erwähnt, dass die Anzahl der deskriptiven und abstrakten Kodierungen im Verlaufe der Arbeit am Datenmaterial zunahm. Dies begründet sich in der Steigerung der theoretischen Sensibilisierung und der weiteren Ausarbeitung von Erscheinungsformen der Strukturmerkmale. In der logischen Folge steigt dadurch auch die Vielfalt der Verbindungen. Um im weiteren Vorgehen noch aussagefähig über den Charakter und die Signifikanz von Beziehungen zu bleiben, wurden zunächst nur noch jeweils zwei Merkmale gegenübergestellt und die einzelnen Merkmalsketten untersucht.

Dabei richtete sich der Blick zunehmend auf direkte Verbindungen, die ohne die Existenz eines dritten Merkmals zustande kommen. Beispielsweise existiert in Abbildung 16 eine Verbindung zwischen dem Merkmal A und C nur auf Grund der Existenz des abstrakten Kodes (in der Abbildung grau dargestellt) des Merkmals B. In diesem Fall handelt es sich nicht um eine direkte Verbindung. Die zweite Merkmalskette zwischen A und C ist dagegen eine direkte Verbindung. Direkte Verbindungen lassen sich leicht ermitteln, da in der Abstraktion nur höchstens zweistufig zum Strukturmerkmal geschlossen wurde. Es können also nur drei Elemente in einer Kette zwischen zwei Strukturmerkmalen enthalten sein bei einstufigen Abstraktionen, vier bei einseitig zweistufiger Abstraktion und maximal fünf bei zweiseitig zweistufiger Abstraktion (s. dazu auch Abb. 12 und 13). Die zweistufige Abstraktion stellt allerdings eher einen seltenen Fall dar, so dass diese Vorgehensweise sich als praktisch erwies.

Trotz dieser Vereinfachungen lassen sich in den späteren Falluntersuchungen aus oben genannten Gründen Beziehungen zwischen fast allen Merkmalen feststellen. Zur Beschreibung der Besonderheiten eines Falls und der Interpretation kann an dieser Stelle ein Wertungssystem eingeführt werden. Dieses Wertungssystem gibt Auskunft über die Dichte der Beziehung zwischen zwei Merkmalen.

Neben der Interpretation der Art der Beziehung geht aus dieser Wertigkeit die Bedeutung der Beziehung, also ein Stellenwert im Rahmen der Betrachtung aller Merkmale hervor. Während der Analyse der Beziehungen aller Merkmale untereinander werden nicht mehr die Merkmalsketten interpretiert, sondern global das Beziehungsgefüge der Merkmale. Besonders enge Beziehungen können abstrakt interpretiert werden. Beziehungen mit geringerem Stellenwert wurden vernachlässigt und als ausbleibende Beziehung betrachtet. Wie eingangs schon erwähnt ist auch das Ausbleiben von Beziehungen interpretationswürdig. Es zeigte sich, dass gerade diese Interpretation die Funktionalität der Strukturmerkmale ermöglichte und die Bedeutung einzelner Merkmale unterstrich.

3.2.2.6   Einbeziehung des Kontextes

In jedem Einzelfall wurden in einem letzten Arbeitsschritt die Ergebnisse vor dem spezifischen Hintergrund, der sich aus den Inhalten ergibt, ergänzend betrachtet. Diese Erklärung der Besonderheiten bezüglich des jeweiligen Merkmalsprofils und Beziehungsgefüges unterstützt die Plausibilität der aus den Daten gewonnenen Hypothesen. In einzelnen Fällen wurde an dieser Stelle auch auf das Erfahrungswissen aus dem Beobachtungsfeld zurückgegriffen bzw. Faktenwissen über den Schüler einbezogen.

3.2.3 Fallübergreifende Ergebnisdarstellung und Annäherung an eine gegenstandsbezogene Theorie

Dieser letzte Analyseschritt dient nach STRAUSS und CORBIN der Integration zu einer Theorie (STRAUSS/ CORBIN 1996, 94 ff.). Er verlaufe ähnlich dem axialen Kodieren, aber auf höherer abstrakter Ebene und umfasse das systematische Entwickeln eines Bildes der Wirklichkeit, das konzeptuell, gegenstandsverankert und nachvollziehbar sei.

Im Sinne der Forschungsfrage ist in diesem Schritt also der Vergleich der einzelnen Fälle untereinander zu führen und Regelmäßigkeiten und Besonderheiten herauszuarbeiten. Die Untersuchung der Merkmalsprofile und Merkmalsbeziehungen richtete sich auf die weitere Interpretation von Besonderheiten einerseits abstrakt über alle Fälle hinweg und andererseits gemäß der Forschungsfrage gruppiert in computerinteressierte und weniger computerinteressierte Schüler, insbesondere unter dem Aspekt der Unterscheidung dieser Gruppen. Die Ergebnisse dieses Arbeitschrittes sind im Kapitel 3.4 dokumentiert. Einen wesentlichen Punkt bildete die Suche nach Mustern in den Strukturmerkmalen und Merkmalsprofilen, die zu einer Klassifizierung führen könnten. Außerdem wurden einzelne Strukturmerkmale weiter verfeinert. Die Merkmalsprofile zeigten sich an dieser Stelle äußerst differenziert, so dass eine Zusammenfassung mehrerer Profile zu einem typisierenden Muster nicht möglich war.

Im Fortgang ergab sich ein Strukturmerkmal als bestimmendes Phänomen, das sowohl die entsprechende Signifikanz bezüglich der Unterscheidung der Fälle besitzt als auch in den Beziehungen tragfähig ist, um sich einer Theorie anzunähern. Das generelle Beziehungsgefüge der Strukturmerkmale ermöglicht sowohl die Feststellung von Regelmäßigkeiten also auch die Hervorhebung der Besonderheiten der beiden kontrastierten Gruppen. Weiterhin ergibt die abstrakte Betrachtung der Beziehungen der Merkmale und die Interpretation ihrer Funktionalität die Möglichkeit, ein Ebenenmodell zu erstellen.

In diesem allgemeinen Beziehungsgefüge spielt das für die Forschungsfrage relevante Strukturmerkmal eine zentrale Rolle. Die Beziehungen zu diesem Merkmal bilden dabei ein generelles Muster für die zu untersuchenden Gruppen. Die darauf aufbauende Hauptthese ist plausibel interpretierbar im Untersuchungsfeld Schule.

3.3   Falldarstellungen

3.3.1   Fallbeschreibung Interview „Anton P."

3.3.1.1   Äußerer Kontext

Das Interview wurde 1997 in einem Gymnasium der ehemaligen DDR erhoben. Die Wende in der DDR fällt also in die Mitte der Schullaufbahn und wurde vom Schüler bewusst miterlebt. Die Nutzung des Internet ist am Gymnasium seit 4 Jahren thematisiert und zu Teilen auch praktisch realisiert. Die erste „Aufbruchstimmung" ist noch nicht ganz abgeklungen.

Anton ist Schüler einer 12. Klasse eines Gymnasiums und seit 5 Jahren ein aktiver Schüler im Informatikunterricht. Durch seine Arbeit als Fachgehilfe im Fach Informatik und die Arbeit am Aufbau eines WWW-Servers für schulische Inhalte besteht ein enger persönlicher Kontakt zum Interviewer, der den Rahmen des Lehrer-Schüler-Verhältnisses jedoch nicht überschreitet. Anton besitzt ein hohes fachliches Wissen in der Programmierung und ist intensiver Nutzer des Internet seit 2 Jahren. Die erforderlichen Kenntnisse hat er sich autodidaktisch angeeignet. Bezüglich des Interviews weiß er nur, dass er sich etwas Zeit nehmen sollte. Das Interview findet im Vorbereitungsraum statt. Das Aufzeichnungsgerät ist ein Diktiergerät. Das Gespräch dauert etwa 90 Minuten.

Trotz des guten Lehrer-Schüler-Verhältnisses ist besonders in der Anfangsphase des Interviews eine Art von Erfüllungshaltung zu verzeichnen: *„ bin ich jetzt zu schnell im Vorwärtsschreiten?"* (Interview Anton P., Z. 43-44) oder *„tja, ich weiß nicht, diese WWWA-Erlebnisse, die müssen ja nicht unbedingt auf Band oder?"* (ebd., Z. 185).

3.3.1.2   Thematische Struktur

Obwohl es nicht im Vorfeld geplant war, zeigt der Interviewverlauf eine deutliche Vierteilung, in der zunächst die schulische Entwicklung erzählt wird (ebd., Z. 16-333). Dann schwenkt die Thematik auf den außerschulischen Bereich (ebd., Z. 365-712) und die Nutzung des Internet (ebd., Z. 728-1043). In einer Art Resümee (ebd., Z. 1053-1452) werden die Zukunftsaussichten erzählt und nochmals eine zusammenfassende Kritik an der Schule geübt.

Der grundlegende Ansatz, möglichst narrative Äußerungen zu generieren, wird mit einer offenen Fragestellung zum Verlauf seiner schulischen Entwicklung versucht zu erreichen.

> „I: Anton, also mich interessiert einfach mal, dass Sie erzählen, wie haben Sie Schule erlebt, die letzten Jahre und das wirklich so ausführlich wie es geht." (ebd., Z. 12-13)

Darauf reagiert der Schüler mit einer kurzen Aufzählung seiner schulischen Stationen (ebd., Z. 16-83), die vor allem durch mehrere Schulwechsel, bedingt durch berufliche Notwendigkeiten der Eltern, gekennzeichnet ist. In der Unterstufe bedingt eine schwerere Krankheit eine längere Unterbrechung des Schulbesuchs. Den Abschluss dieser Passage bildet eine Aufzählung der für ihn wesentlichen Stationen am jetzigen Gymnasium, der Aktivitäten als Fachgehilfe und am Landesschulnetz.

Besonders auffällig in diesem Segment sind mehrfache Positionierungen und der Bezug zum Computer. Bereits im ersten Absatz findet der erste Verweis auf die Computernutzung statt.

> „Tja, wo man dann einfach nach dem schön geordneten Weg vom Kindergarten aus hin kam [die Schule – RF]. Da hatte ich erstmal mit Computern Kontakt über meinen Vater, die mitgekriegt haben, dass ich mich dafür interessiere. Hab dann Z1013 gekriegt,..." (ebd., Z. 16-19)

Das Thema Computer ist dann auch der Auslöser für die Erwähnung der Krankheit. Die intensivere Beschäftigung wird mit dem Wunsch nach Anerkennung bei der Überwindung der krankheitsbedingten Außenseiterrolle begründet. Die Computernutzung wird gleichermaßen zum Hobby und Anwendungsgebiet im Rahmen seiner Arbeit in der Gruppe der Fachgehilfen.

Der zweite auffällige Aspekt der vermehrten Positionierungen äußert sich in den häufigen Nebenerzählungen, die teilweise die reine Chronologie unterbrechen. Ein erster Vergleich bezieht sich auf die Unterrichtsmethodik und die Unterrichtsbelastung (ebd., Z. 29-43) vor, während und nach der Wende, die zwar noch chronologisch ist, aber die Laufbahnbeschreibung vorerst ablöst. Eine deutliche Positionierung findet dann in Bezug auf das Gymnasium in Z. statt, das als provinziell bezeichnet wird und in einer weiteren Zwischenpassage als Beispiel für schlechten Unterricht hinzugezogen wird. Die Erzählung seiner Entwicklungsgeschichte endet dann in Zeile 83 und geht in eine Einschätzung der Lehrer über.

Im nächsten Erzählabschnitt (ebd., Z. 111-148) verschiebt sich der Fokus etwas durch die Detaillierungsaufforderung, sich auf schulische Erlebnisse am jetzigen Gymnasium zu beziehen. Wiederum als Positionierungen werden die wichtigsten Lernmotivationen beschrieben und vor allem Kritik am sozialen Lernumfeld geübt.

> „... ist die Sache, dass das soziale Umfeld hier nicht stimmt. Man kennt sich, aber es gibt zu viele Gruppen, es gibt zu viele Leute, die sich nicht achten, die für sich ist, man ist zu sehr für sich alleine und äh es entsteht keine Gruppenhomogenität, es entsteht auch kein Bewusstsein "Wir vom S.-Gymnasium" oder nur bei wenigen Leuten, bei den Leuten, die irgendwas erreichen, ist das da, aber bei allen anderen funktioniert das nicht." (ebd., Z. 126-131)

An mehreren Stellen wird die Lehrmethodik kritisiert und auch auf Alternativen verwiesen. Durch eine wiederholte Erzählaufforderung, Erlebnisse ausführlicher zu beschreiben, kommt die Sprache erneut auf die Vorstellung in der Klasse und das anfängliche Suchen und Zuordnen von sozialen Gruppen am jetzigen Gymnasium (ebd., Z. 162-186).

Im nächsten Segment führt der Schüler das Gespräch auf ein wesentliches Erlebnis seiner jüngeren Vergangenheit. Über die erfolgreiche Teilnahme an einem Wettbewerb wird Anton für ein Schülertreffen im Ausland ausgewählt. Die bewegenden Erlebnisse ordnet er sowohl kritisch als auch positiv ein. Neben den vielen positiven Aspekten beschreibt er die Trennung als „grausames" Erlebnis (ebd., Z. 224) und vergleicht sie mit seinen Erlebnissen bezüglich der Schulwechsel und Ereignissen aus der Politik. Das Schülertreffen insgesamt ist für ihn wesentlich, da ihm seine eigenen Fähigkeiten bewusst werden und es nachhaltig seine Orientierungen steuert (ebd., Z. 239-246). Im Weiteren vergleicht er die Aufgabe in diesem Wettbewerb mit dem Bundeswettbewerb Informatik (Abk.: BWI), an dem er nie erfolgreich teilnahm. Mit den Erfolgen waren anschließende öffentliche Auftritte und auch Pressekontakte verbunden, die für ihn eine Motivationslage bilden.

Über die provozierende Frage, was am BWI Spaß mache, erzählt er über seine Fertig-keiten beim Lösen von Aufgaben, wobei sich die Herausforderungen als grundlegende Motivation herausstellen. Dabei fielen ihm abstrakte mathematische Sachverhalte schwer, aber die Vorstellung logischer Zusammenhänge und strukturelles Denken kämen ihm ent-gegen. Schließlich erklärt er das Scheitern am BWI mit dem zunehmenden „Klausurstress" und schätzt ein, dass der Aufwand im Verhältnis zum Nutzen zu groß gewesen wäre.

Im nächsten Erzählabschnitt geht Anton auf seine außerschulischen Aktivitäten ein, die im Wesentlichen im Aufbau einer WWW-Site (WWWA) für schulische Zwecke be-stand. Nebenbei interessiert er sich für Badminton und Spanisch. Die Motivation für das Erlernen der spanischen Sprache rührt aus mangelnden Russischkenntnissen her und äußert sich in einer Belegung eines Volkshochschulkurses, da an der Schule kein Spanisch mehr angeboten werden kann.

Auf die Frage nach weiteren Erlebnissen und dem direkten Anstoß auf die Veröffentli-chungen kommen sein Verhältnis und seine Erfahrungen mit der Presse zu Sprache. Die Anerkennung in der Öffentlichkeit kristallisiert sich dabei als eine weitere Lernmotivation heraus. Das spontane Erzählen im Rahmen eines Presseinterviews wird von ihm als Her-ausforderung aufgefasst und als nützliche Erfahrung beschrieben. Zurückgehend auf seine Aktivitäten im WWWA hebt er im Besonderen die Zusammenarbeit im Team hervor.

> „Das sind für mich immer so die zwei Sachen, also ich bin 'nen sozialer Mensch(....) und ähm, dass man Freunde hat, dass man was zusammen macht im Team, dass man was erschafft, dass man auf der einen Seite kreativ ist, und äh, dabei ebend, also man man lernt was selber, hat Spaß dabei, wenn man mit Leuten, die man gut leiden kann zusammen ist. Es ist kein Zwang da, wie in der Schule,…" (ebd., Z. 406-410)

Angesprochen auf den Widerspruch, es sei kein Zwang da, der aber durchaus durch Vorga-ben von außen doch vorhanden war, unterscheidet Anton zwischen Lernen im Unterricht und Verpflichtungen außerhalb des Unterrichts. Er kommt dabei zu dem Schluss, dass es im Unterricht nur eingeschränkte Möglichkeiten gibt, den Verlauf selbst zu bestimmen und sich auch individuelle Freiheiten zu erlauben. Insbesondere sei dies auch von den Lehrern abhängig. Generell sei aber die Abweichung von der Norm aus Gründen einer „Gruppen-dynamik" (ebd., Z. 435) oder des „schleichenden" Notendrucks (ebd., Z. 459) schwierig.

Mit einer Rückblende auf die Ereignisse in der 9. Klasse, die sich bisher im Gespräch als die interessanteste Zeitspanne herausstellte, kommt ein neues Thema aus dem außer-schulischen Bereich zur Sprache. Mit seinem Vater hatte Anton versucht sich als Content-Provider bei MSN (Microsoft Network) einzubringen (ebd., Z. 491-593). In diesem Ab-schnitt finden sich neben verschiedenen Lernmotivationen erste längere Ausführungen zum Umgang mit dem Internet und seinen Erfahrungen. Besonders augenscheinlich an dieser Stelle sind wiederum das Interesse an vorhandenen Strukturen und die Möglichkeit der sozialen Kontaktaufnahme.

Nach einer Erinnerung an einen Mitschüler, der eine gewisse Vorbildrolle in diesem Zeitraum gespielt hatte, führt Anton aus, wie er sich selbstständig erste Kenntnisse über das Betriebssystem LINUX angeeignet hat und beschreibt den Anreiz, den er von seinem Mit-schüler erhalten hat.

> „… Zwei Sachen, der hat derartig wahnsinnig schnell getippt, das fand ich verrückt, also ich hab mich ja nun jahrelang mit Computern beschäftigt, aber der konnte noch viel schneller tippen.
> I: haha [schmunzelnd]
> S: hahe, Das war noch so. Also das war nicht so unbedingt, Vorbild aller Zeit sofort. Aber der konnte das, was ich auch können wollte. Vorbild, Vorbild ist das falsche Wort dafür. Und…und

dann hab ich mal mit ihm über alles mögliche Zeuch gequatscht, was an Linux so toll wäre und über X-Server-Konfiguration und ich hatte das Gefühl eigentlich so, na ja, das kannst'e auch schaffen." (ebd., Z. 628-636)

Mit einer Nachfrage zur ständigen Verfügbarkeit eines Computers wird eine nächste längere Erzählpassage eingeleitet, in der Anton ausführlich seine Erlebnisse mit verschiedenen Rechnergenerationen erzählt (ebd., Z. 646-712). Dabei kommt auch deutlich die maßgebliche Rolle der Eltern zum Ausdruck.

Fast fließend geht das Gespräch auf das Thema Internet und WWWA über (ebd., Z. 720-777). Zunächst beschreibt Anton die eigene Lernerfahrung im Kontext des Projekts. Auf die Nachfrage, was das *„Tolle am Internet"* (ebd., Z. 781) sei, wird die Erzählung allgemeiner, aber dennoch im Lernkontext geführt. Seine Erfahrungen in der Nutzung des Internet für den Unterricht erzählt er ebenfalls auf einen weiteren Anstoß /Z819-848/. Einen breiteren Raum nehmen dabei einmal mehr strukturelle Unterscheidungen ein, im Einzelnen in Bezug auf den Vergleich mit Nachschlagewerken und die Nützlichkeit von vorstrukturierten Internetportalen. Auch der nächste Versuch des Interviewers, das Thema auf das Internet allgemein zu erweitern, führt nur zu einem kurzen Ausblick auf die Kommunikationsdienste, die dann schon wieder vergleichend dem üblichen Briefeschreiben gegenübergestellt werden und endet nochmals in einer abschließenden strukturellen Positionierung.

„Also, der Glaube daran, dass man das zentralisieren muss, ist weg. Kann (..) Kriegen noch schönes Manuskript von der zentralen Hirn-Verarbeitung in Anlehnung an die Biologie. Da bestätigt sich das mit dem Dezentralen auch noch mal. Ähm (..) Dann(..) Tja, das war also 'nen ganz wesentlicher Aspekt. Da hat mich auch der Negroponte, ich weiß nicht, ob Ihnen der Name geläufig ist, Negroponte vom MIT, der eine recht interessante Philosophie über die Unterschiede zwischen der Daten- und der wirklichen Welt hat. Geht so davon aus, wirkliche Welt das Atom - Datenwelt das Bit. Guckt sich das so (..) analysiert das ganz genau. Hab ich damals auch in J. kennen gelernt. Und der hat auch gesagt, die Stärke ist, hab ich damals noch nicht verstanden, die Stärke liegt darin (..) äh (...) dass es dezentral ist. Das eben diese große Freiheit da ist. Das sind eben die Sachen. Auf der einen Seite, wenn ich dieses Internet mit all seinen Möglichkeiten haben will, dann muss ich dieses Chaos zulassen. Auf der anderen Seite, wenn ich es nutzen will, dann muss ich eben in dieses Chaos auch Ordnung reinbringen." (ebd., Z. 1025-1037)

Das Resümee wird mit einem Ausblick in die nähere Zukunft eröffnet. Sowohl die Wahl des Studienfaches als auch des Studienortes ist bei Anton festgelegt und begründet. Auch die Aussichten für die berufliche Zukunft sind für ihn klar umrissen, basierend auf einer gründlichen Selbstanalyse (ebd., Z. 1097-1167). Da an vielen Stellen explizit und implizit die Rede von Strukturierung und einem Interesse an Strukturierungtätigkeiten ist, gilt eine Nachfrage der Herkunft des Interesses für Strukturen (ebd., Z. 1175-1228).

Der letzte Nachfrageteil zielt einerseits auf eine ausführlichere Kritik am Unterricht und andererseits auf eine Zukunftsvision von der Schule (ebd., Z. 1416-1452). In beiden Teilen werden die schon angedeuteten Lernmotivationen und Lerneigenschaften deutlich hervorgehoben und bestätigt. Auch diese abschließende Passage ist wieder durch einen hohen Grad an strukturellem Denken gekennzeichnet.

Das Gespräch wurde noch fünf Minuten weitergeführt ohne Tonband. Der Schüler erklärt dem Interviewer die Mindmapping- Technik.

3.3.1.3   Themenanalyse

Nach der offenen Kodierung wurden die verschiedenen Deskriptoren thematisch gruppiert. Die Gruppierungen wurden schließlich benannt und ergeben einen Überblick über die thematische Struktur. In Abbildung 16 sind nur noch die Bezeichnungen der Themenbereiche aufgeführt. Inhaltliche Verbindungen oder Überlappungen sind farblich hervorgehoben.

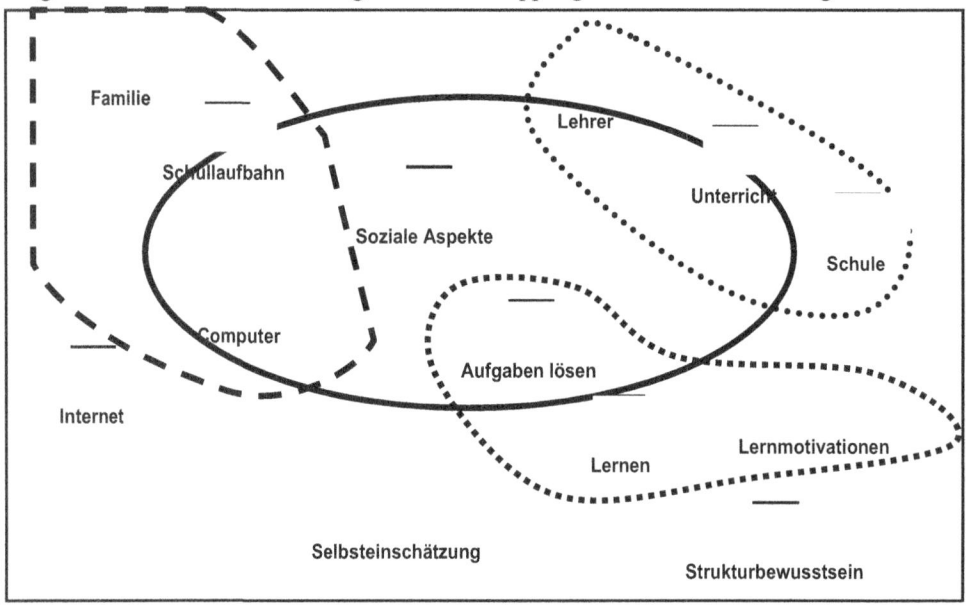

Abbildung 16:   Gruppierung der Themenbereiche (Anton P.)

Die Themenbereiche lassen sich in ihrer Art unterscheiden. So sind die Eingangserzählung der Schullaufbahn, die Äußerungen zur Familie und zur Entwicklung der „persönlichen Rechnergeschichte" stärker narrativ orientiert, als die argumentativen und diskursiven Passagen über Lehrer, Unterricht und Schule. Die Kodes zum Lernen, Aufgaben lösen und sogar Lernmotivationen umfassen sowohl explizite Aussagen als auch klar zu identifizierende Phänomene.

Neben dem Gesprächsstil sind die Gruppen auch inhaltlich verbunden, das bedeutet, dass Kodes mit Aussagen zum Lernen in der Nähe von Lernmotivationen und dem praktischen Aufgabenlösen angeordnet wurden, auch wenn im Text diese Kodes aus verschiedenen Segmenten stammen.

In vielen Erzählteilen spielen beispielsweise die sozialen Aspekte eine Rolle. Kodierungen zur Gruppenarbeit und zum Teamwork bilden so eine Schnittstelle zwischen den sozialen Aspekten und dem Bereich „Aufgaben lösen". Die Selbsteinschätzungen sind eine auffallende, aber nicht thematische Erscheinung, die regelmäßig über den gesamten Text und damit über alle Themengruppen verteilt sind. Sie äußern sich in zwei unterschiedlichen Varianten, einer Art der Merkmalszuschreibung, z.B. bei der Selbsteinschätzung als Lerntyp, und einer Explizierung von momentanen Denktätigkeiten, wie z.B. *„Äh, die Frage, warum das alles. Warum mit soviel Leistungsdruck dabei (...) Die muss ich vielleicht noch* *mal für mich still überlegen. So. Muss ich noch mal genau darüber nachdenken (..)"* (ebd., Z. 775-777). Diese Selbstreflexionen ermöglichen es dem Schüler auch effizient mit den ihm zur Verfügung stehenden Ressourcen umzugehen, also etwa Aufwand und Nutzen abzuschätzen oder auch Aufgaben oder Aufträge abzulehnen bzw. in seinem Umfeld zu verteilen. Das Strukturbewusstsein zeigt sich ebenfalls gleichmäßig über den gesamten Text hinweg in unterschiedlichen Abstraktionsniveaus. Insbesondere im Zusammenhang mit den Themenbereichen „Internet", „Computer", hier im Speziellen die Programmierung, und „Aufgaben lösen" sind häufiger Äußerungen zu den zugrunde liegenden Strukturen zu finden. Auf einer anderen Ebene deuten Vergleiche und Positionierungen auf eine klare Einordnung in strukturelle Schemata hin.

Insgesamt zeigt die Aufgliederung der Themenbereiche ein breites Spektrum an Diskursen, die ein offenes Herantreten an verschiedene Fragestellungen ermöglicht. Die im Forschungsfokus stehende Thematik „Lerntheoretische Aspekte der Nutzung des Internet in der Schule" erlaubt nun eine weitergehende Analyse besonderer Auffälligkeiten. Diese Auffälligkeiten können als Merkmale des Lernens bezeichnet werden.

3.3.1.4   Strukturmerkmale des Lernens

3.3.1.4.1   Herausforderungsbezug

Ausgehend von der Schilderung der Schullaufbahn über das Schlüsselerlebnis des Auslandsaufenthalts bis zu den praktischen Arbeiten an der Web-Site finden sich Hinweise zu Aktivitätsanreizen, die Lernprozesse auslösen. Die erste Auffälligkeit in dieser Hinsicht sind „Herausforderungen", die er selbst auch wörtlich erwähnt.

> „Mich reizen immer die Herausforderungen und so. Also (..) Das ist auch öfters mal (...) manchmal so bei Klausuren, dass ich meinen Kick dabei hab." (ebd., Z. 288-289)

Auch auf die Nachfrage, ob die Teilnahme am BWI trotz der vielen Arbeit Spaß mache, folgt sofort:

> „Das macht Spaß. Also hinterher, hinterher zu sagen, ich hab das geschafft. Die Herausforderung." (ebd., Z. 287) und etwas später: „Ist vielleicht die Frage nicht ganz beantwortet, was am BWI Spaß macht. Aber die Herausforderung ist dabei das Interessanteste." (ebd., Z. 308)

Die Bedeutung von Herausforderungen bezieht sich allerdings nicht nur auf das Lösen von Aufgaben, sondern auch im weiteren Sinne auf das Bewältigen von besonderen Situationen. Beispiele hierfür sind die öffentlichen Auftritte auf dem Schülertreffen im Ausland.

> „Und (..) ja, war auch ganz toll vor 5000 Leuten reden. Das war auch 'ne Sache, wo ich denke, dass ich die nich' so schnell noch mal machen werde. Das war (..) auf Englisch, in 'ner Sprache, die eigentlich nicht die Muttersprache ist. Und dann soll man da 'nen paar Sätze sagen." (ebd., Z. 221-224)

Ebenso das Vortragen in der Universität.

> „Dieser Vortrag in der Uni. Hm. Das war ja vor J., wenn ich das richtig im Kopf hab. Wenn mir die Erinnerung keinen Streich spielt. Das war auch schon mal insofern eine Generalprobe, weil ich da vor 50 Leuten geredet hab, die ich nicht kannte und ich meine, letzten Endes, wie das auf diesen Sitzungen immer so ist, ist es dann relativ untergegangen. Aber das war gar nicht so wichtig, einfach mal vor 50 Leute hintreten und einen Vortrag halten und auch keine Vorstellungen von der Gruppe haben. Das ist ja in der Klasse immer ein bisschen anders." (ebd., Z. 265-271)

Auch der Umgang mit der Presse ist für ihn eine Herausforderung.

> „das war auch immer toll, also mal 'nen Interview geben und äh das hinzukriegen, flüssig dann
> Sätze zu reden aus'm Stehgreif und das wurde, wo vom MDR dann, der eine kam auch im Zu-
> sammenhang mit T. (.) Das war auch (...) Das hat mir wirklich was gebracht." (ebd., Z. 390-393)

Das Bewältigen von Herausforderungen steht nun weiterhin mit verschiedenen Lernformen
in einem engeren Zusammenhang, der vorerst nicht weiter auf die Relationen hin diskutiert
werden soll. So ist zunächst das problemorientierte Lernen logisch eine fördernde Lernform, da sich viele Probleme gleichermaßen auch als Herausforderung aufbauen lassen.
Eine andere Seite des „sich- Herausforderungen- stellen" ist sicherlich eine gewisser kreativer Umgang mit Lösungsmodellen, ein selbstständiges Probieren, ein Erkennen und Lernen
aus Fehlern. In Abbildung 18 sind maßgebliche Deskriptoren in zwei Arten dem Merkmal
zugeordnet. Zum einen werden Repräsentanten des Herausforderungsbezugs mit
„Form von" zugeordnet. Andererseits ergeben sich logische Voraussetzungen für das erfolgreiche Bewältigen der Herausforderungen, die mit „setzt voraus" gekennzeichnet sind
(s. Abb.17).

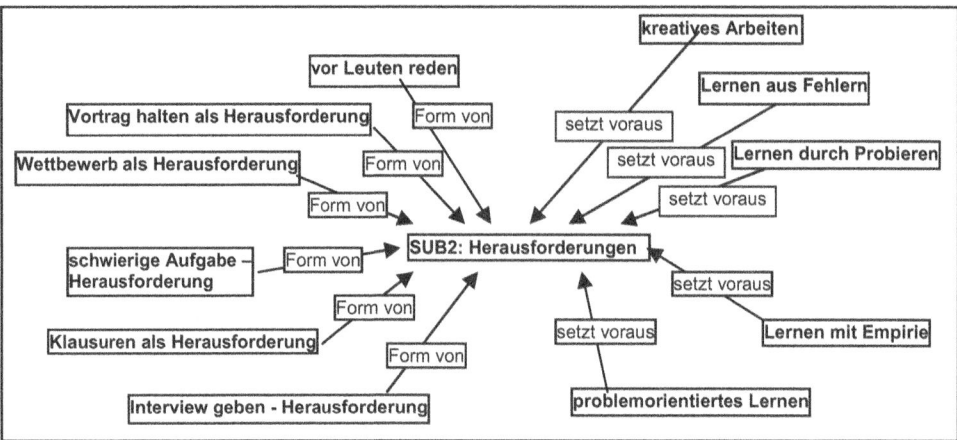

Abbildung 17:   Strukturmerkmal Herausforderungsbezug (Anton P.)

Das erfolgreiche Bewältigen von Herausforderungen und auch das Interesse an ständig
neuen interessanten Aufgaben geben die Berechtigung von einem Merkmal des Lernens zu
sprechen und so eine abstraktere Ebene zu erreichen. Damit stellt sich der Herausforderungsbezug nicht nur als wiederkehrende Handlungsstruktur heraus, sondern als inhärentes
Muster für Wertorientierungen, für die Auswahl von Interessen und das Setzen von Zielen.
Wie im Weiteren noch gezeigt werden kann, ist die Art der Herausforderungen von äußerst
praktischer Natur. Dies gilt nicht nur, da sie von außen herangetragen wurden, z.B. bei
Vorträgen oder Aufgaben, oder sich aus der Entwicklung zufällig ergaben, z.B. Presseauf-
tritte, sondern eher aus dem Grund eines allgemeinen Interesses an praxisnahen Gescheh-
nissen und damit anschaulich vorstellbaren Zusammenhängen.

> „Obwohl ich gerne in Abstrakta denke, brauch' ich immer noch den Praxisbezug dazu." (ebd., Z.
> 1115)

3.3.1.4.2 Praxisbezug

Ein weiteres Phänomen, das sich logisch anschließt, ist der Bezug zu praktischen Kontexten, der sich sowohl im Handeln als auch in Einstellungen widerspiegelt. Die Einstellungen sind über verschiedene Themenbereiche ablesbar und sowohl direkt als auch indirekt formuliert.

> „… das war (...) das sind eben so Sachen, die sind schön hier an der Schule, dass man nebenher was macht (...) dass man was macht (...), dass man nicht nur beschult wird und nachmittags mit den Leuten rumhängt (...) äh (...) und dann is 'ses das, sondern dass man eben was macht." (ebd., Z. 255-258)

In dieser Zuwendung findet sich dann ein Grund für Antons außerschulisches Engagement und Interesse an Projekten. Die Lösung eines für eine Anwendung relevanten Problems ist sowohl bei dem Versuch, bei MSN eine Providerplattform zu gestalten, als auch beim Erstellen des Schulwebs zu verzeichnen. Die Rolle des P r a x i s b e z u g s in seinen Wertorientierungen wird beim Vergleich der Lehrerarten am deutlichsten.

> „Es ist so, teilt sich so, ohne da jemanden zuordnen zu wollen, es gibt zwei Gruppen von Leuten [Lehrern -RF]. Die Leute, die was machen und die irgendwo, oder die Leute, die dadurch, dass sie noch was anderes machen, noch 'nen Hintergrund haben. Ja? [gekürzt -RF] (...) Weil die(..), da ist der Unterricht super. Da passiert was, da ist es interessant, da ist 'nen Praxisbezug da, und da ist, obwohl da nicht die Mittel da sind, da is'ses (..), das bringt was." (ebd., Z. 85-91)

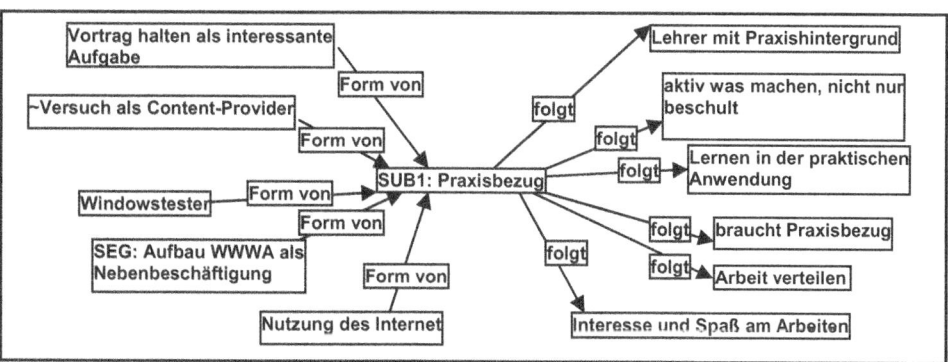

Abbildung 18: Strukturmerkmal Praxisbezug (Anton P.)

Die verschiedenen Anhaltspunkte geben Grund genug, auch in der Lerntätigkeit eine Handlungen auslösende Wirkung von praxisrelevanten Aufgaben anzunehmen. In der Beschreibung seiner autodidaktischen Vorgehensweise wird dies nochmals deutlich. Damit bildet auch der P r a x i s b e z u g ein strukturelles Merkmal des Lernens (s. Abb. 19), das Konsequenzen für seine Wertorientierungen hat, die in Abbildung 19 mit „folgt" gekennzeichnet sind.

3.3.1.4.3 Kreativitätsbezug

Das Thema Kreativität im Sinne von „etwas gestalten" wird von Anton in vielen Themenbereichen und Facetten erwähnt. Einerseits spricht er von einer künstlerischen Ader, in der er Kreativität auslebt, andererseits davon, dass er gern mit Leuten kreativ zusammenarbeitet. Mehrfach ist jedoch die Kreativität als Freiraum für eigene gedankliche Konstruktionen und für das Verfolgen eigener Zielstellungen bzw. Interessenlagen gemeint.

Auf die Frage, warum er sich für den Aufbau einer WWW-Site interessiert hat, antwortet er: *„Weil das fand ich gut. Das hat mich interessiert. Das hat mir Spaß gemacht. Das hat mir gefallen. Da so 'ne Informationen (..), dabei kreativ zu sein, da was zu gestalten, da was zu machen, da was zu tun."* (ebd., Z. 518-520)

Den Ausführungen zufolge bieten Internet und Computer für ihn offensichtlich die gewünschten Freiräume für Kreativität. Die wiederkehrende Diskussion um die Ambivalenz einer hierarchischen Netzstruktur über ein vorgegebenes Internetportal als Einstieg oder der dezentralen eigenverantwortlichen Informationsbeschaffung ist gekennzeichnet von dem Gedanken des kreativen Arbeitens. Ein weiterer Aspekt, der hier wieder auftritt, ist die Verbundenheit zur Praxis. So kann man sagen, dass kreatives Arbeiten für Anton auch gleichzeitig immer ein praktisches Suchen und geschicktes Ausprobieren von Lösungsmöglichkeiten ist. Die logische Konsequenz ist der Wunsch nach Individualität und offenen Lernformen im Unterricht. Dies wird besonders klar formuliert in seiner Kritik an den Lehrern, dem Unterricht und der Schule allgemein.

> „Von Hausaufgaben kann ich das bis zur 10. Klasse nicht sagen. In der 11. und in der 12. (...) äh (...) fand ich das streckenweise schon, dass ich da (..) oder dass da nicht genug Freiraum ist, oder dass das oft so ist, man muss was machen, so, eben weil es so ist, es soll etwas beigebracht werden, es soll etwas gelernt werden und dann wie kriegen wir das in den Kopf da jetzt rein, anstatt so etwas Entdeckendes oder so etwas, ja hier haben wir ein Problem, was können wir machen und (...) wo man vielleicht sogar etwas Freiwilliges tun würde, das passiert dann ebend nur noch in den Fächern, in den man interessiert ist." (ebd., Z. 141-148)

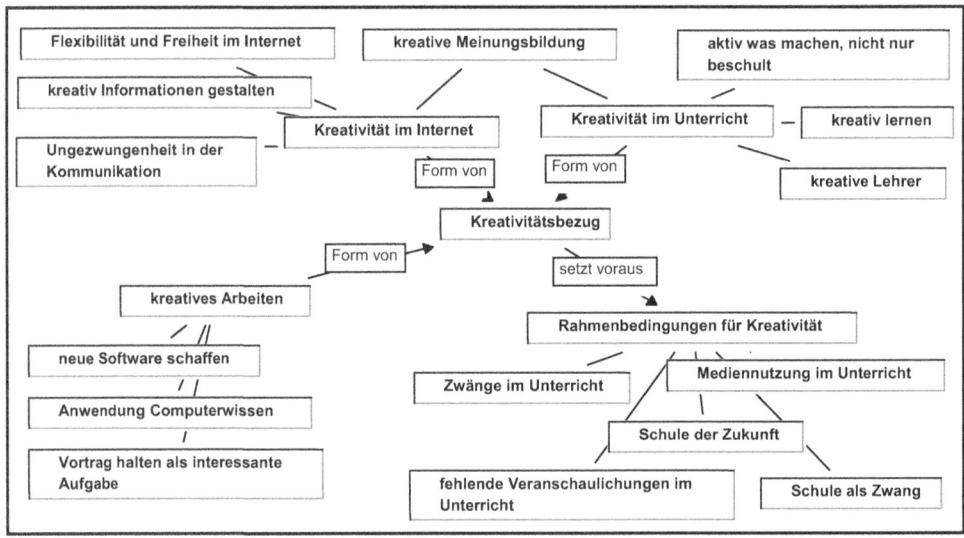

Abbildung 19: Strukturmerkmal Kreativitätsbezug (Anton P.)

Somit ist der K r e a t i v i t ä t s b e z u g ein weiteres strukturierendes Merkmal des Lernens. Im resümierenden Ausblick auf die Schule der Zukunft fehlt dann auch nicht die explizite Angabe des Wunsches.

„Also ja das ist das Lernen kreatives Lernen unter Einsatz aller Medien möglichst zwanglos in einem sozialen Umfeld. (...) Das sollte sie tun. Ob sie das tun wird ist 'ne andere Frage." (ebd., Z. 1450-1452)

Um den vielfältigen Anknüpfungspunkten zur Kreativität gerecht zu werden, ist es zweckmäßig, die von ihm aufgestellten Forderungen an Unterricht und Schule sowie den Ausblick und die Kritik als rahmende Bedingungen für kreatives Arbeiten zusammenzufassen. Im Interesse der Forschungsfrage sind die Aspekte der Internet- und Computernutzung noch gesondert gesammelt. Damit ergibt sich eine Art mehrstufiges Modell zur Ableitung dieses Strukturmerkmals (s. Abb. 19).

3.3.1.4.4   Sozialbezug

Wie in Kap. 3.3.1.3 schon angedeutet (s. auch Abb. 16), sind in mehrfacher Hinsicht die vielfältigen Äußerungen zum Sozialverhalten interessant. Zunächst findet sich im Text sehr schnell eine Selbstpositionierung zur Bedeutsamkeit der sozialen Kontakte. Im eröffnenden Erzählteil schildert Anton sein „Ringen" um soziale Anerkennung. Die Ursache scheint seine längere Krankheit zu sein, die ihn in eine Außenseiterrolle drängt.

„'Ne andere Sache die 'ne Rolle spielte, ist dass ich damals sehr viel krank gewesen bin oder bis zur 8. Klasse hin und Gleichgewichtsstörungen und sonst was und also nicht viel Kontakt mit Leuten hatte und da spielte die ganze Computerei denn 'ne große Rolle und man kam denn (...) ich kam mächtig in 'ne Außenseiterrolle." (ebd., Z. 22-26)

Sein Interesse am Computer entwickelt sich als Mittel gegen die Einsamkeit. Andererseits wurde unter normalen Gymnasiasten die Programmierung und intensivere Beschäftigung mit der Computertechnik noch vor der Wende als „exotisch" angesehen, verbunden mit dem „Geruch" von Strebertum. Andererseits bieten sich durch die Schulwechsel mehrere Möglichkeiten der Neupositionierung, die er zwar als neue Herausforderungen empfindet aber dennoch weniger positiv sieht.

„Die erste Zeit war auch nicht sehr einfach. Weil ich in dem Jahrgang davor es gerade geschafft hatte, hmm, mir 'ne Position in R. aufzubauen und Leute zu kennen und, hmm, das war dann wieder ein ziemlich drastischer (...) drastischer Wechsel, das war so. Ich sag manchmal so 'nen bisschen, dass da ist meine Kindheit zu Ende gewesen, dass was man so richtig als Kindheit bezeichnet." (ebd., Z. 72-76)

Dennoch erlangt Anton in verschiedenen sozialen Gruppierungen eine feste Position. Das Schülertreffen im Ausland trägt einen Teil zu stärkeren emotionalen Bindungen an solche Prozesse bei. Damit ergeben sich gute Voraussetzungen für eine erfolgreiche Teamarbeit. Diese wiederum stellt sich für Anton als wünschenswerte Arbeitskonstellation heraus. Somit ist seine Kritik an der Schule und dem Unterricht auf die fehlenden bzw. zu geringen Möglichkeiten der sozialen Entfaltung in der Institution Schule gerichtet. Dies betrifft die unmittelbare Kommunikation im Unterricht, aber auch die generelle, wie er es nennt, „Philosophie" der Schule. Ein anderer Aspekt ist die Anerkennung über den Klassen- oder Schulrahmen hinaus, also in der Öffentlichkeit. Ausgehend von Auftritten bei Vorträgen außerhalb der Schule bis zu direkten Kontakten mit der Presse ist die soziale Anerkennung auf formaler Ebene, also nur durch einen Artikel oder Bericht, ein zunehmend motivierender Faktor.

Auf einer anderen Ebene sind das Lernen von Gleichaltrigen oder in der Gruppe (Peergroup) durchaus auch eine Motivation und wie im Text ablesbar auch angewandte Praxis. Dies erstreckt sich nicht nur auf die Gleichaltrigen oder die Familie, sondern es ist implizit eine Irrelevanz des Alters und des institutionellen Rahmens ablesbar, d.h. dass durchaus ein Lehrer als „Verbündeter" oder „Vorbild" auch im Sinne eines Peers angenommen wird (s. Zitat Kap. 3.3.1.4.2, Z. 85-91). Der Computer gibt ihm als Hilfsmittel schon in sehr frühem Alter eine Stütze, soziale Einsamkeit zu überwinden. Andererseits bedarf es gerade wegen des Interesses am Computer in seiner ersten Schule einer besonderen Anstrengung um Anerkennung. Auf Grund der Erfahrungen und Kenntnisse im Bereich der Computer wird ihm später die Anerkennung zuteil und andererseits macht er neue Erfahrungen, um Anerkennung auch in der Öffentlichkeit zu erlangen.

> „Hee, ähm (...) hatte ich entweder in der Weinert, wo ich auch die Buchhandlung von der Computersektion sehr gut kenne und ähm denke ich auch ziemlich maßgeblich in der letzten Zeit das Programm beeinflusst hab, in den Jahren, äh,..." (ebd., Z. 1179-1181)

Das Internet spielt bei Anton beim Aufbau der sozialen Beziehungen eher eine untergeordnete Rolle. Anton kennt die Kommunikationsdienste gut und ist sich deren Vorteile, der Überbrückung großer Entfernungen und der Geschwindigkeit, durchaus bewusst. Dennoch nutzt er diese Möglichkeiten sehr begrenzt, um sich ein soziales Umfeld zu schaffen. Die Internetkontakte beschränken sich einerseits auf zufällige „peer-to-peer" Kontakte, so lernt er online ein Mädchen in Australien kennen, das an einem ähnlichen Computerproblem arbeitet. Andererseits nutzt er die Dienste als praktisches Hilfsmittel bei der Organisation von Gruppenarbeit.

> „Das sind zwei Geschichten. Das hat man auch gelernt, das muss ich sagen. Dass man also schnell kurz und bündig solche Sachen macht. Also so wie (...) Da sind wir wieder beim Stichwort: Arbeit verteilen. Äh, oder kurz und bündig sagt, was man will. Bei solchen praktischen Dingen. Bei Administrationsarbeiten im Team. So unter dem Motto, okay, find' ich gut oder okay, kannst 'e das so regeln, ja sag mal was dazu. Ohne große Formalismen, ohne Antrag, das ist schön. Das ist auch, denke ich, der Grund, warum sich das im Intranet so gut macht. Weil sich so 'ne Sachen schnell und unkompliziert lösen lassen." (ebd., Z. 989-995)

Der Aufbau von sozialen Kontakten wird von ihm ausdrücklich auf einer anderen Ebene gesehen und somit auch bewusst auf die Hilfsmittel moderner Kommunikation verzichtet. Die Ebene bezieht sich im mündlichen Bereich auf direkte persönliche Kontakte mit Gruppen und Einzelpersonen und im schriftlichen auf den herkömmlichen brieflichen Austausch.

Interessant ist eine weitere Ebene einer imaginären geistigen Kontaktaufnahme. Die Arbeit mit verschiedenen Informationsquellen verbindet sich bei Anton immer auch mit den hinter den Texten stehenden Personen. Insofern finden Prozesse der Zustimmung, Identifizierung, Ablehnung und Auseinandersetzung immer auch im Sinne von sozialen Kontakten statt. Dies dokumentiert sich u. a. auch im Hintergrundwissen über die Personen, die eine Aussage getroffen haben, insbesondere dann, wenn er sich mit ihrer Meinung identifiziert (z.B. Negroponte, ebd., Z. 1028; Grady Booch , ebd., Z. 1195).

Das Zuwenden zu Personen und Themen erfolgt auf der Grundlage eines Vorwissens, das zwar schulisch intendiert aber weitestgehend autodidaktisch angeeignet wurde. In dieser Hinsicht spielen die Faktoren Kreativität im Sinne der freien Zielbestimmung und Praxisrelevanz im Sinne von „fundamental wichtig" ebenfalls eine Rolle.

> „Ähm, nicht dieses Schulbuch nach Schema sowieso, sondern ebend mit Informationsquellen arbeiten, von Leuten aus ganz unterschiedlichen (...) Horizonten. Also ganz verschiedene Sachen. Oder jemand der ebend nur 'nen Bild hat oder jemand der nur 'nen Text schreibt, oder der 'ne Meinung hat, wo man überhaupt nicht hinter steht oder so (..) Das fand ich gut. Irgendwann hab ich mal für 'nen Vortrag recherchiert, da hab ich das auch mal so recht relativ krass erlebt. Also ich weiß jetzt gar nicht mehr das Thema. Weiß ich jetzt gar nicht mehr. Hmm. Und zwar

ganz entgegengesetzte Meinungen z.B. (...) Das ist einfach so. Das war, das fand ich immer gut. Das war interessant." (ebd., Z. 782-790)

Insgesamt zeigt die Untersuchung des S o z i a l b e z u g s mehrere Anknüpfungspunkte zum Lernen, die hier nicht einfach subsumiert werden sollten. Die stetige Suche nach einer Anschlussgruppe, die Zuwendung zu einzelnen Personen (Peers) und die Bedeutsamkeit der Reflektion in der Öffentlichkeit ergeben unterschiedliche Lernsituationen (s. Abb. 20). Diese spiegeln sich dann auch bei seiner Kritik an der Schule wider, wo er die rahmenden Bedingungen mehrfach einfordert, obwohl er schon die Probleme der institutionellen Einrichtungen kennt.

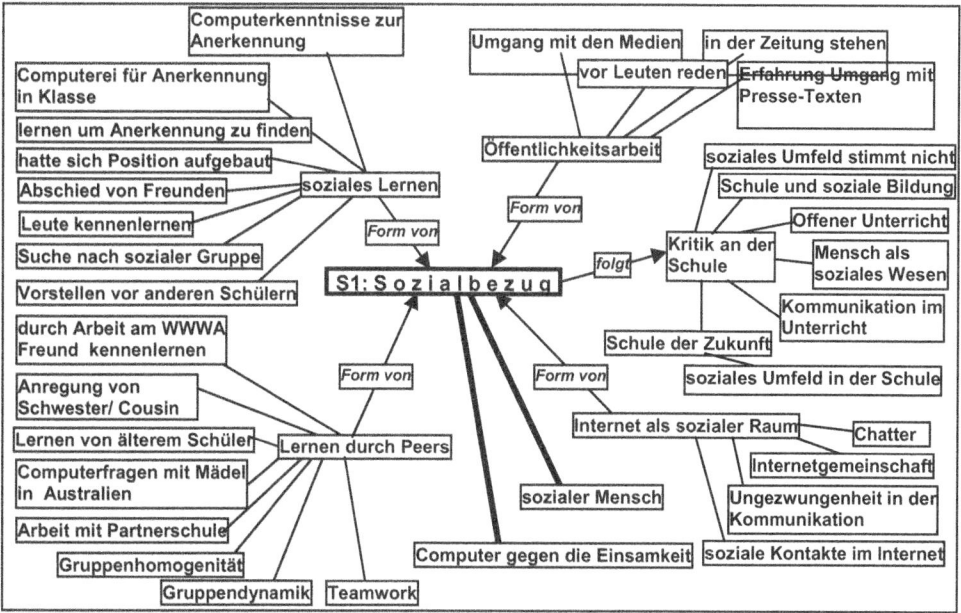

Abbildung 20:   Strukturmerkmal Sozialbezug (Anton P.)

Bemerkenswert und festzuhalten ist an dieser Stelle auch, dass das Internet im Hinblick auf die sozialen Kontakte nur eine untergeordnete Rolle spielt und von Anton nur ganz differenziert genutzt wird.

3.3.1.4.5   Strukturbezug

Einen zentralen Gegenstand im Interview bilden Ordnungen. So wird in vielen Sequenzen der Begriff „Struktur" genutzt, seine Relevanz thematisiert und Argumentationen darauf aufgebaut. Schließlich wird die Bedeutsamkeit von „Strukturen" auf eine Nachfrage hin direkt angesprochen. Der Begriff der „Struktur" bezieht sich dabei auf die Unterscheidung von hierarchischen und nicht hierarchischen Ordnungen aber auch auf Ordnungsrelationen, die eine Sortierung von gedanklichen Objekten ermöglicht und als „strukturelles Denken" kodiert wurde (s. Abb. 21).

Die Emergenz von Strukturen zeigt sich auf verschiedenen Ebenen. Zum einen sind vorgegebene Ordnungen thematisiert, die man eher als äußere Strukturen bezeichnen würde. Wie an den folgenden Zitaten deutlich wird, betrifft dies z.B. die Struktur des Internet, Strukturen in der Schulhierarchie oder auch Strukturen in der objektorientierten Modellierung.

> „Und der [Negroponte, Wissenschaftler am MIT - RF] hat auch gesagt, die Stärke ist, hab ich damals noch nicht verstanden, die Stärke liegt darin (..) äh (...) dass es [das Internet – RF] dezentral ist." (ebd., Z. 1032-1033)

> „Also das für die Art und Weise mit der in der Schule unterrichtet wird oder für die thematische Vorgehensweise oder wie auch immer, die Information, wie sie im Internet liegt, nicht unbedingt geeignet, um gezielt danach zu suchen und das dahingehend auszuwerten. Da kriege ich mit 'nem Lexikon, auch mit den modernen technischen Mitteln, ob nun mit Encarta oder dem strukturierten MSN bessere Ergebnisse." (ebd., Z. 856-860)

Andererseits finden sich Belege dafür, dass in jeder Hinsicht gedanklich Ordnungen erzeugt werden, die Zuspruch oder auch Abgrenzungen ermöglichen. Sie bilden insbesondere für viele sprachliche Äußerungen eine Orientierungsgrundlage. Insofern kann man sagen, dass der S t r u k t u r b e z u g die Ebenen Denken, Handeln und Analysieren äußerer Strukturen umfasst. Das vertiefte Bewusstsein zeigt sich zunächst in Einschätzungen und Positionierungen. Diese beruhen stets auf einer Analyse.

> „Vielleicht erstmal noch was, ähm, allgemein zum (..) wie machen wir das jetzt (..) allgemein zum Unterricht am S. (..) hm (..) Es ist so, teilt sich so, ohne da jemanden zuordnen zu wollen, es gibt zwei Gruppen von Leuten. Die Leute, die was machen und die irgendwo, oder die Leute, die dadurch, dass sie noch was anderes machen, noch 'nen Hintergrund haben." (ebd., Z. 84-87)

In diesen Ausschnitten wird deutlich, dass Anton für die Erzählung spontan eine Ordnung aufbaut, hier eine sehr einfache, und dann systematisch versucht, die Felder zu besetzen. Auch wenn die Zuordnung in der Einteilung dann selbst nicht so leicht ist und ihm keine Beispiele bzw. Fälle für eine vollständige Abdeckung einfallen, bildet die erzeugte Ordnung die Grundlage seiner gedanklichen Operationen.

> „Hm, ne ich also ich hab da jetzt auch gar nicht so den Kopf frei, für jetzt (..) um da jetzt irgendwen (...) und so weiter (...) also (...) Mit den Positivbeispielen ist das immer einfacher. Ich will da jetzt gar keinen (.) gar keinen reinsortieren." (ebd., Z. 99-101)

Der Strukturbezug ist sogar so tief verinnerlicht, dass für Anton Widersprüche auftauchen, die allein in Bezug auf die erzeugten Ordnungen einen Widerspruch bilden.

> „Tja vielleicht noch was zum Unterricht. Was schlecht war in der DDR, war der Russischunterricht. Das hab ich nie begriffen, diese Sprache. Interessanterweise war der Englischunterricht 'ne ganze Runde besser, würde ich sagen. Ist eigentlich seltsam 'ne, son 'nen bisschen?" (ebd., Z. 62-65)

Hier wird der Russischunterricht als schlecht und der Englischunterricht als gut bewertet. Im Moment der Äußerung wird Anton klar, dass beide Fremdsprachen sind, also einem Bereich zuzuordnen sind. Dies zeigt sich z.B. in der Unterrichtsmethodik und den gleichartigen Lernformen. Das trotz der gleichen Zuordnung so unterschiedliche Bewertungen auftreten, bezeichnet er als „seltsam" und dieser Umstand lässt ihn ins Stocken geraten, da es für ihn ein innerer Widerspruch ist. Die Lösung des Widerspruchs, dass es wohl dann eine Einstellungsfrage sein könnte, kommt ihm dabei nicht in den Sinn, da dieser Faktor eher einer anderen gedanklichen Ebene zuzuordnen ist.

Das besondere Interesse an Ordnungen zeigt sich im Zusammenhang mit der Programmierung und den Tätigkeiten im Internet. Wie er selbst sagt, mache es ihm Spaß, Zuordnungen zu analysieren und es falle ihm leicht, in Strukturen zu denken.

> „Während, wenn ich (..) äh (..) mit OOP mir 'nen paar Strukturen bauen soll oder im Netz mir überlegen soll, wie das gegliedert ist, oder (..) Das geht mir von der Hand, das mach ich." (ebd., Z. 302-304)

Die ersten Überlegungen zu Anordnungen von Informationen tauchen bereits sehr früh im Zusammenhang mit dem Internet auf. Bei der Vorbereitung zum Content- Provider bei MSN geht er sehr systematisch vor und versucht die allgemeine Themenwelt der „Menschheit" in ein Schema zu bringen.

> „Aber das war 'ne gute Übung, weil einfach mal so die Themengebiete, mit denen sich die Menschheit so beschäftigt, zu sortieren, (...) ich hab's auch noch irgendwo rum liegen, das ist so 'ne Struktur - mehrere A4-Blätter nebeneinander geklebt (...) fertig zu machen." (ebd., Z. 577-580)

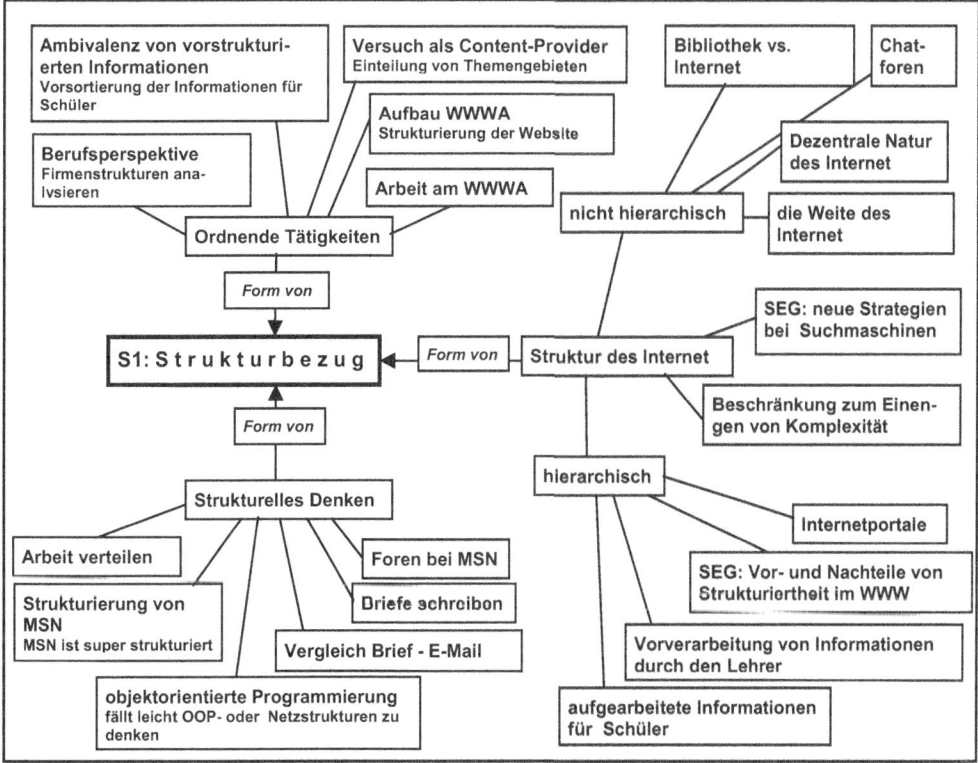

Abbildung 21:   Strukturmerkmal Strukturbezug (Anton P.)

Aus der momentanen Perspektive bezeichnet er diesen Ansatz als Versuch und kommt zu der Einschätzung:

> „Und dabei selbst gemerkt, man muss sich beschränken, bei so was (....) man muss sich beschränken, also Beschränkung heißt nicht, äh, Freiheitsentzug, sondern, äh tja, eigentlich Freiheit, weil man sich Komplexität wegnimmt, ja. Das ist so wie mit dem Branch- and- Bounding, da fallen einem auch 'ne ganze Menge Sachen aus der Informatik sofort ein. So. Auch ganz andere Sachen." (ebd., Z. 589-593)

Generell zeigt sich die Einschätzung von Aufwand und Nutzen an mehreren Stellen. Auch diese Positionierung basiert auf der Grundlage von klaren Ordnungsprinzipien. Der Arbeitsaufwand bezüglich einzelner Aufgaben, die Einschätzung seiner Ressourcen und auch die Arbeitsverteilung in Gruppenarbeiten werden an mehreren Stellen von ihm angesprochen.

Das anfängliche Interesse rührt nach Antons Ausführungen aus dem Interesse an der objektorientierten Programmierung (OOP) her. In der objektorientierten Programmierung ist die Grundstruktur ein Zusammenschluss aus Eigenschaften und Methoden in einem Objekt. Dies entspricht einer Charakterisierung von Gegenständen nach Kriterien und Fähigkeiten. Mehrere Objekte interagieren über Nachrichten und lösen Teilprobleme unabhängig voneinander. Besonders interessant an der OOP ist der Aufbau von Vererbungshierarchien, die den Objekten in jeder Generation neue Eigenschaften und Methoden akkumulativ hinzufügen.

Diese Denkweisen unterstützen genau die beschriebenen Phänomene der Zuordnung, Charakterisierung, Abgrenzung, Beschreibung und Einteilung in verschiedenen hierarchischen Systemen. Die Hierarchie als Mittel der Einordnung komplexer Sachverhalte und die Zuordnung als Mittel der Verminderung der Komplexität gerät unter der Verwendung des Internet mehr in den kritischen Blick. Die Anerkennung der nichthierarchischen Strukturen und vor allem der Nützlichkeit nichthierarchischer Strukturen bedarf seinerseits eines Lernprozesses (s. Zitat Kapitel 3.3.1.2, ebd., Z. 1025-1037). Besonders deutlich wird dies in der Diskussion um die Vorteile vorsortierter Informationen, also den Aufbau von Internetportalen und der „freien" Suche im Internet.

> „Hmm (..) Tja. Das ist das Problem mit dem Internet. Also es ist alles drin, aber man muss es rausholen. Und deshalb ist ebend so 'ne Richtlinie, die das ebend einem abnimmt, auf der einen Seite gut, auf der anderen Seite auch gefährlich. Weil sie ebend dieses, was ich davor erzählt hatte, dass man sich, was wir machen mussten, als wir das angefangen haben zu strukturieren und aufzubauen und Links zu suchen und zu machen und zu tun, ebend tun mussten. Wir mussten rumlaufen im Internet und gucken und was finden, was passt. Ist es geeignet, äh, ist es tauglich, äh, kann man das 'nem anderen Schüler zeigen. So, das fällt dann auf 'ne gewisse Art und Weise wieder weg. Natürlich, jetzt mal als Idee spontan, die Frage, man hat das immer unter einem Webmaster, aber damit unterliegt das natürlich auch einem Kopf, der bestimmte Vorstellungen davon hat, wie das zu laufen hat. Und dadurch wird das einheitlich, aber ebend auch (..) kriegt auch 'ne Richtung (..) Teilweise ist das günstig und teilweise ist das ebend auch wieder (..) nimmt auch wieder, diese, die Freiheiten nimmt s'e wieder weg. Ist die Frage inwieweit man das für 'nen Schüler der 8. Klasse unbedingt will. Dass der sich mit dieser Komplexität rumärgern muss. Und der in der 11. sucht dann lieber direkt im Internet oder guckt ins WWWA und geht dann weiter (....) Ist eigentlich (..)" (ebd., Z. 932-947)

Als Beleg für die Relevanz von Strukturen beim vorliegenden Fall soll ein weiterer Analyseschritt genutzt werden. Dieser Perspektivenwechsel ermöglicht auch eine weitere Entkräftung der schon angedeuteten Diskussion um mögliche bewusste Textgestaltung.

Metaphernanalyse

Im Folgenden wurde das Interview nach metaphorischen Äußerungen untersucht, wie in Kapitel 3.2.2.3 begründet, die nicht dem Sprachgebrauch des Kontextes Internet und Computer entsprechen. Die daraus abgeleitete Möglichkeit der Interpretation von latenten Sinnstrukturen führt nun zu der Frage, in welchen Kontexten metaphorische Äußerungen zu finden sind. Im Hinblick auf die Klassifizierung der metaphorischen Äußerungen erhält diese Analyse einen weiteren Sinn. Anhand der Zuordnung der Metaphern (s. Abb. 22, mit

MET oder UGS gekennzeichnet) zu den einzelnen Textsegmenten sind zunächst keine besonderen Häufungen auffällig.

In den Segmenten „Schullaufbahn", „Schule am S.-Gymnasium", „Unterricht als Zwang" und „Einschätzung des Unterrichts" sind die Äußerungen öfter anzutreffen. Dazu bieten sich zwei Interpretationsmöglichkeiten an. Da es in diesen Abschnitten um kritische Auseinandersetzungen geht, könnte vermutet werden, dass er die rhetorischen Mittel nutzt zur „Auflockerung" oder Entschärfung seiner Aussagen bzw. zur Unterstützung, „Unange-nehmes" auszusprechen. Andererseits bildet in diesen Segmenten die Schule den Ge-sprächsgegenstand.

Eine Interpretation wäre dann auch in der Weise schlüssig, dass er im schulischen Kontext Metaphern nutzt, die durch seine Verwendung der Sprache in der Schule bereits gewohnt ist. Diese Auslegungen spielen für die weiteren Betrachtungen jedoch keine Rolle und brauchen deshalb auch nicht vertieft zu werden.

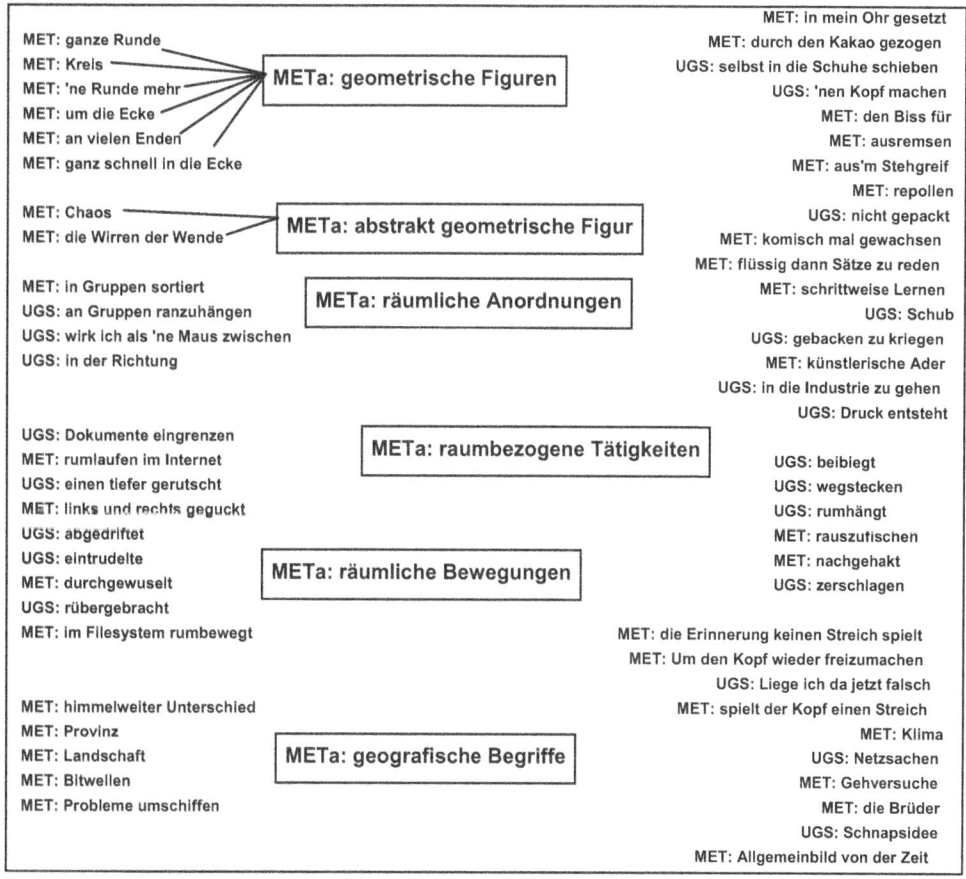

Abbildung 22:   Unterscheidung der Art der Metaphern und metaphorischen Äußerungen (Anton P.)

Eine weitere interessante Feststellung im Hinblick auf die allgemeine Fragestellung der Rolle des Internet und der oben angeführten sprachlichen Besonderheiten der Sprache im Rahmen der Computer- und Internetnutzung ist gerade die geringe Verwendung von Metaphern in den Textsegmenten, in denen es um die Arbeit am WWWA und die Nutzung des Internet geht. Auch diese Auffälligkeit soll vorerst nicht weiter untersucht werden.

Interessant dagegen ist ein völlig anderer Zusammenhang und zwar die Unterscheidung der Art der Metaphern (s. Abb. 22). Eine ganze Reihe der Ausdrücke steht für gedankliche geometrische bzw. räumliche Muster oder Anordnungen. Ein Beispiel für die gedankliche Verwendung von geometrischen Figuren ist das folgende Zitat.

„Und zwar haben, das war auch, da ging's, allerdings, das war dann auch wieder lustig, das ist dann, irgendwo ja, bildet das alles 'nen Kreis." (ebd., Z. 812-813)

Hier wird deutlich, wie bei Anton das Denken zunächst einer figürlichen Ordnung zugeschrieben wird, um dann systematisch zu erzählen. Es kann davon ausgegangen werden, dass dies in vielen Passagen der Fall ist. Dies belegen die verwendeten Begriffe wie z.B. „Ecke", „Runde" oder „in Gruppen sortiert". Damit zeigt sich auch in dieser Untersuchung der hohe Stellenwert des Merkmals S t r u k t u r b e z u g. Geht man diesem Gedanken weiter nach, so können in den gewählten Tätigkeitsbeschreibungen ebenfalls Anhaltspunkte dafür gefunden werden.

„Ja und das war ja 'ne Bootdiskette, hab mich dann im Filesystem rumbewegt," (ebd., Z. 611)

Anstatt vom „Durchsuchen des Dateisystems" oder dem „Anschauen der Dateien" zu reden, benutzt er den Begriff der Bewegung. Dieses Bewegen leitet sich wahrscheinlich aus der Nutzung des Internet ab, bei dem das Surfen für eine ähnliche Bewegung steht. Anton bezeichnet dies selbst als *„Rumlaufen im Internet"* (ebd., Z. 937).

Die Orientierung an räumlichen und geometrischen Gebilden deutet weiter auf ein bildliches Vorstellungsvermögen und Denken hin. Dies zeigt sich auch in der metaphorischen Äußerung *„Allgemeinbild von der Zeit"* (ebd., Z. 154) oder auch in der Verwendung von geografischen Begriffen, wie z.B. *„Landschaft"* (ebd., Z. 953). Bezogen auf das Lernen wäre ein optischer Lerntyp nahe liegend. Da Anton von sich selbst behauptet, er sei eher ein *„akustischer Lerntyp"* (ebd., Z. 1238), werden die bildlichen Strukturen offensichtlich stets gedanklich konstruiert. Eine weitere Interpretation dieses Gedankenganges oder deren Konsequenzen soll hier noch nicht ausgeführt werden. Eine möglicherweise interessante Betrachtung könnte die Zuordnung der eben gekennzeichneten Metaphern zu den Themen sein (s. Abb. 23). Dabei steht eine Frage im Hintergrund, ob die Computer- und Internetnutzung eventuell die Verwendung dieser metaphorischen Äußerungen begünstigt.

So wie die Zuordnung zu den Segmenten schon zeigte, ist auch die thematische Zuordnung der speziellen Metaphern kaum signifikant. Die Kernthemen „Schule, Schullaufbahn", „Computer, Internet" und „soziale Aspekte" sind relativ ausgeglichen besetzt. Damit lässt sich eine direkte Beziehung nicht zeigen. Der Kontext kann für die oben angedeutete Fragestellung zwar nicht genutzt werden, dennoch drängt sich der Verdacht auf, dass hier ein Zusammenhang besteht. So sind die Metaphern „in Gruppen sortiert", „rausfischen", „Chaos" und „Runde" den Computerthemen „Sortierverfahren", „Siebverfahren, Filter", der „Chaostheorie" und der grundlegenden Algorithmenstruktur „Wiederholung" zuordnungsfähig. Eine endgültige Feststellung kann eventuell im Rahmen der Untersuchung weiterer Fälle vollzogen werden.

Das Ergebnis der Analyse der Metaphern und metaphorischen Äußerungen bleibt die Auffälligkeit der Verwendung von Formulierungen die räumliche, geometrische und geographische Bezüge herstellen. Eine erste Vermutung stellt hier einen Zusammenhang mit dem schon zuvor gesehenen S t r u k t u r b e z u g her.

Computer Internet	Schule Schullaufbahn
MET: an vielen Enden	MET: die Wirren der Wende
UGS: wirk ich als 'ne Maus zwischen	MET: Chaos
UGS: eintrudelte	als verwirrende Vielfalt
MET: links und rechts geguckt	MET: ganze Runde
MET: rumlaufen im Internet	UGS: rübergebracht
MET: im Filesystem rumbewegt	UGS: einen tiefer gerutscht
UGS: Dokumente eingrenzen	MET: Provinz
MET: Probleme umschiffen	MET: himmelweiter Unterschied
MET: Landschaft	UGS: beibiegt
MET: Bitwellen	UGS: wegstecken
MET: nachgehakt	
UGS: zerschlagen	Soziale Aspekte
	MET: 'ne Runde mehr
Selbstanalyse	MET: in Gruppen sortiert
	MET: ganz schnell in die Ecke
MET: Kreis	MET: um die Ecke
UGS: abgedriftet	UGS: an Gruppen ranzuhängen
MET: rauszufischen	UGS: in der Richtung
	MET: durchgewuselt
	UGS: rumhängt

Abbildung 23: Zuordnung der räumlichen Metaphern zu den Themen (Anton P.)

3.3.1.4.6   Reflexionsbezug

Die mit dem Strukturbezug verbundene Möglichkeit einer genauen Positionsbestimmung wird nun auch reflexiv auf sich selbst angewandt. Wenn Bildung nach MAROTZKI (MA-ROTZKI 1999) als Veränderungen im Selbstverhältnis und Weltverhältnis verstanden wird, dann handelt es sich hier um ein weiteres maßgebendes Strukturmerkmal.

Das Merkmal Reflexion zeigt sich ebenfalls als mehrschichtiges Muster (s. Abb. 24). Zum einen sind Positionierungen unter Fragestellungen wie z.B. „Wer bin ich?", „Was kann ich?" oder „Wo stehe ich?" sehr prägnant. Diese Positionierungen lassen sich mit dem Begriff „Selbsteinschätzung" beschreiben.

Anton beschreibt sich in dieser Weise als „akustischer Lerntyp", der kreatives Arbeiten möglichst mit einem P r a x i s b e z u g bevorzuge. Das Vorstellen mathematischer Sachverhalte bereite ihm Schwierigkeiten und deshalb lägen seine Neigungen auf den sprachlichen und gesellschaftswissenschaftlichen Gebieten. Letzteres bezeichnet er allgemein als Philosophie und meint auch „philosophieren" im allgemeinen Sinn. Durch seine Eltern ergibt sich eine Zuwendung zur Biologie und zum wissenschaftlichen Arbeiten, wenn auch in der Schule diese Arbeitsweise nur ansatzweise vorhanden ist. In Bezug auf sein Sozialverhalten schätzt er sich so ein, dass er durchaus in der Lage sei, sich eine Position in Gruppen aufzubauen.

Die logische Konsequenz, die sich aus seiner Selbsteinschätzung aufdrängt, ist eine klare Zielvorstellung von dem eigenen „Vorwärtskommen" im Leben. Bei Schülern werden daraus meist Orientierungen erzeugt, die man als interessengeleitetes Zuwenden zu Themen bezeichnen könnte und die sich teilweise hemmend im Lernen äußern.

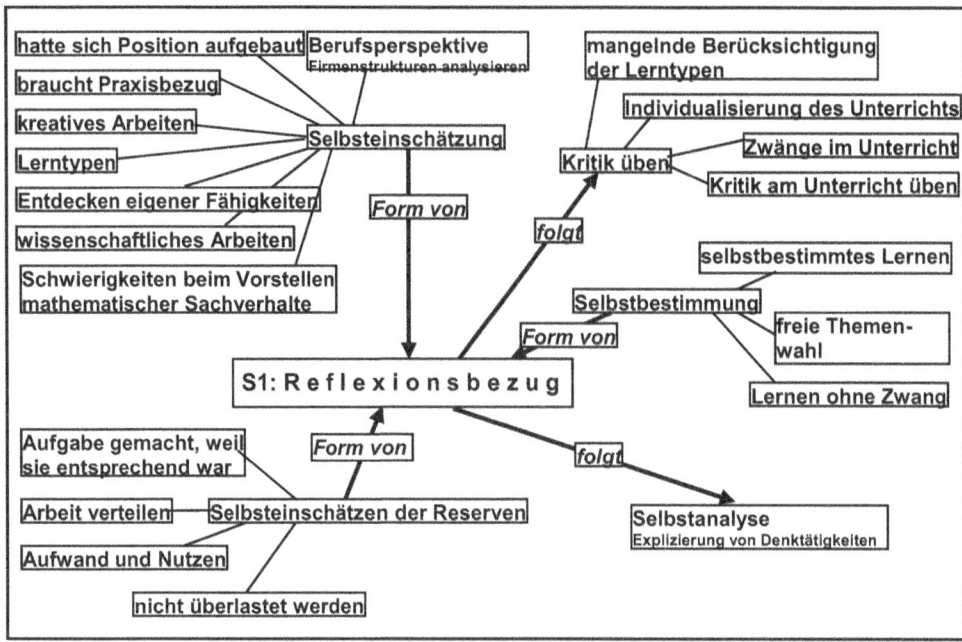

Abbildung 24: Strukturmerkmal Reflexionsbezug (Anton P.)

Im Fall Anton wird die klare Zielvorstellung eher durch Aussagen zur Verwendung seiner Ressourcen bzw. dem Abschätzen von Aufwand und Nutzen vorrangig im außerschulischen Bereich deutlich, die unter der Bezeichnung „Selbsteinschätzung der Reserven" zusammengefasst werden können. Das folgende Zitat bezieht sich auf die Teilnahme am Bundeswettbewerb Informatik.

> „Und da hab ich's in der 11. nicht geschafft und hab mir in der 12. gesagt, na gut, versuchst du 's noch mal, ob du's bewältigen kannst. Muss ich jetzt so sagen (..) äh (..) vielleicht, wenn die Fahrerei weggefallen wäre und (..) äh (..) ohne diesen zusätzlichen Klausurstress, dann wär' das leicht möglich gewesen. Dann hätt' ich das packen können. Aber, es ist so gewesen, dass ich da zuviel Energie rein gesteckt hab im Endeffekt. Dass ich sagen muss, ich steck zuviel Energie rein, es kommt zuwenig raus. Insofern war das 'ne ganz gute Erfahrung. Also, wenn ich zwei Wochen an 'ner Aufgabe sitz und sie dann nicht irgendwo fertig hab, dann brauch ich zulange dafür (...) von diesen BWI-Aufgaben (...) tja (....)" (ebd., Z. 326-333)

Eine weitere Konsequenz einer klaren Positionierung des Selbst sind kritische Äußerungen zum Verhalten von Lehrern, der Institution Schule und des Unterrichts. Unter „Kritik üben" sind ausschließlich subjektive, sachliche und größtenteils gerechtfertigte Ausführungen subsumiert worden. Der Schwerpunkt seiner Kritik richtet sich gegen die Zwänge im Unterricht, die einerseits durch die institutionellen Bedingungen gegeben sind und andererseits durch Lehrer forciert werden. Das Problem, das sich für Anton hier ergibt, sind die fehlenden Freiräume für problemorientiertes Arbeiten und für das Einbringen der eigenen Kreativität. Hinzu kommt Antons Bedürfnis nach Selbstbestimmung in Bezug auf die Lernziele. Die fehlende Möglichkeit, mit Schülern und Lehrern im Unterricht zu diskutieren und eigene Vertiefungsrichtungen zu bestimmen, wird mehrfach von ihm angesprochen. Der dahinter stehende Wunsch, den man allgemein als Wunsch nach „Individualisierung des Unterrichts" bezeichnen könnte, wird auch in lernpsychologischer Hinsicht von ihm eingefordert, wie das folgende längere Zitat zeigt.

> „Der Mensch lernt zu 70 Prozent aus Bildern. Das wird nicht befolgt, also, ich meine okay in Geschichte ist das immer 'nen bisschen schwierig, aber (..) da wird ebend nur mit Text gearbeitet. Und nicht mit Bildern oder so was. Dann muss man alle Lernenden ansprechen, so was passiert. Dann muss man irgendwie den Raum zu Kreativität (..) schaffen. Also dass ich tatsächlich sage, ja das interessiert mich jetzt. Frau B. hat das interessanterweise manchmal geschafft im Frontalunterricht. Dadurch, weil sie einfach sehr gut Dinge erklären und veranschaulichen kann. Also sie dann nicht einfach sagt, damals haben die das und das gemacht, sondern das ebend 'nen bisschen beschreibt und so, dass das bildhaft wird. Da passiert das manchmal, dass z.B. nen N. B. auf einmal nachhakt. Hab das nur bei ihr mal erlebt mit ihm. Sie kriegt das auch hin, dass das bildhaft wird, dass ich (...) Video wird ja jetzt auch schon gemacht, wobei das auch wieder ausgenutzt wird von der Schülerseite. Ist auch klar, da gammelt man eben 'ne Runde ab, ne. Sehr oft ist das auch schwierig, gutes Material zu finden. Das verstehe ich auch. Hm. Also, dass man erstmal alle Sinne anspricht, dass ist wichtig mit ganz verschiedensten Mitteln, damit eben auch jeder sich auch durchsieht (...) z.B. kann ich mir vorstellen, dass allein schon dadurch, dass jemand 'nen unterschiedlicher Lerntyp ist, äh, der deshalb einfach 'ne schlechtere Note hat. So. Wenn ich mir vorstelle, dass jemand nicht so sehr, äh, über das Gehör was aufnimmt und 'nen Lehrer nicht so viel anschreibt. Also jemand, der visuell ist, der extrem visuell ist. Äh, der hat dann ebend Pech. So, wenn das da nicht ausgewogen ist an der Stelle, so." (ebd., Z. 1298-1316)

Eine besondere Auffälligkeit, die sich aus der Untersuchung des Interviews ergibt, sind Explikationen seiner momentanen Denktätigkeiten. Dabei soll nicht nur das Denken an sich, sondern auch mit dem Denken zusammenhängende Themen darunter aufgefasst werden. Direkte Explikationen der Denktätigkeiten sind z.B. „nur erst mal repollen" (ebd., Z. 158), „muss ich zeitlich sortieren" (ebd. Z. 701), „muss ich erst mal für mich selbst notieren" (ebd., Z. 487) oder „Mensch man sollte Tagebuch führen." (ebd., Z. 810). Die angeführten Beispiele besitzen die Gemeinsamkeit, dass sie eine Art Auftragserteilung an sich selbst darstellen. Eine weitere Besonderheit ist, die Aufträge haben das Ziel strukturelle Ordnungen herzustellen. Offensichtlich sind sie damit ein weiteres Zeichen für den vorgefundenen S t r u k t u r b e z u g .

Eine andere Form der Äußerungen sind Fragen und Feststellungen die Anton sich selbst stellt oder zumindest so äußert. Die Fragen beziehen sich dabei auf die Orientierung bzw. eine Positionsbestimmung im Erzählen und haben ebenfalls einen strukturellen Charakter. Gute Beispiele hierfür sind „ich bin jetzt abgedriftet" (ebd., Z. 1294) oder „jetzt hab ich mich aber selber abgelenkt" (ebd., Z. 740). Nicht besonders auffällig in der Form ist dagegen die Fragestellung „wo war ich jetzt hängen geblieben?" (ebd., Z. 916), da solche Zwischenfragen von vielen Erzählern in längeren Segmenten benutzt werden, um den „roten Faden" wieder aufzunehmen, nachdem sie sich in einer Nebenerzählung „verfangen" haben. Dieser Gedankengang führt zu der Frage, ob die Explikationen unbewusst oder auch bewusst als Ausdruck intensiver geistiger Tätigkeit oder „nur" als rhetorisches Mittel von Anton eingesetzt werden. Die Vermutung, dass Letzteres zutrifft, kann durch eine Untersuchung des Kontextes der Äußerungen unterstützt werden. So finden sich alle Aufträge und

Feststellungen in unmittelbarer Folge auf eine Aufforderung, Frage oder Bemerkung des Interviewers. Dies trifft auf die noch nicht beschriebene dritte Form der Explikationen zu, die sich als „Beschreibungen des Gedächtnisses" bezeichnen lässt. Hierunter fallen solche Äußerungen, wie z.B. *„das ist immer lustig mit meinem Gedächtnis in dem Bezug"* (ebd., Z. 151) oder *„Man hat dann 'nen Eindruck von 'ner Zeit und wenn man dann aus den tausenden Sachen, die da rumschwirren, versucht jetzt noch 'n Beispiel rauszufischen, ist das gar nicht so einfach."* (ebd., Z. 472-474).

Diese Aussagen, die als Ausdruck von Verlegenheit gesehen werden könnten, dienen ziemlich klar einem Zeitgewinn, um auf eine Frage eine gute Antwort zu finden. Sie lassen sich somit auch als rhetorisches Mittel ansehen.

Die Frage nach der Bewusstheit der Auswahl dieser sprachlichen Mittel stellt ein Problem dar und ist stark von der Interpretation abhängig. Ein Zugang findet sich in inhaltlicher Form, da Anton von einem Vortrag zum Thema Gedächtnis erzählt: *„Kriegen noch schönes Manuskript von der zentralen Hirn-Verarbeitung in Anlehnung an die Biologie."* (ebd., Z. 1025-1026) und auch mehrfach Interesse dafür bekundet: *„ich versuche mich in Wirtschaftsinformatik mit Neuroanbindung mich zu bewegen"* (ebd., Z. 243-244), *„Die zweite Sache, die mich interessiert, ist die Neurogeschichte."* (ebd., Z. 1060-1061) und *„So und parallel kommt nun dieses Interesse für die Neurologie dazu aus der Biologie."* (ebd., Z. 1213-1214).

Damit ist die folgende Interpretation möglich. Das starke Interesse an diesem Thema ist offenbar nicht nur rein theoretischer Natur, sondern findet auch seine praktische Anwendung in der Selbstbeobachtung und eben Selbstanalyse. Damit wäre eher von einem unbewussten Einsatz auszugehen, in dem Sinne, dass hier eine Selbstbeschäftigung stattfindet, die eigentlich losgelöst vom Erzählen als Handlung ausgeführt wird. Die Frage, ob es sich um ein rhetorisches Mittel handelt, spielt somit eher eine untergeordnete Rolle. Es ist eine Form von Reflexivität. Die Explikation seiner Denktätigkeiten wird in einem weiteren Zusammenhang auffällig. Im Verlauf des Gesprächs wird Anton ein Widerspruch bewusst, den er vorher so nicht wahrgenommen hatte. Dieser Widerspruch besteht zwischen seiner Einstellung, souverän mit seinen Ressourcen umzugehen und mit dem Anspruch der Selbstbestimmung, sich zusätzlichen Aufgaben zuzuwenden. Entgegen diesen Grundsätzen steht die Realität, dass bei vielen Aufgaben und Projekten, wie z.B. WWWA oder BWI, ein konkreter Auftrag bzw. Anstoß von „Außen" vorlag. Insbesondere stört ihn, dass er in diesen Zusammenhängen sich mehr abverlangen ließ, als er selbst an Arbeit aufwenden wollte.

> „WWWA, WWWA, WWWA (...) find mich mich mich trifft die Frage jetzt auch noch nach wie vor, also warum hab ich mich dazu so motivieren lassen. So. Die hab ich mir nie gestellt. Hemm he, fällt mir auf, dass die Frage ganz schön gut ist, die Sie gestellt haben, hehe, wie ist das passiert, wie kommt das, war das wirklich nur alles Interesse und man hatte mit Leuten zu tun oder (...)" (ebd., Z. 721-725)

Das Bemerkenswerte ist nicht der Widerspruch an sich, sondern dass Anton diese Frage während des gesamten zweiten Interviewteils beschäftigt und noch eine Stufe höher gelagert, sie ihn spontan zu Äußerungen zu diesem Denkprozess veranlasst. Für die Interpretation sind zwei Bedeutsamkeiten festzuhalten: Zum einen bildet die strukturelle Denkweise wiederum die Grundlage der Überlegungen und andererseits findet der Prozess der Reflexion fortlaufend auch während des Gesprächs im Hintergrund statt.

Damit wäre neben der Vermutung, es handle sich um ein rhetorisches Mittel, eine weitere Argumentation auszuschließen, die der „zur Schaustellung". Obwohl angenommen werden kann, dass eventuell einzelne Passagen den Charakter eines „Provozieren des Lehrers", andere den Charakter des „beeindrucken wollen" tragen könnten, trifft dies auf den hier dargestellten Sachverhalt mit hoher Wahrscheinlichkeit nicht zu. Das belegt auch die Verteilung der Äußerungen, die bei gezieltem Einsatz konzentriert in einigen Textpassagen auftauchen müssten. Es zeigt sich, dass die Selbstanalyse zwar verstärkt im zweiten Teil des Interviews erscheint, aber eben auch in der Eingangsphase und im ersten Teil.

3.3.1.4.7   Merkmalsprofil

Die Untersuchung ist gemäß der Forschungsfrage auf das Lernen fokussiert. Auf der Grundlage deskriptiver Kodes wurden sowohl eine inhaltliche Beschreibung als auch eine Analyse von Auffälligkeiten möglich, die sich durch die schrittweise Abstraktion als strukturelle Merkmale des Lernens von Anton P. ergaben. Die erfassten Merkmale bilden die Grundlage für die Beschreibung eines Lernprofils, in dem die Dimensionierungen maßgebend sein könnten (s. Abb.27).

Die Untersuchung des sich bereits andeutenden Zusammenhangs der Merkmale wird in einem nächsten Schritt folgen. Insbesondere sind dabei die besonders auffälligen Merkmale wie S t r u k t u r b e z u g und R e f l e x i o n s b e z u g in Relation zu den eher anzunehmenden üblichen Phänomenen wie den P r a x i s b e z u g , den K r e a t i v i t ä t s b e z u g und den H e r a u s f o r d e r u n g s b e z u g zu setzen. Der S o z i a l b e z u g wird spezifisch in seiner Figuralität bei möglichen anderen Merkmalssetzungen differenziert zu betrachten sein.

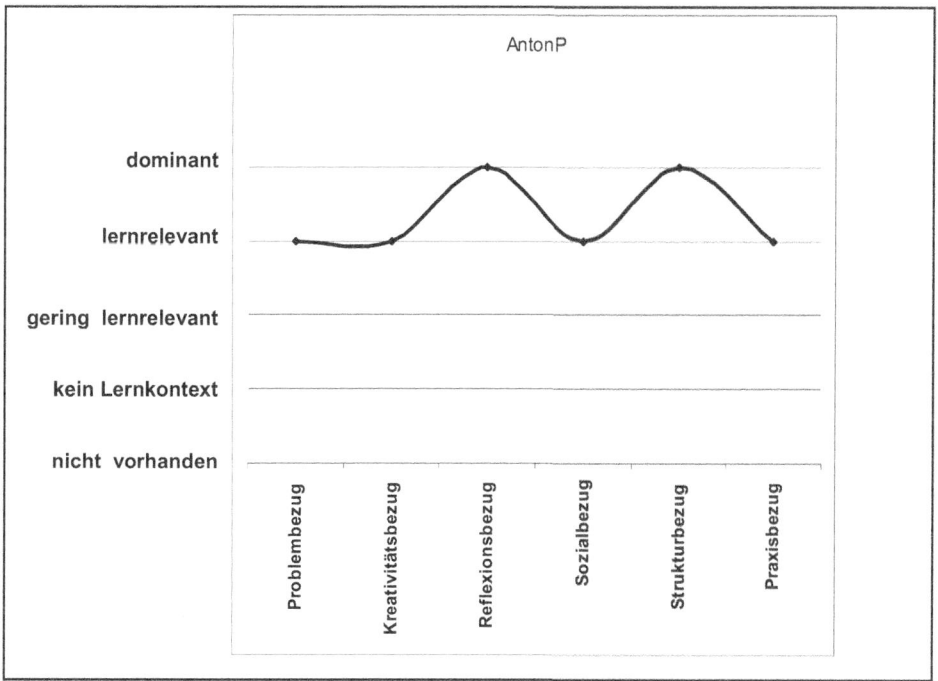

Abbildung 25: Merkmalsprofil (Anton P.)

3.3.1.5   Analyse der Merkmalsbeziehungen und des Kontexts

Im übertragenen Sinne soll in diesem Abschnitt innerhalb der gefundenen Strukturmerkmale des Lernens eine erste hypothetische Interpretation möglicher Kausalitäten und anderer
Beziehungen diskutiert werden. Dabei wird die Ausprägung der Merkmale beschrieben, die
Kontexte einbezogen, Ursachen und intervenierende Bedingungen betrachtet und somit ein
spezifisches Profil herausgearbeitet. Die Grundlage der hypothetischen Interpretation bilden
die Handlungs- und Interaktionsstrategien.

3.3.1.5.1   Verbindungen zwischen den Merkmalen

Insgesamt zeigt sich, dass alle Merkmale auf mindestens einem Pfad miteinander verbunden sind.
Für das Merkmal P r a x i s b e z u g finden sich auffallend viele Verbindungen. Dagegen
ist der S t r u k t u r b e z u g nur mehrstufig und mittelbar durch attraktive Punkte mit anderen
verbunden. Bei der genaueren Betrachtung der Verbindungen zwischen den Merkmalen
lässt sich weiter feststellen, dass d e r K r e a t i v i t ä t s b e z u g eine gewisse „Nähe" zum
P r a x i s b e z u g und zum R e f l e x i o n s b e z u g aufweist und sich P r a x i s b e z u g und
S t r u k t u r b e z u g um den R e f l e x i o n s b e z u g gruppieren. Der S o z i a l b e z u g dagegen ist mit den Merkmalen H e r a u s f o r d e r u n g s b e z u g und dem K r e a t i v i t ä t s b e -
z u g am engsten verbunden.
Der auffälligste attraktive Punkt ist der Kode „Selbsteinschätzung", der mittelbar mit
allen Strukturmerkmalen verbunden ist. Eine ähnlich zentrale Stellung lässt sich für den
Kode „kreatives Arbeiten" feststellen. Während der Punkt „Selbsteinschätzung" die Merkmale R e f l e x i o n s b e z u g, S o z i a l b e z u g, S t r u k t u r b e z u g und P r a x i s b e z u g
direkt oder indirekt verbindet, sind es beim „kreativen Arbeiten" der K r e a t i v i t ä t s b e -
z u g, der H e r a u s f o r d e r u n g s b e z u g und der P r a x i s b e z u g. Die Verbindung der
beiden Kodes untereinander führt dann dazu, dass sämtliche strukturellen Merkmale des
Lernens mittelbar verbunden sind. Beide Kodes haben sowohl Bezüge zum Text als auch
Verbindungen zu anderen Kodierungen und somit zu weiteren Textstellen. Wie in Kapitel
3.2.2.5 beschrieben, sind deshalb diese attraktiven Punkte für eine Analyse der Verbindungen unproduktiv.
Etwas mehr Klarheit in den Beziehungen ergibt nun gerade das Auslassen dieser beiden attraktiven Punkte (s. Abb. 26). Dabei sollte stets auch das Augenmerk auf solche Verbindungen gelegt werden, die durch die Beseitigung der attraktiven Punkte verschwinden
(s. Abb. 26: gestrichelte Linie). Insgesamt zeigt sich die engere Beziehung zwischen den
Merkmalen deutlicher. Der R e f l e x i o n s b e z u g als zentrales Element verbindet verschiedene „Dreiecks" -Gruppen:
      K r e a t i v i t ä t s b e z u g – R e f l e x i o n s b e z u g - P r a x i s b e z u g,
      K r e a t i v i t ä t s b e z u g – R e f l e x i o n s b e z u g - S o z i a l b e z u g,
      S o z i a l b e z u g – R e f l e x i o n s b e z u g – P r a x i s b e z u g,
      K r e a t i v i t ä t s b e z u g – P r a x i s b e z u g - S o z i a l b e z u g und
      P r a x i s b e z u g - R e f l e x i o n s b e z u g - S t r u k t u r b e z u g.

Erstaunlicherweise finden sich nun keine Verbindungen zwischen S t r u k t u r b e z u g und K r e a t i v i t ä t s b e z u g und zwischen S t r u k t u r b e z u g und S o z i a l b e z u g. Zwischen den letzten beiden Merkmalen gibt es nur eine Beziehung über den attraktiven Punkt „Selbsteinschätzung". Eine Interpretation ist jedoch an dieser Stelle noch nicht angebracht.

Eine weitere interessante Beobachtung ist die Austauschbarkeit der Merkmale P r a - x i s b e z u g und R e f l e x i o n s b e z u g. Die Austauschbarkeit bezieht sich auf den Erhalt der Anordnung der Verbindungen im figürlichen Sinn, wenn im Bild die beiden Textfelder in der Position getauscht werden. Dagegen ergibt sich stets ein neues Bild, wenn andere Merkmale in die zentrale Position verschoben werden.

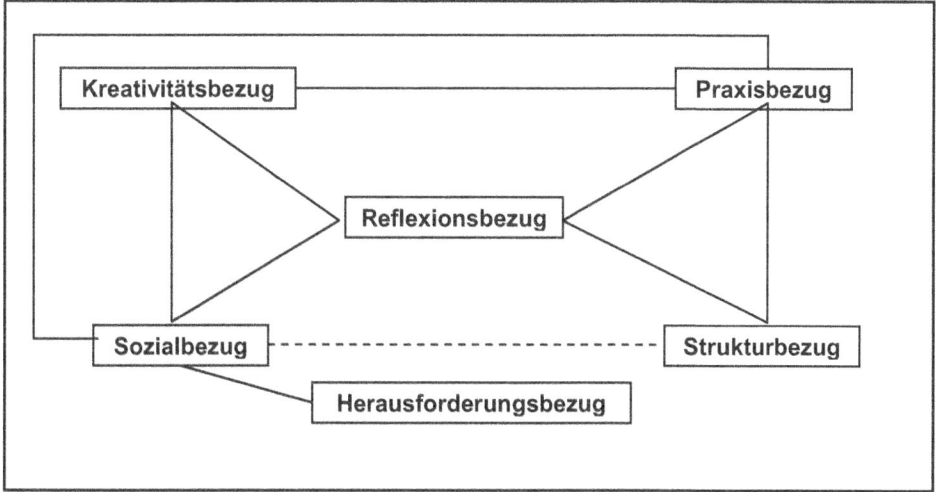

Abbildung 26: Verbindungen der Strukturmerkmale ohne attraktive Punkte (Anton P.)

Bei näherer Betrachtung der Verbindungen drängen sich fast zwangsläufig Interpretationen für die Art der Beziehung auf. Eine erste Annäherung an eine Interpretation ist die Beachtung der Attribute der Verbindungen, die wiederum im Zuge der Abstraktion des offenen Kodierens zugeschrieben wurden. Eine Reihe von Verbindungen besitzen kein Attribut, da die Zuschreibungen hauptsächlich in den jeweils obersten Abstraktionsebenen, also direkt bezogen auf die Strukturmerkmale (s. Abb. 17 – 21, 24), angewandt wurden.

Es finden sich drei verschiedene Arten von Attributen, die das Verhältnis der Kodes zueinander beschreiben. Die einfachste Art „Form von" ist die Repräsentation eines abstrakten Kodes durch einzelne Kodierungen, die an Textstellen gebunden sind bzw. ihrerseits durch weitere Kodes repräsentiert werden. Diese Beziehung ist keine Äquivalenzrelation. Somit sollten Vertreter nicht gleichgesetzt werden mit ihren übergeordneten Kodes. Eine weitere Art ist die „setzt voraus" - Beziehung. Wie aus der Bezeichnung hervorgeht, handelt es sich dabei um eine Kausalität im Sinne einer wünschenswerten Bedingung für ein Merkmal. Somit kann hier eher von hinreichenden Bedingungen und weniger von notwendigen Bedingungen gesprochen werden. Schließlich findet sich auch noch das Attribut „folgt", das eine mögliche Konsequenz darstellt und weniger im mathematischen Sinne einer Implikation zu denken ist.

Beim Berücksichtigen der Art der Beziehungen ergeben sich nun logische Gedankenketten, die interpretationswürdig sind.

In der „Selbsteinschätzung", als wichtigster Repräsentant des Reflexionsbezugs, sieht Anton das „kreative Arbeiten", das eine Form von Kreativitätsbezug ist und wiederum als Voraussetzung für den Herausforderungsbezug gelten kann. Auch die zweite Verbindung zwischen Reflexionsbezug und Kreativitätsbezug ist interessant. Aus dem Reflexionsbezug folgt die Fähigkeit „Kritik üben", die sich auch auf die „Zwänge im Unterricht" bezieht. Sich gegen die Zwänge im Unterricht zu wenden, ist aber gleichzeitig ein Einfordern der Rahmenbedingungen für Kreativität, die Voraussetzung für Kreativitätsbezug schlechthin. Somit ergibt sich eine erst hypothetische Beziehung in der Form, dass der **Reflexionsbezug** eine **wichtige Voraussetzung für Kreativitätsbezug** ist.

Eine weitere Nähe ergibt sich zwischen dem Strukturbezug und dem Reflexionsbezug. Das Denken in Strukturen, die Einteilung von Hierarchien und das Ordnen bzw. Einordnen spielen im Rahmen des Strukturbezugs eine zentrale Rolle. Diese Denktätigkeiten bilden eine wichtige Grundlage für Antons Handeln. Der Strukturbezug gibt ihm schließlich die Möglichkeit, sich seiner sozialen Positionierungen klar zu werden und somit reflexiv eine Standortbestimmung vorzunehmen. Analog gilt dies auch im Hinblick auf die praktische Arbeit in einer Führungsposition, in der er „Arbeit verteilt". An dieser Stelle spielt das Dreieck Sozialbezug – Reflexionsbezug – Strukturbezug eine wesentliche Rolle, das sich unter Berücksichtigung des attraktiven Punktes „Selbsteinschätzung" ergibt. So folgt aus dem eben beschriebenen, dass **für den Sozialbezug sowohl Strukturbezug als auch Reflexionsbezug eine Voraussetzung bilden**, wobei der Strukturbezug im vorliegenden Fall nur mittelbar über den Reflexionsbezug einen Zugang zum Sozialbezug erhält.

Der Strukturbezug begünstigt die Reflexion. Andererseits ist das Entdecken und Analysieren ordnender Strukturen nicht ohne Reflexion möglich. So wäre eine weitere These, dass der **Reflexionsbezug** eine **notwendige Bedingung für Strukturbezug** bildet.

Die praktischen Konsequenzen der Beziehung zeigen sich dann in dem hohen Praxisbezug, der sich wie oben schon erwähnt wesentlich um ordnende Tätigkeiten rankt bzw. auf das Ausleben seiner Kreativität gerichtet ist. Vereinfacht kann zunächst hypothetisch formuliert werden, dass der **Praxisbezug** eine **Form der Veräußerlichung des Strukturbezugs und des Kreativitätsbezugs** ist.

3.3.1.5.2   Berücksichtigung des Kontextes

Die vorgefundenen Strukturmerkmale können nun vor dem Hintergrund interpretiert werden, dass Anton ein Schüler ist, der sich sehr intensiv mit Computern und dem Internet beschäftigt. Außerdem ist zu berücksichtigen, dass er verantwortungsvolle Aufgaben im Rahmen der Schüleraufsichten zu bewältigen hat und dabei eine Führungsrolle übernimmt. Wie er selbst sagt, kommen ihm die grundlegenden Kenntnisse der Programmierung in seinem ordnenden Denken sehr entgegen bzw. sind sie auch der Anstoß zur reflexiven Standortbestimmung und zur kritischen Auseinandersetzung mit seiner Umwelt. So ist besonders das Merkmal Strukturbezug klar durch den Kontext Internet und Programmierung geprägt (s. Abb. 21). Hier kann hypothetisch ein systematischer Zusammenhang vermutet werden. Sowohl die Programmierung als auch die Wartung von Internetsystemen sind in hohem Maße ergebnisorientiert und tragen somit stets einen praxisnahen Charakter. So haben diese Tätigkeiten in seinen Augen einen besonderen Stellenwert. Dies wird auch deutlich in der Einschätzung, dass ihm Lehrer mit einem praxisorientierten Hintergrund näher stehen und der Unterricht bei diesen Lehrern interessanter ist. Lernen ist in diesem Zusammenhang für Anton *„aktiv etwas machen, [und] nicht nur beschult werden"* (s. Abb. 18). Das Lernen in der praktischen Anwendung steht für ihn im Vordergrund. Hier lässt sich ein Zusammenhang herstellen zu der besonderen Bedeutung des Herausforde-rungsbezugs, der genau diesen ergebnisorientierten Charakter trägt. Interessant ist dabei, dass auch Klausuren und das Vorbereiten von Vorträgen in seiner Sichtweise als Herausforderungen bestehen. Ein Großteil der praxisbezogenen Herausforderungen findet sich allerdings im Kontext seiner außerschulischen Aktivitäten. Wie in der Computerpro-grammierung und der Beschäftigung mit dem Internet üblich werden Strategien des selbst-ständigen Lernens, wie das Lernen durch Probieren, empirisches Vorgehen und Lernen aus Fehlern, besonders bevorzugt. In diesem Kontext bieten sich dann auch die Möglichkeiten des Auslebens von Kreativität (s. Abb. 19).

Die logische Konsequenz aus seinen Erfahrungen in diesem Bereich ist die Forderung nach einer Veränderung des Unterrichts in der Gestalt, dass Rahmenbedingungen für die Kreativitätsausübung geschaffen werden. Als erstes Mittel sieht Anton in logischer Folge den Einsatz von Medien im Unterricht und das Arbeiten mit besseren Veranschaulichun-gen. In der bestehenden Form fehle ihm der Spielraum für Kreativität und er empfinde die Schule als Zwang. Die Kritik an der Schule ist jedoch nicht nur im Hinblick auf die Kreati-vitätsausübung auffällig, sondern auch im besonderen Maße im Zusammenhang mit seiner Einschätzung der sozialen Aspekte.

In seiner Biographie spielt der Computer eine wesentliche Rolle bei der Überwindung der krankheitsbedingten sozialen Einsamkeit und dem durch Schulwechsel bedingten wie-derholten Aufbau einer sozialen Stellung in der Schule. Unter diesen Voraussetzungen ist die ausgeprägte Zuwendung zu Gruppierungen, die gemeinsame Arbeit an Projekten und auch das miteinander Lernen ein wichtiges strukturelles Merkmal. Im Hinblick auf das Internet erlebt Anton die Internationalisierung anhand eines besonderen Ereignisses, seines Auslandsaufenthaltes. Die Öffnung des sozialen Raumes sieht er als Möglichkeit neuer „Flexibilität und Freiheit", wodurch sich einmal mehr sein Kreativitätsbezug äußert.

Bemerkenswert ist die auch in diesem Kontext reflexive Betrachtung, die auf klaren Ordnungsrelationen zu beruhen scheinen, wie sich in der Verwendung der Begriffe „Grup-pendynamik" bzw. „Gruppenhomogenität" zeigt. Aus diesem Bezug heraus verläuft dann auch wieder eine kritische Haltung zu den schulischen Gegebenheiten, die zu wenig Anlass zu Identifikation im „Umfeld" gäben und mehr Möglichkeiten der Kommunikation im Unterricht einschließen sollten.

Auf Grund der frühen positiven Erfahrung der Anerkennung der Arbeit am Computer, des Erfolgs seiner außerschulischen Aktivitäten im Rahmen der Schülerfachgehilfen und der selbstständigen weiteren Aneignung von Kenntnissen bezogen auf das Internet kann hypothetisch angenommen werden, dass **die Strukturmerkmale des Lernens in dieser Ausprägung ein Lernprofil ergeben, dass sich bei ähnlichen Biographien und Kontexten ebenfalls zeigen sollte**.

3.3.2   Fallbeschreibung Interview „Bernd H."

3.3.2.1   Äußerer Kontext

Das Interview wurde vor Beenden des Schuljahrs 1998/1999 mit dem 12-klässler Bernd H. (Abiturjahrgang 1999) geführt. Das cirka 60-minütige Gespräch fand nach Unterrichtsschluss am späten Nachmittag statt. Dies ist sowohl dem Interviewer als auch dem Schüler anzumerken. Insbesondere fällt die Nachfragephase recht kurz aus.

Grundsätzlich besteht zwischen Interviewer und Schüler ein gutes Lehrer-Schüler-Verhältnis, das durch vielfältige gemeinsame außerunterrichtliche Aktionen gekennzeichnet ist. Bernd H. gehört zu einer Gruppe von Schülern, die für die Wartung der Schulcomputer, des Netzwerkes und des Internetauftritts der Schule verantwortlich ist. Im Informatikunterricht zeigt er insbesondere im Bereich der Programmierung sehr gute Leistungen. Sein Engagement und die Leistungsfähigkeit führten noch während der aktiven Schulzeit zur Gründung einer eigenen Softwarefirma.

Die Wende in der ehemaligen DDR erlebt er bewusst als zehnjähriger Schüler nicht an der jetzigen Schule.

Dem Schüler sind vor Beginn des Gesprächs das Ziel des Interviews, als Datenerhebung der Forschungsarbeit, und nur grob umrissen das Thema der Arbeit bekannt gegeben worden. Das Interview wurde durch den Schüler selbst transkribiert und nachträglich mit zusätzlichen Anmerkungen versehen.

3.3.2.2   Thematische Struktur

Die Eingangsfrage ist so offen gestellt, dass Kontext, Inhalt und Beginn des Zeitraumes der Erzählung vom Schüler selbst gewählt werden können. Auch die ersten Nachfragen führen zu keiner weiteren Konkretisierung.

> „I: Bernd wir haben eben schon darüber gesprochen, in meiner Arbeit interessiert mich also ganz besonders die Lebensgeschichte einiger unsere Schüler. Und um auch mal zu hören, wie die Entwicklung so vorangegangen ist, dass sie zu dem geworden sind, was sie sind. Ich würd' vorschlagen sie erzählen jetzt einfach mal frei weg von der Brust, was ihnen einfällt.
> S: So einfach irgendwo anfangen
> I: Wie sie wollen.
> S: Das ist jetzt nur auf Computer bezogen oder?
> I: Nö (..) ganz einfach, was sie wollen, was sie meinen, für ihr Leben wichtig gewesen zu sein. Und ich denke mal, dass Computer auch irgendwo wichtig sind.
> S: (..) ja.
> I: Aber wo sie anfangen, was sie erzählen wollen, was den Menschen Bernd H. ausmacht, wie er dazu geworden ist.
> S: Na gut, da muss man also einen Zeitpunkt finden, vor dem es unsinnig ist, darüber zu sprechen." (Interview Bernd H., Z. 3-17)

Dieser Zeitpunkt ist dann in der Grundschule, in der er einer „Rowdie- Klasse" angehörte, die ihn nach seiner Meinung prägte. Als Ereignisse in der Grundschule erwähnt er zuerst eine Theater- Arbeitsgemeinschaft (AG) und dann eine Computer- AG. Die Computer- AG liefert dann auch sofort die Möglichkeit der Überleitung zu seinem Lieblingsthema „Programmierung". Die ersten Erfahrungen am Computer werden im Schulkontext aber auch im häuslichen Kontext, in dem der Vater eine Initiatorrolle spielt, geschildert (ebd., Z. 16-77).

Den Übergang zum Gymnasium stellt Bernd H. in den Kontext der Mathematikolympiaden, die für eine Aufnahme an diesem speziellen Gymnasium durchaus eine Rolle spielen (ebd., Z. 78-90). Aber auch dieses Thema lenkt er dann wieder auf die Bedeutung der Computer über, die die Begeisterung für die Mathematik verdrängten. Zu den maßgeblichen Erlebnissen in dieser Zeit gehört auch die Zuwendung zur Elektronik und seine ersten Erfahrungen mit elektronischen „Basteleien" im häuslichen Bereich. Diese Leidenschaft kann im Rahmen einer AG dann auch in der Schule ausgelebt werden (ebd., Z. 96-146). Im nächsten Erzählsegment wendet sich Bernd dann seiner schulischen Entwicklung am Computer zu. Ausgehend von seinen ersten Projekten erlangt er Anerkennung und gewinnt an sozialem Status und die Zuwendung der Lehrer, die in einen Einzelunterricht mündet. Schließlich berichtet er von gemeinsamen Programmiererlebnissen mit anderen Schülern und wie er sein Wissen auch zum „Passwort knacken" einsetzt (ebd., Z. 150-226). Auf die Nachfrage, ob das Programmieren in der Schule sich unterscheidet vom häuslichen Programmieren, schildert Bernd rückblickend noch mal die Lernsituation zu Hause, in der sein Vater der Lehrer war. Als Parallele zur schulischen Situation erzählt Bernd den Einsatz seines Computerwissens zum Umgehen des Computerverbots des Vaters. In einer weiteren Nebenerzählung berichtet er von der Anschaffung seines ersten eigenen Computers, die durch die auftragsgebundene Projektarbeit in der Firma seines Vaters finanziell möglich und auch nötig wurde (ebd., Z. 226-272).

Auf Nachfrage schwenkt das Gespräch im nächsten Segment wieder zurück auf die schulischen Erfahrungen und Erlebnisse. Nachdem ihm zum Thema Programmierung zunächst nicht mehr einfällt (ebd., Z. 274-285), erzählt er oberflächlich von seiner ersten Begegnung mit dem Internet (ebd., Z. 285-296). Scheinbar völlig abrupt kommt er nach einer Denkpause auf die Teilnahme an der Theater- AG im Gymnasium. Nachdem er kurz die Eindrücke von den Vorstellungen schildert, lenkt er auch sogleich das Thema aus diesem Kontext wieder auf sein Hobby „Elektronik- Basteleien". In diesem längeren „LEGO"-Abschnitt spielt dann auch die Wende erstmals eine Rolle, in der Form, dass sich die Konsummöglichkeiten und somit die Qualitäten der „Arbeitsmaterialien" verbesserten. Wesentlicher Inhalt dieser Passage bildet die Lernerfahrung, die im ständigen Probieren und Ausbauen von Ideen bestand (ebd., Z. 306-344).

Ebenfalls wieder stark an Projekten orientiert schließt sich nun der nächste Erzählabschnitt über die Erfahrungen mit dem Internet an. Ausgehend von den Problemen des ersten Zugangs schildert er ausführlich die Vorteile und seine Sicht auf das Internet (ebd., Z. 344-435). Durch Nachfragen wird die Thematik auf den Unterschied zwischen Mathematik und Computern gelenkt. Einerseits spielen dabei die Wettbewerbe eine Rolle, andererseits das Verhältnis zwischen Konkretem und Abstraktem (ebd., Z. 436-477). In gleicher Weise wird versucht das Theater spielen und die Beschäftigung mit dem Computer zu kontrastieren (ebd., Z. 478-499).

Wiederum auf Intervention durch den Interviewer wird das Gespräch im nächsten Segment auf den Unterricht gelenkt. Ein zentraler Punkt ist hierbei die Unterscheidung von schulischem Lernen, das Bernd ablehnt, und Lernen aus Eigeninitiative, das er vielfältig in außerschulischen Projekten praktiziert hat (ebd., Z. 500-540) So ist im nächsten Erzählabschnitt auch wieder von den außerschulischen Projekten die Rede (ebd., Z. 541-571).

Die letzte ausführlichere Passage ist ebenfalls auf Nachfrage auf sein Verhältnis zum Internet gerichtet. Nach einer anfänglichen Aufzählung der Dienste mit einer einsilbigen Bemerkung erzählt er von den Erlebnissen im MUD[3], in dem er sich den virtuellen sozialen Status „GOD[4]" aufbauen konnte (ebd., Z. 572-612). Der letzte Versuch, das Gespräch nochmals auf den Informatikunterricht zu lenken, endet in einer einsilbigen Beschreibung seiner Erlebnisse (ebd., Z. 614-618).

Insgesamt ist das Interview stark durch den Interviewer gelenkt. Nach anfänglich guten narrativen Passagen werden mehr oder minder im letzten Drittel die Themen vorgegeben bzw. anhand von Problematisierungen teilweise auch argumentative Phasen erzwungen. Bemerkenswert ist an diesem Interview, dass fast durchgängig die Rede von Projekten ist. Das betrifft sowohl die eigene Lebensgeschichte als auch die Erfahrungen im sozialen und schulischen Bereich.

3.3.2.3   Themenanalyse

Trotz der Kürze des Interviews und der argumentativen Phasen sind wesentliche Bereiche des Forschungsgegenstandes erfasst und zur Auswertung geeignet (s. Abb. 27).

Ausgehend von der Schulsituation in der Grundschule wird sehr schnell deutlich, dass die heimatliche Erziehung eine große Rolle gespielt hat. Die ersten Schritte im Problemlösen und am Computer erfolgten unter dem Einfluss des Vaters. Dabei geht aus dem Interview hervor, dass es sich um viele kleinere Einzelvorhaben handelte, die nicht oft zum erfolgreichen Abschluss kamen. Größtenteils wird auch im Weiteren die Entwicklung der Fertigkeiten am Computer im Rahmen von Projekten beschrieben.

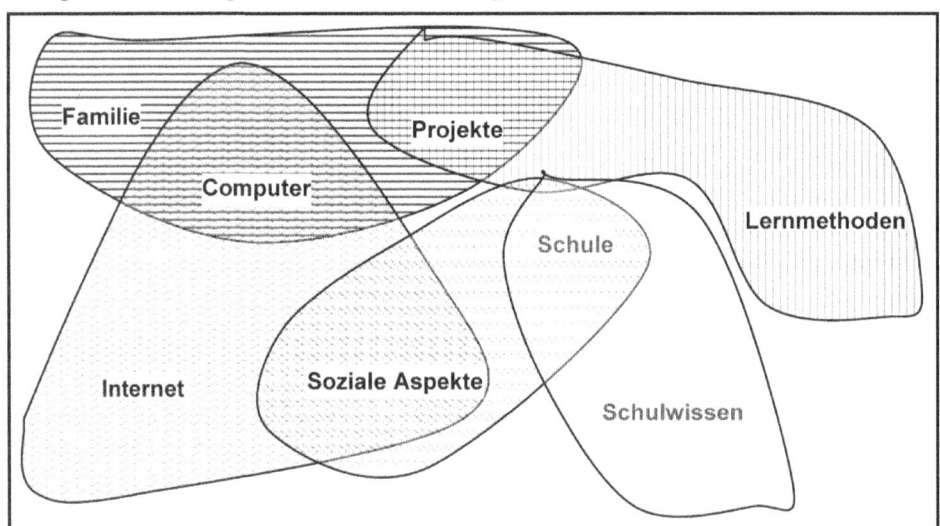

Abbildung 27: Themenbereiche (Bernd H.)

---

[3]   MUD ... Multi User Dungeon: Mehrpersonen-Rollenspiel im Internet
[4]   GOD [englisch]: Gott; [Internet]: Höchster erreichbarer Spielerstatus, erlaubt die Weiterentwicklung des Spiels durch Programmierung

Andererseits spielen die Kenntnisse in der Programmierung eine Rolle in der Erlangung von Anerkennung bzw. dem Aufstieg im sozialen Status. Während anfangs Ängste bezüglich der Abhängigkeit von Anderen existieren, *an der Uni was tun, da muss ich immer erst zur Uni rennen und fragen, dass mich irgendwer irgendwo rein lässt.*" (ebd., Z. 361-362), ist Bernd später stolz mit seinen Kenntnissen akzeptiert zu werden, *„Ich saß da dann halt als kleiner Schüler im Sunpool umringt von den ganzen Studenten."* (ebd., Z. 363-365). Diese Statusfragen spielen dann auch im Internet eine Rolle. Gerade in diesem Kontext sind aber auch gemeinsame Computer-Projekte und die Kommunikation beschrieben.

Anhand der Projekte werden die Lernmethoden von Bernd deutlich und an dieser Stelle expliziert er sie auch. Dazu steht im Gegensatz das Lernen in der Schule, dass er mit Auswendiglernen gleichsetzt und ablehnt. Die Bearbeitung der Projekte gibt dann einen weiter reichenden Aufschluss über die vorhandenen Strukturmerkmale des Lernens.

3.3.2.4 Strukturmerkmale des Lernens

Bei der Untersuchung der Merkmale des Lernens trifft man scheinbar auf verschiedene Widersprüche, die sich jedoch klären, wenn man eine Entwicklung in Rechnung stellt. Dennoch kann davon ausgegangen werden, dass die Merkmale nach wie vor vorhanden sind und in dem einen oder anderen Maße angewandt werden.

3.3.2.4.1 Problembezug

Das auffälligste Konzept im Gespräch ist, wie schon erwähnt, die Orientierung an Problemen. Offensichtlich spielt das Lösen von Problemen für Bernd eine maßgebende Rolle, auch wenn er die Tätigkeiten teilweise sehr pauschal beschreibt.

> „Ja das war 'n dann die Zeiten, wo ich in Basic programmiert habe - damit habe ich angefangen und irgendwann kam ich dann auf die irgendwelche größeren Dinge zu machen – und nicht immer nur vor mich hinprogrammieren. Da wurde dann der Entschluss gefasst ach dies oder das wäre doch mal schön und dann sind da viele kleine Programme draus geworden, wovon viele auch nicht fertig geworden sind,..." (ebd., Z. 45-50)

Allein schon die Nebenerzählungen über einzelne Projekte geben einen Aufschluss darüber, welche Stellung das Problemlösen hat. Teilweise fungieren die Projekte als Leitlinie für seine Erzählung.

> „(...) dann hatte ich also grundsätzlich die Möglichkeit, TCP -basiert Client-Server-Architekturen aufzubauen und habe das an verschiedenen Dingen gemacht. Und das Monopoly ist dann irgendwann eingeschlafen (...) irgendwann im WWWA brauchte man einen Chat." (ebd., Z. 379-382)

Ausgehend von den mehrfach beschriebenen Elektronik- Basteleien, bei denen er seine ersten Erfahrungen im Lösen technischer Probleme machte, werden zunehmend die Tätigkeiten auf abstraktere Ebenen übertragen, bis hin zu generalisierten Anwendungen, wie z.B. die Analyse der Möglichkeiten bei der Anschaffung eines Computers. Somit finden sich Belege für das spielerische Lösen von Problemen, das auch im späteren Zusammenhang mit dem Internet erhalten bleibt.

„Im MUD musste man sich dafür durch elende Rätsel wühlen und Online-Zeit und Punkte
sammeln (...) na ja hin und wieder konnte man da auch was automatisieren, dadurch, dass ich
programmieren konnte (...) da habe ich bestimmte Rätsel auch auf MUD –illegale Weise lösen
können." (ebd., Z. 607-610)

Die Problemorientiertheit zieht auch das Erkennen von Problemen mit ein. So erzählt
Bernd, dass er beim Theaterspielen eine Beleuchtung gebaut hat.

„Und da gab es wohl auch hinter der Bühne, wo es immer ruhig und dunkel sein musste und da
brauchten wir kleine Lämpchen und da hab ich etwas gebastelt, irgendwelche Lampen zusam-
mengeschlossen und ein Netzteil aus dem Physikbereich von Herrn D. kam." (ebd., Z. 301-303)

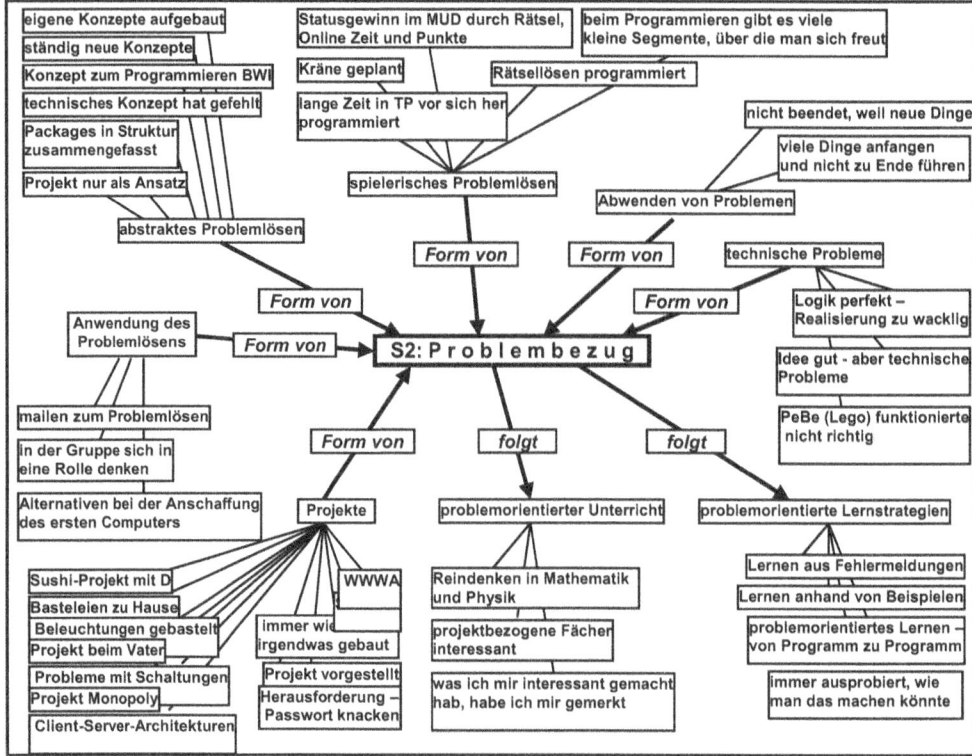

Abbildung 28: Strukturmerkmal Problembezug (Bernd H.)

Die Aufgeschlossenheit für neue Probleme führt dann bei Bernd dazu, dass er erkannte und
teilweise gelöste Probleme nicht fortsetzt. Dieser scheinbare Widerspruch der Nichtfertig-
stellung von Aufgaben erklärt sich vor dem gezeigten Hintergrund unter der Annahme, dass
das vorliegende Problem seinen Reiz verliert, wenn es geistig gelöst wurde.

„Das ist eben das Problem, dass ich mich begeistern lasse, schnell und viele Dinge anfange und
nicht alle fertig führe, weil sie dann irgendwann langweilig werden und neue Dinge einfach interessanter sind." (ebd., Z. 50-53)

Zunehmend verschiebt sich der Problembezug von den technischen bzw. praktischen
Problemen auf die Ebene der abstrakten Probleme. So ist häufig die Rede von Konzepten
und logischen Strukturen.

„Und dann habe ich da hochtrabende Konzepte aufgestellt, wo ich irgendwie schon vorher
wusste, dass das im Endeffekt bestimmt doch nichts so wird." (ebd., Z. 394-396)

Die Bezugnahme auf Projekte und seine Vorliebe zum Problemlösen kommt unter anderem
auch darin zum Ausdruck, dass er auf der Ebene der sozialen Kontakte stets Personen in
Bezug auf ein konkretes Projekt in seine Erzählung einbezieht.

„Ja und dann hatte ich in der 10. Klasse ja auch ein Praktikum im Fraunhofer Institut bei meinem Vater. Da habe ich ein Pilotprojekt für eine interaktive 3-dimensionale Präsentation für bestimmte Objekte gemacht." (ebd., Z. 415-417)

„Dann habe ich halt zusammen mit einem anderen ehemaligen Schüler [gekürzt RF] ein Projekt, wo wir eine kleine Sushi geschrieben haben." (ebd., Z. 186-189)

„Das war dann wohl das Projekt Monopoly in Java mit M.S. zusammen." (ebd., Z. 365-366)

Schließlich sind auch seine Lernstrategien auf das Problemlösen ausgerichtet bzw. wurden
sie durch den Problembezug geprägt. Dazu zählen sowohl das Lernen aus Fehlern, das
Lernen aus Beispielen und das Lernen durch Probieren. Insbesondere ist das Probieren
keine Form nur des spielerischen Lernens, sondern eine Problemlösungsstrategie, die gerade im Bereich der Computeranwendung häufig anzutreffen ist. PAPERT bezeichnet unter
Bezugnahme auf LÉVI-STRAUSS und PIAGET die Sammlung von Methoden praktischer
Lernformen als „Bricolage" (PAPERT, 1993).

„Und da habe ich dann auch sehr viel mit dem LEGO gebaut und auch immer wieder Stunden
lang vor den Kästen gesessen und immer wieder ausprobiert, wie es denn nun möglich sein
könnte, wie man das nun machen könnte. Immer wieder Ideen gesucht, irgendwas hat nicht
funktioniert, man hat das immer wieder irgendwie anders gemacht. Also da habe ich sehr lange
und sehr viel 'mit gespielt und das endete dann irgendwann, weiß nicht wie alt ich da war, als
dann der Computer Überhand genommen hatte." (Interview Bernd H.., Z. 336-342)

Unter diesem Gesichtspunkt ist dann die logische Folge, dass er schulisches Lernen, in der
Form von Auswendiglernen, ablehnt. So sagt er selbst von sich, dass er selten gelernt habe
und eher zu faul zum Lernen sei. In diesem Zusammenhang erwähnt er auch die Kurzwei-
ligkeit dieses Lernens und damit einen Rechtfertigungsgrund, warum er diese Form des
Lernens ablehnt. Sein Lernen geschehe durch „rein denken" und „sich die Sachen interessant machen", also mehr oder weniger Problemfragen aufstellen, die ihm eine Lösung und
einen Lernschritt ermöglichen. Schließlich sind ihm technische und problemorientierte
Fächer am liebsten.

„Gut wenn man in Geo mal alle Hauptstädte wissen musste, dann habe ich das eben gelernt. Am
nächsten Tag konnte ich es. (...) und dann konnte ich es auch irgendwann nicht mehr. Ich hab
eigentlich kaum gelernt. Ja (...) also der Unterricht wurde schon interessanter in Mathematik und
Physik (...) das gab's ja vorher gar nicht. Man konnte sich eben immer tiefer rein denken in die
Themen. Da kam die Langeweile nicht auf. Das war sehr gut." (ebd., Z. 522-527)

Eine weitere Konsequenz aus dem Problembezug zeigt sich in seinem Nutzungsverhalten
im Internet. Zum einen setzt er die Kommunikationsdienste zur Problemlösung mit ein.

„Wenn man ein Problem hat, guckt man in die Man- Page findet eine E-Mail Adresse, mailt da
hin. Das Gegenüber freut sich noch "Och du benutzt mein Produkt, das ist ja toll - klar helfe ich
dir" (ebd., Z. 582-585)

Andererseits lehnt Bernd das Surfen zur Unterhaltung ab, da der Problembezug hier fehlt.

„Einige sind ganz begeistert davon, durch das Web zu surfen und tolle Sachen down zu loaden.
Für die ist das die Erfüllung im Internet. Aber das ist bei mir nicht so. Ich langweile mich, wenn
ich vor dem Computer sitze und surfen würde." (ebd., Z. 575-578)

Metaphernanalyse

Neben der deskriptiven Kodierung sind wiederum die Metaphern einer Betrachtung würdig. Im Gegensatz zu Anton P. findet sich hier keine klare Auffälligkeit. Ohne weitere Interpretation lässt sich feststellen, dass eine größere Anzahl von metaphorischen Äußerungen mit Begriffen der Bewegung verbunden sind (s. Abb. 32 Bewegungsmetaphern). Dies spricht für eine innere Dynamik, die so am Interviewtext nicht ablesbar, aber dennoch in Anbetracht der vielen Projekte vermutbar ist.

Die Dynamik lässt sich andererseits auch auf einen hohen Aktivitätsgrad beziehen, insofern, dass Bernd sich schnell für etwas begeistert und deshalb auch viel anfängt und viele Projekte nicht abschließt. Diese Interpretation lässt sich an mehreren Textstellen nachvollziehen.

> „...das ist eben das Problem, dass ich mich begeistern lasse, schnell und viele Dinge anfange und nicht alle fertig führe, weil sie dann irgendwann langweilig werden und neue Dinge einfach interessanter sind." (ebd., Z. 50-53)

Bemerkenswert ist an dieser Stelle auch die Personifizierung des Computers und von Projekten. Zwar gibt es in der Umgangssprache auf den Computer bezogene Personifizierungen des Öfteren, aber eher selten in Kreisen der Computerfreaks und Programmierer. Bei Bernd resultiert die Personifizierung eher aus einem partnerschaftlichen Verhältnis zum Computer.

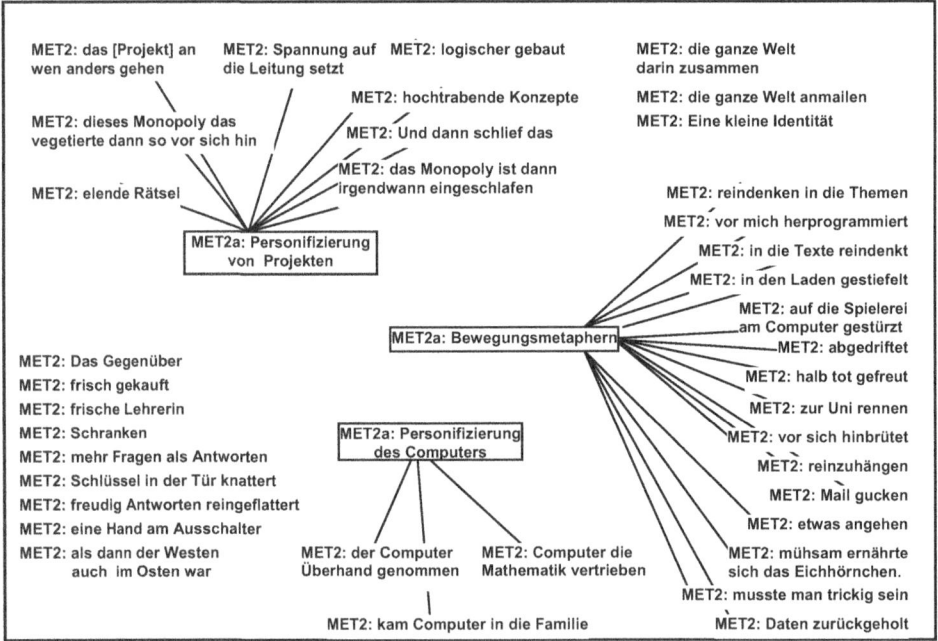

Abbildung 29: Metaphernanalyse (Bernd H.)

Eine ebenfalls enge Beziehung zeigt sich durch Personifizierung zu seinen Projekten. Besonders deutlich wird dies am Beispiel des Monopoly-Projekts.

„... und dieses Monopoly das vegetierte dann so vor sich hin." (ebd., Z. 369)
„Und das Monopoly ist dann irgendwann eingeschlafen." (ebd., Z. 381)

Diese Personifizierung zeugt von einer hohen Identifikation mit seinen Arbeiten. Zugleich verdeutlicht es den hohen Stellenwert des P r o b l e m s b e z u g s , der somit nicht nur durch die Erzählstruktur hervorgehoben wird, sondern nun auch durch die Mittel der Rede.

3.3.2.4.2 Praxisbezug

Unmittelbar ist von der Problemorientiertheit der Zusammenhang zu einer Zuwendung zu praktischen Kontexten herstellbar. Projekte an sich haben mit dem Projektziel schon eine Nähe zu praktischen Kontexten. Insbesondere trifft dies auf technische Projekte zu, die eine Bearbeitung von praktischen Materialien beinhaltet. In diesem Zusammenhang ergibt sich die Frage, inwiefern Computerprogramme als technische Projekte gesehen werden können. Für Bernd sind sie auf jeden Fall einem technischen Projekt sehr nahe stehend und somit praxisbezogen.

Dieser Zusammenhang der Praxisbezogenheit der Computer könnte aus einer Art Parallele von Funktionalität hergeleitet werden. Die technischen Schaltungen und Bauwerke (z.B. Kräne) haben in der Entwicklungsphase das wesentliche Ziel „zu funktionieren". An mehreren Stellen berichtet Bernd, dass dieses Funktionieren das eigentliche Ziel war und es ihm auf Grund der vorhandenen Materialien nicht gelang, das Ziel befriedigend zu erreichen. Beim Computer ist das Funktionieren eines Programms durchaus ein analoges Ziel. In sofern haben Computerprogramme durchaus auch einen P r a x i s b e z u g .

„Es ist ja generell so, wenn man Mathematik und Informatik vergleicht, dass man am Computer viel schneller visuelle Erfolge erzielen kann. Es ist einfacher ein aufregendes Resultat zu haben. Man kann irgendwas schnell programmieren und man hat gleich was, was auch irgendwie funktioniert. Das ist in der Mathematik überhaupt nicht so. Wenn man vor einem Problem sitzt (.) und irgendwann hat man eine Lösung (.) ja dann hat man eben eine Lösung. Der Computer begeistert viel mehr." (ebd., Z. 450-455)

Gerade in dem Vergleich zwischen Mathematik und der Programmierung von Computern zeigt sich die besondere Form des P r a x i s b e z u g s bei Bernd. Dabei wäre normalerweise vom Abstraktionsgrad und aus der Geschichte der Computertechnik beides in eine gewisse Praxisferne zu richten.

„In Mathe schreibt man irgendwas auf auf dem Papier (...) auf dem Computer kann man Dinge programmieren, es lässt sich erweitern, man kann steuern (...) die Mathematik ist viel mehr eine Grundlage (...) Computer sind konkreter (.) technischer (.) praktischer." (ebd., Z. 457-460)

Hier scheint sich der Kreis zum P r o b l e m b e z u g zu schließen. Da die meisten am Computer zu lösenden Aufgaben eine konkretes Ziel, also auch in gewissem Sinne einen praktischen Hintergrund haben, erlebt Bernd die Mathematik offensichtlich nicht so. Bei Bernd ist also der P r a x i s b e z u g eine Art von Problemlösen, die eng verbunden mit einem Ziel ist und möglichst einen technischen Bezug hat. Damit unterscheidet sich diese Form des P r a x i s b e z u g s von der beim Fall Anton P., bei dem die handwerklichen Tätigkeiten und der Bezug zu realen Anwendungen im Vordergrund standen, ohne dabei gerade letzteres auszuschließen. Im Kontext Unterricht findet dieses Strukturmerkmal dann ebenfalls seinen Niederschlag, indem Anton praxisbezogene Fächer bevorzugt.

„Ja. d. h. von der Schule fand ich immer das, was außerunterrichtlich oder projektbezogen war immer schöner, weil man eben nicht zu irgendwas gezwungen wird. Und wenn man selber daran interessiert ist, kann ja immer was bei rauskommen. Darum fand ich einige Fächer langweilig, aber andere in denen man so was machen konnte, wie Wirtschaft, Technik (..) waren sehr gut (...) man konnte sich bei so was ja auch seine Zeit selber einteilen." (ebd., Z. 534-539)

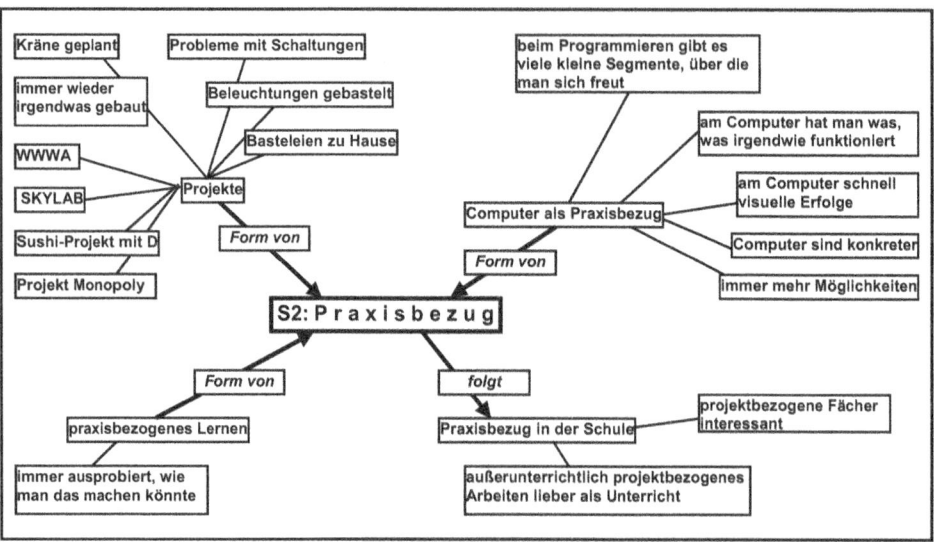

Abbildung 30: Strukturmerkmal Praxisbezug (Bernd H.)

3.3.2.4.3   Sozialbezug

Der S o z i a l b e z u g ist im vorliegenden Fall sehr interessant. Zum einen spielt bei Bernd der Vater eine maßgebliche Rolle bei der Erziehung zum problemorientierten Denken, der Vermittlung erster Grundkenntnisse und weiter bei der Anleitung von größeren Projekten. Während anfangs der Vater von Bernd als wesentliche Wissensquelle angesehen wird, so erreicht die Beziehung zum Ende der Schullaufbahn eine Art Status der Gleichrangigkeit, in dem sie beide gemeinsam an einem Projekt arbeiten und Bernd sogar in der Firma des Vaters jobbt.

> „Ja und dann hatte ich in der 10. Klasse ja auch ein Praktikum im Fraunhofer Institut bei meinem Vater. Da habe ich ein Pilotprojekt für eine interaktive 3-dimensionale Präsentation für bestimmte Objekte gemacht (..) also VRML und Java in Kombination (..) Explosionsdarstellung und so (...)" (ebd., Z. 415-418)

Diese Partnerbezogenheit zeigt sich auch in der Zusammenarbeit mit einzelnen Schülern, die er explizit mehrfach erwähnt. Ebenso nutzt er auch das Internet um direkt mit Programmierern per E-Mail in den Kontakt zu treten. Darüber hinaus arbeitet er gern in Gruppen. Das betrifft einerseits die Theatergruppe, wo er gerade das gemeinsame Hineindenken in Rollen hervorhebt: *„dass man ewig vor sich hinbrütet mit der Gruppe sich in die Texte rein denkt (..) Und die Proben haben ja eigentlich auch Spaß gemacht (...)"* (ebd., Z. 490-492), und andererseits die Kooperation an größeren Projekten, die außerschulisch in Teamarbeit bearbeitet wurden.

„Ja dann im SKYLAB weiter (..), wo wir im Team gearbeitet haben (..) da gab es Leute die
VRML programmieren konnten, die dann das statische Gebäude vom SKYLAB aufgebaut haben." (ebd., Z. 419-421)

Ein wesentliches Ziel der Kooperation mit Partnern oder in Gruppen ist bei Bernd das Erreichen eines sozialen Status oder die öffentliche Anerkennung, wie z.B. die Auftritte mit
der Theatergruppe oder die Teilnahme an Wettbewerben. Das Erreichen eines gewissen
sozialen Status scheint Bernd sehr wichtig, denn er erwähnt sofort im Zusammenhang der
ersten Nennung des Computers, dass er die Anerkennung der älteren Schüler in der Compu-
ter- AG gewonnen hatte.

„Außerdem gab's da wohl eine Computer- AG, wo an KC 's programmiert wurde (..) und da habe ich dann halt auch mitgemacht als jüngerer Schüler unter Älteren aber es zeigte sich dann ,
dass ich (...) dass ich wohl schon ein wenig mehr wusste, also die älteren Schüler und hinterher
kamen dann auch die älteren Schüler an und haben mich irgendwas gefragt, über irgendwelche
inhaltlichen Dinge. Ja das war 'ne dann die Zeiten, wo ich in Basic programmiert habe." (ebd.,
Z. 41-46)

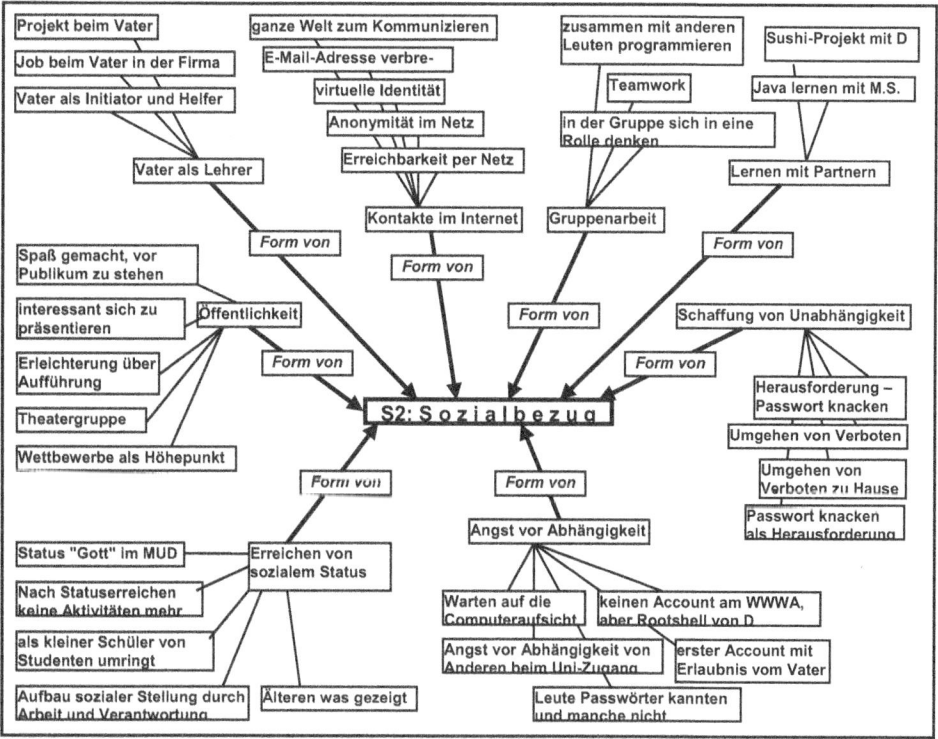

Abbildung 31: Strukturmerkmal Sozialbezug (Bernd H.)

Ebenso beschreibt er so seine Arbeit in der Universität. Hier wird er als „kleiner Schüler"
akzeptiert von den Studenten. Im Rahmen der Internetspiele (MUD) erreicht er den Status
„Gott". Somit kann an dieser Stelle von einem typischen Peergroup- Verhalten gesprochen
werden. Andererseits verbindet sich das Bedürfnis nach vielen Möglichkeiten mit einer
regelrechten Angst vor Abhängigkeiten von Anderen. Dies wird deutlich im Zusammen-

hang mit dem Warten auf die Aufsichtspersonen vom Computerraum, mit der anfänglichen Angst in der Universität irgendjemanden „immer erst zu fragen" und das betrifft auch die Erlaubnis des Vaters am Computer zu arbeiten. Eine andere Form der Statuspersonen sind für Bernd „Leute" mit Administratorrechten. Zugänge zu Computern und auch die Zuteilung von bestimmten Rechten sind unter Computerfreaks durchaus Statussymbole.

> „...das war natürlich immer faszinierend, dass manche Leute Passwörter kannten und manche nicht, ..." (ebd., Z. 185-186)

> „Ja und irgendwann sagte dann Herr F. zu mir - nein nicht zu mir sondern zu irgendjemand anders, 'so der Bernd bekommt jetzt einen Account'. Ja und dann habe ich mir meinen Account glaube ich sogar selber eingerichtet, mit der Root-Shell von S.B. oder so" (ebd., Z. 352-355)

> „Aber nachdem der Chat da irgendwie drinne war auf dem WWWA (...) ich hatte da gar keinen Account auf dem WWWA (...) irgendwie wollte mir da keiner richtig einen Account geben." (ebd., Z. 398-401)

Eine Konsequenz aus seinem Bestreben nach dem Ausleben von Möglichkeiten bzw. dem Erreichen von Statussymbolen ist das Umgehen von Verboten, wie z.B. bei seinem Vater, und das Beschaffen des Status durch Tricks, wie z.B. beim „Passwort knacken". In Bezug auf das Internet spiegeln sich die beschriebenen Muster erneut wider. Die Erreichbarkeit und Bekanntheit ist für Bernd dabei wichtig und tragen zum Statusgewinn bei.

> „... irgendwelche Mails an Leute geschickt, die ich irgendwoher kannte. Meine E-Mail-Adresse verbreitet..." (ebd., Z. 295-296)

3.3.2.4.4   Strukturbezug

In dem vorliegenden Interview fallen die Begriffe „Logik" und „Konzepte" in ihrer Häufigkeit auf. So spielen diese Denkweisen auch bei Bernd eine größere Rolle. Dennoch kann im Vergleich zum Fall Anton P. nicht von einer so starken Prägnanz die Rede sein.

Die ordnenden Tätigkeiten sind in diesem Fall typisch für Computerexperten. Wie auch bei Anton P. findet sich der Begriff des „Konzepts" als eine planende und strukturierende Vorbereitung einer Tätigkeit mehrfach. Die gedankliche Vorbereitung orientiert sich in diesem Fall wiederum sehr an seinen vielfältigen praktischen Projekten. Ebenso ist die Qualität von Strukturen bei Bernd eher eine Frage der Eignung zur Problemlösung als eine auf Konsistenz und Eleganz ausgerichtete Betrachtung, wie sie bei Anton anzutreffen war. Somit verlieren die Konzepte und Strukturen den „philosophischen" Charakter, der bei Anton u. a. in der Diskussion zwischen Hierarchie und Nichthierarchie deutlich wird, und werden als gegenständliches Hilfsmittel angesehen. Auch ist die Unterscheidung von Strukturen im Netzwerk (Client-Server-Architekturen) und die zentrale Verfügbarkeit von Daten keine sonderlich tiefgehende Feststellung, sondern ein auf Praktikabilität ausgerichteter Aspekt seiner Denkweisen.

Ein Ansatz einer Übertragung der strukturierenden Prinzipien findet sich im Zusammenhang mit der Erzählweise über die Planung der Anschaffung eines neuen Computers.

> „Und da gab's nun viele Möglichkeiten die eine: nun ja es ist ja ein Computer an dem ich arbeite um diesen Job zu machen und man könnte den jetzt kaufen, stellt den hin und ich arbeite daran, aber sonst nichts weiter. Das ist natürlich auch ein wenig doof, wenn ich selbst keinen Computer habe und an dem nur arbeiten kann... und da kommt eben die nächste Alternative in Frage, dass der Computer im Prinzip von meinem Arbeiten abbezahlt wird (..) und daran hing dann eben dass der Computer meiner ist schon im Voraus." (ebd., Z. 265-271)

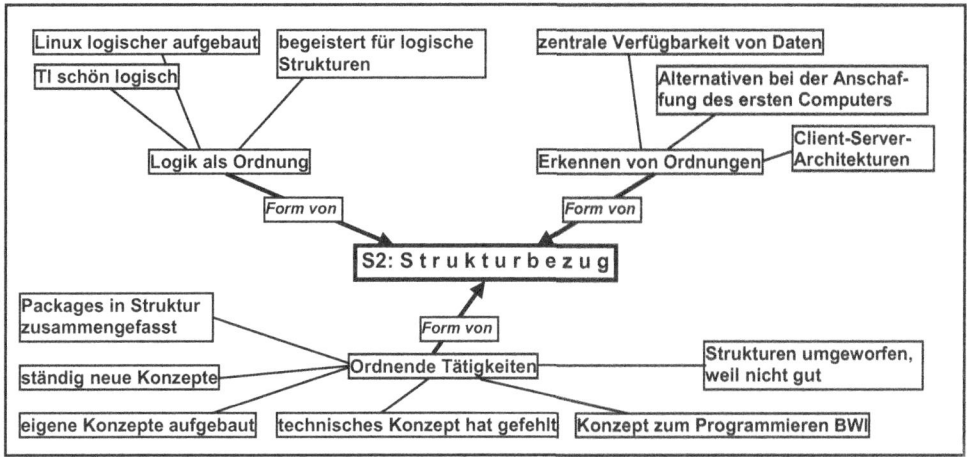

Abbildung 32: Strukturmerkmal Strukturbezug (Bernd H.)

In diesem Interview findet sich mehrfach der Begriff der „Logik" als strukturiertes ge-schlossenes System. Die Begeisterung für diese logischen Strukturen kann als passives Annehmen bezeichnet werden. Hier zeigt sich ein weiteres Mal die Abgrenzung zu Anton, der an der Bildung solcher Strukturen ein größeres Interesse zeigte. In seiner Lerntätigkeit hilft Bernd die Logik, die Anforderungen zu bewältigen. Da er das Auswendiglernen ab-lehnt, ist ein wichtiger Weg seines Lernens die Erschließung der Zusammenhänge über die Erkenntnis der Logik des Systems.

3.3.2.4.5   Kreativitätsbezug

Die Arbeit von Bernd H. an praktischen Problemen und das vielseitige Problemlösen lassen weiterhin eine gewisse Kreativität vermuten, wenngleich diese Kreativität von ihm nicht so vordergründig in das Interview eingebracht wird wie von Anton P., der den Begriff der Kreativität direkt zur Sprache bringt. Ausgehend von der Art der Aufzählung seiner vielfäl-tigen Projekte und der wiederholten Erwähnung des Abbruchs und Neuanfangs über den offensichtlichen Ideenreichtum wird schnell klar, dass hier auch ein Kreativitätsbezug vor-liegt.

> „Da wurde dann der Entschluss gefasst ach dies oder das wäre doch mal schön und dann sind da
> viele kleine Programme draus geworden, wovon viele auch nicht fertig geworden sind, das ist
> eben das Problem, dass ich mich begeistern lasse, schnell und viele Dinge anfange und nicht alle
> fertig führe, weil sie dann irgendwann langweilig werden und neue Dinge einfach interessanter
> sind." (ebd., Z. 48-53)

Was hier mit vielen „interessanten Dingen" beschrieben wird, ist ein Ausdruck von Ideen-reichtum, der auf Kreativität fußt. Die häufige Neuzuwendung zu anderen „Dingen" ist zugleich ein weiterer Beleg, da die letztendliche Ausführung der Lösung langweilig zu sein scheint, weil sie keine Kreativität mehr erfordert. Hier zeigen sich Parallelen zum Unterricht, den er als langweilig bezeichnet und zum Surfen im Internet. Die kreative Nutzung des Internet ist für ihn nur im Problemlösen und in der Bereitstellung von benötigten Informationen zu sehen. Unter diesem Aspekt sieht Bernd auch die Nutzung des Computers als ein kreatives Medium. Dies wird besonders deutlich im Vergleich von Mathematik und Informatik.

> „Es ist ja generell so, wenn man Mathematik und Informatik vergleicht, dass man am Computer viel schneller visuelle Erfolge erzielen kann. Es ist einfacher ein aufregendes Resultat zu haben. Man kann irgendwas schnell programmieren und man hat gleich was, was auch irgendwie funktioniert. Das ist in der Mathematik überhaupt nicht so. Wenn man vor einem Problem sitzt (.) und irgendwann hat man eine Lösung (.) ja dann hat man eben eine Lösung. Der Computer begeistert viel mehr." (ebd., Z. 450-455)

Unter Umständen kann man auch das wiederholte Umgehen von Verboten als kreative Problemlösung ansehen. Sowohl zum Erreichen von Administratorrechten als auch zum Umgehen des Verbots des Vaters ist das ideenreiche Vorgehen bemerkenswert kreativ. Diese Art von praktisch angewandter Kreativität bezeichnet er mit der Metapher *„da musste man eben auch irgendwie trickig sein"* (ebd., Z. 249). Letztlich ist im Blickwinkel der Forschungsfrage bemerkenswert, dass sich gerade im Lernen viele Anhaltspunkte für Kreativität ergeben. Das Lernen aus Fehlern, durch Probieren und anhand von Beispielen, die grundlegend auch zur Aneignung von Computerkenntnissen sind, bilden bei Bernd Formen des kreativen Lernens, auch wenn er es selbst nicht wörtlich so bezeichnet. Diese Lernstrategien erwirbt er schon früh über die Beschäftigung mit den LEGO- Baukästen.

> „Und da habe ich dann auch sehr viel mit dem LEGO gebaut und auch immer wieder Stunden lang vor den Kästen gesessen und immer wieder ausprobiert, wie es denn nun möglich sein könnte, wie man das nun machen könnte. Immer wieder Ideen gesucht, irgendwas hat nicht funktioniert, man hat das immer wieder irgendwie anders gemacht." (ebd., Z. 336-340)

Die Kreativität im Lernen zeigt sich auch in den Äußerungen des *„Reindenkens"*. Hierbei handelt es sich um eine geistige Kreativität, die ihm unbekannte Dinge zugänglich machen bzw. Bekanntes auf neue Gebiete übertragen lässt.

> „Ich lerne nicht. Und so ist es auch geblieben, ich wusste also immer, was ich noch so im Kopf hatte, was ich mir interessant gemacht hatte, so dass ich es mir gemerkt habe. Und eben in den Fächern, wo man es eben durch Können rausholen konnte, wie Mathematik, da ging es auch noch eine ganze Weile." (ebd., Z. 515-519)

Diese Strategien unterstützen dann auch sein Lernen aus Eigeninitiative.

> „Im Endeffekt habe ich den allergrößten Teil von dem was ich gelernt habe aus Eigeninitiative gelernt. Und da ist mir klar, dass das Einzige was man wirklich Lernen muss, das Lernen ist." (ebd., Z. 174-176)

Folgerichtig sind für Bernd die projektbezogenen Fächer interessant, die ihm einen kreativen Spielraum ermöglichen und es ist seine Bemerkung verständlich, *„die Gleitzeit in der Schule"* einzuführen.

> „Ja. d. h. von der Schule fand ich immer das, was außerunterrichtlich oder projektbezogen war immer schöner, weil man eben nicht zu irgendwas gezwungen wird. Und wenn man selber daran interessiert ist, kann ja immer was bei rauskommen. Darum fand ich einige Fächer langweilig, aber andere in denen man so was machen konnte, wie Wirtschaft, Technik (...) waren sehr gut (...) man konnte sich bei so was ja auch seine Zeit selber einteilen (...) ich war ja schon immer für Gleitzeit in der Schule." (ebd., Z. 534-540)

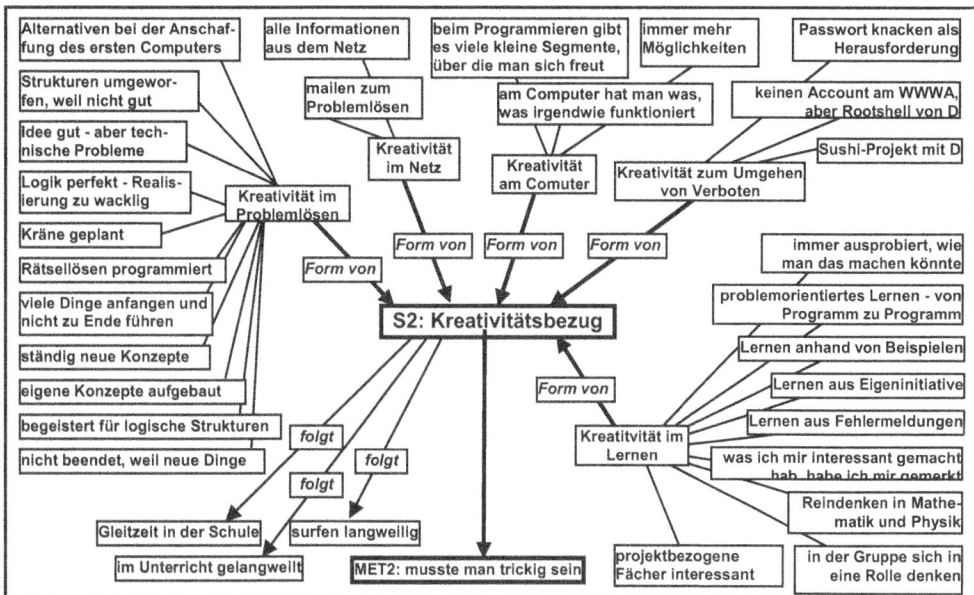

Abbildung 33: Strukturmerkmal Kreativitätsbezug (Bernd H.)

Zusammenfassend lässt sich feststellen, dass es auch im vorliegenden Fall einen K r e a t i - v i t ä t s b e z u g gibt, der nicht vordergründig dargestellt wird und der eine starke Ausrichtung auf praktische Kontexte besitzt. Dieser K r e a t i v i t ä t s b e z u g beeinflusst ebenfalls wie bei Anton P. die Einstellungen zur Schule, zum Unterricht und direkt die Lernhandlungen.

3.3.2.4.6   Reflexionsbezug

Im Folgenden ist die Frage interessant, ob sich auch bei Bernd H. Belege finden, die einen R e f l e x i o n s b e z u g vermuten lassen. Vordergründig und auf der Ebene der Reflexion seiner Erzählhandlung sind kaum Auffälligkeiten zu verzeichnen. Allerdings setzen sowohl die Einschätzungen seiner Projekte und vor allen Dingen die Einschätzung seiner sozialen Position reflexives Handeln und Denken voraus.

> „Außerdem gab's da wohl eine Computer- AG, wo an KC' s programmiert wurde (...) und da habe ich dann halt auch mitgemacht als jüngerer Schüler unter Älteren aber es zeigte sich dann , dass ich (...) dass ich wohl schon ein wenig mehr wusste, also die älteren Schüler und hinterher kamen dann auch die älteren Schüler an und haben mich irgendwas gefragt, über irgendwelche inhaltlichen Dinge. Ja das war' ne dann die Zeiten, wo ich in Basic programmiert habe" (ebd., Z. 41-46)

Bei genauer Betrachtung sind auch mehrfach Selbsteinschätzungen auffindbar, die es ihm ermöglichen, selbst zu entscheiden, was er lernen muss und wo er neue Lernziele findet. Diese Einschätzung prägte dann die Wahl seiner Lernstrategien und seiner weiteren Lerntätigkeiten, wie das folgende längere Zitat zeigt.

„Also an der alten Schule war es ja so, dass ich mich ständig gelangweilt habe. Das war zu wenig für mich, die anderen waren weit zurück. Und im Unterricht hatte ich immer viel Zeit. Lesen, Schreiben, Zählen, das konnte ich auch vor der ersten Klasse und ich konnte da soviel, dass ich mich gelangweilt hab in der Schule (.) da war nichts zu lernen (..) das hat sich dann am Gymnasium geändert (..) da gab's in Fächern, in denen man einfach Lernen muss so wie: Geschichte, Geografie, Sprachen (...) und das kam dazu, da musste man lernen. Und das war ich nicht gewohnt (..) ich war zu faul dazu (...) Ich hatte es mir angewöhnt (..) ich brauch' nicht lernen, war zu faul zum Lernen. Ich lerne nicht. Und so ist es auch geblieben, ich wusste also immer, was ich noch so im Kopf hatte, was ich mir interessant gemacht hatte, so dass ich es mir gemerkt habe." (ebd., Z. 508-518)

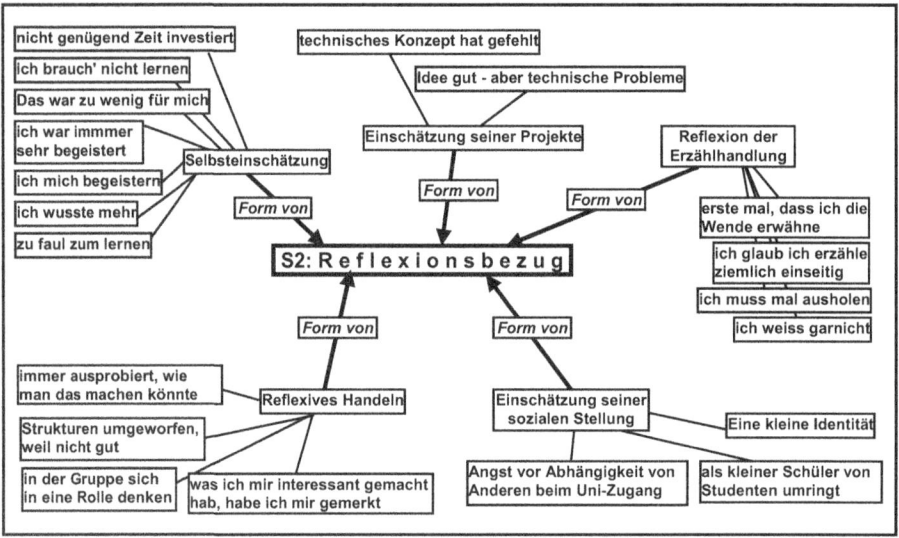

Abbildung 34:   Strukturmerkmal Reflexionsbezug (Bernd H.)

Somit lässt sich zeigen, dass ein R e f l e x i o n s b e z u g auch bei Bernd H. vorzufinden ist, wenngleich das Interview dies nicht vordergründig thematisiert. Dies könnte sich in der Wahl des „roten Fadens" begründen. Durch den P r o b l e m b e z u g , der eher zu einer objektiven bzw. außenstehenden Position führt, ist es in der Erzählung weniger nötig, sich selbst darzustellen und somit auffälligere Anhaltspunkte zu liefern.

3.3.2.4.7   Merkmalsprofil

Das vorliegende kurze Interview mit nur teilweise längeren Erzählpassagen gibt dennoch einen Aufschluss über einige strukturelle Merkmale des Lernens im Fall Bernd H. Das auffälligste Merkmal ist der P r o b l e m b e z u g , der sich durch seine gesamte Entwicklung zieht. Dies wird vor allem an der Erzählweise deutlich, bei der die Arbeiten und Projekte als „roter Faden" dienen. In Bezug auf die Analyse des Interviews von Anton P. ist dies ein neues Strukturmerkmal. Da die Probleme für Bernd allerdings kleine Herausforderungen darstellen, scheint es sinnvoll, hier eine Parallele zu ziehen. Es wird im Fortgang zu überlegen sein, ob eine Zusammenfassung oder Subsummierung nützlich ist.

Im Rahmen seiner großen Vorliebe für die Programmierung, die sowohl die technischen und elektronischen Basteleien als auch die Mathematik verdrängt hat, sind die ordnenden und logischen Prinzipien ein weiterer wichtiger Bestandteil seines Lernens. Dieser S t r u k t u r b e z u g wird aber nur teilweise auf andere Bereiche übertragen und spielt keine so dominante Rolle wie beim Fall Anton P.

Als weiteres Strukturmerkmal kann dem Interview entnommen werden, dass für Bernd der P r a x i s b e z u g von großer Bedeutung ist, insofern man das Programmieren von Computern als eine zielorientierte, ergebnisorientierte und somit praktische Tätigkeit ansieht.

Weiterhin kann am vorliegenden Fall durch die Betrachtung des S o z i a l b e z u g s die Rolle von Peergroups verdeutlicht werden. Das Erreichen eines Status innerhalb der Gruppe ist hier genauso als ein Aspekt seiner Lerntätigkeit zu sehen, wie auch das gemeinsame Bearbeiten von Projekten im Team. Vergleichbar zum Fall Anton P. spielt ebenso die Öffentlichkeit in Form von öffentlichen Auftritten, z.B. Teilnahme bei Wettbewerben und Theaterauftritte, eine Rolle.

Relativ nahe liegend ist es, bei der großen Anzahl von Projekten und dem „sprunghaften" Wechsel zwischen ihnen das Strukturmerkmal K r e a t i v i t ä t s b e z u g vorzufinden. Die über die Arbeiten an seinen Modellen und späterhin am Computer erlernten Fähigkeiten finden ihre Widerspiegelung in der Lerntätigkeit. So zeugen das Lernen durch Probieren, anhand von Beispielen oder auch das Hineindenken von hoher Kreativität. Das Merkmal K r e a t i v i t ä t s b e z u g nimmt somit einen relativ hohen Stellenwert ein.

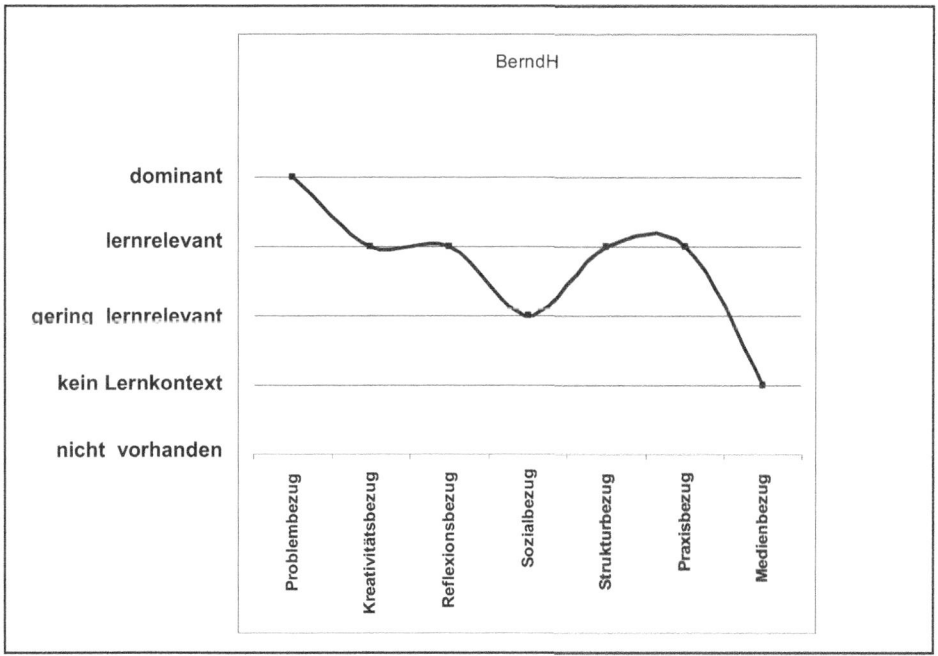

Abbildung 35: Merkmalsprofil (Bernd H.)

Schließlich konnte auch in dieser Untersuchung ein R e f l e x i o n s b e z u g nachgewiesen werden. So schätzt Bernd H. sich selbstkritisch ein und kann die Position innerhalb sozialer

Gruppen abwägen. In gleicher Perspektive sieht er seine Projekte aus damaliger und heutiger Sicht. Ein weiterer Beleg für den R e f l e x i o n s b e z u g findet sich in seinem Handeln, der insbesondere für die Lernmethode des Probierens eine notwendige Voraussetzung ist.

3.3.2.5   Analyse der Merkmalsbeziehungen und des Kontexts

Analog zum Fall Anton P. sollen an dieser Stelle die Verbindungen zu den Strukturmerkmalen vor dem Hintergrund des Erschließens hypothetischer Beziehungen zwischen diesen diskutiert werden. Ebenso schließt sich eine Diskussion unter Einbeziehung des Kontextes an.

3.3.2.5.1   Verbindungen zwischen den Merkmalen

Erwartungsgemäß lassen sich die Strukturmerkmale in einem Verbindungsgeflecht von Kodes darstellen. Augenscheinlich sind auch wieder die zentrale Stellung einiger Kodes und somit die Herausbildung von attraktiven Punkten. Die Abbildung 39 veranschaulicht die Verbindungen der Strukturmerkmale ohne Darstellung der einzelnen Zwischenstufen, die durch deskriptive oder abstrakte Kodes gebildet werden. Durch gestrichelte Linien sind die Beziehungen angedeutet, die nur über attraktive Punkte zustande kommen.

Grundsätzlich zeigt sich, dass alle Strukturmerkmale miteinander verbunden sind. Die meisten Beziehungen ergeben sich zum Merkmal P r o b l e m b e z u g , was auf Grund der Erzählweise im Interview und der Bedeutung dieses Merkmals durchaus zu erwarten war. Die vielfältigen Verbindungen vom R e f l e x i o n s b e z u g dagegen lassen sich nicht so einfach am Text ablesen. Dennoch sind die Bedeutung und die Beziehungsvielfalt dieses Merkmals jetzt deutlich. Ebenso drängt sich bei der Analyse des Textes der K r e a t i v i t ä t s b e z u g nicht so in den Vordergrund, wie nun zu ersehen ist.
Es zeichnen sich wiederum typische Dreiecks-Gruppen ab:

> K r e a t i v i t ä t s b e z u g – R e f l e x i o n s b e z u g - S o z i a l b e z u g ,
> K r e a t i v i t ä t s b e z u g – P r a x i s b e z u g – P r o b l e m b e z u g ,
> S o z i a l b e z u g – R e f l e x i o n s b e z u g – P r o b l e m b e z u g ,
> S o z i a l b e z u g – R e f l e x i o n s b e z u g – S t r u k t u r b e z u g ,
> S t r u k t u r b e z u g – R e f l e x i o n s b e z u g – P r o b l e m b e z u g   u n d
> S o z i a l b e z u g – P r o b l e m b e z u g – S t r u k t u r b e z u g .

Trotz der Vielfalt gibt es ausbleibende direkte Verbindungen nach der Beseitigung der attraktiven Punkte zwischen dem P r a x i s b e z u g und dem S t r u k t u r b e z u g , dem K r e a t i v i t ä t s b e z u g und dem S t r u k t u r b e z u g sowie dem P r a x i s b e z u g und S o z i a l b e z u g . Das Ausbleiben begründet sich an der Erzählweise des Textes und ist deshalb nicht überzubewerten. Rein theoretisch lassen sich dann alle Strukturmerkmale in Dreiecken miteinander verbinden. Dennoch sind plausible hypothetische Aussagen durch die konkreten Kodes, die Attribute der Verbindungen und das Einbeziehen des Kontextes möglich.

Die erste Besonderheit ist eine auffällig vielfältige Verbindung zwischen dem K r e a t i v i t ä t s b e z u g und dem P r o b l e m b e z u g . Diese Vielfalt ergibt sich aus den verschie-

denen Anwendungsbereichen des Problemlösens, die jeweils durch Kreativität gekennzeichnet sind und somit einheitlich im Kode „kreatives Problemlösen" erfasst wurden.
Der **Kreativitätsbezug** ist in dieser Beziehung **eine Voraussetzung für den Problembezug**. Allerdings entwickelt sich Kreativität erst durch die praktische Lösung von
Problemen. Insofern kann der **Problembezug** einerseits als **eine Form der Veräußerlichung des Kreativitätsbezugs und** andererseits **als eine notwendige Bedingung
für** die Entwicklung des **Kreativitätsbezugs** bezeichnet werden.

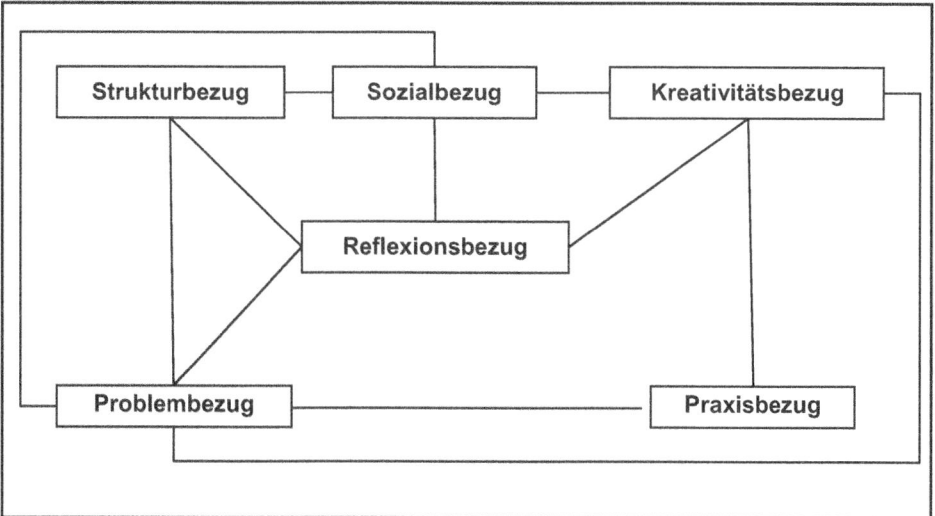

Abbildung 36: Verbindungen der Strukturmerkmale ohne attraktive Punkte (Bernd H.)

Das kreative Problemlösen trägt eine weitere Beziehung in sich, die auch über andere Verbindungen herstellbar ist. Da sein Problemlösen nicht nur auf einer Ebene der praktischen
Auseinandersetzung stattfindet, sondern er sich auch auf der theoretischen Ebene mit Konzepten und Strukturen auseinandersetzt, verbindet das „kreative Problemlösen" auch den
Strukturbezug mit den beiden anderen Merkmalen des Lernens. Hier bestätigt sich eine
weitere Dreiecksbeziehung Kreativitätsbezug – Problembezug – Strukturbezug. Für die Übersichtlichkeit über die Verbindungen kann unter Beibehaltung der
Beziehungen der Kode „kreatives Problemlösen" als ein attraktiver Punkt entfernt werden.

Dabei wird eine weitere Verbindung augenfällig, die an dieser Stelle gleich mit ihren
Attributen diskutiert werden soll. Ausgehend vom „kreativen Problemlösen" findet sich wie
erwähnt die Verbindung zum Problembezug. Von diesem Merkmal führen zwei „daraus folgt" – Beziehungen zu den Kodes „problemorientierter Unterricht" und „problemorientierte Lernstrategien". Die Zuwendung zu diesen Lernstrategien und zu dieser Art von
Unterricht dokumentiert sich in den Kodes „Lernen aus Fehlermeldungen", „Lernen anhand
von Beispielen", Lernen „von Programm zu Programm" sowie das sich „Reindenken in
Mathematik und Physik". Diese Art des Lernens kann nun wiederum als eine „Form von"
kreativem Lernen und somit als Beleg für den Kreativitätsbezug gerechnet werden.
Damit schließt sich der Kreis.

Wesentlich interessanter ist dabei eine weitere Verbindung. „Kreativität im Lernen" setzt seinerseits Reflexivität voraus und ist deswegen auch folgerichtig mit dem Merkmal R e f l e x i o n s b e z u g verbunden. Hier findet sich also eine Parallele zum Fall Anton P.: **R e f l e x i o n s b e z u g ist eine Voraussetzung für K r e a t i v i t ä t s b e z u g .** Dies dokumentiert sich im vorliegenden Fall auch über die „Projekte", für deren Bewältigung „reflexives Handeln" und die „Einschätzung seiner Projekte" eine Voraussetzung bildet und die einen klaren Problem- und Kreativitätsbezug besitzen.

Der Kode „Projekte" ist wiederum ein attraktiver Punkt, der alle Strukturmerkmale miteinander verbindet. Zur Erhöhung der Übersichtlichkeit ist es sinnvoll auch diesen Punkt zu eliminieren. Die Verbindung zwischen dem P r o b l e m b e z u g und dem S t r u k - t u r b e z u g zeigt sich auch ohne attraktive Punkte auf mehrfache Weise und ist damit auch als enge Beziehung zu bewerten. So ist es plausibel, dass seine technischen und abstrakten Probleme auf Konzepten basieren, die eine strukturelle Form haben bzw. die auf bestimmten Ordnungsprinzipien aufbauen. Das Erkennen von Konzepten und deren ständige Verbesserung, wie die Kodes „ständig neue Konzepte" oder „Strukturen umgeworfen, weil nicht gut" belegen, sind ein für Lernprozesse typisches mehrfaches Bearbeiten eines Problems auf steigenden Niveaustufen. Dass dieser Vorgang nicht ohne Reflexion zum Erfolg führt, ist eine logische Konsequenz, die sich auch hier durch Verbindung über den Kode „Einschätzung seiner Projekte" dokumentiert. Damit ergibt sich der **R e f l e x i o n s b e z u g als eine notwendige Bedingung für den S t r u k t u r b e z u g** , ebenso wie im Fall Anton.

S t r u k t u r b e z u g und R e f l e x i o n s b e z u g besitzen gleichfalls wieder die Verbindungen zum S o z i a l b e z u g . Die Reflexion bezieht sich dabei auf die „Einschätzung seiner sozialen Stellung" und der Strukturbezug auf das Erkennen von Ordnungen in der Gruppe bzw. im Kontext mit seiner Theaterarbeit auch auf das „in der Gruppe hineindenken in eine Rolle". So sind also in diesem Fall **R e f l e x i o n s b e z u g und S t r u k t u r - b e z u g Voraussetzungen für den S o z i a l b e z u g .** Bemerkenswert bei Bernd ist, dass auch die Verbindung zwischen S o z i a l b e z u g und S t r u k t u r b e z u g anknüpft an den P r o b l e m b e z u g . Das „Erkennen von Ordnungen" ist eine günstige Voraussetzung für das Problemlösen und das „in eine Rolle hineindenken" ist eine Anwendung des strukturellen Denkens, die ihn beim Problemlösen unterstützt. Damit ist noch einmal die enge Beziehung zwischen S t r u k t u r b e z u g und P r o b l e m b e z u g unterstrichen, die als Hypothese formuliert werden kann: der **S t r u k t u r b e z u g ist** eine weitere günstige **Voraussetzung für den P r o b l e m b e z u g** .

Die Reflexion in seinem sozialen Umfeld bezieht sich bei Bernd auf zwei wesentliche Phänomene. Die „Einschätzung seiner sozialen Stellung" macht er abhängig vom „Erreichen von sozialem Status" und bezieht sich andererseits auf eine „Angst vor Abhängigkeit" von anderen Personen, die einmal im Zusammenhang mit der Universität als auch in der Schule deutlich wird. Der soziale Status bezieht sich dabei auch, wie oben bereits ausgeführt, auf die Zugriffsrechte auf Computer in der Schule und die Benutzung des väterlichen Computers. In allen diesen Fällen findet Bernd Lösungen, die seine „Kreativität beim Umgehen von Verboten" belegen. In diesem Sinne setzt er seine kreativen Problemlösungen auch im sozialen Bereich ein. **Der S o z i a l b e z u g** bildet hier einen Anwendungsbereich seiner Kreativität und ist somit **eine Form der Veräußerlichung des K r e a t i v i t ä t s - b e z u g e s** .

Andererseits lebt Bernd seine Kreativität am Computer aus. Die Arbeit am Computer kann aber gleichzeitig als praktische Tätigkeit gesehen werden. Somit zeigt sich eine Verbindung zwischen der Kreativität und dem Praxisbezug. **Der Praxisbezug** ist somit auch eine **Form der Veräußerlichung des Kreativitätsbezuges**. An dieser Stelle sei noch erwähnt, dass die Verbindung zwischen Praxis und sozialem Bezug sehr wohl existiert, insofern sich seine Arbeiten in Gruppenarbeit ergeben. Dies ist in den meist bei Projekten der Fall und durch die Eliminierung des attraktiven Punktes „Projekte" in Abbildung 36 nicht mehr enthalten.

Schließlich sind die Verbindungen zwischen Praxisbezug und Problembezug sehr eng. Überhaupt kann bei fast allen seinen Problemlösungen von praxisnahen Problemen gesprochen werden. Die Frage ist nun, ob diese Beziehung als Identität genommen werden kann oder sich eine hierarchische Ordnung einführen lässt. Für Bernd füllt die praktische Arbeit am Computer einen großen Teil sein Probleme. Andererseits ist die Praxis die Anwendung seiner Problemlösungen. Soweit kann ebenfalls von einer **Form der Veräußerlichung** gesprochen werden.

3.3.2.5.2   Berücksichtigung des Kontextes

Bernd ist ein computerinteressierter Schüler, der im Rahmen der Schülerfachgehilfen ebenso wie Anton verantwortungsvolle Aufgaben in der Administration von Computernetzwerken und Internetservern übernimmt. Er besucht die gleiche Schule wie Anton und hat damit einen gemeinsamen Kontext. Allerdings ist die biographische Entwicklung von Bernd stärker durch das häusliche Umfeld, besonders den Vater, geprägt. Daraus ergeben sich nennenswerte Unterschiede in der Ausprägung der Strukturmerkmale des Lernens, wenngleich auch Parallelen aufzufinden sind.

Das auffälligste Merkmal, das auch die Leitlinie in seiner Erzählung bildet, ist der Problembezug. Ausgehend von seinen Basteleien mit LEGO über die Programmierung kleinerer Programme setzt sich dieses Interesse an der Arbeit an mehr oder minder praktischen Problemen in der Schule durchgängig fort. Sein großes Interesse und seine Aufgeschlossenheit für neue Probleme führt zu einer Dynamik, die ihn teilweise Lösungen nicht zu Ende führen lässt. Die Dynamik wurde durch die verwendeten Metaphern deutlich. Die logische Folge ist insbesondere die Befürwortung von problemorientiertem Unterricht und Lernstrategien.

Ausgehend von der kindlichen Begeisterung an seinen „technischen und elektronischen Bauwerken" ist Bernd zunehmend am Lernfortschritt interessiert und entwickelt dabei eine Kreativität, die maßgeblich für alle anderen Strukturmerkmale ist. Insbesondere spiegelt sich die Kreativität im Problemlösen dann selbst wider. Die Zuwendung zu den kreativen Lernformen prägt Bernds Unterrichtsverhalten. Dies belegt nicht nur die Ablehnung von häuslichem Lernen und Auswendiglernen, sondern auch die Art und Weise, wie er in den logisch erschließbaren Zusammenhängen lernt, indem er sich die Gegenstände „interessant macht" und sich „hineindenkt". Der Kreativitätsbezug ist somit ein zweites wichtiges Strukturmerkmal. Die Selbstständigkeit im Problemlösen und auch bedingt durch seine eigenständige Tätigkeit im Verantwortungsbereich des Netzwerkadministrators bedarf der Reflexion seiner Tätigkeiten. Das Bedürfnis nach Verbesserung von Konzepten und Problemlösungen ist ein weiterer Beleg für den Reflexionsbezug.

Konzepte und Problemlösungen zeugen von systematischem Vorgehen, das vor allen Dingen in der Planungstätigkeit notwendig ist. Der notwendige Strukturbezug stellt damit eine wesentliche Voraussetzung für seine Arbeiten dar. Die Entwicklung des strukturellen Wissens basiert bei Bernd nicht so vordergründig auf seinen Kenntnissen der Programmierung und des Umgangs mit dem Internet wie bei Anton. Dennoch ist zumindest anzunehmen, dass sich diese Kontexte begünstigend darauf ausgewirkt haben, wenngleich dies im Interview so nicht deutlich wird. Bernd wechselt von den häuslichen selbstständigen Arbeiten durch die Integration in die Gruppe der Schülerfachgehilfen und auch im Rahmen der AG Theater in ein soziales Umfeld, das durch gemeinsame Tätigkeiten gekennzeichnet ist. Die Theater – AG ist dann auch der einzige Hinweis auf ein Bedürfnis nach Anerkennung durch Öffentlichkeit. Dies unterscheidet ihn klar von Anton.

Er versucht eher Anerkennung durch das Erreichen von sozialem Status zu gewinnen. Dabei spielen in Kreisen der Computerfachleute die Systemrechte eine wesentliche Rolle. Diese Rechte zu erreichen ist für Schüler ein Privileg. Da Bernd trotz seiner Leistungen dieser Statusgewinn verwehrt bleibt, nutzt er seine Kreativität zum Umgehen dieser Restriktionen nach dem gleichen Schema, wie er es im häuslichen Umfeld erfolgreich mit dem Umgehen der Verbote des Vaters erreicht hatte. Ein Hintergrund für die späte Anerkennung seiner Leistungen rührt daher, dass Bernd auf Grund der fehlenden Zustimmung des Vaters erst sehr spät die Erlaubnis bekam als Administrator des Internetservers zu arbeiten. Somit war er stets auf die Mitnutzung von Rechten anderer Schüler angewiesen. Dies wiederum begünstigte die Zusammenarbeit mit Partnern und das sich Einbringen in Gruppen. Der S o z i a l b e z u g ist dadurch im Wesentlichen geprägt.

Schlussendlich kommt er durch seine Projekte auch mit praktischen Kontexten in Berührung wie die Gestaltung des WWWA und des Projektes SKYLAB. Der P r a x i s b e z u g kann jedoch auch weiter gefasst und auch die Konstruktion seiner technischen Bauten (z.B. Kräne) als praktisches Tun angesehen werden. Ebenso trägt die Programmierung am Computer mitunter Züge der Praxis. Die Folge des P r a x i s b e z u g s ist die Forderung nach projektbezogenem Unterricht, wobei hier der P r o b l e m b e z u g mit einfließt.

Insgesamt zeigt sich, dass trotz ähnlicher schulischer Situation, Interessen und Kontexten die **Strukturmerkmale** leicht verschoben und **anders ausgeprägt** sind gegenüber dem Fall Anton P. Es ergibt sich also zunächst **ein anderes Merkmalsprofil**. Insbesondere ist das neue Merkmal P r o b l e m b e z u g zu kennzeichnen, das sich vorerst nicht unter einem schon bei Anton gefundenen Merkmal subsumieren lässt. Die Beziehungen deuten darauf hin, dass der Problembezug, der Praxisbezug und der Herausforderungsbezug eine gewisse Nähe aufweisen, die eine Zusammenfassung oder Untergliederung ermöglichen könnten. Dies wird zusätzlicher Gegenstand der weiteren Untersuchungen sein.

Trotz des unterschiedlichen Merkmalsprofils konnten grundlegende Beziehungen auch bei Bernd H. nachgewiesen werden. Somit bestätigen sich erstmals einige der Annahmen.

3.3.3   Fallbeschreibung Interview „Carsten W."

3.3.3.1   Äußerer Kontext

Das Interview wurde mit Carsten W. im Frühjahr 2000 kurz vor Abschluss seines Abiturs geführt. Carsten ist ein Quereinsteiger und erst in der 10. Klasse in die Schule gewechselt. In den knapp 3 Jahren hat er sich einen guten Ruf bei Lehrern und Schülern erworben. Er gehört durch seine Tätigkeiten in der Schülerband und beim Schülerradio zu den Schülern, die das Schulleben aktiv gestalten. Im Schülerkreis hat er eine allgemeine Anerkennung erreicht. Im Unterricht fällt er besonders durch Diskussionsfreudigkeit und Offenheit auf. Dadurch ist auch sein Verhältnis zu Lehrern gekennzeichnet, insbesondere zur Deutsch- und Musiklehrerin. Die Offenheit war einer der Auswahlgründe für das Interview.

Obwohl Carsten vom Interviewer nicht mehr unterrichtet wird, besteht zu ihm ein gutes Lehrer-Schüler-Verhältnis, das sich auf außerunterrichtliche Kontakte und Gespräche bezieht.

Diese Kontakte entstehen u. a. durch seine Arbeit in der Band und den technischen Bereitstellungen für das Schülerradio. Er zählt sich zu den technisch Unbegabten und bezeichnet sich nur als „Anwender" von technischen Geräten (Interview Carsten W., Z. 644). Damit gehört Carsten zu der Gruppe von Schülern, die kontrastiv zu den Computernutzern ausgewählt wurden.

Dem Schüler sind vor Beginn des Gesprächs das Ziel des Interviews, als Datenerhebung der Forschungsarbeit, und nur grob umrissen das Thema der Arbeit bekannt gegeben worden. Das Interview wurde an einem Nachmittag in der Schulbibliothek geführt.

3.3.3.2   Charakterisierung des Interviews und thematische Struktur

Obwohl der Interviewer schon einige Erfahrungen im Führen von narrativen Interviews besitzt und mit einer dementsprechend geeigneten Eingangsfrage das Interview eröffnet wird, gelingt im Fortgang des Gesprächs keine biographisch orientierte Erzählung. Lediglich der „erste Redeschwall" trägt eigene biografische Züge. Danach schwenkt das Gespräch deutlich auf eine Kritik an der Schule und somit auf eine „außen stehende", „objektivierte" Sichtweise, die nicht mehr verlassen wird. In diesem Sinne könnte man das Interview als Experteninterview ansehen, da er als Schüler einen tieferen Einblick in die Probleme der Schule hat.

Seitens des Interviewers entwickeln sich die Fragen immer mehr provozierend und polemisierend. Zum Teil werden sogar Probleme oder auch Dilemmasituationen konstruiert und Fragestellungen suggestiv gestellt. So ergeben sich fast zwangsläufig mehrfach argumentative Textpassagen.

Die dennoch längeren Ausführungen eignen sich aber durchaus zum Ablesen seiner Einstellungen und Positionen, wenn gleich auch der Eindruck entsteht, dass diese teilweise nur vermittelt wurden oder einer allgemeinen Diskursrichtung Rechnung tragen (z.B. Diskussion Chat). Dieser Eindruck wird u. a. durch viele widersprüchliche Aussagen erzeugt.

Die Identifikation der Strukturmerkmale des Lernens fällt unter diesen Bedingungen schwer, ist aber dennoch möglich. Auf Grund einiger zielgerichteter Fragestellungen kann immerhin eine kontrastive Sichtweise auf die Merkmale anderer Schüler gekennzeichnet werden. Insbesondere stellt sich die Frage, ob sich Anzeichen für das Vorhandensein der bereits bei anderen Schülern gefundenen Merkmale zeigen.

Das Interview wird eröffnet mit der folgenden Eingangsfrage.

> „I: Carsten, in dem Interview in dem Sie etwas über sich erzählen sollten, interessiert mich natürlich jetzt dieser Bereich, den Sie jetzt abgeschlossen haben mit dem Abitur, und zwar der Bereich Schule. Können Sie mir einfach mal erzählen, wenn Sie zurückblicken mal, die Schulentwicklung selber für sich beschreiben würden." (ebd., Z. 3-7)

Im Nachhinein zeigt sich, dass diese Fragestellung nicht so offen ist, wie sie eigentlich gedacht war. Die Konzentration auf Schule ist an sich noch keine scharfe Eingrenzung, aber der Begriff „Schulentwicklung" führt wahrscheinlich zu einer nicht subjektbezogenen Position, die zwar nicht gleich im ersten Schritt eingenommen wird, aber später durchweg vertreten ist.

Ohne jede weitere Aushandlung wird in der ersten Textpassage das persönliche Problem der häufigen Schulwechsel angesprochen und ein kurzer Abriss der schulischen Stationen gegeben (ebd., Z. 8-63). Ausgangspunkt ist die Wende in der DDR, die zu einem Wechsel des Schulsystems führte. Dabei wurden Sonderschulen, wie z.B. mit verstärktem Russischunterricht, abgeschafft, was für die Grundschüler eine Umorientierung zur Folge hatte. Für Carsten spielt die Unterbringung in Internaten eine besondere Rolle, die ebenfalls mit seinem Schulwechsel im Zusammenhang steht.

Die anschließende Frage, die nur einen neuen Ansatz ermöglichen sollte, führt ihn dann endgültig in die Objektposition, also zu einer Expertenrolle, die jede weitere biographische Erzählung erübrigt.

> „I: Nun da interessiert mich mal, wie Sie Sekundarschule erlebt haben, aus welchem Blickwinkel Sie das heute sehen? Und wie sich das dann mit dem Übergang zum Gymnasium vielleicht geändert hat in den letzten Jahren?" (ebd., Z. 64-66)

Die folgenden längsten Ausführungen haben als wesentlichen Kern eine ausgiebige Kritik an der Schule (ebd., Z. 67-340). Ausgehend von einer fehlenden Identifikation von Schülern mit der Schule, über die Schule als Institution und mit ersten Einschätzungen zum Unterricht, der ein fächerübergreifendes System ergeben sollte, die Aufgabe der Schule, auf das Leben vorzubereiten, der Lehrerrolle und schließlich der sozialen Struktur in Schulklassen werden die Kritikpunkte angesprochen, die auch im Fortgang als grundlegende Positionen bezogen werden.

In der nächsten Textpassage soll Carsten über seine Erlebnisse im Gymnasium berichten und er beginnt eine kurze Erzählung über sein Ankommen am Gymnasium, die Wahl der ersten Freunde und dass er schließlich mit einem engen Freundeskreis eine Band gegründet hat (ebd., Z. 344-374).

Nachdem ihm nichts dazu mehr einfällt, wird er aufgefordert noch mal aus der Schule zu erzählen. Dies nimmt er zum Anlass sich im Folgenden über die Lehrer zu äußern. Insbesondere kritisiert er, dass in der Schule ein „Chef-Arbeiter-Verhältnis" bestünde. An dieser Stelle ist das Lehrer-Schüler-Verhältnis zwischen Interviewer und Interviewtem auch direkt ablesbar. So kommt es zum argumentativen Wortwechsel (ebd., Z. 376-406).

Aus dieser Situation ergibt sich die Frage nach der Aufgabe der Schule ganz allgemein. Einen wesentlichen Kernpunkt der schulischen Ausbildung sieht Carsten in der Herausbildung von Teamfähigkeit. Hierbei stellt er fest, dass Teamwork in der Schule in Form von Gruppenarbeit nicht funktioniert (ebd., Z. 407-452).

Der nächste Teil zum Thema Lernen in der Schule ist polemisiert und durch nur kurze Antworten gekennzeichnet. Die eigentliche Frage, wie man lernt, wird nicht richtig erfasst und eher die Haltung vermittelt, dass wenn Interesse da ist, auch gelernt wird. Dabei wird die Einsicht deutlich, dass das Schulwissen nicht das Wissen für die Zukunft sei. Aber man habe eine „schöne Allgemeinbildung" als Überblick über viele Themen. Die einzige Erkenntnis, die aber auch nur unvollständig vermittelt würde, ist wie man sich Wissen aneigne. Hier solle die Schule noch aktiver werden (ebd., Z. 453-536).

Schon Bezug nehmend auf die anfänglichen Kritikpunkte wird in der folgenden Passage die Frage diskutiert, ob das mangelnde Problembewusstsein eine gesellschaftliche Erscheinung sei. Die suggerierte Antwort wird von Carsten so nicht akzeptiert, sondern eher die menschliche Schwäche als Grund angeführt. Auch mit der Schule als Institution habe dies wenig zu tun. Es stelle sich eine Einstellung heraus, die eher auf das Zuschieben von Verantwortlichkeit zurückzuführen sei (ebd., Z. 539-616)

Ein völliger Themenschwenk wird mit der nächsten stark suggestiven Frage zur Bedeutung der Technik und seinem persönlichen Verhältnis dazu eingeleitet. Hier beschreibt sich Carsten als Anwender der Technik und dass er froh sei, wenn Technik funktioniere. Ebenso sei die Nutzung des Computers eine nicht nennenswerte Beziehung:

„Also am Computer da mach ich eigentlich, na wenn man mal so was Schönes schreiben muss oder Musik auch so, so mit Midi und so." (ebd., Z. 652-654) Mit dem Internet könne er sich noch nicht richtig anfreunden. Insofern sei ihm ein Buch lieber als das Internet. Im Folgenden argumentiert er für die Vorzüge von Büchern und die Benutzung der Bibliothek (ebd., Z. 619-689).

Trotz der geringen Beziehung zum Computer und Internet wird die Frage nach einer möglichen Nutzung im Unterricht gestellt. Damit erhalten die Aussagen einen konstruktiven Charakter bzw. bilden eine Projektion der Einstellung von Carsten. Obwohl er sich nun ein Lernen mit dem Computer nicht vorstellen könne oder gar mit einem Computer kreativ zu werden, sähe er Möglichkeiten im Bereich der Veranschaulichung des Unterrichts oder als Modellersatz. Als Wissensquelle sei der Computer eher in den Naturwissenschaften geeignet, da dort das Buch nicht so wichtig sei. Schließlich könne er sich eine Interaktion mit dem Computer vorstellen, so dass der Schüler ein schnelleres Feedback bekäme, obwohl er „multiple- choice- tests" ablehne. Letztendlich stellt sich ihm die Frage, ob der Unterricht dann auch zu Hause stattfinden könne (ebd., Z. 692 816).

Eine sich daran anschließende Fragestellung bezieht sich auf die Bedeutung von virtuellen Gemeinschaften. Rein gedanklich konstruiert, dass „chatrooms" ebenfalls soziale Gemeinschaften bilden, äußert sich Carsten zu diesem Problem. Die logische Folge ist, dass er sich in eine Reihe von Widersprüchen verfängt und zu keiner klaren Position findet, obwohl er schon versucht es abzulehnen (ebd., Z. 833-880).

In einem abschließenden Segment soll Carsten nun noch einmal seine Schule der Zukunft beschreiben. Die anfangs eingeführten Kritikpunkte werden dabei aufrechterhalten und nochmals betont. Insbesondere solle die Schule fächerübergreifend arbeiten, die Schüler mögen mehr Mitspracherecht bekommen, so dass ein selbstständiges Lernen und Themenwahl möglich wären. Die „autoritären Herrschaftsstrukturen" würden in der zukünftigen Arbeitswelt vielleicht auch nicht mehr existieren und somit auch in der Schule obsolet. Bezug nehmend auf die Kritik anderer Schüler an der Schule führt der Interviewer die Frage nach mehr Praxisrelevanz ein. Dies sei für Carsten jedoch eher keine Notwendigkeit, zumal er Probleme mit dem Begriff „Praxis" an dieser Stelle habe. Als grundlegende Auf-

gabe des Gymnasiums sehe er die Vorbereitung auf die Universität und die damit zu vermittelnden Kenntnisse im wissenschaftlichen Arbeiten (ebd., Z. 890-1042).

3.3.3.3   Themenanalyse

Wie oben bereits erwähnt, lässt sich trotz der schlechten Interviewführung der Text mit
dem Verfahren des offenen Kodierens bearbeiten. Das doch breite Themenspektrum ermöglicht dabei, weitere Erkenntnisse zu den Strukturmerkmalen des Lernens zu gewinnen (s.
Abb. 37). Auch wenn die Themen fast wie in einem Leitfadeninterview abgearbeitet wurden, so können gerade an den Reaktionen des Schülers Auffälligkeiten feststellt werden.
Interessant sind u. a. unerwartete Aussagen bei suggestiven Fragen und die Abschweifun-
gen bzw. Umlenkung von der gestellten Frage auf ein ihm wichtiges Thema.
Bei der Untersuchung wird dem Interviewstil Rechnung getragen, indem der Themenwahl
und einzelnen Themen weniger Bedeutung zugemessen wird, in dem Sinne, dass sich allein
aus der Erwähnung eine höhere Relevanz ergäbe. Wie in Abbildung 37 zu sehen, ergeben
die Themenkomplexe Gruppen, die inhaltlich als auch textsequentiell nah beieinander liegen. Das Thema „Medien" wird vor dem Kontext sozialer Fragen und der Einsetzbarkeit im
Unterricht diskutiert.

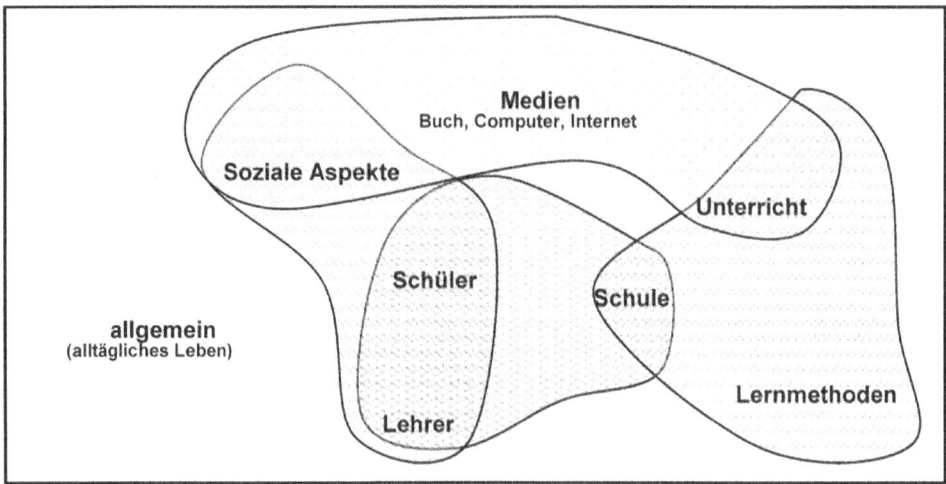

Abbildung 37:   Themen des Interviews (Carsten W.)

Die Themengruppe „Schüler", „Lehrer" und „Schule" ist in verschiedene Kontexte eingebunden. Das Verhalten von Schülern und auch das Verhältnis zu Schülern tragen enge
soziale Bezüge. Vom allgemeinen Problembewusstsein ausgehend über das Engagement
für die Schule bis zur Bedeutung der Internatsgemeinschaft, der Klassenstrukturen und
auch der Musikgruppe steht immer wieder das Beziehungsgefüge seines sozialen Umfeldes
in der Diskussion. Insofern zeigt Carsten ein stark Peergroup- bezogenes Verhalten. Andererseits steht das Thema „Schule" natürlich in Verbindung mit „Unterricht" und „Lernme-

thoden". Hierbei werden im Wesentlichen institutionelle Vorgaben die Schule allgemein betreffend mit ihren Auswirkungen im Unterricht erzählt.

Eine weitere Auffälligkeit bei Carsten ist der wiederholt angeführte Wunsch nach einem außerunterrichtlichen Kontakt zu Lehrern. Dieser Wunsch könnte sich zum einen im Widerstreben gegenüber dem institutionell vorgegebenen Lehrer-Schüler-Verhältnisses und andererseits der Zuwendung zu erwachsenen Personen in seinem „erwachsenenlosen" sozialen Umfeld begründen. Letzteres ergibt sich möglicherweise aus seinem Internatsaufenthalt.

3.3.3.4 Strukturmerkmale des Lernens

Im Folgenden wurden die Merkmale des Lernens unter vergleichenden Aspekten zum Interview von Anton P. und Bernd H. untersucht. Die grundlegende Frage ist, ob sich die gefundenen Strukturmerkmale wieder finden und ob darüber hinaus neue Merkmale zu Tage treten. Es sei vorweggenommen, dass es möglich ist, die Strukturmerkmale von Anton P. zu finden. Allerdings ergibt sich eine andere Ausprägung und Ausrichtung bzw. Dimensionierung. Damit zeigt sich ein anderes Lernprofil, was auch zu erwarten war.

Interessant bleibt dabei die Frage nach dem Zusammenhang zwischen den einzelnen Merkmalen.

3.3.3.4.1 Problembezug

Der bei Bernd H. vorgefundene P r o b l e m b e z u g kann im weitesten Sinn auch bei Carsten aufgezeigt werden. Allerdings handelt sich um eine völlig andere Lage des Begriffs „Problembezug" (s. Abb. 38).

Die eingangs erwähnte Kritik an der Schule und auch am Lehrer-Schüler-Verhältnis sind für Carsten „Probleme", die er versucht zu lösen bzw. zumindest erkennt. So wird von ihm schon sehr früh in dem Interview der Begriff „Problembewusstsein" eingeführt.

> „Ich hab die Vermutung, dass es daran liegt, dass es kein richtiges Problembewusstsein gibt, dass die Leute zu sehr an das gewöhnt sind, was sie jeden Tag sehen, ohne das zu hinterfragen." (ebd., Z. 93-95)

Die Probleme beziehen sich damit generell nicht auf logische oder mathematische Probleme, sondern auf das Verhalten seiner Umwelt. Sie besitzen damit einen ausgeprägten sozialen Charakter. Die von ihm angesprochenen sozialen Bereiche betreffen die Schüler- und Lehrerschaft allgemein, die Schule als Institution, die Schulklasse als soziale Gruppe, kleinere Gruppen sowie den Schülerrat. Die folgenden von ihm angeführten Beispiele verdeutlichen die Auseinandersetzung mit diesen Problemen.

> „Zum Beispiel, was mich ein bisschen traurig macht, wie wenig man den Schülerrat spürt, so als Schüler. Ich war dann noch Klassensprecher, na ich hab auch ganz oft die Versammlung verpasst, einfach gebummelt, aber man hat so überhaupt nicht gemerkt, dass der da ist. Gut, Schulfest hatte man mit organisiert, aber sonst war da eigentlich nichts. Ich weiß nicht woran das eigentlich liegt. Also ein Jahr lang habe ich auch mal, war ich beratendes Mitglied, glaube ich, im Schülerrat, also nicht stimmberechtigt und mir das angesehen. Hat mir irgendwie nichts gegeben, dabei zu sitzen. Ich hatte nicht das Gefühl, dass wirklich was entsteht." (ebd., Z. 85-93)

„Also ein Beispiel über das ich mich maßlos aufgeregt habe, wie lange Sachen hier hängen bleiben, Plakate. Da hing ein Plakat von den fünfzig Jahren Menschenrechte ein ganzes Jahr lang. Also hat sich niemand dafür verantwortlich gefühlt. Also im Raucherzimmer habe ich neulich mindestens fünf Zettel abgenommen, die vom April waren, dass die Wahrnehmung fehlt für Sachen, die eigentlich nicht richtig sind." (ebd., Z. 95-100)

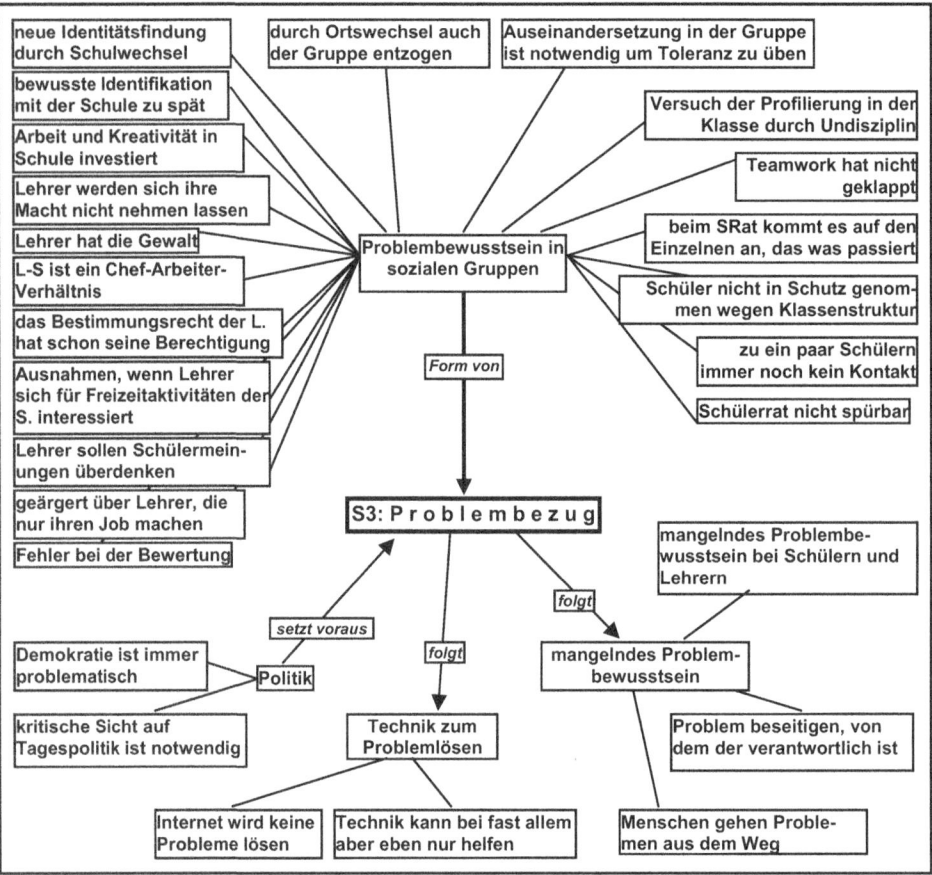

Abbildung 38: Strukturmerkmal Problembezug (Carsten W.)

Mehrfach bezieht Carsten sich auf das Verständnis des Schüler- Lehrer- Verhältnisses und der Rolle des Lehrers bzw. seinen Einstellungen. Die Benennung dieses Problems verdeutlicht den hohen persönlichen Stellenwert für seine Entwicklung und auch für sein schulisches Lernverhalten.

„Ja, also ich möchte einfach von den Lehrern als Mensch behandelt werden ja und nicht als Arbeitsobjekt oder so. Manchmal war das nicht so. Das hat mich massiv gestört. Wenn so die Meinung eines Schülers überhaupt keine Bedeutung hat." (ebd., Z. 267-270)

„Nämlich was mich auch so furchtbar geärgert hat, waren die Lehrer, von denen ich den Eindruck hatte, dass sie, wenn sie nach Hause gehen, wer anders sind, dass ihnen dann die Sorgen, die sie im Unterricht hatten überhaupt nichts mehr bedeuten. Sie gehen nach Hause und alles ist OK. Die eben nicht richtig als Mensch Lehrer sind." (ebd., Z. 243-246)

Bei den meisten Problembeschreibungen findet eine Eigenpositionierung statt, die einen kritischen Blick auf sein eigenes Sozialverhalten bildet. Die Problemlösungen liegen für ihn in der „Herausbildung eines Bewusstseins" und seiner Identitätsfindung. Insofern ist es gerechtfertig, von einem P r o b l e m b e z u g bei Carsten zu sprechen. Die Ausschließlichkeit seines P r o b l e m b e z u g s auf soziale Aspekte verdeutlichen auch die folgenden Umstände. Zum einen erzählt Carsten von der Teilnahme an Mathematikolympiaden, bei der mathematisches Problemlösen mit Sicherheit eine Voraussetzung ist, andererseits erklärt er, dass die Mathematik und die Naturwissenschaften nicht seine Interessengebiete sind.

> „Zu dieser schulischen Entwicklung muss ich sagen, dass eigentlich, gemessen an diesen anderen Maßstäben, hier an so einer Spezialschule, habe ich gemerkt, dass das mit der Mathematik, mit den Naturwissenschaften bei mir nicht ganz das ist, wofür auch mein Herz schlägt. Ich hab eben auch gemerkt, ich bin an meine Grenzen gestoßen, ganz kurz." (ebd., Z. 45-49)

Die Ablehnung des Lösens von Problemen wird im technischen Bereich noch deutlicher.

> „Ich bin immer froh wenn meine technischen Geräte funktionieren und wenn sie nicht funktionieren, dann schrei ich ganz laut und such mir irgendwen, der sie reparieren kann." (ebd., Z. 642-644)

Eine wesentliche Folge des P r o b l e m b e z u g s bei Carsten ist ein gesteigertes Empfinden von sozialer Ungerechtigkeit, die allerdings nicht unbedingt zu den entsprechenden Handlungen führt. Dies wird an mehreren Beispielen deutlich.

> „Es waren Neue dazugekommen und einer davon, wie das so entsteht, aus vollkommen irrationalen Gründen, der sollte nun, der sollte fertig gemacht werden, wirklich fertig gemacht werden. Also war von der Realschule gekommen aufs Gymnasium und er war halt kein sehr guter Schüler. Aber ich denke, der hätt 's schon geschafft. Wir haben ihn so, äh, gemein behandelt. Ich hab's aber nicht geschafft, ihn so in Schutz zu nehmen wie ich das heute machen würde." (ebd., Z. 316-322)

Der P r o b l e m b e z u g trägt damit einen anderen Charakter als er bei Bernd H. zu finden war. Einerseits sind es die Problembereiche, die sich unterscheiden und andererseits steht bei ihm eher die Problemidentifikation im Vordergrund. Im sozialen Bereich führt der P r o b l e m b e z u g zu einem gesteigerten Engagement. Der Grund dafür könnte in seinen Hemmungen liegen, wie er selbst sagt.

> „Ich knüpfe nicht sehr schnell Kontakte und es hat auch hier eine Weile gedauert, bis ich mich so richtig rein gefunden habe." (ebd., Z. 359-361)

Auf Grund der Themen und der bereits beschriebenen, teilweise distanzierten Position im Interview ist eine Ausrichtung des vorgefundenen P r o b l e m b e z u g s auf seine Lerntätigkeit nur anzunehmen. Es gibt keine eindeutigen Hinweise, dass der P r o b l e m b e z u g im Lernen eine Rolle spielt. An dieser Stelle kann also nur schwer von einem Strukturmerkmal des Lernens gesprochen werden.

3.3.3.4.2 Sozialbezug

Die Dominanz des S o z i a l b e z u g s ist nicht nur über die durchgängige Kritikäußerung an dem Verhalten des Umfelds von Carsten ablesbar, sondern sie fällt auch äußerst differenzicrt aus. Bereits in der Eingangsphase des Interviews wird die Bedeutung des Internats deutlich.

> „Ich bin dahin gegangen und das war schon ein ziemlicher Einschnitt. Die achte Klasse war ich da. Hab im Internat gewohnt dort. Das war eigentlich die größere Veränderung. Der Unterricht war zwar schon ein anspruchsvoller, aber für mein Leben war das wichtiger. Das Internat war

auch der Grund warum ich da nicht geblieben bin. Es war, es ist ein unangenehmes Klima, es
waren kaum Gleichaltrige. Es war eine verschworene Gemeinschaft zu der ich keinen Zugang
gekriegt habe." (ebd., Z. 26-32)

   „Als es dann klar war, dass ich herkomme und auch hier gewohnt habe, da war erst mal diese
   Internatsgemeinschaft ganz wichtig. Hab mich mit dem K. erst mal so zusammengefunden und
   dann war das ein Zeit lang wie so eine Einheit siamesischer Zwilling." (ebd., Z. 356-359)

Die Internatsgemeinschaft bildet damit eine erste für ihn wichtige Peergroup, die ihm Orientierungen, soziale Sicherheit und auch Lernhilfen gibt. Eine weitere Peergroup ist zweifelsohne die Musikband, die sich aus gemeinsamen Interessen herausgebildet hat. Auch
hier kann er sich ein gemeinsames Tun bzw. Lernen vorstellen. Im Kontext der Diskussion,
dass Teamwork im Unterricht eigentlich nicht klappt, weil die eigentliche Arbeit nur von
einigen Mitgliedern der Gruppe gemacht wird, belegt die folgende Aussage die Bedeutung
der Musikband als Peergroup.

   „Es kommt vielleicht auch dadurch, dass man nicht alle im Team ausreichend kennt. Also ich
   könnt mir zum Beispiel mit der Band zusammen, wir würden auch was anderes zusammen machen können und wir wären ein gutes Team. Bin ich mir ziemlich sicher." (ebd., Z. 438-440)

Im gesamten Interview finden sich weitere Belege für die starke Rolle der Peergroup. Insbesondere sind dabei auch häufig einzelne Freunde im Zusammenhang mit dem Lernen
genannt. In dieser Weise zeigt sich eine hohe Gruppenrelevanz für Lernprozesse und es ist
der S o z i a l b e z u g sehr wohl als Strukturmerkmal des Lernens zu verstehen.

   Der starke Bezug auf abgegrenzte Gruppen lässt sich erklären über die im letzten Abschnitt beschriebenen Hemmungen. Insbesondere die Ereignisse in seiner frühen Schulzeit,
die aus dem Bedürfnis der Profilierung im Verbund der Schulklasse herrühren, können als
Beleg dafür genommen werden.

   „Ich muss der Meinung gewesen sein, ich müsste mich profilieren. Vor meiner Klasse auch so.
   Das hängt bestimmt auch damit zusammen, diese Klasse war seit der dritten Klasse zusammen.
   Und es entwickelt sich ja immer so 'ne Struktur, so 'ne Gruppenbildung." (ebd., Z. 301-304)

Der zweite große Bereich seines S o z i a l b e z u g s ist durch das Bedürfnis eines engen
Kontakts zu Erwachsenen geprägt (s. Abb. 43). Für den Internatsschüler spielen hier die
Lehrer eine besondere Rolle. Inwieweit dabei von einem Elternersatz gesprochen werden
kann, bleibt offen und ist auch für die Fragestellung der Arbeit nicht relevant. Obwohl er in
der früheren Schulzeit ungerecht von seiner Klassenlehrerin behandelt wurde, richtet sich
Carstens Wunsch nach einer engeren Beziehung zu Erwachsenen auf die Lehrer und er
bezeichnet die Gespräche als eine Art von erweitertem „Unterricht".

   „Aber vielleicht das, was übers fachliche hinausgeht, dass vielleicht auch, ich weiß nicht ob das
   zuviel wäre, ein gewisser persönlicher Kontakt zwischen Lehrer und Schüler? Das ist vielleicht,
   na ja wir haben hier ja eine autoritäre Unterrichtsform, in der also die Kompetenzen absolut klar
   sind. Es ist schon so, dass der Lehrer die Gewalt hat, zu bestrafen oder zu belohnen, da ist das
   wahrscheinlich nicht möglich; so auf einer persönlichen Ebene zu machen. Obwohl, gab es auch
   mit einigen Lehrern, dass man sich zum Beispiel in der Freizeit getroffen hat und ja einfach so.
   Also auch zum Beispiel was im Unterricht an Nichtfachlichem undiskutiert bleiben musste, dass
   man das da mal zur Sprache bringen konnte. Das waren auch sehr wertvolle, auch sehr wertvol-
   ler Unterricht. Das hat dann da eigentlich geklappt. Aber eigentlich auch erst in der Kursstufe.
   Also ich weiß nicht, ob das früher geht." (ebd., Z. 217-228)

Dementsprechend neigt er in seinen Einstellungen zu Lehrern, die Schüler als „Menschen
behandeln" (ebd., Z. 268), „Schülermeinungen akzeptieren" (ebd., Z. 334) bzw. die „Schü-
lermeinung überdenkt" (ebd., Z. 251). Das Lernen ist damit abhängig von dieser sozialen
Beziehung.

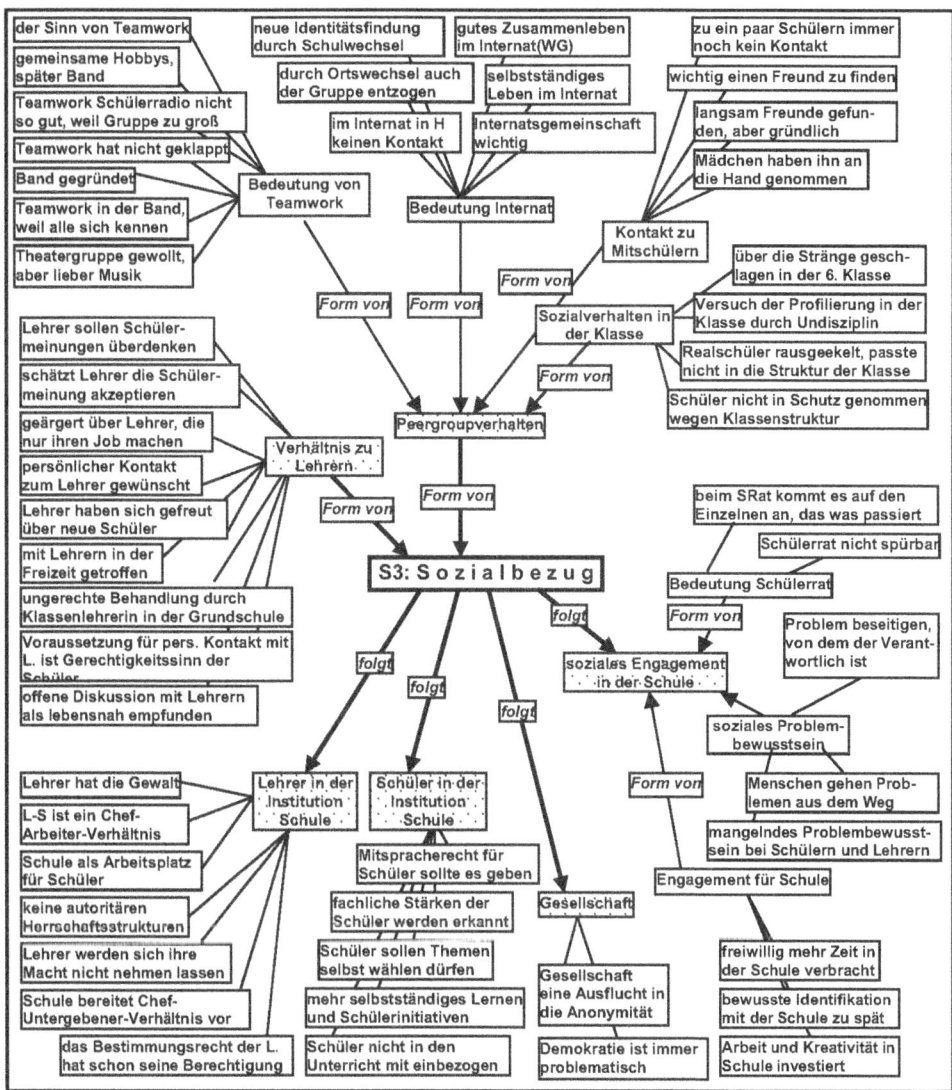

Abbildung 39: Strukturmerkmal Sozialbezug (Carsten W.)

Die Rolle des Lehrers wird aber noch in einem weiteren Zusammenhang bedeutungsvoll. Carsten ist sich seiner sozialen Beziehungen sehr bewusst und empfindet die Schule und das Internat als seine „häusliche" Umgebung, wie an dem hohen Maß an Identifikation mit der Schule und dem oben beschriebenen Problembewusstsein deutlich wird. Die Abgrenzung vollzieht er sehr konsequent in räumlicher Hinsicht und bezogen auf das Erwachsensein. Er ist sogar, in logischer Folge aus dem bisher gesagten, im gewissen Maße „froh" über diese Abgrenzung von der „realen Welt". Der Lehrer dient ihm hier in beiderlei Hinsicht als begrenzter Zugang, sozusagen als „Schaufenster" zu dieser Welt. Hier bestärkt sich der Verdacht eines Elternersatzes durch die Lehrer.

> „Für uns ist das jetzt eine ganz spannende Situation, wir kommen jetzt raus in ein Leben. So ist dieses Gefühl. Wir werden entlassen und sind plötzlich draußen. Da konnten wir praktisch mal erproben, wie das sein kann. So mal unter Erwachsenen was zu diskutieren. Doch das hat sich gelohnt." (ebd., Z. 336-340)

Daraus folgt nun in seinem S o z i a l b e z u g eine Reihe von Forderungen an die Schule. Das größte Problem ist dann logischerweise die Rolle des Lehrers in der Schule, die auf dem institutionellen Verhältnis von „*Macht*" (ebd., Z. 971) basiert und das er als „*Chef – Untergebener –Verhältnis*" (ebd., Z. 406) bezeichnet. Die Notwendigkeit dieses Verhältnisses begründet sich für Carsten aus der Notwendigkeit der Vorbereitung der Schüler in der Schule auf Arbeitsverhältnisse in Unternehmen. Im gleichen Kontext wünscht er sich, dass die Rolle des Schülers in der Institution Schule aufgewertet wird.

> „Äh na ja also ich denke, dass es schon eine eine Ordnung geben muss, aber so, dass es Einen gibt, der oben ist und nach unten die Befehle gibt, das find ich nicht gut. Also da hätt' ich schon gerne so irgendwie na ja (..) eine Institution oder so, also die also wo beratschlagt werden kann und die auch wirklich Entscheidungskompetenzen hat. Also wenn der Eine oben Ratschläge bekommt und kann trotzdem entscheiden wie er will, ist ja auch Quatsch." (ebd., Z. 932-937)

Andererseits richtet sich seine Forderung an die Schule auch auf die Eigeninitiative der Schüler.

> „... und ich würde mir wünschen, dass diese Initiative noch mehr gefördert wird, dass wirklich die Leute, also dass die Schüler noch mehr, also ich weiß, da gibt es schon diese Projektwochen, wo das auch versucht wird, dass sie noch mehr dazu gebracht werden, was irgendwie was eigenes zu machen, sich Gedanken zu machen, z.B. ein Problem zu finden und eine Lösung zu erarbeiten. Ebenso den Internatlern ist wahrscheinlich Selbstständigkeit auch immer besonders wichtig, aber dass (..) dass das entwickelt wird." (ebd., Z. 894-900)

Weitere Konsequenzen aus dem S o z i a l b e z u g sind seine Kritik am Schülerrat, sein soziales Engagement und seine hohe Identifikation mit der Schule. Diese Folgen belegen erneut die Bedeutung der Schule als soziales Umfeld für seine Entwicklung.

Der S o z i a l b e z u g , der durchgehend im Interview eine Rolle spielt, ist zusammengefasst das auffälligste Strukturmerkmal des Lernens von Carsten W.

Metaphernanalyse

An dieser Stelle ist es nützlich, wiederum die Metaphern zu untersuchen und in die Darstellung einzubeziehen. Die Verteilung der Metaphern ist nicht themengebunden, aber auch nicht gleich verteilt über den Text. Die Ursache liegt in der Textform. Während der argumentativen Phasen treten weniger Metaphern auf, als in der narrativen Eingangsphase. Dies legt die Vermutung nahe, dass die Metaphern bei Carsten ein Bestandteil seiner Rhetorik sind, ohne dabei zu behaupten, dass sie bewusst verwendet bzw. eingesetzt werden.

Eine Gruppierung der Metaphern ergibt verschiedene Gemeinsamkeiten. Dabei fallen insbesondere zwei Gruppen ins Auge (s. Abb. 40). Die erste Gruppe sind körperlich bezogene Metaphern, wie z.B. „*an die Hand genommen*" (ebd., Z. 354), „*in den Haaren gelegen*" (ebd., Z. 262) oder „*siamesischer Zwilling*" (ebd., Z. 359). Sie können als Beleg für seine emotionale Sensibilität oder auch taktiles Sozialverhalten genommen werden. Sie unterstreichen damit den Stellenwert des S o z i a l b e z u g e s .

Die zweite Gruppe von Metaphern wird verwendet, um räumliche Grenzen zu beschreiben. Diese Verwendung zeigt einerseits die oben bereits erwähnte Sichtweise Carstens auf die Schule als eine Institution, die strikt von der „realen" Welt abgegrenzt ist und weiterhin die Bedeutung von sozialen Gruppen, in der Perspektive der Zugehörigkeit oder des Außenstehenden. Die räumlichen Grenzen und die körperlichen Bezüge stehen auf der anderen Seite auch in Bezug auf das Wissen. So bezeichnet er sein Wissen als „*schöne Allgemeinbildung*" (ebd., Z. 467) und seine Schwierigkeiten mit den Naturwissenschaften als seine „*Grenzen*" (ebd., Z. 49).

Eine dritte Gruppe von auffälligen Metaphern, die ebenfalls als Beleg für die Bedeutung des S o z i a l b e z u g s als Strukturmerkmal des Lernens gelten können, sind die Umschreibungen des Verhältnisses zwischen Lehrern und Schülern. Ebenso beschreibt er seine ehemalige Klasse als „*verschworene Gemeinschaft*" (ebd., Z. 31).

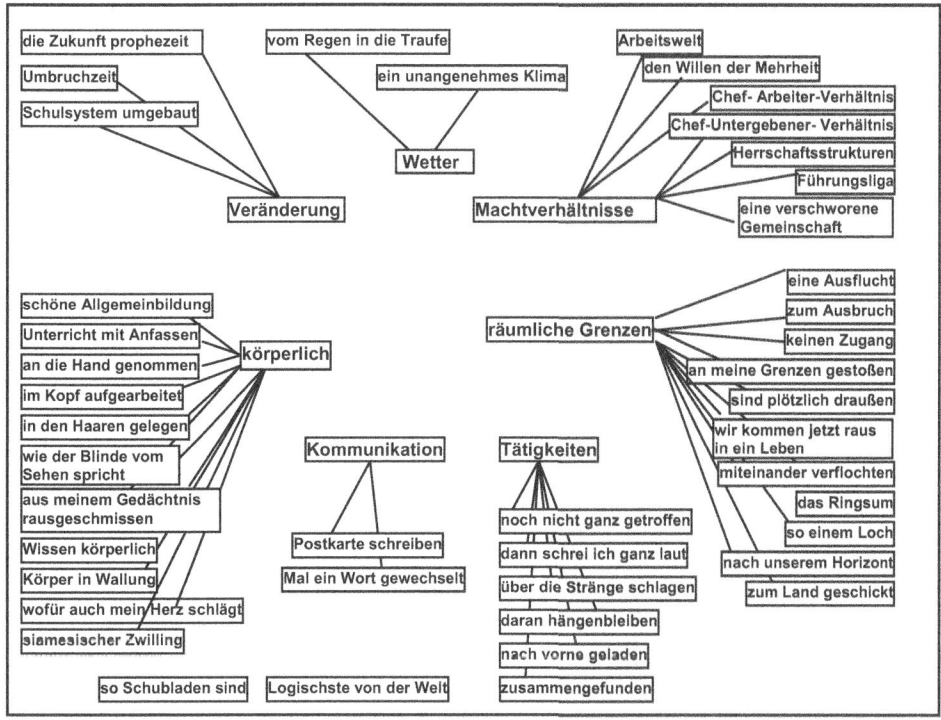

Abbildung 40: Metaphernanalyse (Carsten W.)

Die Gruppen der wetterbezogenen, auf Veränderungen bezogenen und Tätigkeiten – Metaphern unterstützen ebenfalls die Bedeutung von „drinnen und draußen", Grenzen und gemeinschaftlichen Beziehungen. Sie stehen fast ausschließlich in sozialen Kontexten. So bezieht sich das „*unangenehme Klima*" (ebd., Z. 30) auf die Stimmung in der Klasse und „*vom Regen in die Traufe*" (ebd., Z. 346), eine durchaus gängige Metapher, auf den Wechsel des Internats. Bemerkenswert sind auch die kommunikationsbezogenen Metaphern, die sich ebenfalls im Kontext seiner sozialen Beziehungen zeigen. Hier ist auffällig, dass sie eher der „klassischen" Medien Schrift und Sprache entstammen und somit seine Ablehnung von Technik unterstreichen.

Zusammengefasst führt die Untersuchung der Metaphern auch im Fall Carsten W. zu einer Unterstützung des Hauptstrukturmerkmals, in diesem Fall des S o z i a l b e z u g s.

3.3.3.4.3   Praxisbezug

Der bei Bernd und Anton gefundene Praxisbezug umfasst verschiedene Aspekte und ist damit weit gefasst. Bei Anton ist die Praxis das Anwenden einer Problemlösung vor dem Hintergrund eines außerschulischen Kontextes, aber auch das „aktiv was machen" und nicht nur „beschult werden". In dieser Facette findet sich der Praxisbezug bei Bernd. Seine Problemlösungen, Basteleien und Projekte haben stets einen praktischen und meist auch handwerklichen Hintergrund. Die Computertätigkeit entspricht dem „aktiv was machen". Somit gibt es zwei verschiedene Auslegungen des Praxisbezugs, die dem Interviewer zur Zeit des Gesprächs bewusst waren. Aus diesem Grund wird im Interview mit Carsten versucht, an einer geeigneten Stelle den Praxisbezug ins Gespräch zu bringen.

Da Carsten eine starke Trennung der Schule von der „realen" Welt vornimmt, wäre ein Praxisbezug theoretisch die Verknüpfung beider. Nachdem Carsten auf die Frage sehr zögerlich reagiert, versucht der Interviewer den beschriebenen Gedanken fast suggestiv vorzulegen. Die Reaktion von Carsten ist bemerkenswert.

> „Also ich denke (..) also das ist (..) also ich denke das Gymnasium hat die Aufgabe vorzuberei-ten auf die Universität (.) und äh (..) Ich denke eine Vorbereitung auf wissenschaftliches Arbei-ten, das dann in der Universität gefordert wird, wird schon geliefert. Ich weiß also nicht wirk-lich, wie wissenschaftliches Arbeiten aussieht, aber so ähnlich stell' ich es mir vor (.) äh Insofern also muss ich wirklich fragen: Was heißt Praxis? Praxis ist ja, ich möchte nicht in der Schule lernen, wie man eine Mauer baut oder wie man ein Dach deckt." (ebd., Z. 1021-1027)

Trotz des selbst eingeführten Problems der Unterscheidung von Schule und außerhalb der Schule folgt er an dieser Stelle auch dem Begriff der Realität nicht.

> „Was heißt in den Moment Realität? Ich kann auch nachrechnen für wie viel Geld ich einge-kauft habe und (..) und ob ich dann zusammen mit der Miete schon meinen Lohnscheck über-schritten habe. Das kann ich auch." (ebd., Z. 1030-1033)

Den einzigen für die Schule nützlichen Praxisbezug sieht er in der Auseinandersetzung mit tagespolitischen Problemen und er empfindet die diese Diskussionen als lebensnah, wie im Fortgang des letzten Zitats deutlich wird.

> „Was vielleicht in dem Zusammenhang nützlich wäre zu verstärken, was wir auch zusammen mit Frau B. gemacht haben, ist z.B. 'ne kritische Sicht auf Tagespolitik zu entwickeln. Also, nicht nur das was vorbei ist, kritisch zu sehen und zu interpretieren sondern genau dasselbe auch bei dem, was heute passiert, zu machen. Das fällt eigentlich sehr schwer, erstaunlich schwer (...) ja (..) ja. Das könnt ich mir vorstellen." (ebd., Z. 1033-1038)

Das heißt aber keineswegs, dass Carsten keinerlei Arbeiten oder Projekte mit praktischem Hintergrund je angefertigt hat. Ganz im Gegenteil hat er mit seinem sozialen Engagement eine Reihe Ideen umgesetzt, die einen praktischen Hintergrund haben.

> „Wir haben in Zeitarbeit unsere Kreativität, wir haben das in diese Schule investiert." (ebd., Z. 83)

Auch mit der Band war er an dem CD- Projekt beteiligt, dass bis hin zur Vermarktung der CD einen fast schon außerhalb der Schule stehenden Bezug darstellt. An dieser Stelle wird wieder der Aspekt der Trennung von innen und außen deutlich. Da er die CD- Produktion nicht zu seinen schulischen Erfahrungen zählt und wahrscheinlich ähnliche außerunterricht-liche Aktivitäten ebenfalls nicht, kann er keinen Sinn in einem Praxisbezug im Kontext Schule finden.

Damit steht wiederum die Frage, ob es sich bei den praxisbezogenen Tätigkeiten und Erfahrungen um einen strukturelles Merkmal des Lernens handelt. Da er es selbst verneint, ist davon auszugehen, dass der Praxisbezug für Carsten kein Strukturmerkmal ist. Erneut ist dies aber auch ein Ausdruck der Art des Interviews, dessen Thematik keine weiteren Hinweise auf ein mögliches Merkmal des Lernens ergibt.

3.3.3.4.4 Reflexionsbezug

Im Gegensatz dazu kann gerade auf Grund der Themen ein hoher R e f l e x i o n s b e z u g vermutet werden, da Kritik an sich bereits eine Art der Reflexion ist. Unter diesem Aspekt findet sich eine Reihe von Textstellen.

Die schwächste Form der Kritik und gleichzeitig die Grundlage ihrer ist die Zumessung von Bedeutungen. Diese Beschreibungen von Bedeutungen beziehen sich auf Fähigkeiten und, durch die Gesprächsführung induziert, auf den Stellenwert von Technik. So kommt er ähnlich wie Bernd zu der Feststellung, dass das selbstständige Aneignen von Wissen die wichtigste Fähigkeit für die Zukunft ist.

> „S: Es wäre ja eigentlich, selbst .. also selbst wenn ich anderes Wissen brauche, also in Zukunft brauchen werde, als ich das jetzt vermute, dann wird trotzdem noch der größere Teil des Wissens, das ich in der Schule erworben habe, nicht das sein, was ich in der Zukunft brauche.
> I: Sondern?
> S: Also äh im besten Fall wäre dieses Wissen, das woran ich mir beigebracht habe, wie ich mir neues Wissen aneigne." (ebd., Z. 501-507)

Dieses selbstständige Lernen ist für ihn keine Selbstverständlichkeit, sondern ein explizites Ziel, das er bewusst anstrebt. Er erzählt beispielsweise, dass er sich extra ein Buch gekauft hat, in dem vermittelt wird, wie man selbstständig lernt.

> „Ich hab zum Beispiel jetzt ein Heftchen gesehen, darüber, wie man Fachbücher effektiv liest. Das wär' doch mal was." (ebd., Z. 513-514)

Hier liegt auch ein Unterschied zu Bernd und Anton vor, die diese Art des Lernens praktizieren und somit die Fähigkeit besitzen. Die Bedeutungszumessung schließt an dieser Stelle an die lernbezogenen Reflexionen an, die zusätzlich ein Erlebnis in der Grundschule betreffen, bei dem ihm die Anerkennung durch die Klassenleiterin verwehrt bleibt und seine Einstellung zum Auswendiglernen, das er wie Anton und Bernd ablehnt, umfassen.

Gemäß seinen Prioritäten sind neben dieser Fähigkeit auch die Fähigkeit des „sich ausdrücken" und eine kritische Sicht auf die Tagespolitik für ihn bedeutsam. Neben dem Erfassen von Bedeutungen und den lernbezogenen Reflexionen finden sich auf Grund des starken S o z i a l b e z u g s in logischer Folge auch sozialbezogene Reflexionen. Besonders auffällig sind die Aussagen, die sein Verhältnis zu Lehrern und zu bzw. in verschiedenen Gruppen beschreiben.

Die Gruppen umfassen wiederum den Klassenverband, die Schülerband und weitere Gruppen, wie z.B. bei der Teamarbeit zusammengestellte Gruppen. Insbesondere seine Erlebnisse in den jüngeren Jahrgängen zeigen einen R e f l e x i o n s b e z u g , der auf eine Relevanz im Kontext Lernen schließen lässt.

> „... also wir hatten einen Referendar, seitdem bin ich immer so nett zu Referendaren und ich möchte auch nie Referendar sein, die haben es glaube ich, immer besonders schwer. Ich muss der Meinung gewesen sein, ich müsste mich profilieren. Vor meiner Klasse auch so. Das hängt bestimmt auch damit zusammen, diese Klasse war seit der dritten Klasse zusammen. Und es entwickelt sich ja immer so 'ne Struktur, so 'ne Gruppenbildung. ja . Da gibt's ja auch so ein oben und ein unten. Wahrscheinlich wollte ich da irgendwie was dran ändern. Hab ich mich wirklich, also war ich auch unmöglich." (ebd., Z. 299-306)

Auffällig ist in diesem Zusammenhang die bewusste Identifikation mit der Schule. Dieses Bewusstsein, wie er es selbst nennt, zeugt von einer Auseinandersetzung mit seiner Umwelt, wie sie bei anderen Schülern nur selten zu finden ist.

Die Relevanz des R e f l e x i o n s b e z u g s im Kontext Lernen wird weiterhin deutlich durch die Selbsteinschätzungen, die Carsten vornimmt. Sein ausgeprägtes Verhältnis zu Büchern drückt sich an verschiedenen Stellen aus und führt sogar zur metaphorischen Verkörperung von Wissen, ausgenommen den Naturwissenschaften, bei denen die Bücher nicht eine so große Rolle spiele. Diese Positionierung ist reflexiv.

> „Also es gefällt mir erst mal, dieses Wissen körperlich vor mir zu sehen. Also in Büchern. Ich äh würde auch, wie wie die Rede davon war, mir nicht so einen kleinen Bildschirm mit ein paar Knöpfen dran kaufen, in dem ich dann ein Buch lesen kann. Auch wenn's in die Hosentasche passt und äh noch so viele Vorteile hat. Also das, ich finde, das gehört dazu, dass also dass der Geist irgendwie an also auch so an was Stoffliches gebunden ist." (ebd., Z. 657-662)

Ein nächster interessanter Aspekt ist seine Explikation von Denktätigkeiten, die eine Parallele zu Anton bilden. Im Interview finden sich mehrfach Passagen, in denen Carsten abrupt sich des Gesagten erinnert.

> „Also es ist auch sowieso so, ich musste eine Selbstdarstellung schreiben, jetzt gerade kürzlich, weil ich mich beworben habe bei der Studienstiftung des deutschen Volkes. Deshalb ist das sowieso ein bisschen im Kopf aufgearbeitet. Jetzt weiß ich nicht mehr wo ich war." (ebd., Z. 105-108)

Allerdings gibt es dabei einen wesentlichen Unterschied zwischen Carsten und Anton. Während bei Anton diese Bemerkungen stets auf Ordnungen und Sortierungen in seinem Denken verwiesen und somit ein zusätzlicher Beleg für das Merkmal S t r u k t u r b e z u g waren, deuten bei Carsten die Bemerkungen auf eine „Orientierungslosigkeit" hin. Mehrfach äußert er, dass er noch etwas sagen wolle, den Faden verloren habe oder nichts mehr wisse. Interessant ist dabei, dass alle Äußerungen auf eine sequenzielle Struktur hinweisen, wie sie bei Büchern charakteristisch ist. Insofern könnte nun auch ein S t r u k t u r b e z u g vermutet werden, der sich allerdings stark von Antons Bezügen unterscheidet. Außerdem ist zu berücksichtigen, dass die Rede eine natürlich sequenzielle Struktur hat und es bei Rednern durchaus üblich ist, auf den „roten" Faden zu verweisen. So sind die Äußerungen von Carsten bemerkenswert, aber auch nicht überzubewerten.

Der Reflexionsbezug drückt sich bei Carsten auch in der sprachlichen Vielfalt aus. So sind Äußerungen wie „ich könnte mir vorstellen", „ich finde", „würde ich mir wünschen" oder „hätte ich gern" ein Ausdruck der klaren Positionierung zu seinen Äußerungen. So hat das Gespräch zwar keine großen narrativen Elemente und auch nur einen schwachen biographischen Inhalt, dennoch ist es möglich, auf diese Weise Merkmale zu identifizieren und auch deren Relevanz zu erfassen. In jedem Fall sind sie ein weiterer Beleg für den R e f l e - x i o n s b e z u g .

Wie bereits eingangs erwähnt führt der R e f l e x i o n s b e z u g bei Carsten zu seinen kritischen Äußerungen bzw. sie werden ihm dadurch ermöglicht. Folglich deuten die Forderungen an den Unterricht auf reflexives Lernen hin.

> „Äh, ich finde eine Bewertung muss es schon geben. Also der Schüler muss muss äh eben so ein Feedback kriegen, ob das, was er gemacht hat, den Ansprüchen entspricht oder nicht." (ebd., Z800-802)

Neben dem „Feedback" kritisiert er weiterhin den fehlenden fächerübergreifenden Unterricht, die Einseitigkeit der Vermittlungsrichtung und fordert mehr selbstständiges Lernen sowie Kreativitätsentwicklung. Der R e f l e x i o n s b e z u g von Carsten kann also als ein weiteres Strukturmerkmal des Lernens identifiziert werden.

3.3.3.4.5   Strukturbezug

Der Begriff Struktur taucht bei Carsten in zwei Kontexten auf, der Klassenstruktur und den „Herrschaftsstrukturen" in der Schule, also der Hierarchie der Institution Schule. Den Kontext bilden wiederum soziale Aspekte. Bei einer etwas weiteren Auslegung des Strukturbegriffs finden sich aber durch aus noch weitere Anhaltszeichen, die einen S t r u k t u r b e - z u g nahe legen.

Wie bereits in der Metaphernanalyse ausgeführt, hat die „Grenzziehung" bei Carsten einen höheren Stellenwert. Hinzu kommen nun die Forderung nach einem fächerübergreifenden System, das eine strukturelle Erkenntnis voraussetzt, und auch die Richtungsbezüge der Vermittlung von Wissen.

Durch die Art des Interviews mit vielen argumentativen Passagen, den Inhalt als distanzierte Kritik und die Themen bedingt, können im Vergleich zu Anton und Bernd keine klaren Beziehungen zur Lerntätigkeit hergestellt werden. Bei Anton und Bernd prägen Konzepte, strukturelle Vorüberlegungen, Logik oder Ordnungen das Lernen.

Bei Carsten hingegen verlässt das strukturelle Denken zum einen nicht den sozialen Bereich und außerdem, und wesentlich bemerkenswerter, nicht das einfache Niveau der „Schwarz-Weiß" – Beziehungen, zu denen auch das „Innen und Außen" gezählt werden kann (s. Abb. 41).

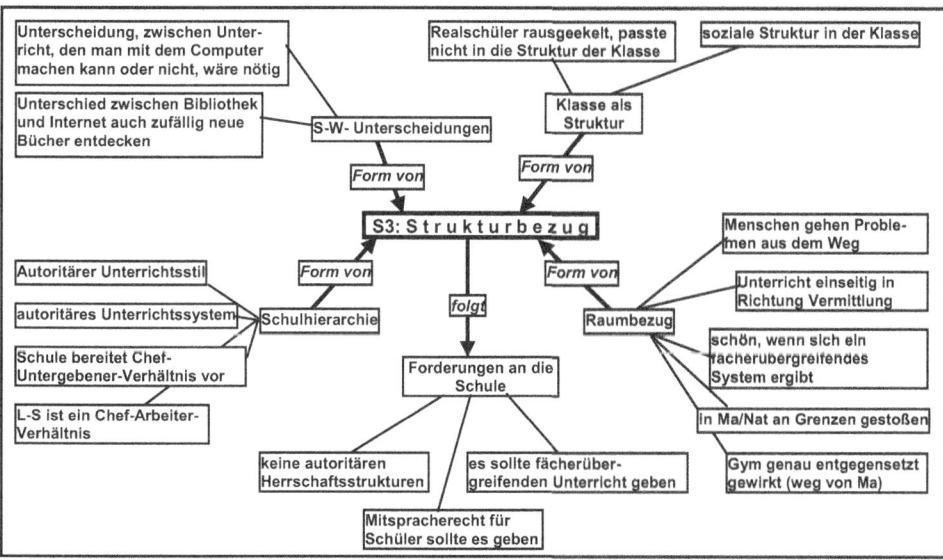

Abbildung 41:   Strukturmerkmal Strukturbezug (Carsten W.)

Inwiefern nun von einer Bedeutsamkeit des Strukturbezugs für das Lernen gesprochen werden kann, bleibt offen. Da sich aus dem Interview keine Anhaltspunkte ergeben, wird der Strukturbezug im Folgenden vorerst nicht als Merkmal des Lernens betrachtet.

3.3.3.4.6   Kreativitätsbezug

Eines der auffälligeren Merkmale ist der Kreativitätsbezug. Allein die Zuwendung zur Musik und Kunst kann als ein erster Hinweis genommen werden. Dies äußert sich auch vielfach im Text. Der erste und auch überzeugende Beleg für einen Kreativitätsbezug findet sich bereits sehr früh im Gespräch.

> „Wir haben in Zeitarbeit unsere Kreativität, wir haben das in diese Schule investiert. Haben eben dadurch ein anderes Bewusstsein entwickelt, glaube ich, mit der Zeit." (ebd., Z. 82-84)

Es ist offensichtlich, dass hier eine stattgefundene Entwicklung sehr eng an den Begriff Kreativität gebunden wird. Dass dieser Bezug nicht nur im Hinblick auf Bildung relevant ist, sondern direkt mit dem Lernen verknüpft wird, zeigt sich ebenfalls in der anfänglichen narrativen Passage, in der die erste Kritik am Unterricht geübt wird. Dabei geht es um die einseitige Vermittlung des Wissens, die bereits im Abschnitt Reflexionsbezug erwähnt wurde.

> „Das ist wahrscheinlich das Konzept, das ist glaube ich, wenn man Stoff vermitteln will, ziemlich effektiv, kann ich mir vorstellen. Man erreicht damit Fortschritte, aber um Kreativität zu entwickeln und eigenständiges Denken und Handeln zu entwickeln, ist es bestimmt nicht das Richtige." (ebd., Z. 117-120)

Im Gegensatz zu Bernd, bei dem eher von einer Kreativität im praktischen Tun zu verzeichnen war, bezieht sich bei Carsten die Kreativität eher auf schöngeistige und soziale Bereiche. So sind sein Einsatz in der Schule, in deren Folge auch die Kritik am Schülerrat steht, die Gründung einer Band und sein Interesse an der Theatergruppe ein Zeichen für einen engagierten kreativen Schüler, der versucht sein soziales Umfeld zu verändern bzw. mitzugestalten.

Interessant sind an dieser Stelle auch die Äußerungen zu seinem Verhältnis zum Computer bzw. den Büchern. Wie im Abschnitt zum Reflexionsbezug bereits erwähnt, bekennt er sich ganz eindeutig zu seiner Vorliebe zu Büchern und versucht sich vom Computer abzugrenzen. In dieser Hinsicht verfängt er sich mehrfach in scheinbare Widersprüche, die sich unter dem Aspekt des Kreativitätsbezuges, also seiner Auffassung von Kreativität erklären lassen, auch wenn der Eindruck einer äußeren Suggestion nicht restlos beseitigt werden kann(s. Kapitel 3.3.3.4.1.).

Bücher sind für Carsten ein Medium, das für eine geistig- kreative Auseinandersetzung steht. Der Computer dagegen ist in seinen Augen eher ein praktisches Hilfsmittel, also nicht das kreative Werkzeug, das bei Bernd und Anton im Vordergrund ihres Betätigungsfeldes liegt. Unter diesem Aspekt wird nun klar, dass er einerseits sagt, *„Ansonsten, ich kann mir immer nicht so richtig vorstellen am Computer kreativ zu werden."* (ebd., Z. 780-781) und dann doch erwähnt, dass er kreativ am Computer arbeitet.

> „Also am Computer da mach ich eigentlich, na wenn man mal so was schönes schreiben muss oder Musik auch so, so mit Midi" (ebd., Z. 652-654)

Als er im weiteren Gespräch nach Einsatzmöglichkeiten des Computers befragt wird, gibt er auch durchaus kreative Ideen an, indem er ihn zur Veranschaulichung von Zusammenhängen, insbesondere durch bewegte Bilder, einsetzen würde. Ein weiterer Ausdruck für Kreativität ist beim Vergleich zwischen Buch und Computer bzw. Bibliothek und Internet zu verzeichnen. Er bemängelt hier das zu zielgerichtete Auffinden gesuchter Informationen mit dem Hinweis, dass zufällig entdeckte Hinweise in Büchern oder zufällig gesehene Bücher in Regalen eine Anregung für weitere Themen geben können.

Ebenso findet sich bei Carsten eine Reihe von Hinweisen auf kreative Lernformen. Das selbstständige Lernen oder seine Beschwerde über die Nichtanerkennung eigenständiger Lösungen können hier genauso als Beleg genommen werden, wie die kreative Idee, das Auswendiglernen als Gedächtnistraining aufzufassen und einzuschätzen, dass das wichtigste Gelernte die Fähigkeit, sich selbstständig Wissen anzueignen ist. Seine daraus entstehenden Wünsche nach mehr Förderung des selbstständigen Lernens, einem Mitspracherecht für Schüler und eine Ausrichtung auf Kreativitätsentwicklung bilden die logische Konsequenz.

Interessant ist auch an dieser Stelle die Forderung nach einem fächerübergreifendem System, die ein kreatives Mitdenken des Systems Schule darstellt, und einem engeren Kontakt zu Lehrern, der offenere Diskussionen als Entwicklungspotential zulässt. Insgesamt lässt sich feststellen, dass der K r e a t i v i t ä t s b e z u g bei Carsten im Zusammenhang Lernen zu sehen ist und damit ein zweites wichtiges Strukturmerkmal bildet.

3.3.3.4.7 Medienbezug

Die im letzten Abschnitt beschriebene Unterscheidung zwischen Computer und Büchern und insbesondere die Zuordnung der Bücher zum Lernkontext geben Anlass, ein weiteres Strukturmerkmal des Lernens einzuführen. Diese starke Ausrichtung auf ein Medium kann als „M e d i e n b e z u g" bezeichnet werden. Die Ursächlichkeit dieses Bezuges und die wiederholte Themenvorgabe des Interviewers stehen dabei zunächst nicht zur Diskussion.

Während bei Anton und Bernd die Medien ausgewogen benutzt wurden, ist hier eine Orientierung gegeben. Bei Anton finden sich Hinweise auf die Verwendung beider Medien in gleichrangiger Weise. Er benutzt Nachschlagewerke auf dem Computer und das Internet für die Unterrichtsvorbereitung genauso wie Bücher zum selbstständigen Aneignen von Wissen.

Auch bei Bernd sind Hinweise auf eine gleichrangige Nutzung gegeben, wenngleich bei ihm das praktische Probieren im Vordergrund steht.

Carsten „*mag einfach Bücher*" (ebd., Z. 663), weil so das „*Wissen körperlich*" (ebd., Z. 657) vor ihm liegt und hat den Wunsch zu lernen, „*wie man Fachbücher effektiv liest*" (ebd., Z. 514). Einen Vorteil beim Lesen oder auch Recherchieren in Büchern sieht er in der Möglichkeit, zufällig etwas zu finden. Ebenso im letzten Abschnitt bereits erwähnt bevorzugt er die Bibliothek aus ähnlichen Gründen.

Ein interessanter Aspekt in diesem Zusammenhang ist bei Carsten, dass er nicht nur das Lesen und die Anregung durch das Buch bevorzugt, sondern sogar den unterschiedlichen Fächern eine Ausrichtung auf bestimmte Medien zuspricht. So hält er in den Naturwissenschaften, die nicht das sind, wofür sein „*Herz schlägt*" (ebd., Z. 48), das Buch für nicht so wichtig, obwohl er schon in Biologie auf das Lesen eines Fachbuchs verweist.

> „Ich denke, da muss ein Unterschied gemacht werden zwischen (..) äh (..) äh zwischen (..) ja den Fächern, die so also so das Künstlerische ansprechen äh und zum Beispiel äh Naturwissenschaften. Also ich glaube, in Naturwissenschaften ist das Buch nicht so wichtig. Ich weiß nicht, vielleicht liegt es auch daran, dass ich nicht so ein Verhältnis zu ihnen hatte." (ebd., Z. 764-768)
> „Zum Beispiel würde ich in meiner Freizeit wahrscheinlich kaum ein Buch über Biologie lesen. Aber trotzdem habe ich am Biologieunterricht gern teilgenommen und ich hab das gerne gelernt und es hat mich interessiert." (ebd., Z. 481-484)

Die Interpretation des letzten Zitats kann auf einen Zusammenhang von Lernen und Buch zurückgeführt werden. Damit erklärt sich auch die fehlende Zuordnung der Bedeutung des

Buches zu den Naturwissenschaften, die wegen mangelndem Interesse möglicherweise nicht im Vordergrund seines Lernens standen.

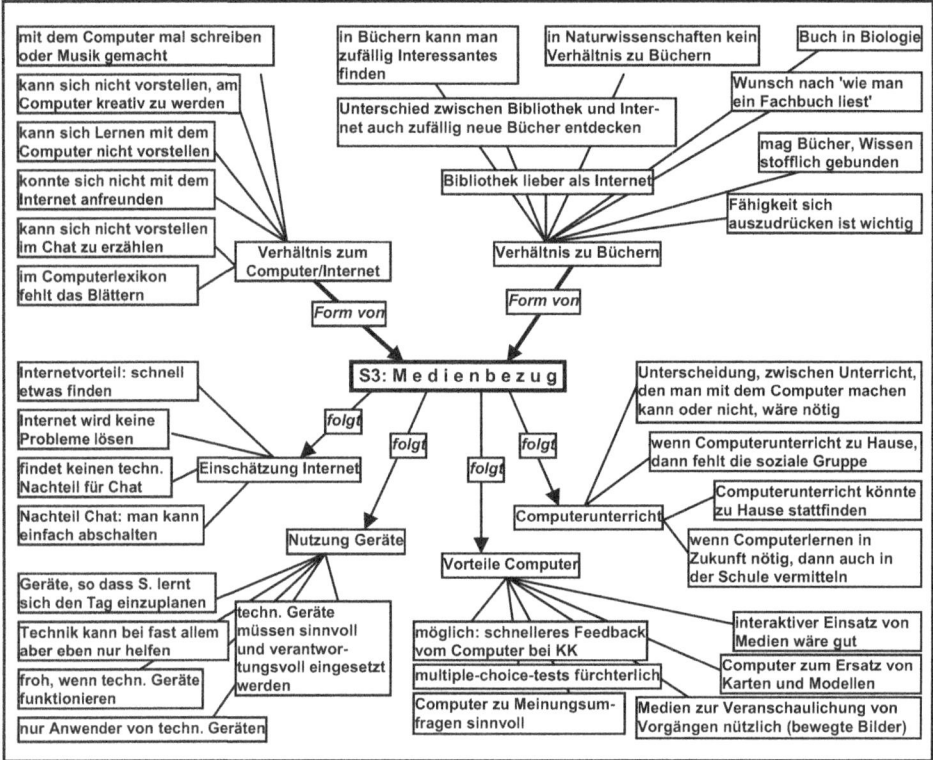

Abbildung 42: Strukturmerkmal Medienbezug (Carsten W.)

Auf der anderen Seite bezieht er eindeutig eine distanzierte Position zum Computer und zum Internet, indem er formuliert, er könne sich damit nicht anfreunden. Durch sein medienbezogenes Verhältnis zum Lernen wird nun auch den Naturwissenschaften eine mögliche Computernutzung zugesprochen.

> „... ja gerade da, wenn es darum geht, äh physikalische Vorgänge oder chemische Reaktionen zu verdeutlichen oder oder so was. Rede ich schon wieder von Sachen von denen ich keine Ahnung habe. Da glaube ich wäre ein Computer wirklich nützlich." (ebd., Z. 770-774)

Vor dem Hintergrund der klaren Polarisierung versucht Carsten auf mehrfaches Nachfragen des Interviewers eine Einschätzung der Nützlichkeit des Internet, der Möglichkeiten der Nutzung des Computers, des Einsatzes von technischen Geräten im Unterricht und eines möglichen Computerunterrichts. Wie er selbst sagt, fühlt er sich damit etwas überfordert. Dennoch gelingt es ihm sinnvolle Anwendungsmöglichkeiten zu finden, die auch das Lernen verbessern könnten. Insbesondere sind diese Konstruktionen auch gleichzeitig ein erneuter Beleg für die bereits beschriebenen Strukturmerkmale.

In Bezug auf den Computerunterricht sieht Carsten offensichtlich eine Form des selbstständigen Lernens vor sich, wie sie in vielen so genannten „E-Learning"- Angeboten zu finden sind, und befürchtet eine Verlagerung des Unterrichts „nach Hause". In seiner Befürchtung wird erneut der Stellenwert des S o z i a l b e z u g s deutlich.

Im Hinblick auf das Lernen kommt er auf Grund seines M e d i e n b e z u g s zu folgender Einschätzung.

> „hm (..) na vielleicht (..) könnt' man, also man müsste wahrscheinlich äh ja eine Unterscheidung treffen zwischen dem Unterricht, der vom Computer gemacht werden kann und dem, den ein Lehrer machen muss (...) hm" (ebd., Z. 813-816)

3.3.3.4.8   Merkmalsprofil

Trotz der schlechten Interviewführung und teilweise distanzierten Haltung von Carsten konnten verschiedene Strukturmerkmale des Lernens identifiziert werden. Für Carsten ist der S o z i a l b e z u g am bedeutsamsten. Hier spielt die Schule als Institution eine erhebliche Rolle. Außerdem hat er mit den Freunden seiner Schülerband eine feste Gruppe, die auch ein gemeinsames Lernen einschließt. Bemerkenswert ist weiterhin das Bedürfnis einen engeren Kontakt zu Lehrern zu haben. Hierdurch werden maßgeblich Lerneinstellungen geprägt.

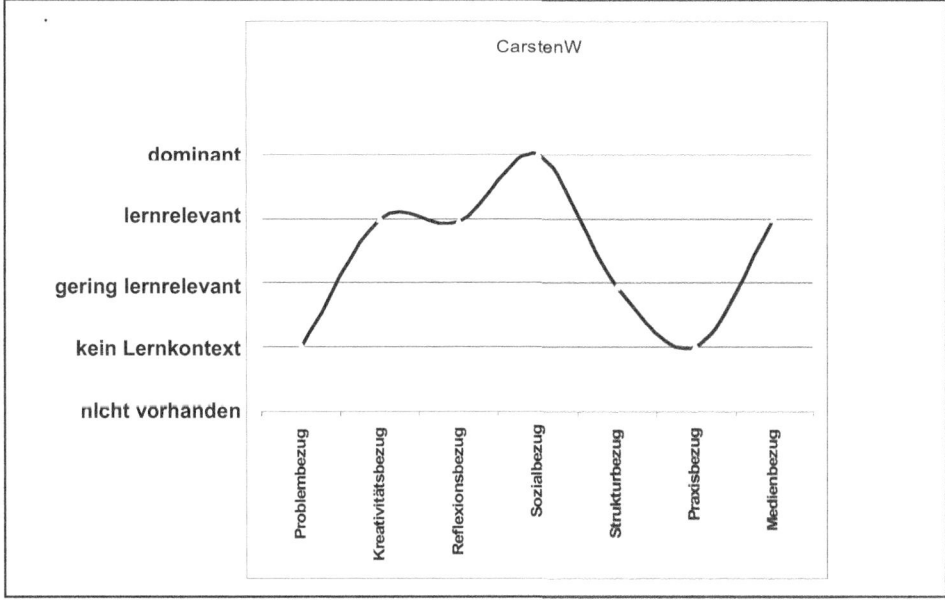

Abbildung 43: Merkmalsprofil (Carsten W.)

An nächster Stelle ist der K r e a t i v i t ä t s b e z u g zu nennen, der sich allerdings in seiner Art deutlich von den Strukturmerkmalen bei Bernd und Anton unterscheidet. Die Relevanz des K r e a t i v i t ä t s b e z u g s richtet sich bei Carsten einerseits auf die künstlerische Ebene und andererseits auf eine kreative Sicht auf seine Umwelt. Zweifelsohne spielt die Kreativität auch im Lernkontext eine Rolle.

Als neues Strukturmerkmal findet sich bei Carsten ein starker M e d i e n b e z u g. Er ist geprägt durch eine Zuwendung zu Büchern und der Bibliothek und eine Abwendung von

Computern und Internet. Die Bedeutung dieses Merkmals für das Lernen zeigt sich in der Zuordnung zu Fächern und die Projektion einer möglichen Computernutzung im Unterricht. Die Hervorhebung der Sprache als wichtiges Mittel der Kommunikation und als ein wichtiges Lernziel unterstreichen diese Annahmen.

Ebenfalls von anderer Prägung ist der Reflexionsbezug von Carsten. Während bei Bernd und Anton Strukturen, Ordnungen und Konzepte eine wesentliche Rolle spielten, sind es bei Carsten eher „Schwarz- Weiß" – Abgrenzungen. Lern- und sozialbezogene Reflexionen sind wichtige Hinweise, die den Reflexionsbezug als ein Strukturmerkmal des Lernens kennzeichnen.

Im Gegensatz dazu liefert das Interview für den Praxisbezug, Strukturbezug und Problembezug keine signifikanten Anhaltspunkte. Zwar sind derartige Bezüge zu erkennen, es fehlt aber die Beziehung zum Lernen

3.3.3.5   Analyse der Merkmalsbeziehungen und des Kontexts

Die bisherige Untersuchung zeigte, dass trotz schwieriger Textart vier Strukturmerkmale des Lernens identifiziert werden konnten. Die anderen Merkmale sind zwar repräsentiert, jedoch ohne nachweislichen Bezug auf das Lernen. An der Auswertung ist zu ersehen, dass es sich in vielen Fällen um weit gefasste Begriffsauslegungen handelt. Die Interpretation und Zuordnung ist damit auch sehr vielfältig. Dies wirkt sich nun direkt bei der Untersuchung der Merkmalsketten als zusätzliche Erschwernis aus. So wurden einerseits attraktive Punkte identifiziert und entfernt und andererseits die nicht dem Lernen zuzuordnenden Merkmale ausgeblendet, ohne deren Bedeutung zu vernachlässigen. Insgesamt zeigt sich ein teilweise anderes Bild als in den vorhergehenden Fällen.

3.3.3.5.1   Verbindungen zwischen den Strukturmerkmalen

Im ersten Schritt wurden eindeutig identifizierbare attraktive Punkte gesucht. Der auffälligste Kode ist dabei „Selbsteinschätzung CW". Offensichtlich unter dem Blickwinkel des Reflexionsbezuges bestehen hier vielfältige Beziehungen zu anderen Merkmalen, die sich auch durch die sprachliche Vielfalt ergaben (s. Kapitel 3.3.3.4.4). Insbesondere verbindet dieser Punkt die vier relevanten Strukturmerkmale des Lernens eng miteinander. Zu den anderen Merkmalen finden sich auch Beziehungen, ausgenommen den Praxisbezug. Dies unterstreicht einmal mehr die Irrelevanz des Praxisbezugs im Lernen.

Aus dem Praxisbezug ist auch der nächste attraktive Punkt abgeleitet. Der Kode „Praxisnähe von Schule" ist auf Grund der Interpretation der Merkmale schon an sich fragwürdig. Hier scheint eine Überinterpretation vorzuliegen. Aus den Verbindungen zu „Schulwissen nicht das Wissen für die Zukunft" und „Unterricht lebensnah nicht möglich" geht schon die eher verneinende Haltung klar hervor. Ein wirklicher Praxisbezug ist mit der Beschreibung der Schule als Arbeitsplatz für Schüler schon eher gegeben, wobei der Begriff des Arbeitsplatzes offenbar sehr allgemein verstanden werden kann. Daraus ergibt sich, dass es sinnvoll ist, den Punkt „Praxisnähe von Schule" aus der Übersicht zu entfernen.

Durch die Art des Interviews, der durchgehenden Kritik und Konstruktion, finden sich viele Kodes, die Forderungen oder eben Kritik beinhalten. Diese übermäßige Vielfalt erlaubt es den Kode „Forderungen für den Unterricht" zu entfernen, ohne substanziell die Übersicht zu verändern. Zwei weitere attraktive Punkte „Bedeutung von Fähigkeiten" und „Raumbezug" wurden ebenfalls im Interesse der Übersicht entfernt, ohne deren Bedeutung zu vernachlässigen. Wie im Folgenden gezeigt wird, sind diese Kodes teilweise wieder mit einbezogen worden. Ein hier auftretendes Phänomen bei der Untersuchung der Verbindungen sind Schleifen und Parallelen (s. Kapitel 3.2.2.5.1), die nur partiell bei Bedarf entfernt wurden. In einem letzten Schritt wurden die Merkmalsketten gewichtet. Erst danach zeigte sich ein interpretierbares Bild im Verhältnis der Merkmale. Diese Mehrstufigkeit wird in der folgenden Beschreibung berücksichtigt.

Die Beziehungen zwischen allen sieben Merkmalen zeigen nur an einer Stelle einen Bruch auf. Es gibt keine Verbindung zwischen den Merkmalen Sozialbezug und Medienbezug nach dem Entfernen der attraktiven Punkte „Bedeutungen von Fähigkeiten" und „Selbsteinschätzung CW". Diese allgemeinen und damit viele Kodes einschließenden Punkte entstanden bei der Untersuchung des Reflexionsbezuges, haben also eigentlich nichts mit den hier verbindenden Bezügen zu tun. So kann davon ausgegangen werden, dass es bei Carsten wirklich keinen wesentlichen Zusammenhang von Medien- und Sozialbezug gibt.

Ebenso sind die Verbindungen zwischen dem Reflexionsbezug – Medienbezug und Reflexionsbezug – Sozialbezug sehr schwach und nur durch einzelne Merkmalsketten belegbar. Beide Beziehungen verstärken sich, wenn die eben schon erwähnten Kodes wieder mit aufgenommen werden. Dennoch sind sie nicht in der Vielfalt, Prägnanz und Schlüssigkeit wie in den Verbindungen Kreativitätsbezug – Sozialbezug und Kreativitätsbezug – Reflexionsbezug. Hier wird der hohe Stellenwert des Kreativitätsbezuges deutlich (s. Abb. 48). Lediglich zwischen Kreativitätsbezug und Medienbezug sind die Merkmalsketten nicht ganz so eng.

Die Besonderheit im Fall Carsten W. liegt offenbar genau in der bedeutsamen Stellung von Sozialbezug und Kreativitätsbezug. Die kreative Beeinflussung seines sozialen Umfeldes im und außerhalb des Unterrichts ist das charakteristische Strukturmerkmal des Lernens. Dabei **bildet der Kreativitätsbezug eine Voraussetzung für den Sozialbezug** bzw. eine Ebene des Auslebens der Kreativität.

Weiterhin auffällig und somit eine erneute Bestätigung der These der vorangegangenen Fälle ist die Beziehung Kreativitätsbezug – Reflexionsbezug. Es bestätigt sich, dass **Reflexion eine wichtige Voraussetzung für Kreativität ist**. Berücksichtigt man, dass Carsten als Kontrastfall ausgesucht wurde, so ist nun festzustellen, dass diese Beziehung unabhängig vom Verhältnis zum Computer und Internet existiert.

Das Verhältnis zwischen Medienbezug und Kreativitätsbezug ist zwar ebenfalls als sehr eng zu betrachten, allerdings ist bei der Berücksichtigung der inhaltlichen Bedeutung der Merkmalsketten festzustellen, dass die Polarisierung, die im Kontext des Medienbezugs steht, die Beziehung prägt. Einerseits sind für Carsten Bücher das kreative Medium. Auf der anderen Seite schreibt er genau diese Kreativität dem Computer nicht zu, obwohl seine Tätigkeiten am Computer durchaus als kreativ zu bezeichnen sind. Es stellt sich die Frage, ob die bewusste Trennung dieser Medien die Kreativität fördert oder die Kreativität den Medienbezug hervorbringt. In den beiden zuvor betrachteten Fällen wurde trotz Kreativitätsbezug kein Hinweis auf einen Medienbezug aufgefunden.

So ist die Hypothese, **dass der Kreativitätsbezug die Medienrelevanz fördern** kann, plausibel.

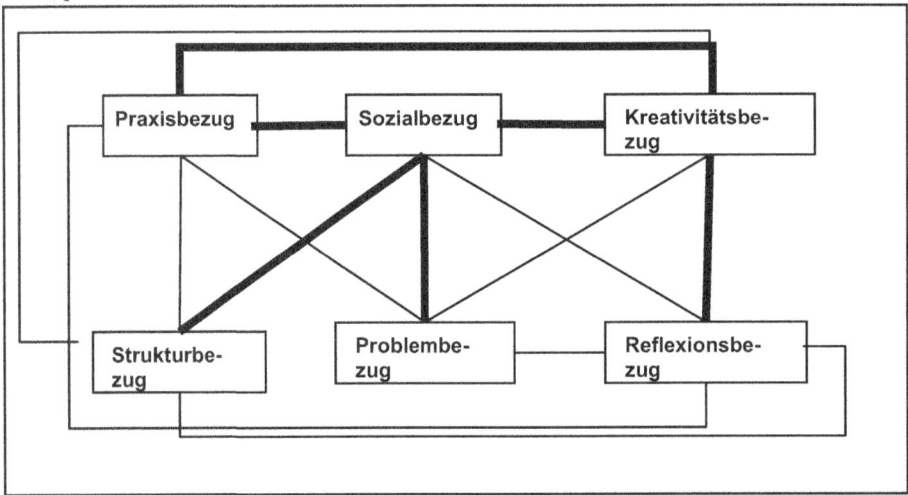

Abbildung 44: Verbindungen der Strukturmerkmale (Carsten W.)

Betrachtet man nun zusätzlich auch die Bezüge, die als für das Lernen nicht relevant beschrieben wurden, so zeigt sich, dass in erster Linie der Praxisbezug sehr enge Verbindungen zum Sozialbezug und zum Kreativitätsbezug aufweist. Hier ergibt sich ein sehr enges Dreieck, wie in den Fällen zuvor schon beschrieben. **Der Praxisbezug ist in dem hier vorliegenden Fall die Form der Veräußerlichung des Sozialbezuges.** Ausgehend von der Feststellung, dass es sich beim Praxisbezug von Carsten nicht um ein lernrelevantes Merkmal handelt, zumindest findet Carsten selbst keine für ihn schlüssige Verbindung, ist der Kreativitätsbezug, wie oben beschrieben auf den Sozialbezug gerichtet und dieser wird quasi zur angewandten Praxis. Es bestätigt sich die These, **dass der Praxisbezug eine Veräußerlichung des Kreativitätsbezuges ist**, in diesem Fall übernimmt der Sozialbezug diese Position.

Bereits am Text ablesbar ist die Bedeutung von Strukturen im sozialen Umfeld Schule. Somit ist die Verbindung zwischen Strukturbezug und Sozialbezug durch die Verhältnisse zu Lehrern, die Schulhierarchie oder Einteilung in Gruppen stark ausgeprägt. Ebenfalls wieder präsent ist der Zusammenhang zwischen Strukturbezug und Reflexionsbezug, der sich in der gleichen Weise zeigt. Die Hypothese, **dass Reflexionsbezug eine notwendige Bedingung für den Strukturbezug ist,** bestätigt sich somit, allerdings bei Carsten in einem nicht lernrelevanten, sondern eher sozialen Kontext.

Der Strukturbezug hält weiterhin auch Verbindungen zum Medienbezug. Geradeaus den „Schwarz - Weiß" – Unterscheidungen bezieht der Medienbezug seine Bedeutung. An dieser Stelle sei noch einmal darauf verwiesen, dass der Strukturbezug eine gänzlich andere Ausprägung hat und nur bei einer weit gefassten Auslegung nachvollziehbar ist. Die Frage, ob er nicht doch lernrelevant sei, könnte anhand der Verbindungen jedoch vermutet werden.

Zusammenfassend ergeben sich für die vier Strukturmerkmale des Lernens zwei Dreiecks-
beziehungen, die genügend Spielraum für Interpretationen geben.

Reflexionsbezug – Kreativitätsbezug – Sozialbezug
Reflexionsbezug – Kreativitätsbezug – Medienbezug

Neben diesen wesentlichen Beziehungen sind auch zu den als nicht lernrelevant eingestuf-
ten Merkmalen aussagekräftige Dreiecksverbindungen feststellbar, die insbesondere die
Merkmale Strukturbezug und Praxisbezug in ihrer Bedeutung zeigen.

3.3.3.5.2   Berücksichtigung des Kontextes

Carsten ist als Internatsschüler relativ unabhängig von elterlichem Einfluss aufgewachsen.
Diese Entwicklung legt die Grundlage für die starken sozialen Bezüge. Diese äußern sich in
vielfältiger Weise. Zum einen sind die Gruppen in seinem Umfeld von hoher Bedeutung,
trotz seiner zurückhaltenden Kontaktfähigkeit. Sowohl die Klasse als wichtigste Sozial-
struktur als auch der Freundeskreis, der sehr eng an ihn gebunden ist und der im Wesentlichen die Mitglieder der Band umfasst, sind für ihn die Bezugspunkte in seinem Handeln.
Mit dem Erwachsenwerden spielen auch zunehmend Lehrer eine Rolle in der Form, dass
sie zumindest als gleichwertiger Diskussionspartner gewünscht werden. Inwiefern dies auf
ein Defizit an elterlichem Kontakt zurückzuführen ist, bleibt offen. Letztendlich findet eine
Identifikation mit der Institution Schule und in logischer Konsequenz die kritische Auseinandersetzung mit den Problemen und Unzugänglichkeiten statt, obwohl er schon mit der
Einrichtung an sich zufrieden ist. Schließlich ist die Schule der Sozialisationsraum für ihn
gewesen. Der Sozialbezug, das ist nun weit reichend begründet, ist das dominante
Strukturmerkmal.

Beim Umgang in den Gruppen und mit den Lehrern und in der Diskussion über Probleme zeigt sich ein hoher Kreativitätsbezug. Insbesondere ist dies in seinem sozialen
Engagement nachzuzeichnen. Einen entscheidenden Beitrag hierzu liefern dabei die künstlerische Betätigung in der Band und auch die Hingabe zur Literatur. Selbst wenn er von
sich behauptet mit dem Computer nicht kreativ arbeiten zu können, so belegt die Aussage
„so was Schönes schreiben [muss] oder Musik" machen doch die kreative Ausrichtung.
Auch im Unterricht sind kreative Bezüge erkennbar, die sogar von Lehrern nicht anerkannt
werden. Schließlich ist die Selbstaneignung von Wissen, auch auf über den Unterricht hi-
nausgehenden Gebieten, charakteristisch für dieses Strukturmerkmal.

Der Medienbezug, der hier erstmals in der Form als Strukturmerkmal auftritt, zeigt
eine klare Dichotomie zwischen Technik und Büchern. Carsten, der sich selbst als Anwender von Technik sieht, stellt sich bewusst gegen den in seinen Augen „Technik- Hype". Er
schreibt den Computern ab, damit kreativ arbeiten zu können, im Chat erzählen zu können
oder im Internet die Sinne anregend zu suchen. Schließlich könne Technik immer nur helfen. Dagegen sei in Büchern das Wissen stofflich präsent. Bei den Begründungen verfängt
er sich selbst mehrfach in Widersprüchen. Für das Lernen relevant wird der Medienbezug in dem Moment, in dem er die Unterrichtsfächer den Medien zuordnet. So spiele das
Buch in den Naturwissenschaften keine so große Rolle. Bezogen auf den Computer müsse
man nach Fächern unterteilen, in denen man ihn einsetze.

Das Engagement von Carsten in der Schule und vor allem in sozialen Gruppen prägt
einen Gerechtigkeitssinn und Zuordnungen, die stets auf einer eigenen Positionierung beru-

hen. Der somit notwendige R e f l e x i o n s b e z u g bildet die Voraussetzung für den Sozialbezug. Analog zu Anton finden sich auch direkt in der Rede mehrfach Stellen, die eine
Reflexion des Gesagten beinhalten. Somit ist Reflexivität im Denken und folglich auch in
der Lerntätigkeit zu finden.

Auf Grund der bereits mehrfach angedeuteten schwierigen Textlage lassen sich keine
weiteren Relevanzen für die Lerntätigkeit finden. Das Lernprofil zeigt somit hier schon
klare Unterschiede. Insbesondere sind der S t r u k t u r b e z u g und P r a x i s b e z u g nicht in
der Dominanz in der Lerntätigkeit ableitbar. Der K r e a t i v i t ä t s b e z u g richtet sich bei
Carsten im Gegensatz zu Anton und Bernd klar auf den S o z i a l b e z u g .

3.3.4   Fallbeschreibung Interview „David D."

3.3.4.1   Äußerer Kontext

Das Interview mit David D. wurde ebenso wie mit Anton P. 1997 geführt. Er ist im gleichen Jahrgang und besitzt ein freundschaftliches Verhältnis zu Anton. Somit ergibt sich der
Rahmen analog, die erste Aufbruchstimmung bezogen auf das Internet ist noch nicht ganz
abgeklungen. Die Wende als maßgebendes gesellschaftliches Ereignis findet bei David
keine Erwähnung.

Ebenso wie Anton ist David ein Schülerfachgehilfe für Informatik und zeichnet sich
dadurch aus, dass er selbstständig vielfältige Aufgaben im Rahmen der Netzwerkadministration, Hardwareinstallation und WWW-Administration bewältigt. Bemerkenswert ist an
dieser Stelle, dass er nicht nur Probleme löst, sondern sie im Interesse der Schule auch
selbstständig erkennt. Das dafür notwendige Fachwissen hat sich David autodidaktisch
angeeignet. Über diese administrativen Aufgaben besteht zwischen dem Interviewer und
dem Schüler ein engeres Verhältnis, das jedoch nicht über den Rahmen eines guten Lehrer-
Schüler-Verhältnisses hinausgeht.

Das Interview fand nach Unterrichtsschluss in einem Büroraum statt und dauerte ca.
90 min. David weiß bezüglich des Interviews im Wesentlichen nur, dass er sich etwas Zeit
nehmen solle und dass ein Interview geführt wird. Dies wird auch an seiner ersten Reaktion
auf die Eingangsfrage deutlich:

> „I: Ähm, es geht einfach mal darum, dass dass sie in aller Ruhe mir mal ein paar Erlebnisse aus
> Ihrer Schulzeit oder so, wie sie Schule erlebt haben am S. und was das Besondere war und auch
> einzelne Stories, ganz private Stories kurz mal einfach erzählen." (Interview David D., Z. 3-6)
> „S: (...) Na ja, das ist natürlich wirklich ein bisschen überfallartig." (ebd., Z. 22)

3.3.4.2   Charakterisierung des Interviews und thematische Struktur

Bedingt durch die Eingangsfrage ist das Interview keine biographische Erzählung, die den
Werdegang mit seinen Entwicklungsstufen beschreibt, sondern eher eine Selbstdarstellung,
die nur teilweise eine zeitliche Abfolge bildet (ebd., Z. 22-400). Im zweiten Teil wird durch
Nachfragen das Thema auf das Internet gelenkt. Ausgehend von seinen Erfahrungen im
Umgang mit Netzwerken (ebd., Z. 411-510) erzählt er, wie er die notwendigen Kenntnisse
erlangte (ebd., Z. 515-663) und verallgemeinert darauf aufbauend eine Lernmethode, die

man als „Schritt für Schritt lernen" in der Richtung „von der Anwendung zur Theorie" bezeichnen könnte (ebd., Z. 669-794). Der Weg von der praktischen Anwendung zu theoretischen Details kommt einem deduktiven Denken gleich, das in der Schule selten praktiziert wird.

Wiederum durch den Interviewer initiiert werden im letzten Teil zwei spezielle Internettätigkeiten im Hinblick auf Besonderheiten diskutiert. In Bezug auf die Internetrecherche erläutert David seine Strategien und leitet daraus allgemeine Voraussetzungen für eine erfolgreiche Suche ab (ebd., Z. 796-856). Das zweite Thema betrifft seine Erfahrungen in Bezug auf das Online- Spielen in „Multi- User- Dungeons" (MUDs) (ebd., Z. 875-1013). In den letzten Teilen des Interviews werden die Internet- bezogenen Themen nochmals aus anderen Blickwinkeln erzählt. Zunächst bezieht sich David auf seine Arbeit am Netzwerk und damit konkreter auf die von ihm gestalteten Projekte (ebd., Z. 1011-1099). Die damalige geringe Akzeptanz und seine Überlegungen, wie diese Situation verbessert werden könnte, bilden den Gegenstand des nächsten Teils (ebd., Z. 1108-1177). In diesem Kontext stellt sich erneut die Frage, wie man Internetkenntnisse vermitteln könnte. Somit unterbreitet er nochmals seine Lernmethoden nun aus der Sicht des Vermittelnden (ebd., Z. 1177-1243). Schließlich bildet ein kurzes Resümee den Abschluss.

Für ein Lehrer-Schüler-Interview ist dieses Gespräch durch eine große Offenheit gekennzeichnet. Dies zeigt sich auch in den ausgesprochen langen narrativen Phasen, wenngleich nicht von einem narrativen Interview an sich gesprochen werden kann, da die Themen durch den Interviewer intendiert wurden.

Eine besondere Auffälligkeit dieses Interviews, die selbst bei einem oberflächlichen Lesen ins Auge fällt, ist die Ausrichtung aller Erzählungen auf seinen Freundeskreis unabhängig vom Thema. Selbst wenn man eine eventuelle situative Beeinflussung, möglicherweise durch eine an diesem Tag erlebte Auseinandersetzung in Rechnung stellt, ist die Bedeutung seiner Schulkameraden maßgeblich. Es findet sich hier das klassische Peergroup- Verhalten wieder.

3.3.4.3   Themenanalyse

Eine erste Beurteilung der Gesprächsinhalte zeigt, dass viele Themen angesprochen wurden, die Rückschlüsse auf das Lernen ermöglichen (s. Abb. 45). Bei David steht neben der Lerntätigkeit auch die Lehrtätigkeit, von der ebenfalls strukturelle Merkmale abgeleitet und auf das Lernen übertragen werden können. Die Lehrtätigkeit bezieht sich dabei auf Seminare für Schüler und Lehrer der Schule in der Problematik der Internetnutzung. Dabei führt er aus, wie eine erfolgreiche didaktische Vorgehensweise aussehen könnte und versucht den erlebten Informatikunterricht dahingehend zu bewerten. Aussagen zu den unterrichtlichen Lerntätigkeiten finden sich nur wenige, dagegen ausreichend Hinweise zur außerschulischen und somit vorwiegend autodidaktischen Lernweise.

Den größten Bereich bilden die sozialen Aspekte. Sowohl die Thematik der Bedeutung von unmittelbaren Freunden ist sehr umfangreich ausgeführt als auch sein Verhältnis zur Klasse, Mitschülern im Internat und seiner Familie. Wertvoll erweisen sich dabei die vielfältigen Beurteilungen von Haltungen, Beziehungen und dem gemeinsamen Tun. Hinsichtlich des gemeinsamen Handelns zeigen sich der Einfluss von Bezugspersonen auf die Lerntätigkeit sowie auch der erforderliche Rahmen für ein erfolgreiches Lernen. Seine Position und seine Entwicklung in seinem Umfeld beschreibt er reflexiv kritisch. Insbesondere legt er seine Selbsteinschätzung sehr offen und breit dar, wobei eine etwas übertriebene selbstkritische Haltung im Widerspruch zu seinen Erlebnissen, Erfahrungen und ausgeführten Tätigkeiten steht.

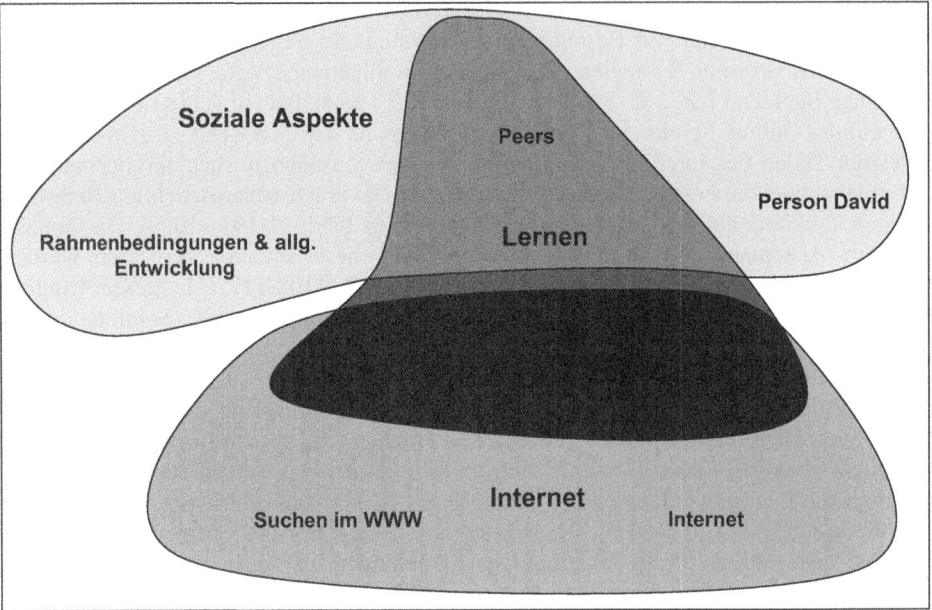

Abbildung 45: Themenübersicht (David D.)

Schließlich ist der Themenbereich der Internetnutzung in diesem Gespräch ausführlich besprochen. Die verschiedenen Internetanwendungen WWW, Chat, E-Mail und MUD werden von ihm in ihrer Bedeutung für das Lernen eingeschätzt. Seine Strategien beim Suchen im WWW und die Erfahrungen im Umgang mit den Diensten allgemein bilden dabei einen wesentlichen Schwerpunkt. Die Ausführungen zu den Suchstrategien zeigen dabei deutlich, wie intensiv David diese Problematik auch theoretisch durchdringt.

3.3.4.4   Strukturmerkmale des Lernens

3.3.4.4.1   Sozialbezug

Zweifelsohne ist der S o z i a l b e z u g bei David das dominante Strukturmerkmal. Die Ausprägung des Merkmales unterscheidet sich dabei deutlich von der bei Carsten und auch von Bernd und Anton.

Zum einen ist der unmittelbare Bezug im Lernen durch Peers sehr auffällig. Insbesondere der Freund S. spielt hier eine große Rolle. Ein erster derartiger Bezug bildet sich bei seinem Verhältnis zu seinem Bruder, der immer half beim ersten Mal.

> „... wenn ich das erste Mal zum Postschalter gehen sollte, dann äh musste ich erstmal meine El-
> tern genau fragen, ja was soll ich denn da machen und wie und was stellen die mir denn da für
> Fragen und na und dann bin ich doch erstmal mit jemandem anders hingegangen, hab mir das
> erstmal angeguckt oder hab dann einfach meinen Bruder losgeschickt." (ebd., Z. 188-193)

Lernen von Peers ist für David die grundständige Lernmethode.

> „... der hat das Problem, wenn er so still bleibt und keinen fragt, der ihm das erklären kann, hat
> er da immer irgendwie das Problem dann hat, damit dann irgendwie nicht umgehen zu können."
> (ebd., Z. 729-731)

Hierbei scheint die personelle Gebundenheit einen hohen Stellenwert zu haben, die schon
vor der Schulzeit ausschlaggebend war. Durch den Besuch des Gymnasiums und die persönliche Entwicklung ist für ihn der Verlust des alten Freundeskreises bewusst, wahrscheinlich auch aus dem Grund, dass er am Gymnasium späterhin keinen festen Freund als
einzelne Bezugsperson gefunden hatte. Dies führt er auch als zentrales Problem in seinem
Resümee auf.

> „... dass ich ähm mehr und mehr der Mensch geworden bin, der 'ne langwierige Beziehung oder
> Freundschaft oder was weiß ich, irgendwie mit einer Person haben wollte und der das irgend-
> wie, der zwar davon geträumt hat, aber das nich' bekommen hat, immer mehr 'n riesigen Freund-
> schaftskreis aufgebaut hat, aber nie diesen diese Person gefunden hat." (ebd., Z. 1272-1277)

Aus der großen Bedeutung des S o z i a l b e z u g s folgt ein weit reichendes Verständnis für
andere Personengruppen in Bezug auf Hemmschwellen bei der Nutzung des Internet oder
auch beim Lernen. Die Probleme im Lernen versucht er auch zu analysieren und schlägt
Alternativen vor.

> „(..) Na ja, wenn ich mich mit der 9.1 so unterhalten hab über ihren Informatik-Unterricht, dann
> ist das größten Teils so, dass die Leute das zwar verstehen wollen, nur in dem Moment irgend-
> wie nicht, weil sie resignieren da. Irgendwie denn mh (..) ihnen fehlt dieser komplette syntakti-
> sche Hintergrund und es ist ihnen nicht bewusst gewesen, dass man das irgendwie lernen muss.
> Und dann geht's ihnen zu schnell. Dann is' es absolut zu schnell. Da vielleicht irgendwo mal,
> wie man so ganz klein anfängt. Vielleicht sind die Klassen auch zu groß, ich weiß es nich', an-
> fängt: Hier kann ich eingeben so und dann sagt der "Hallo" so und so. Die Anfänge hatten wir
> mal. Also so hab ich mich dafür interessiert und ich denke, dass auch die anderen das irgendwie
> interessiert, indem man denen das irgendwie vorhält. Diesen, diesen *Aufhänger muss man ir-
> gendwie finden.*" (ebd., Z. 1206-1218)

Ein interessanter Aspekt ist hierbei, dass auch die Lehrer als Schüler angesehen werden und
ihnen gleichermaßen ein Verständnis entgegengebracht wird.

> „Ich kann mir das vorstellen, dass auch Lehrer irgendwie das Problem haben, ähm, dass wenn
> sie das noch nie gemacht haben und ihnen nur einmal gesagt wurde, wie man das macht, dann
> auch FTP irgendwie Probleme haben und da einen groben Fehler zu machen und dann nachher
> ist irgendwas kaputt oder weg oder irgendwie was." (ebd., Z. 955-960)

Andererseits ist die Auseinandersetzung mit Freunden besonders intensiv, da ihm der Bezug dergleichen wichtig ist, dass kleinste Missstimmungen ihn verstören und er diese als
schwerwiegende Probleme empfindet und versteht.

> „Und dann war ich sauer auf sie, einfach so wütend und dann gingen wir so auseinander. Das
> sind so Einzelbeispiele. Natürlich, wir können immer noch zusammenarbeiten, aber es ist so,
> dass man sich an irgendwelchen Kleinigkeiten, so, kann ich das zum Beispiel, so, mich dann
> wieder dran aufhängen, so richtig spießig zu sein und dann so den schlechten Tag rauszuhän-
> gen." (ebd., Z. 276-281)

So ist sein Selbstbild auch durchaus positiv widersprüchlich und gekennzeichnet durch eine
intensive Auseinandersetzung mit sich selbst. Diesen Passagen kommt in dieser Hinsicht
eine besondere Bedeutung zu als Beleg für Davids ausgereiften Bildungsprozess. Da sie

von ihm bewusst reflektiert werden, kann von einer bewussten Auseinandersetzung mit Bildung im Fall David ausgegangen werden. Diese Auseinandersetzung findet nun nachdrücklich bezogen auf soziale Kontexte statt. Es scheint ihm sogar eines der wichtigeren Ziele.

> „Es war aber eigentlich die ganze Zeit so, und na ja zeigt sich jetzt wahrscheinlich auch irgendwie, dass ich äh in dem Sinne ein bisschen die eigensinnige Person bin, die also gerne Recht behalte und ähm wenn's darauf ankommt äh, kann's schon mal passieren, dass ich irgendwie so 'n bisschen aggressiv werde, aber nur mit Worten" (ebd., Z. 93-97)
>
> „Aber tja im Gegensatz dazu dann ist das eigentlich, eigentlich menschliche Umgehen ist mir, wahrscheinlich auch, weil ich wenig in Gesellschaft von irgendwelchen anderen Leuten war, abhanden gekommen oder sofern ich's noch nie hatte, fehlend ausgeprägt." (ebd., Z. 210-214)
>
> „Früher war ich wirklich derjenige, der ruhig in der Ecke gesessen hat und nichts weiter getan hat (..) Tja und wär wahrscheinlich immer noch so, denke ich (..)" (ebd., Z. 352-354)
>
> „So richtig der eigentlich vom ruhigen hingehend 10. Klasse zum ja, vorlauten würd' ich fast sagen. Der zwar immer noch Respekt vor den Lehrern, vor ihrer Leistung hat in der Person, aber den nicht mehr so offen zeigt. Der dann doch lieber mal so mhm Kommentare mittendrin ablässt, der zwar scherzhaft gemeint ist und aber von einigen Leuten dann doch mehr als, als (..) über sie lustig machen, aufgefasst werden könnte (..) Das ist so der gröbste, der einschneidendste Wandel gewesen, den auch meine Eltern mitbekommen haben. Im Umgang also, dass ich mit äh mit Leuten anders umgegangen bin." (ebd., Z. 373-381)
>
> „Natürlich dann muss ich noch ein bisschen lernen, wann man so was machen kann und wann nicht. Aber irgendwo gehört das zu meinem Stil. Tja (..) das ist nicht so der erwachsene Mensch, der dann dahinter steckt." (ebd., Z. 398-400)

Ebenso ist die Einstellung zur Teamarbeit differenziert. Einerseits mag er es im Team zusammenzuarbeiten, andererseits hat er das Gefühl, ausgenutzt zu werden. So kommt er zu der Einschätzung, dass er nicht wisse, ob er im Team arbeiten kann oder nicht. Allerdings sagt er von sich selbst, dass er sich durchaus imstande fühle, ein Team zu leiten, was in Anbetracht der durchgeführten Seminare durchaus plausibel scheint.

> „Nö, ich weiß nicht, ich bin mir auch selber nicht ganz im Klaren darüber, wie das so, wie wie ich in 'nem Team arbeiten kann oder nicht. Ich weiß, dass ich was leisten kann, dass ist das, aber ich weiß nicht, wie ich mit den Leuten am besten umgehe, weil ich habe andauernd das Gefühl, irgendwo in dem Team, dass ich, wenn ich zu viel mache, irgendwo ausgenutzt werden, dass ich dann in dem totalen Gerechtigkeitsfimmel, den ich wirklich schon seit Urzeiten habe, dann sage: "Nö, ich mach jetzt nicht mehr", wo ich das Gefühl habe, die anderen machen auch nicht mehr. So und dann sage ich lieber: "Nee S. äh, ich mache jetzt keine Zusammenfassung in Englisch äh für dich so mit, äh weil ich hab das schon letzte Woche gemacht und ich denke, du kannst dir deine Zeit auch mal nehmen." So. So nach dem Motto läuft das dann und dann geht das dann wieder los, irgendwelches kleines Gerede. Das is' (..) mein Haken beim Teamwork (..) Na ja früher." (ebd., Z. 106-119)

Das Internet versteht er in logischer Konsequenz ebenfalls als sozialen Raum, in dem Freunde und Beziehungen eine große Rolle spielen. Das MUD stellt genau für diese Kombination eine geeignete Anwendung dar, da diese Spiele den Kontakt zu Personen ermöglichen, ohne deren Status und äußeres Ansehen zu hinterfragen.

> „Ja, die Weite (..) und die (..) Anzahl der Menschen, die da mit drin sind und wo die alle her kommen. Es sind nicht die zehn Leute aus meiner Klasse, die ich kenne oder aus dieser Schule, sondern es sind Leute, die ich noch nie vorher gekannt habe, mit denen ich mich auf Du und Du unterhalten kann. Das ist wirklich irgendwie verwunderlich. Das sind so, da, da interessiert's nich', wie jemand aussieht, wie jemand auftritt, sondern nur allein das Eingetippte, das Geredete, das Gesagte spielt da echt 'ne Rolle (..)" (ebd., Z. 986-993)

TURKLE (TURKLE 1998) sieht in diesem Zusammenhang eine wesentliche Möglichkeit für Jugendliche, eine Identität aufzubauen, die der Realität kaum entspricht. Der damit verbundene spielerische Weg zur Konstruktion des eigenen Selbstbildes habe dann wiederum Rückwirkungen auf die Realwelt, sowohl in positiver als auch negativer Hinsicht, z.B. Flucht in die virtuelle Realität. Bei David ist möglicherweise auch besonderes Interesse für das MUD entstanden, weil er es durch ein Mädel kennen gelernt hat. Die Bedeutung als ein soziales Umfeld wird durch die Aussage unterstützt, dass er das MUD erst in der Betrachtung als Variation eines Chats für besonders wertvoll erachtet.

> „Das eigentliche Spiel nicht, aber halt die Kombination mit Chat, würde ich sagen, macht das anders, weil es ist wirklich 'ne andere Dimension, ich könnte mich natürlich auch irgendwo hinsetzen in irgend'nen Raum mit zehn Leuten und könnte das da irgendwo spielen auf 'nem Brett mit 'n paar Figuren, das hätte ungefähr den selben Effekt, nur es ist nun mal nicht so ein kleiner Raum und es sind nicht nur 10 Leute, sondern es sind 200 Leute, die da gleichzeitig drin sind und die sind auf der ganzen Welt verteilt, das ist das andere, das einzige andere wirklich dabei, denke ich mal." (Interview David D.., Z. 974-982)

Gerade als *„zurückgezogene Person"* (ebd., Z. 176) empfindet David die Kommunikationsdienste des Internet, hier insbesondere die Chats (IRC), als unkomplizierten und offenen Weg andere Menschen kennen zu lernen und auch seine wahren Leistungen in eine Gemeinschaft einzubringen.

> „Ja, ich denke auch. Ich denke auch durch diese ganzen Duz-Verfahren, wenn man da irgendwo sieht: "Hallo, kannst'e nich' mal" ich meine wir kennen uns ja nich', das schreibt man ja nich' so, sondern sondern ´Hallo, wer auch immer du sein magst, wie auch immer du aussiehst, wo auch immer du bist, kannst'e mir mal helfen?´ so. Das baut eigentlich denke ich schon ab." (ebd., Z. 1164-1169)

Im Gegensatz zu dieser sehr lockeren Art der Kommunikation wird am Beispiel der E-Mail deutlich, dass ihm gesellschaftliche Normen durchaus bewusst sind und er es eher als Privileg ansieht, diese Normen aufzuweichen.

> „Ich glaub da kann ich das irgendwie unterdrücken, weil da bin ich sachlich, wenn ich irgendwie was schreibe. Da brauche ich diese ganze small- talk- Sache nicht. Wenn ich, wenn ich E-Mail schreibe, na gut dann äh, wenn ich zum Beispiel mit irgendwelchen Lehrern aus diesem O.- Verein, dann geht es meistens um irgendwas. Dann schreibe ich von mir aus auch ´Hi O.´ und also ich duze die alle, bis auf die Lehrer an unserer Schule, ähm, na ja, hmm, ich denke auch, dass die damit klar kommen." (ebd., Z. 388 395)

3.3.4.4.2   Praxisbezug

Die Relevanz des Praxisbezuges ist die zweite Auffälligkeit bei David. Zunächst finden sich wie bei Bernd und Anton praxisbezogene Projekte und auch die am Computer typischen Lernformen, Lernen durch Tun und Schritt- für- Schritt- Lernen.

> „Ja und dann, wie die anderen selber Seiten geschrieben haben, habe ich dann auch welche mitgemacht. Die 'n bisschen gelernt. "Learning By Doing" war 'n toller Slogan. (...) So irgendwie rangegangen (..)" (ebd., Z. 660-663)
>
> „Wenn man damit gearbeitet hat. Wenn man in einem einen Einblick darüber Schritt für Schritt bekommt. Wenn also, erstmal hat man 'ne kleine Anwendung, so was wie, ich log mich ein, starte mein PINE, log mich wieder aus. Da kriegt man das erste mit." (ebd., Z. 671-674)

In diesem Zusammenhang fallen bei David die Anwendungsorientierung und Bedeutung von Beispielen ins Auge. Beim Letzteren spielt ebenfalls der Sozialbezug eine Rolle in der

Weise, dass jemand etwas an Beispielen erklärt. Von David wird klar die Lernmethode von der Praxis zur Theorie favorisiert.

> „Und wenn man nun von der Anwendung, die man hat, dieses FTP von mir aus auch dieses grafische, da ist es noch am besten zu merken, auf die Theorie, die dahinter steht zu kommen, indem man einfach mal, wenn sie mich fragen an die Tafel geht und 2 Hosts einzeichnet und dann so 'n bisschen erklären kann, - [gekürzt RF]- Und dann ist noch die Frage, inwieweit will er verstehen, was da für den Rechner abläuft also diese Theorie,..." (ebd., Z. 746-758)

Da David auch in der Rolle des Lehrers auftritt und mit didaktischen Fragen vertraut ist, entwickelt er im Laufe des Gesprächs eine Theorie der Wissensvermittlung, die sehr klar praxisorientiert ist. Mit den Begriffen „Aufhänger" und „Anwendung" bezeichnet er repräsentativ einen praxisrelevanten Hintergrund.

> „Aber interessant, wirklich interessant. Das ist das Problem, da irgendwie 'n Aufhänger zu finden, wo alle Leute hinhören und nicht, wo sie dann weghören. Nich' so, wie's in einigen Fällen in Informatik so ist.." (ebd., Z. 1202-1204)

Einen sehr großen Teil seines Praxisbezuges erlebt er im Zusammenhang mit der Netzwerkadministration. Demzufolge ist er stolz das System zu beeinflussen und hat dort auch viel Zeit investiert.

> „Irgendwas hier zu programmieren in diesem Netzwerk, war irgendwie fas faszinierender. Ja, wenn ich hier irgendwas ändern konnte, äh ich hatte ja die Rechte, ich konnte ja irgendwas machen. Ich konnte da, ich hab's mal User Control System genannt, dieses Quota. Das ist keine richtige Kontrolle, aber irgendwo bin ich in gewissem Sinne auch stolz darauf, wenn ich heute da noch was machen kann." (ebd., Z. 1014-1019)

Die Anwendungen des Internet, hier im Besonderen Chat und E-Mail, möchte er Mitschülern näher bringen. Die daraus folgenden praktischen Überlegungen, wie z.B. das Aufstellen von Terminals (Computerendgeräte) in allgemein zugänglichen Räumen, in denen sich Schüler normalerweise in ihrer Pausenzeit aufhalten. An diesem Beispiel wird deutlich, dass auch seine praxisbezogenen Anstrengungen zum Teil einen sozialen Bezug haben.

> „So was, ich denke natürlich auch, dass ähm ähm so'n kleines Terminal, na gut, das kann man nicht hinstellen, aber so irgendwo 'n Terminal äh, wo man denn mal E-Mail lesen kann oder irgendwas anderes zum Hinstellen, vorne, hinten, vielleicht im Lehrerzimmer, vielleicht im Essenraum, dass das auch mh die die Account-Anträge hochschnellen lassen würde." (ebd., Z. 1172-1177)

Einen wichtigen Punkt bei David bildet die Bedeutung von praxisrelevantem Wissen. Dies umfasst im Wesentlichen Erfahrungswissen, wie er es als „Gefühl" oder „Gespür" bezeichnet. Dieses Wissen scheint hauptsächlich im Kontext des WWW von größerer Bedeutung. So verbindet er eine erfolgreiche Suche mit einem Erfahrungswissen, das nur durch umfangreiche Praxis erlernbar ist.

> „Und ein 'n gewisses Gespür dafür, wenn man so was öfter mal gemacht hat." (ebd., Z. 453-454)
> „Oder äh na ja, muss man dann wahrscheinlich schon ein paar Mal gemacht haben, um dann rauszukriegen, okay also wenn bei dem Suchwort kommt gar nischt und bei dem kommt zu viel, dann muss man irgendwo die Vorstellung haben, was existiert alles so ungefähr im Netz, was für Informationen können da so kursieren." (ebd., Z. 495-500)
> „So und da klicken wir dann drauf und sehen da noch mal 'ne Auflistung von irgendwelchen Dingen und da kriege ich dann, nachdem ich da mit drei Links runter gegangen bin ähm das Gefühl dafür, dass die Leute da nur irgendwelche ähm Manuals darstellen und dass da nirgendwo ein Link kommen wird,"(ebd., Z. 813-818)

3.3.4.4.3 Strukturbezug

Der Strukturbezug bei David unterscheidet sich etwas von Bernd und Anton. Zwar ist auch die Rede von Konzepten und der Strukturierung des Informationssystems WWW. Allerdings findet hier keine scharfe Abgrenzung von Hierarchien und ebenen Strukturen statt.

> „Also wie's wie's jeder versucht auf seiner eigenen Evita-Homepage, irgendwas über den Film, die historische Person über Andrew Lloyd Webber zu haben, irgendwie so was bereits zusammenfassend zu finden. Das ist na ja, das ist dann die Aufgabe von irgendwelchen Informationssystemen, wie wir das ja irgendwie versucht haben hinzukriegen über das WWWA, ähm hilft es wahrscheinlich wirklich nur, Informationssysteme speziell für irgendwelche Personen, zum Beispiel jetzt Schüler oder Lehrer zusammenzustellen, die eigentlich nur den Sinn haben Informationen laut Lehrplan herauszufassen, das ist Wissen. Und dann irgendwo noch mehr zusätzliche Informationen, das heißt also, dass irgendwo das, was ich irgendwo suche schon vorgefertigt in Kategorien existiert." (ebd., Z. 839-850)

Dennoch hat es den Anschein, dass diese Unterscheidung im Hintergrund existiert. Dieser Hintergrund spiegelt sich auch im „Gefühl" und der „Vorstellung" wieder. Wiederum sehr deutlich spricht David von Sortierungen, Indizes und Kategorien, die Ordnungsrelevanzen repräsentieren.

> „So oder aber ich ich suche was zu TEX, dann gehe ich unter Wissen / Informatik und gucke, ob da irgendwelche Skriptsprachen existieren wie HTML oder TEX obwohl das eigentlich wenig mit Informatik zu tun hat." (ebd., Z. 853-856)

Eine ähnliche Unterscheidung findet sich bei der Strukturierung seines sozialen Umfeldes. Auch hier deuten Äußerungen indirekt auf strukturelle Ordnungen hin. Ein Bewusstsein für die sozialen Strukturen kann aus den Passagen in jedem Fall erkannt werden.

> „Dann habe ich gesagt: „ nee, das das finde ich nicht so gut" und hab da ein bisschen Abstand zu genommen und in dem Sinne habe ich dann auch den Freundeskreis verloren, aber ich hab' na ja dann mehr dieses dieses zweite Lager mit gebildet in unserer Klasse." (ebd., Z. 53-57)

Die Strukturrelevanz wird auch im Zusammenhang der Lehr- und Lerntätigkeit deutlich. Die Unterscheidung vom Kleinen zum Großen und von der Anwendung zur Theorie können dabei als Belege genommen werden.

> „....wenn man sich damit mal näher beschäftigt, einfach mal so mit Leuten drüber redet, die einem das 'n bisschen erklären oder aber auch was durchliest dazu. Da fängt man dann an, das Ganze zu verstehen. Am Anfang ist es immer so bumm, groß. Aber wenn man klein anfängt,..." (ebd., Z. 697-701)

Somit ist der Strukturbezug in lernrelevanter Hinsicht von Bedeutung. Wenn schon die Strukturen einfacher Natur sind, sich eher auf praktische Anwendungen richten und auch im Sozialbezug eine Rolle spielen. Dies ist der grundlegende Unterschied zu den bisher untersuchten strukturellen Bezügen, insbesondere zu Anton. Die Latenz des Strukturbezuges lässt sich teilweise auch an den Metaphern erkennen.

Metaphernanalyse

Wie bei den anderen Fällen auch wurde die Betrachtung der Metaphern mit in die Untersuchungen aufgenommen. Bisher bestätigte sich dabei stets die Relevanz des dominanten Merkmals. Grundsätzlich lässt sich dies auch bei David feststellen. Der Sozialbezug zeigt sich sehr wohl in den Metaphern, allerdings in einer anderen Ausprägung als bei Carsten. Erstaunlich ist in diesem Zusammenhang die Verbindung zu räumlichen und strukturgebenden Metaphern, was als ein Beleg für den hohen Stellenwert des Strukturbezug e s gewertet werden kann, obwohl dies vordergründig im Text so nicht abzusehen ist. Hier zeigt sich gerade wieder einmal der Vorteil der Metaphernanalyse zur Aufdeckung latenter Sinnstrukturen.

Die Verteilung der Metaphern ist recht gleichmäßig über das gesamte Interview. In den Passagen über die Probleme im Freundeskreis und die Verwirklichung des Projektes WWWA treten stärkere Häufungen auf. Dies lässt sich mit einer eventuell stärkeren emotionalen Bindung an diese Themen begründen.

Der erste Überblick über die Metaphern zeigt einige Floskeln, die David offensichtlich besonders gern benutzt. Dabei verwendet er die Worte „abgegriffen", „reinhängen", „rumhängen" und „raushängen" in diesen Floskeln besonders häufig. Das Besondere daran ist, dass die Wörter nicht in der eigentlichen oder auch umgangssprachlichen Bedeutung verwendet werden, sondern lediglich eine Kombination des Wortes „hängen" mit den Vorsätzen „rein", „raus" und „rum" darstellen. Diese drei Vorsätze sind aber wieder Ausdruck räumliche für Strukturen.

So ist mit der Floskel „reinhängen" nicht nur die Bedeutung des „sich Engagierens" verbunden, sondern mehrfach eine Bedeutung von „sich anschließen", „mitmachen" oder „sich für etwas interessieren". In den ersten beiden Auslegungen sind also tatsächlich räumliche Bezüge gemeint.

Ähnlich verhält es sich mit den anderen beiden Begriffen. Der Begriff „raushängen" wird in der Bedeutung des „nach außen Kehrens" oder „äußerlich zeigen", also ebenfalls räumlich gedacht verwendet. Das „rumhängen" bezeichnet das herumlungern (engl.: hang around), hat also in erster Linie weniger mit räumlichen Gegebenheiten zu tun. Bei David wird dieses Wort nur im Zusammenhang mit Gruppen verwendet, z.B. *„mit solchen Leuten wie wie S.K. oder N. B. rumgegangen hat"* (ebd., Z. 50). In diesem Sinne kann hier die Interpretation als eine Metapher für eine Zugehörigkeit zur Gruppe ausfallen. Insofern ist wieder ein „drinnen" und „draußen" zu sehen. Ähnliche Betrachtungen wurden auch schon bei Carsten ausgeführt.

Das Wort hängen taucht weiterhin auch in der Form „hinterhängen", „dranhängen" und „aufhängen", wodurch klar wird, dass David das Wort „hängen" nicht als rhetorisches Mittel für das Gespräch nutzt, sondern vielmehr es inhärent in seinem Sprachgebrauch verankert ist.

Diese Art von Metaphern können hier ebenso als Beleg für S o z i a l - und S t r u k t u r - b e z u g aufgefasst werden.

Dies wird auch dadurch gestützt, dass David eine Reihe weiterer Metaphern mit strukturellem Charakter verwendet, u. a. „in der Ecke gesessen", „rüber zu bringen", „daneben gegriffen". Alle diese Metaphern basieren auf einer Vorstellung von einem begrenzten Raum oder anderen räumlichen Objekten. Im Hinblick auf den S o z i a l b e z u g finden sich insbesondere Metaphern, die eine Gruppe bezeichnen, wie z.B. „Truppe", „Clique", „Freundeskreis" oder „zweites Lager". Andere Metaphern umschreiben den Status einer Person oder auch die Zugehörigkeit zur Gruppe bzw. deren Nichtzugehörigkeit, wie z.B. „Ersatzrad am Wagen".

Besonders augenfällig ist die Metapher „abgegriffen". Dieses Wort steht für das Lernen, insbesondere für das Lernen von einer Person. Damit erhält es eine Bedeutung von Abgucken, Übernehmen oder auch Wegnehmen. Dem Lehrenden wird dadurch einerseits eine passive Rolle zugeschrieben, andererseits erhält das Lernen den Eindruck einer gewissen Leichtfertigkeit und Natürlichkeit.

> „So, war ich mal so clever und hab' 'n 'cd' ausprobiert. Hat sogar funktioniert, na ja, so nach dem
> Motto und dann hab ich dann langsam von S. abgegriffen und so "Mensch Junge, das ist doch
> kein Problem", hat er gesagt, glaube ich zumindest, ja (..) Das war dann so das erste Hürde
> weg." (ebd., Z. 607-611)

Eine andere Bedeutung tritt nur einmal im Zusammenhang mit einem Gespräch auf. Hier
hat das Wort „abgegriffen" die Bedeutung von Dazwischenreden.

Es finden sich noch weitere lernbezogene Metaphern. Eine ähnliche Leichtigkeit des
Lernens verkörpert die Äußerung „über die Schulter geguckt". Im Gegensatz dazu sind das
Auswendiglernen und das Zuhören bei einem Lehrvortrag ganz klar negativ belegt durch
Ausdrücke wie „auswendig pauken" und „vorgekaut". Diese Unterscheidung und Form der
Metaphern kann als Beleg für die praxisbezogene Lernweise von David genommen werden.

> „Nebenbei wo wir ihm dann über die Schulter geguckt haben bei der Installation eines neuen
> Rechners, wo ich herzlich wenig davon verstanden habe, wenn ich so ein FDISK da so gesehen
> habe von Linux. Hmm aber dann so irgendwo Schritt für Schritt Anwendungen mitbekommen
> habe." (ebd., Z. 546-550)

Schließlich stellt eine Gruppe von Metaphern ganz analog zu den Ausdrucksweisen von
Bernd auch bei David Personifizierungen im Bereich des Computers dar. Bei Bernd bezogen sich diese Personifizierungen auf den Computer und vor allem auf seine Projekte. Im
vorliegenden Fall treffen die Personifizierungen die Programme und Dateien. Es ist offensichtlich, dass sie ein wesentliches Mittel der Erschließung von Davids Computerkenntnissen repräsentieren.

Insgesamt zeigt die Metaphernanalyse auch im Fall David D. die Dominanz der gefundenen Strukturmerkmale S o z i a l b e z u g , P r a x i s b e z u g und S t r u k t u r b e z u g .

3.3.4.4.4 Reflexionsbezug

Durch die Eingangsfrage erhält das Interview schon von vornherein einen stark reflexiven
Charakter. Über weite Strecken finden sich viele Positionierungen, insbesondere im sozialen Bereich. Dies unterstreicht erneut die Dominanz des S o z i a l b e z u g s . Diese Reflexionen wurden gesondert unter „soziale Reflektionen" zusammengefasst (s. Abb. 46).

Eine Auffälligkeit ist die Beschreibung des Verhältnisses zu seinen Freunden, die ihn
offensichtlich stark beschäftigt und eine wesentliche Triebkraft in seiner Entwicklung darstellt. Dabei kann zwischen Beschreibungen allgemein zu Freunden und speziell auf einen
Freund bezogene Auseinandersetzungen unterschieden werden.

> „Na ja, sollte jetzte nicht um Se. gehen aber da war immer irgendwo dieses Gefühl dabei, jetzt
> mehr als vorher, dass ich mehr leisten kann als Se. und er sich irgendwo aufspielt, als sei er der
> Möchtegern. (..) Meine Meinung. So, so hab' ich das erfahren. Aber ich tue auch nichts dagegen,
> außer, dass ich dann irgendwann mal stinkig werde. Mein Fehler, vielleicht auch nicht. Denke
> ich aber, dass, dass er das, er das irgendwann mal selber rausfinden muss, weil er zieht sich da
> sonst irgendwie zurück, wenn er mitkriegt, dass er da irgendwo nicht so viel Ahnung hat, dann
> sagt er "Ja mein Gott", so Se.-like, so auf seine Art. Vielleicht auch meine Art, dass ich mich
> dann zurückhalte und dann gerne Recht behalten würde." (ebd., Z. 552-562)

In diesem Zusammenhang steht auch seine Reflexion seines menschlichen Umgehens.
Ebenfalls im Kontext des S o z i a l b e z u g s auffällig sind seine Positionierungen bezüglich
der Arbeit in Gruppen, hier oft als Teamwork bezeichnet. Bei David zeigt sich eine Wider-
sprüchlichkeit, die aus dem guten Verhältnis zu Freunden aber auch aus den negativen
Erfahrungen mit seinem Freund Se. resultieren.

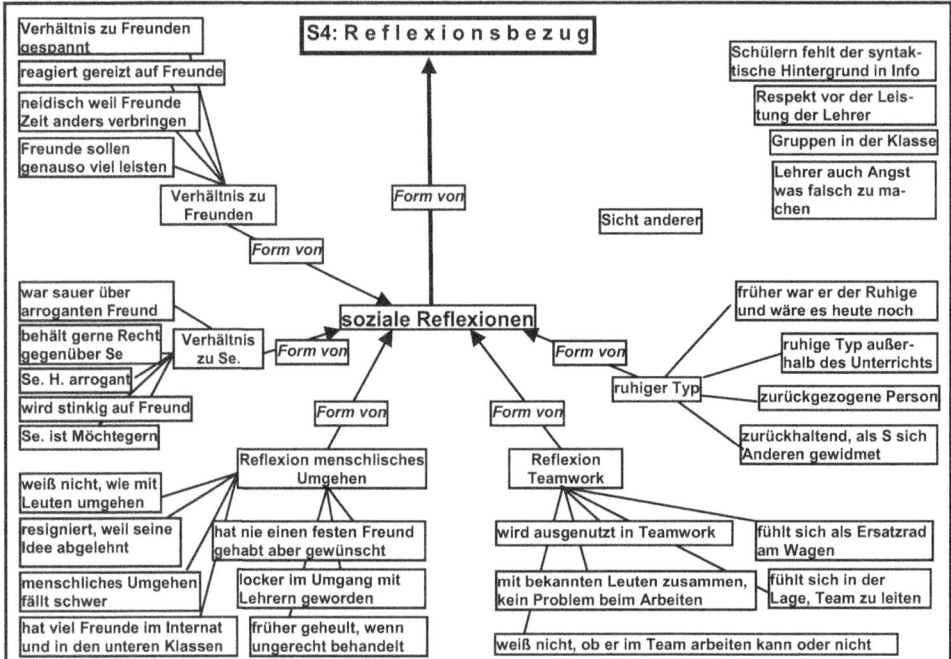

Abbildung 46:   Soziale Reflexionen (David D.)

Dem Charakter des Interviews zuzuschreiben sind die Selbsteinschätzungen, die vielfältig vorzufinden sind. So reflektiert er klar die Entwicklung vom ruhigen und eher zurückhaltenden Typ zum aufgeschlossenen und nun manchmal schon vorlauten Schüler.

> „Früher war ich wirklich derjenige, der ruhig in der Ecke gesessen hat und nichts weiter getan hat.. Tja und wär' wahrscheinlich immer noch so, denke ich (..)" (ebd., Z. 352-354)

Eine weitere Ebene der Reflexionen ist die Beschreibung seiner Projekte und Aktionen bis hin zu einzelnen Tätigkeiten. Hier finden sich einschätzende Attribute, die eine innere Auseinandersetzung belegen.

> „Das hatte ich am Anfang auch, wenn, wenn ich Linux angefasst habe. Wie gesagt, ich konnte die normalen nicht von Fehlermeldungen unterscheiden, wenn das Ding hochgefahren ist. Hmm, so son 'ne Gefühle gibt's da (...) Hat aber denke ich nicht viel zu sagen? Wie schnell man dann, dann über so was drüber kommt, ist dann die eigene Person, wie man mit so was umgehen kann, ähm heißt eigentlich für mich, wie ich mit so was Neuem umgehe, wie schnell ich das als etwas Alltägliches akzeptiere, wie schnell ich dann damit mich weiter entwickeln kann. Das ist dann eigentlich mehr die Art der Person, wie man damit umgeht." (ebd., Z. 960-969)

In seiner rückblickenden Erzählung beschreibt David mehrfach Ängste, die es für ihn zu überwinden gab. Wie im letzten Zitat schon deutlich wird, sind dies die Angst vor Neuem und die Angst etwas falsch zu machen.

> „Ja, da beginnt es so, der selbstständige Mensch zu werden.. beginnt bei mir, vorher der, der bekannte Leute brauchte, bekannte Situationen brauchte, um das so durchzustehen. Wenn irgendwas Neues kam, ähm, ja, musste das schon irgendwie mit gut Glück durchgehen, bis ich das irgendwie kannte und dann war's auch kein Problem mehr für mich, aber die Angst vor irgendwas Neuem, Unbekanntem ist immer noch irgendwo da." (ebd., Z. 640-646)

Schließlich findet sich eine Reihe von lernbezogenen Reflexionen, die sich einerseits durch die Art des Lernens, schrittweise und durch Ausprobieren, und andererseits durch rückblickende Erkenntnisschritte auszeichnen. Insofern kann also auch bei David von einer Relevanz des Reflexionsbezuges im Hinblick auf das Lernen gesprochen werden.

> „Ähm (...) da habe ich angefangen, Sachen selber auszuprobieren nicht, dass mir das irgendjemand vorgekaut hat, sondern dass ich dann selber irgendwie gesagt habe hmm, surfst du mal, hast'e von gehört, programmierst 'es mal." (ebd., Z. 627-630)

Dies wird letztlich auch unterstützt durch die Regeln, die David für das Lernen ganz allgemein aufstellt. Verbunden mit der Lehrtätigkeit, die er ausübte, sind Lernreflexionen somit nicht nur begünstigend sondern sogar notwendig.

An den aufgeführten Beispielen und Kontexten wird bei David deutlich, dass der R e f l e x i o n s b e z u g eine lernrelevante und vor allen Dingen sozialisatorische Bedeutung besitzt. Es besteht hier eine sehr enge Verbindung zum S o z i a l b e z u g, die die Relevanz des R e f l e x i o n s b e z u g e s zurückgedrängt. In diesem Fall ist also der R e f l e x i o n s - b e z u g nicht als dominant einzuschätzen.

3.3.4.4.5   Kreativitätsbezug

David zeigt ebenfalls eine Kreativität im Lernen und im Denken, wenngleich er von sich selbst dies nicht direkt behauptet. Insbesondere fallen die Strategien beim Suchen im WWW auf. So kann davon ausgegangen werden, dass er sich auch im Internet allgemein als kreativer Anwender bewegt. Ein Beleg dafür sind die Aktivitäten, die sich auf den Ausbau des Netzwerkes und vor allem auf den Wunsch richten, den Nutzern das Internet nahe zu bringen. Die Idee, Computerendgeräte mit Internetzugang (Terminals) dort aufzustellen, wo sich die Nutzer am meisten aufhalten, ist für die damaligen Anfänge des Internet sehr kreativ gewesen. Insbesondere im Kontext der Schule und im Hinblick auf die freie Verfügbarkeit für Schüler.

> „Na ja so, wenn man irgendwo die Räumlichkeiten, die Orte ausfindig macht, wo sich sowieso irgendwie Leute länger aufhalten und da dann den Leuten die Möglichkeit bieten könnte, durchs WWWA zu surfen, denke ich, würde man 'ne ganze Menge erreichen." (ebd., Z. 1130-1134)

Wie bei Bernd findet sich in Bezug auf das Erlernen der Programmierung die Methode des Ausprobierens und des schrittweisen Lernens. Das Arbeiten an kleinen Problemen ist hier wiederum ein Anhaltspunkt für die Kreativität.

> „Na ja, so 7. Klasse angefangen, wenig Engagement für irgendwas, größtenteils ähm Freizeit damit verbracht, ähm vorm Computer irgendwas Kleines zu programmieren, was weiß ich," (ebd., Z. 32-34)

Im Bereich des Lernens fallen neben den eben genannten Lernmethoden das selbstständige Lernen und praxisbezogene Lernen auf. Diese Methoden drücken ebenfalls eine hohe Kreativität aus. Die Beschäftigung mit dem Internet, seine Erfahrungen im Suchen und die Programmierung von Systemen führen zu einer tiefer gehenden Auseinandersetzung mit der Struktur und Einteilung von Informationssystemen. So ist sein Denken von diesen Strukturen geprägt und ermöglicht ihm kreative neue Ansätze zu entwickeln. Die Auswirkungen zeigen sich in den Äußerungen, dass er Neues schnell als Alltägliches akzeptiert und andererseits, dass er „resigniert, weil seine Idee abgelehnt wird".

Ebenso wie beim R e f l e x i o n s b e z u g stehen auch hier die dominanten Strukturmerkmale in enger Beziehung zum Ausleben seiner Kreativität. Die lernrelevante Bedeu-

tung resultiert hier eher aus den anderen Merkmalen. So ist der K r e a t i v i t ä t s b e z u g
vorhanden und auch lernrelevant, aber bei weitem nicht dominant.

3.3.4.4.6   Problembezug

Der P r o b l e m b e z u g bei David steht in einem engen Zusammenhang mit dem P r a x i s -
b e z u g , d.h. dass seine Probleme fast ausschließlich praktischer Natur sind und nicht wie
bei Anton philosophierend und theoretisch. Dennoch ist gerade beim Lernen der P r o b -
l e m b e z u g deutlich. Zunächst steht im „Schritt für Schritt" - Lernen das Lösen zunehmend größer werdender Probleme. Das Lernen nach einem „Anstoß" bzw. „Aufhänger"
sind weitere Anhaltspunkte. Schließlich ist auch die Äußerung, dass er Matheaufgaben
schnell gelöst hätte, ein Beleg für einen geübten Umgang mit Problemlösestrategien.

> „Also höchstens mal so in in Mathe irgendwelche Sonderaufgaben gemacht hat und besonders
> schnell war bei irgendwelchen Aufgaben aber viel mehr dann auch nicht." (ebd., Z. 66-68)

Die praktischen Probleme sind wie bei Bernd einerseits durch die Programmierung von
Problemlösungen und andererseits durch sein Engagement in den Projekten und an der
Aufrechterhaltung des Netzwerkbetriebes geprägt. Auch hier wird die enge Beziehung zu
praxisrelevanten Kontexten deutlich. Schließlich zeigen sich auch in seinem Denken prob-
lembezogene Ansätze in der Form, dass er erwähnt, bei einem interessanten Thema sich
ausführlicher damit zu beschäftigen und wenn etwas nicht funktioniert, er eine Problemlösung finde. Auch die Einschätzung, dass er ein logisch denkender Typ sei und eine gute
Abstraktionsfähigkeit besitze sprechen für eine gute Problemlösefähigkeit.

> „Ja, ich komm wahrscheinlich mehr so nach meiner Mutter so. [Telefon klingelt] (...) ja wo wa-
> ren wir, ähm ich komme mehr so nach meiner Mutter, ähm, der Diplomingenieur Ökonomie, tja
> mehr der mathematisch logisch denkende Typ. Ich denk' mal, dass ich mehr meine Stärken im
> logischen Denken habe, irgendwelche Aufgaben zu erfassen. In Mathe zum Beispiel irgendwel-
> che größeren Dinge äh, die soweit abstrahieren kann, dass ich vom kleinsten Detail immer noch
> daraus schließen kann, wie ich dann auf die Ende, das Endergebnis nachher komme. In dem
> Sinne sage ich mal, kann ich den Überblick behalten und hab mehr auch mathematische Stär-
> ken." (ebd., Z. 200-210)

Dies setzt sich in der Selbsteinschätzung fort, er könne etwas leisten (ebd., Z. 108), die von
der Einstellung zeugt, selbstständig Probleme lösen zu können.

Letztlich kann die Meinung, „wie schnell man Neues als Alltägliches akzeptiert" hän-
ge von der Person ab, ebenfalls als einen positiven Umgang mit Problemen interpretieren.

Der P r o b l e m b e z u g ist also nachweisbar und auch lernrelevant, wenngleich eine
sehr enge Beziehung zum P r a x i s b e z u g ersichtlich ist. Insofern schwächt sich die Bedeutsamkeit etwas ab.

3.3.4.4.7   Medienbezug

Der bei Carsten eingeführte M e d i e n b e z u g war für ihn prägend in der Weise, dass Bücher den Fächern zugeordnet wurden, die er mochte und andererseits Computer und Internet eher den Fächern, denen er sich nicht so hingezogen fühlte. Damit bestand ein Grund,
von einem Strukturmerkmal des Lernens zu sprechen. In diesem Zusammenhang wurde
auch festgestellt, dass diese Relevanz bei den zuvor untersuchten Fällen Anton und Bernd

nicht gegeben war und eher ein ausgeglichenes Verhältnis von Computer und Buch zu finden war.

Im Gespräch mit David ist der Aspekt Medien mehr oder weniger unbewusst thematisiert worden. Nun zeigt sich, dass David ebenfalls ausgeglichen mit den Medien arbeitet und eher eine Aufgeschlossenheit den Neuen Medien entgegenbringt. Beispielsweise schließt er nicht aus, sogar im Chat zu lernen, nutzt das WWW für Vorträge und spricht beim E-Mail-Verkehr von einer Sachlichkeit, die auch auf problemorientiertes Lernen deuten könnte. Schließlich denkt er auch über eine anschauliche Darstellungsweise für die modernen Medien, insbesondere die Internetanwendungen, nach.

> „Weiß nicht, ob sie das auf der CeBit gesehen haben. Das ist natürlich für Leute gedacht, die da sonst überhaupt nich' sonst Erfahrung mit haben, die einfach sich sagen, das war so'n Grafik-Bearbeitungsprogramm, wie normal hier habe ich 'n Blatt Papier, hier habe ich 'n Pinsel und äh hier habe ich so'n Tuschkasten, was weiß ich und dann sagt der: "Und dann nehme ich meinen Pinsel und dann habe ich hier mein Blatt Papier und dann geh' ich da mit dem Stift drüber und dann sehen wir schon, das is' weg und dann habe ich 'n tolles Bild." So, is' natürlich 'n bisschen Verarschung der, der Leute, die sich damit auskennen, aber ich denke, nicht jeder hier kennt sich mit dem Medium aus. Und da kann man das dann auch ruhig so machen, dass man dann sagt: "Hier kann ich dann mal so'n bisschen rumsurfen, da finde ich das und das, hier so mit Leuten kann ich mich so und so unterhalten."" (ebd., Z. 1182-1194)

Bemerkenswert sind die Verbindungen, die er zwischen den Medien herstellt. So wird im Medium Internet der Bedeutung von Textsorten und Merkmalen wie Indizes oder Kategorien Aufmerksamkeit geschenkt. Hier liegt also die Erkenntnis zu Grunde, dass die neuen Medien durchaus zunächst als eine Sammlung herkömmlicher Medien, insbesondere als Text, aufgefasst werden kann, ähnlich der Auffassung WINKLERS (WINKLER 1997). Dieser Bezug tritt nun auch wieder in der Verbindung mit dem problemorientierten Lernen auf, indem er sagt, Schritt für Schritt lernen sei wie „Schmökern".

> „Oder ich log mich ein, starte mein X, starte mein Netscape, surf 'n bisschen rum so richtig, ich nehm 'n Suchindex, suche zu irgend 'nem Thema was oder gucke zu Spiegel oder irgendwelche Adressen, die mir bekannt sind und klick da mal ein bisschen rum und lese was. Das ist ja wie, in 'nem Buch zu schmökern eigentlich. So und dann tue ich das wieder raus. Und irgendwo bei diesen Schmökersachen, wenn irgendwas nicht funktioniert, meinetwegen, wenn mein PINE nicht funktioniert, weil irgend 'ne Variable nicht gesetzt ist, dann frage ich 'nen Admin, der macht mir das." (ebd., Z. 674-682)

Die Zuwendung zu Büchern ist bei David ebenfalls durch mehrere Aussagen belegbar, so dass also in diesem Fall ausdrücklich von einer ausgeglichenen Zuwendung zu den Medien die Rede sein kann. In der Logik des eingeführten Strukturmerkmals M e d i e n b e z u g heißt dies aber, dass der M e d i e n b e z u g bei David nicht lernrelevant ist, weil es keine einseitige Ausrichtung und Lernabhängigkeit von einzelnen Medien gibt.

3.3.4.4.8   Merkmalsprofil

Die Untersuchung zeigte, dass der S o z i a l b e z u g bei David nicht nur das dominante Strukturmerkmal des Lernens ist, sondern auch durch seine besondere Prägung auffällt. Die Bedeutung der Peergroup und insbesondere einzelner Freunde ist für sein Lernverhalten bestimmend. Weiterhin sind S t r u k t u r b e z u g und der P r a x i s b e z u g von hoher Lernrelevanz. Der R e f l e x i o n s b e z u g kann auch unter Berücksichtigung des Charakters des

Interviews und seiner engen Beziehungen zu den vorher genannten Merkmalen durchaus als lernrelevant eingestuft werden.

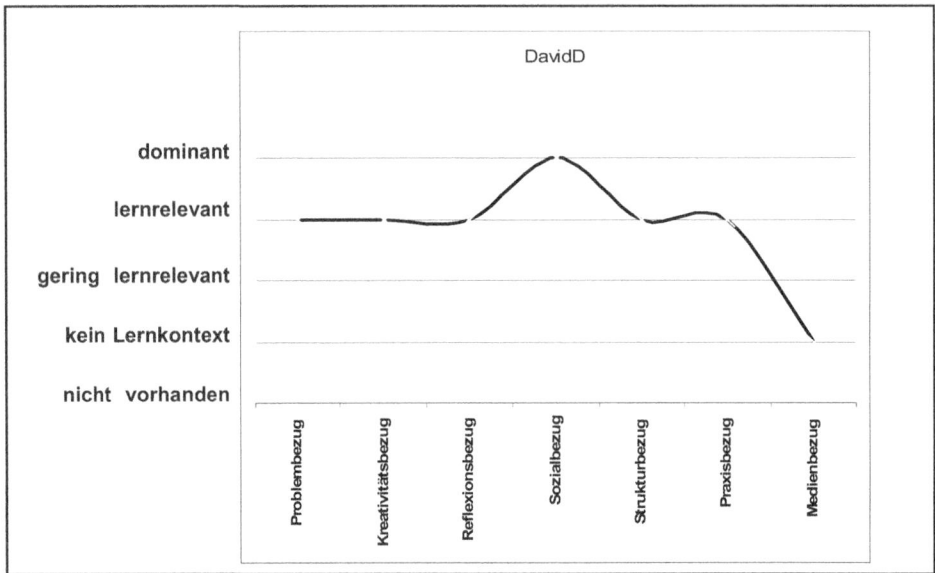

Abbildung 47: Merkmalsprofil (David D.)

Der Problembezug und der Kreativitätsbezug lassen sich aus diesem Interview nicht sehr deutlich als das Lernen strukturierende Merkmale herausstellen, da die Beziehungen zu den dominanten Merkmalen sehr eng sind. Das heißt keinesfalls, dass sie im Lernen keine Relevanz haben. Problemlösefähigkeit und Kreativität sind eindeutig ablesbar und in Verbindung mit der angewandten Praxis bzw. in sozialen Kontexten nachvollziehen.

Der Medienbezug ist zwar nachweisbar, zeigt sich aber nicht in einer Polarisierung, wie bei Carsten, sondern belegt eher eine Ausgeglichenheit. In diesem Sinne kann der Medienbezug als nicht lernrelevant eingestuft werden.

3.3.4.5   Analyse der Merkmalsbeziehungen und des Kontexts

3.3.4.5.1   Verbindungen zwischen den Strukturmerkmalen

Bereits bei der Untersuchung der Strukturmerkmale ist deutlich geworden, dass die Merkmale beim Fall David D. in sehr enger Beziehung stehen. Dies wird auch deutlich an der nun vorzustellenden Untersuchung.

Grundsätzlich sind alle Merkmale miteinander verbunden. Auch nach der Beseitigung einiger attraktiver Punkte, wie z.B. „Strukturierungstätigkeiten", existieren weiterhin eine Vielzahl von Verbindungen, die sehr interpretationswürdig sind.

Um einen besseren Überblick zu erlangen, wurde die Untersuchung auf direkte Verbindungen fokussiert. Mit der Ausnahme der „sozialen Reflexionen" (s. Abb. 48), die im

Reflexionsbezug eine zweite Zwischenstufe bei der Abstraktion bilden, sind alle anderen Strukturmerkmale einstufig mit abstrakten und dann deskriptiven Kodes verbunden. Daraus folgt, dass eine direkte Verbindung aus maximal fünf Elementen besteht. Durch diese Unterscheidung ist es nun möglich, die Verbindungen qualitativ zu bewerten und zu interpretieren.

Als dominantes Strukturmerkmal sollte der Sozialbezug die meisten Verbindungen aufweisen. Dies bestätigt sich im Fall David nicht. Der Sozialbezug steht lediglich mit dem Reflexionsbezug und dem Strukturbezug in enger Beziehung. Die meisten engen Verbindungen gehen vom Strukturbezug aus (s. Abb. 48).

Auch die Bedeutung des Merkmals Praxisbezug lässt sich im Beziehungsgefüge ablesen. Die engste Beziehung besteht zwischen Sozialbezug und Reflexionsbezug. Die Einführung des oben erwähnten abstrakten Kodes „soziale Reflexionen" ist eine logische Konsequenz. Wie stark sein Sozialverhalten von David reflektiert wird, zeigt sich unter anderem in der fast synonymen Verwendung in der Bezeichnung der einzelnen Phänomene. Dies trifft u. a. bei seinen Äußerungen zur Teamarbeit und bei der Beschreibung seines sozialen Selbstbildes zu. So sind seine Einschätzungen zur Teamarbeit stets reflexiv verankert, also stets mit einer persönlichen Positionierung verbunden. Die fast durchgängige Beschäftigung mit seinem Selbstbild sind eindeutig reflexive Auseinandersetzungen mit Fragen des menschlichen Umgehens, seinen Ängsten und auch seinem Lernverhalten. David bringt in diesem Zusammenhang anderen Personengruppen viel Verständnis entgegen. Dies ist ebenfalls ein eindeutiger Beleg für die Reflexivität, mit der er sich in sozialen Räumen bewegt. Auch die Reflexion seiner Tätigkeiten bezieht sich weitestgehend auf sein soziales Umfeld. Nicht zuletzt kann die Übernahme einer freiwilligen Lehrtätigkeit in dem Rahmen dieser engen Beziehung der Merkmale interpretiert werden. **Der Sozialbezug** zeigt sich im Fall David D. abermals **als Veräußerlichung des Reflexionsbezuges**.

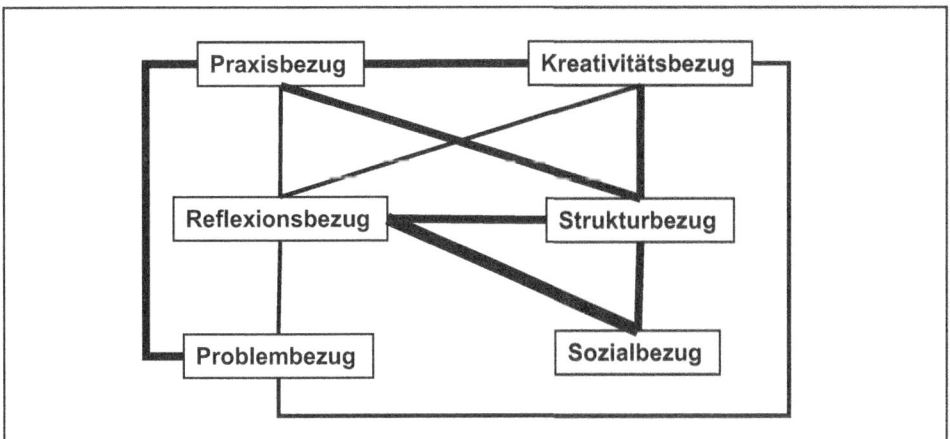

Abbildung 48: globale Verbindungen (David D.)[5]

5   Die Linienstärken stehen für die Qualität der Verbindungen. Eine dicke Linie verkörpert eine sehr enge Beziehung im Sinne von vielfältigen Zusammenhängen.

Die Untersuchung nach der Figürlichkeit der Beziehungen lässt nun genau ein Beziehungsdreieck sehr deutlich hervortreten. Reflexionsbezug und Sozialbezug zeigen sich auch in diesem Fall in einem sehr engen Zusammenhang mit dem Strukturbezug. So bildet das Dreieck Sozialbezug – Reflexionsbezug – Strukturbezug das auffälligste Beziehungsgefüge.

Die Einschätzungen seiner Positionen in Gruppen, seinem Freundeskreis und auch bezüglich der Arbeit im Team sind deutlich durch Strukturen gekennzeichnet. Es kann hier sogar von einem „sozialen Strukturbewusstsein" gesprochen werden. Deshalb wurden diese Auffälligkeiten auch unter einem so benannten abstrakten Kode zusammengefasst. Insbesondere äußert sich dieses Strukturbewusstsein in der Anwendung der Kommunikationsdienste des Internet. Die Vergegenwärtigung der Dimensionen und Teilnehmerzahlen im Chat und MUD belegen das Beziehungsgefüge am deutlichsten.

Strukturelles Denken findet bei David in besonderer Weise auch in der Reflexion seiner Lehr- und Lerntätigkeiten statt. Aus seiner Lerntätigkeit schließt er Regeln für das Lernen, die er versucht, in seiner Lehrtätigkeit umzusetzen. Diese Regeln, verallgemeinert als „schrittweise vom Kleinen zum Großen" oder auch von der „Anwendung zur Theorie" setzen natürlich Strukturwissen im Themenbereich aber auch im Sozialverhalten voraus.

Zusammenfassend zeigt sich also, dass der **Strukturbezug eine Voraussetzung für den Sozialbezug** und eine **begünstigende Bedingung für den Reflexionsbezug** ist. Andererseits wird auch im Fall David deutlich, dass der Strukturaufbau nicht ohne Reflexion vonstatten geht, also **der Reflexionsbezug eine notwendige Bedingung für den Strukturbezug** bildet. **Der Sozialbezug** kann aus dieser Perspektive auch für den **Strukturbezug als Veräußerlichung** angesehen werden.

Das zweite deutlich hervortretende Beziehungsdreieck ist die Verankerung des Strukturbezugs mit dem Praxisbezug und dem Kreativitätsbezug. Wie in der Beschreibung der Merkmale des Lernens schon erwähnt, bindet sich der Kreativitätsbezug sehr eng an den Strukturbezug und Praxisbezug und erhält dadurch seine eigentliche Bedeutung. Gleichzeitig bestätigt sich die Dominanz der anderen beiden Merkmale.

Gerade im Kontext des Internet wird die Beziehung zwischen Strukturen und Kreativität auffällig. Der an mehreren Textstellen aufzufindende kreative Umgang mit dem WWW, insbesondere seine ausgefeilten Suchstrategien basieren ganz klar auf dem bewussten Umgang mit Strukturen und dies in verschiedener Hinsicht. Davids erfolgreiche Suche im Internet basiert auf der Unterscheidung von Textsorten, der Trennung von Dateien, Quellcodes und Programmen und vor allen Dingen auf der strukturellen Gegebenheit der Webseite, dem „Gefühl für weiterführende Links". Erst die Kenntnis dieser Gegebenheiten ermöglicht es ihm in einer fast spielerisch kreativen Art, *„mal hingucken [gekürzt RF] und zurück"* (ebd., Z. 483), im WWW zu recherchieren. Dass **der Strukturbezug eine Voraussetzung für die Kreativität** ist, zeigt sich auch in den kreativen Aktivitäten, wie z.B. dem Aufbau eines Informationssystems für die Schule, der Einteilung von Informationen in Kategorien und der Einschätzung des Systems WWWA. Allerdings zeigen die angeführten Beispiele schon, dass eine maßgebliche Rolle beim Erfassen und in der Auseinandersetzung mit Strukturen der Reflexionsbezug spielt. Somit ist die im vorliegenden Fall bisher einzigartige enge und direkte Verbindung zwischen Strukturbezug und Kreativitätsbezug eher doch vor dem Hintergrund von Reflexionen zu sehen, auch wenn dies in

dieser Untersuchung vordergründig nicht sofort auffällt. Die Beziehung R e f l e x i o n s b e -
z u g – K r e a t i v i t ä t s b e z u g ist dabei deutlich nachweisbar (s. Abb. 48).

Zweifelsohne stellt **der P r a x i s b e z u g** in diesen Beziehungen **die Veräußerlichung
des S t r u k t u r b e z u g e s und des K r e a t i v i t ä t s b e z u g e s** dar. Die Praxisbezogenheit wird schon an den angeführten Beispielen klar. Dieses zweite Beziehungsgefüge unterstreicht damit auch dessen Dominanz, die bei der Untersuchung der Merkmale an sich nicht
so emergent auftrat.

Die Bedeutung der engen Verbindung zwischen S t r u k t u r b e z u g und R e f l e x i -
o n s b e z u g dokumentiert sich in den weiteren auffälligen Beziehungsdreiecken K r e a t i -
v i t ä t s b e z u g – S t r u k t u r b e z u g – R e f l e x i o n s b e z u g und P r a x i s b e z u g –
S t r u k t u r b e z u g – R e f l e x i o n s b e z u g.

Der enge Zusammenhang der dominanten Merkmale mit den bedingenden Merkmalen
wird hier sehr deutlich. Es bestätigt sich auch im Fall David D., dass Reflexion und strukturelles Denken Kreativität fördern, die sich in Praxis und im sozialen Wirken äußert. Dabei
sind S t r u k t u r b e z u g und R e f l e x i o n s b e z u g wichtige Voraussetzungen für den S o -
z i a l b e z u g.

Bei David ist der P r o b l e m b e z u g ein eher unauffälliges Merkmal, das sich dennoch
nachweisen lässt. Dieses Strukturmerkmal erscheint auch bei der Untersuchung der Beziehungen nur in einer engeren Beziehung zum P r a x i s b e z u g. Dies ist auch am Interview
ablesbar in der Hinsicht, dass gerade die Beschäftigung mit dem Netzwerk und dem Internet auf Problemlösen hinausläuft, Programmieren an sich schon angewandtes Problemlösen
ist und auch die Problemorientierung im Lernen und Lehren deutlich wird. Der **P r o b -
l e m b e z u g** ist damit ebenfalls **eine Voraussetzung für den P r a x i s b e z u g**.

Der Medienbezug zeigt sich bei der Untersuchung der Beziehungen in der Verbindung
mit dem Kreativitätsbezug und dem Strukturbezug. Dies ist ebenfalls plausibel, da sich
kreative Aktivitäten und strukturelle Ordnungen vielfach auf die Medien, in erster Linie das
Internet, aber auch auf Textsorten beziehen. Die anderen Verbindungen zu Merkmalen
erscheinen in dieser Untersuchung als eher unauffällig.

3.3.4.5.2 Berücksichtigung des Kontextes

Im Vordergrund des Interviews steht bei David in jedem Fall der S o z i a l b e z u g. Dabei ist
der Einfluss einer kürzlich erlebten Spannung zu seinen Freunden im Gespräch deutlich
nachzuvollziehen. Die Bedeutung von Freunden geht aber von seinem persönlichen Wandel
vom „ruhigen Typ" zum fast „vorlauten" aufgeschlossenen Schüler aus, der auch im Umgang mit Lehrern lockerer geworden ist. Dieser neue Freundeskreis bildete sich im Zusammenhang mit der Einführung des Internet an der Schule und verläuft gleichzeitig mit Distanzierung zu seinem alten Freundeskreis, der aus der Kindheit und Grundschulzeit noch
bestand.

Das Team, das sich um die Wartung des Netzwerkes kümmert, die ersten WWW-
Seiten entwirft und erfolgreich an Projekten und Wettbewerben teilnimmt, ist für David
sowohl ein wesentlicher Ort des Lernens als auch ein Rahmen zur Bewältigung seiner Ent-
wicklungsprobleme. Dabei kommen den Mitgliedern dieser Gruppe unterschiedliche Funktionen zu. Sein Freund S. ist der Vorreiter im Wissen und gewissermaßen auch Davids
„Lehrer" in Fragen des Internet. Auf etwa gleichem Niveau bewegt sich sein Freund Se.,

der nach Davids Angaben seinen Erkenntnisvorteil gegenüber anderen Schülern ausnutze. Offensichtlich ist David selbst der „Macher" in der Gruppe, der sich anhaltend mit hohem Engagement auf die Aufgaben der Administration konzentriert und sie auch mit hohem Zeitaufwand ausführt. Diese Stellung hält er bezüglich der Arbeitsverteilung für ungerecht und erhebt gegenüber seinem Freund Se. Vorwürfe. Die innere Auseinandersetzung mit diesem Konflikt ist deutlich an mehreren Stellen des Gesprächs nachvollziehbar. Letztendlich fragt er sich, ob er überhaupt in einem Team arbeiten könne.

Vor diesem Hintergrund wird klar, dass im sozialen Kontext bei David die Peergroup die maßgebliche Rolle spielt. Bezüglich des Lernens ist es im Wesentlichen eine Person, von der er Wissen „abgreift". Diese Form des Lernens, die in dieser Arbeit als Peerlernen bezeichnet wird, ist typisch für die autodidaktische Lernweise von Schülern am Computer, die einen hohen S o z i a l b e z u g zeigen, wie die vorliegenden Interviews zeigen. Die persönliche Auseinandersetzung mit diesen Problemen und die innere Bewältigung der Konflikte führen bei David zu einer sehr aktiven Auseinandersetzung mit seinem Selbstbild und zu kritischen Selbsteinschätzungen. Die Positionierung in der Gruppe, die Einschätzung der Arbeit im Team und das Verständnis anderer sind weitere Ausdrucksformen einer aktiven Reflexion im sozialen Kontext. So ist ein Ergebnis der Untersuchung die enge Beziehung zwischen R e f l e x i o n s b e z u g und S o z i a l b e z u g. Darüber hinaus ist am Interview abzulesen, dass gerade Lernprozesse von David selbstkritisch analysiert werden. Dies umfasst auch die tätigkeitsbezogenen Entwicklungen und Fortschritte. Somit ist dem R e f l e - x i o n s b e z u g ein hoher Stellenwert zuzuschreiben.

Im Rahmen der Netzwerkadministration und durch die soeben beschriebene Rolle in der Gruppe ist P r a x i s b e z u g als weiteres wichtiges strukturelles Merkmal des Lernens eine logische Konsequenz. Aus seinen Erfahrungen mit dem schrittweisen Lernen im Tun, also einer sehr praxisorientierten Form des Lernens leitet David Regeln für das Lernen ab, die es ihm ermöglichen, Verständnis für die Lernprozesse anderer aufzubringen und auch in seinen Lehrstrategien umgesetzt werden. Hierbei ist zu berücksichtigen, dass die allgemeine Anerkennung des Internet zu dieser Zeit erst begann und es nur wenige „Experten" gab, die auch die nötigen tiefer gehenden theoretischen Kenntnisse besaßen. Gerade der Zweifel am Sinn des Internet bedurfte der Darstellung von Anwendungsmöglichkeiten, die als „Aufhänger" für das Interesse diente und eine anschließende weiter gehende Vermittlung theoretischer Grundlagen ermöglichte. Genau zu dieser Auffassung kommt auch David aus seinen persönlichen Erfahrungen, bei den Versuchen den Schülern und auch Lehrern das Internet näher zu bringen.

Die hohe Relevanz der Praxisorientierung überdeckt im Fall David fast vollständig den P r o b l e m b e z u g. Dabei ist davon auszugehen, dass systematisches Problemlösen und auch die Auseinandersetzung mit Lösungsstrategien eine wesentliche Voraussetzung für die praktische Realisierung von Projekten und Bewältigung von Aufgaben ist. Dies wird aber in diesem Fall im Interview nicht so deutlich und ist deshalb nur hypothetisch anzunehmen. Anders verhält es sich bei der Untersuchung des S t r u k t u r b e z u g s. Die Verortung im sozialen Kontext, die kreative Beschäftigung mit den Strukturen des Internet, insbesondere des WWW und die Abschätzung seiner Projekte zeigen deutlich die weit gehende strukturelle Einordnung und die latenten Orientierungen an Strukturen. Dies wird noch unterstützt durch die Berücksichtigung, dass David in vielfacher Hinsicht auch der Initiator von Projekten ist, die sich aus der Praxis als Lücke ergeben bzw. eine vorhandene Struktur ergänzen. Dies wird im Besonderen bei der Gestaltung des lokalen Netzwerkes deutlich. Insbe-

sondere ist aber die abstrakte Strukturierung des Lernvorganges bei David auffällig. Ausschlaggebend sind hier sicherlich der grundlegende innere Wandel als auch die Möglichkeit
des Unterrichtens.

Im Gegensatz zu Anton und Bernd, bei denen der S t r u k t u r b e z u g eine enge Verbindung zu Strukturen in der Programmierung aufwies, ist bei David eher die Auseinandersetzung mit dem Internet und dem WWW als Ursache für das Strukturbewusstsein zu sehen. Insbesondere bei der Suche im WWW sind verschiedene Ansätze des Strukturaufbaus
nachzuvollziehen. Obwohl David auch selbst viel programmiert und sich auch mit Programmiersprachen beschäftigt, sind dem Interview zufolge die programmtechnischen
Strukturen nicht thematisiert. Die pragmatische Programmierung insbesondere mittels
Scriptsprachen kann also in diesem Fall nicht als Struktur gebend angenommen werden.

Letztendlich ist der K r e a t i v i t ä t s b e z u g auch bei David von hoher Lernrelevanz.
Auch hier ergeben sich die gleichen Kontexte wie bereits beschrieben. Im sozialen Kontext
ist das Hineinversetzen in andere und das Verständnis für die Sicht anderer ein grundlegender Beleg. Die Beschäftigung mit dem Internet und speziell die Suche im WWW zeigen
einen sehr kreativen Umgang mit den neuen Medien. Und schließlich ist die kreative Umsetzung von Lern- und Lehrstrategien ein maßgebliches Zeugnis für eine hohe Lernrelevanz.

Das Besondere am Fall David ist ein ausgefeiltes Merkmalsprofil, das im Wesentlichen die grundlegenden Züge der Profile der anderen Computerinteressierten bestätigt, aber
dennoch einige Besonderheiten aufweist. Die Emergenz des Peerlernens bei gleichzeitiger
hoher Praxisorientierung ist in keinem weiteren Fall so deutlich nachvollziehbar. Ebenfalls
neu ist die direkte und enge Beziehung zwischen S t r u k t u r b e z u g und K r e a t i v i t ä t s -
b e z u g . Schließlich ergibt sich im Fall David erstmals ein hoher S t r u k t u r b e z u g , der
nicht vordergründig in der Programmierung zu begründen ist.

Im Rahmen dieser Veröffentlichung wurde aus Gründen der Lesbarkeit auf die Kurzdarstel-
lung vier weiterer Fälle verzichtet. In der folgenden Darstellung der Ergebnisse wird auf
diese Fälle dennoch Bezug genommen.

3.4   Ergebnisse

Die Untersuchung der beschriebenen und weiteren Fälle führt zu drei wesentlichen Ergebnissen

-    das Auffinden von S t r u k t u r m e r k m a l e n ,
-    die Beschreibung v o n   M e r k m a l s p r o f i l e n und
-    die Analyse von M e r k m a l s b e z i e h u n g e n .

Im Folgenden werden die S t r u k t u r m e r k m a l e allgemein beschrieben und zusammengefasst. Dabei werden die verschiedenen Auslegungen der Merkmale unterschieden und die während der Untersuchung schon angedeuteten Bedeutungen herausgestellt. Die Diskussion der Möglichkeiten weiterer Differenzierungen und sinnvoller Integrationen bilden einen Gegenstand dieses Kapitels.

In den Fallbeschreibungen wurde bereits jedem Fall ein spezifisches M e r k m a l s p r o f i l zugeordnet. An diese Darstellung anschließend ist im zweiten Schritt die vergleichende Analyse der Profile im Sinne des Forschungsgegenstandes zu führen. In diesem Zusammenhang ergeben sich Anhaltspunkte für eine Bewertung der Strukturmerkmale und Klassifizierung der Fälle.

Einen wichtigen Punkt in der Falldarstellung bildete die jeweilige Untersuchung der M e r k m a l s b e z i e h u n g e n . Der besondere Wert liegt in der theoretischen Bedeutsamkeit, die auch unabhängig von den Fällen Aufschlüsse über die Verhältnisse der Merkmale untereinander geben.

Im letzten Abschnitt werden die Ergebnisse unter Berücksichtigung der Forschungsfrage zusammengeführt. Schließlich ergibt sich daraus eine erste Konturierung einer gegenstandsbezogenen T h e o r i e .

Letztlich findet sich eine Darstellung der Anschlussmöglichkeiten für weiterführende Thesen und mögliche neue Untersuchungsschwerpunkte, die zum Gegenstand weiterer Forschungsarbeiten werden könnten.

3.4.1   Strukturmerkmale des Lernens

Das erste grundlegende Ergebnis der vorgelegten Arbeit besteht in der Identifikation von Strukturmerkmalen des Lernens. Die Benennung der Merkmale und Auslegung ergibt sich aus den Interviewtexten und zeigt sich als zweckmäßig im Sinne des Forschungsgegenstands. Die Wahl der Begrifflichkeiten lehnt sich an die Wortwahl der Schüler an. Dabei ist zu berücksichtigen, dass die Merkmalsbezeichnungen einen möglichst anschaulichen Charakter haben, aber auch weit genug gefasst sind, um möglichst vergleichbare Phänomene zuzuordnen. Die Merkmale besitzen somit einen kategorialen Charakter.

Die Basisfälle dienten der Identifikation der Merkmale. Die Untersuchung der weiteren Fälle ergab keine neuen Anhaltspunkte für zusätzliche Merkmale. Insofern kann, bezogen auf das Datenmaterial, die Liste der Merkmale als abgeschlossen betrachtet werden. Vielmehr zeigten weitere Fallstudien eine Ergänzung der Vielfalt von Interpretationsmöglichkeiten, ohne den grundlegenden Charakter der Merkmale zu verändern.

Die gefundenen Strukturmerkmale sind geeignet, wesentliche Phänomene des Lernens zu beschreiben und es lassen sich die Auffälligkeiten im Lernen den Strukturmerkmalen zuordnen. Das Ergebnis umfasst abschließend sieben Strukturmerkmale, von denen sechs relevant sind für die Untersuchung der Zusammenhänge. Die Merkmale sind

- der Problembezug,
- der Praxisbezug,
- der Strukturbezug,
- der Reflexionsbezug,
- der Sozialbezug,
- der Kreativitätsbezug,
- [der Medienbezug][6].

In den Texten ergeben sich Indizien der Merkmale auch außerhalb des Lernkontextes. Die Berücksichtigung anderer Umgebungen ermöglicht, eine höhere Signifikanz von Merkmalen aufzuzeigen bzw. aus diesen Kontexten auf eine Merkmalspräsenz im Lernen zu schließen. So sind gerade die ergänzenden nicht lernbezogenen Zusammenhänge auch ein Verweis auf verinnerlichte Handlungsstrategien, Denkweisen und Lernmuster.

Viele auch kurze Textauszüge der Interviews weisen Möglichkeiten zur mehrfachen Interpretation und Zuordnung des Phänomens zu mehreren Merkmalen auf. Dennoch ist die Zuordnung eindeutig möglich und im Rahmen einer Interpretation plausibel. Die Merkmale lassen sich somit analytisch voneinander trennen, wenngleich die Phänomene und Texte auch Zusammensetzungen der Merkmale enthalten.

3.4.1.1   Problembezug

Der Problembezug ist ein sehr weit gefasstes Merkmal, das viele verschiedene Aspekte von Lern- und Bildungsprozessen vereint, in deren Kern problemorientiertes Denken zum Ausdruck kommt. Darunter fallen im Wesentlichen

- Tätigkeiten, wie Problemerkenntnis und Problemlösen,
- der Umgang mit Problemen, die im Problembewusstsein und beim Abwenden von Problemen deutlich werden,
- die Zuwendung zu Problemen, insbesondere zu Projekten und problembehafteten Aufgaben und
- die Aufgeschlossenheit für Probleme als Herausforderungen.

Der letzte Aspekt des Problembezugs war eine Auffälligkeit im ersten Interview (Interview Anton P.), in dem mehrfach von Herausforderungen gesprochen wurde. Dies führte in der Untersuchung zunächst zu der Benennung eines Merkmals Herausforderungsbezug, das im Verlauf der Untersuchung weiterer Interviews in nur einem Fall durch eine andeutungsweise vergleichbare Darstellung der Problembewältigung wiedergefunden wurde. Dies gibt Anlass, die Zweckmäßigkeit dieses Merkmals in Frage zu stellen. Zumal im zweiten Fall der Herausforderungsbezug lediglich im Sinne von „neue Probleme lösen" auftaucht. Da es sich in erster Linie um Problembewältigung handelt und dieses Merkmal in diesen Fallstudien nicht besetzt ist, wurde der Herausforderungsbezug bei der Profildarstellung dem Problembezug zugeordnet. Dies scheint auch dann noch plausibel, wenngleich nicht jedes Problem eine Herausforderung darstellt und nicht jeder Herausforderung eine Problembewältigung zu Grunde liegt. Herausforderungen treten in

---

[6]   Die Klammerung bedeutet, dass der Medienbezug jenes Strukturmerkmal ist, das von der vergleichenden Analyse aller Fälle ausgenommen wurde. Die Begründung ist im Kapitel 3.4.1.7 angegeben.

den vorliegenden Fällen in erster Linie als Aktivitätsanreize auf, die Lernprozesse auslösen. Oftmals handelt es sich dabei um selbst gestellte Anforderungen, die sich auf ein bisher noch nicht bewältigtes Aufgabenfeld beziehen.

> „Ja und Javascript (...) Das is' ja die Her Herausforderung. Man man lernt dann immer wieder - man sagt sich an einer Stelle, wie mach ich denn das jetzt." (Interview Frank B., Z. 258-259)

Ein anderer Aspekt sind herangetragene Aufgaben, die einen besonderen Arbeitsaufwand bedeuten. Gerade die Bewältigung der Herausforderungen, deren erfolgreiches Ergebnis nicht von vorn herein zu erwarten ist, verinnerlicht sich bei den Schülern und führt auch zur bevorzugten Zuwendung. Besonders deutlich wird dies am Fall Anton P., wie dies die Zitate in der Fallbeschreibung bereits zeigten.

> „Das macht Spaß. Also hinterher, hinterher zu sagen, ich hab das geschafft. Die Herausforderung." (Interview Anton P., Z. 287) und weiter im Interview: „Ist vielleicht die Frage nicht ganz beantwortet, was am BWI Spaß macht. Aber die Herausforderung ist dabei das interessanteste." (ebd., Z. 308)

Derartige Formulierungen geben Anlass, davon auszugehen, dass Herausforderungen Lernhandlungen, z.B. in Form von selbstständigem Problemlösen, initiieren und somit eine Eigenschaft des Lernens darstellen. Das gilt insbesondere dann, wenn es auch um nicht nur schulinterne Aufgaben geht, wie z.B. das Halten eines Vortrages in der Universität oder eine Rede auf einem internationalen Schülertreffen. Hier erhält der H e r a u s f o r d e r u n g s b e z u g gleichzeitig seine Bedeutung in Form von Bewährungsproben, insbesondere in der Öffentlichkeit.

> „Ja das war nun J. (.) Und (..) ja, war auch ganz toll vor 5000 Leuten reden. Das war auch 'ne Sache, wo ich denke, dass ich die nich' so schnell noch mal machen werde." (ebd., Z. 221-222)

Ein anderer Sinn für Herausforderungen ist der Aspekt der Neuheit. Diese kann sich sowohl auf soziale Situationen, Lernsituationen, Lerninhalte oder auch einfach auf Probleme beziehen. Eine derart weit gefasste Interpretation scheint wenig produktiv und konnte auch im Fall Anton P. nur in Bezug auf Aufgaben und Probleme nachgewiesen werden. Die Voraussetzungen für das erfolgreiche Bewältigen von Herausforderungen sind in erster Linie verinnerlichte Lernstrategien, die einen hohen Grad an Selbsttätigkeit ermöglichen, wie z.B. ein kreativer Umgang mit Lösungsmodellen, ein selbstständiges Probieren, ein Erkennen und Lernen aus Fehlern.

> „... und dabei dieses schrittweise Lernen, HTML-Seiten zu schreiben und mit dem Internet umzugehen und relativ schnell die kleinen Probleme des Computeralltags zu umschiffen, die das Leben so schwierig machen." (ebd., Z. 367-369)

Des Weiteren ist der H e r a u s f o r d e r u n g s b e z u g gekennzeichnet durch fördernde Lernformen, insbesondere das problemorientierte Lernen. Hier gibt es logisch gesehen eine sehr enge Beziehung, da sich viele Probleme gleichermaßen auch als Herausforderung aufbauen lassen. Insofern rechtfertigt sich hier nochmals die Zuordnung des fragmentarisch besetzten und in engem Zusammenhang stehenden Aspekts der „Herausforderungen" zum Strukturmerkmal P r o b l e m b e z u g. Dieses Merkmal findet sich weitaus öfter und auch konsistent besetzt.

Im Fall Bernd H. (Interview Bernd H.) ist der P r o b l e m b e z u g das dominante Strukturmerkmal und zugleich der rote Faden seiner Erzählung ohne eine Anregung durch die Eingangsfrage. So stellt Bernd seine vorschulische und schulische Entwicklung ausschließlich an Projekten dar und beschreibt vielfältig seine Freude am Problemlösen. Beim P r o b l e m b e z u g werden nicht nur Projekte und technische Probleme erfasst, sondern generell die Auseinandersetzung mit Gegebenheiten. Im Fall Bernd H. findet sich dazu beispielsweise die Beschäftigung mit Problemen auf abstrakter Ebene und im Fortgang der Untersuchung auch die problemorientierten Denkweisen bei anderen Fällen in verschiedenen Kontexten.

Ein anderer Aspekt der Auseinandersetzung mit Problemen ist das Abwenden von Problemen und das Phänomen der Langeweile beim Ausbleiben von neuen Problemen bzw. von weiterem Erkenntniszuwachs. So ist auch das Nichtbeenden eines Projekts oder einer Aufgabe ein Aspekt des P r o b l e m b e z u g s . Hier ist die gedanklich fertige Problemlösung für die Schüler ausreichend. Die praktische Ausführung wird nicht mehr nachvollzogen, da der Problemgehalt nicht mehr gegeben ist.

> „Ja das war 'n dann die Zeiten, wo ich in Basic programmiert habe - damit habe ich angefangen und irgendwann kam ich dann auf die irgendwelche größeren Dinge zu machen – und nicht immer nur vor mich hinprogrammieren. Da wurde dann der Entschluss gefasst ach dies oder das wäre doch mal schön und dann sind da viele kleine Programme draus geworden, wovon viele auch nicht fertig geworden sind,...“ (Interview Bernd H, Z. 45-50)
>
> „... is' meiner Meinung nach auch immer wieder dasselbe, es gibt zwar immer wieder neue Probleme und so was, aber es is' halt immer programmieren.“ (Interview Frank B., Z. 554-555)

Diese Denkweisen spiegeln sich auch direkt im Lernen wieder und führen zu einer Bevorzugung problemorientierter Lernformen, wie z.B. handlungsorientiertem Lernen oder auch dem schrittweisen Lernen.

> „Weil solchen Administrationssachen, gibt's immer wieder komplett neue Probleme die man zu bewältigen hat und so liest man dann auch auf Internetseiten, Bücher ähm wie man Probleme lösen kann. Ich denke so erfährt man auch sehr viel darüber und eignet sich sehr viel Wissen an.“ (Interview Frank B., Z. 555-558)

Ein völlig anderer Aspekt des P r o b l e m b e z u g s ergab sich im Fall Carsten W. (Interview Carsten W.). In diesem Fall beziehen sich Problemorientierungen fast ausschließlich auf soziale Aspekte. Der Begriff des Problembewusstseins richtet sich hier auf die generelle Einschätzung einer sozialen Situation. Mehrfach kann an Thematisierungen des Lehrer-Schüler-Verhältnisses, des Arbeitens in Gruppen oder des Verhaltens von Schülern in der Schule ein P r o b l e m b e z u g nachvollzogen werden. Diese Betrachtungsweise lässt sich auch auf andere Fälle übertragen.

> „Also ein Jahr lang habe ich auch mal, war ich beratendes Mitglied, glaube ich, im Schülerrat, also nicht stimmberechtigt und [hab – RF] mir das angesehen. Hat mir irgendwie nichts gegeben, dabei zu sitzen. Ich hatte nicht das Gefühl, dass wirklich was entsteht. Ich hab die Vermutung, dass es daran liegt, dass es kein richtiges Problembewusstsein gibt, dass die Leute zu sehr an das gewöhnt sind, was sie jeden Tag sehen, ohne das zu hinterfragen.“ (Interview Carsten W, Z. 90-95)

Unabhängig von der Ausrichtung des P r o b l e m b e z u g s sind die hier aufgeführten Aspekte, als lernrelevant einzuschätzen. Schließlich liegen der Problemerkenntnis und Problemanalyse analoge Denkstrukturen zu Grunde. Dennoch zeigen sich in der Ausprägung signifikante Unterschiede in den Fällen. **Mögliche Konsequenzen aus dem P r o b l e m - b e z u g im Hinblick auf das Lernen sind die Zuwendung zu problemorientiertem und projektbezogenem Unterricht. Typische Kennzeichen sind die Ablehnung des Auswendiglernens, logisches Denken, hohe Abstraktionsfähigkeit und eine hohe Selbstständigkeit im Lernen.** Gerade jene Selbstständigkeit beim Problemlösen befähigt die Schüler zur Übernahme von verantwortungsvollen Aufgaben, also z.B. der Administration des Schulnetzwerkes. Damit könnte angenommen werden, dass der P r o b l e m b e z u g auf Grund der Auswahl der Schüler a priori gesetzt ist. Hier zeigt sich jedoch, dass auch unter den computerinteressierten Schülern, die nicht Fachgehilfen sind, Parallelen existieren.

3.4.1.2   Praxisbezug

Der P r a x i s b e z u g umfasst ebenfalls unterschiedliche Aspekte, die sich auf verschiedene Bereiche und Auslegungen des Begriffs Praxis beziehen. Aus den Interviews ergeben sich folgende relevante Aspekte für einen P r a x i s b e z u g, der das Lernen der Schüler beeinflusst oder charakterisiert:

- die Zuwendung zur außerschulischen Öffentlichkeit,
- ein Bezug zur Berufswelt oder „Realwelt",
- die Bevorzugung von handwerklichen Fähigkeiten und Fertigkeiten,
- die aktive Auseinandersetzung mit der Verwertbarkeit von Lerninhalten,
- die Bedeutung von Praxishintergründen und
- die Bedeutung und Anwendung von Erfahrungswissen.

Die hier aufgeführten Aspekte des P r a x i s b e z u g s umfassen im Wesentlichen zwei Sinnebenen. Einerseits steht der Begriff „Praxis" für das „praktische Tun", also das routinemäßige Anwenden von Wissen in Tätigkeiten, aber auch die Aneignung von Wissen in der praktischen Tätigkeit. Die andere Ebene ist der Blick auf die „Realwelt", im Sinne von „außerhalb der Schule". Eingeführt wurde dieses Strukturmerkmal im Fall Anton P. (Interview Anton P.), bei dem die Aufmerksamkeit in der Öffentlichkeit bereits im Zusammenhang mit Herausforderungen eine Rolle spielte. P r a x i s b e z u g versteht sich hier als eine Zuwendung zu Inhalten, die in einer engen Beziehung zur Berufswelt oder, wie später Carsten formuliert, zur „Realwelt" stehen. Dabei ist einerseits die Resonanz der persönlichen Leistung in der Öffentlichkeit von Bedeutung, aber auch in anderen Fällen die Veröffentlichung des Ergebnisses beispielsweise in Form des Fortbestehens eines Projektes über die aktive Schulzeit hinaus. Dies ist für die Schüler bedeutsam, wenn sogar die Projekte nur von einem kleineren öffentlichen Personenkreis zur Kenntnis genommen werden, z.B. das Erstellen einer WWW-Seite oder einer Musik- CD im Rahmen der Schülerband. Eine besondere Qualität des P r a x i s b e z u g s stellt die Gründung einer eigenen Firma dar.

> „Ja, das war auch schon so 'ne Idee von mir, eben 'ne Firma zu gründen, äh ich weiß nicht. Einfach mal gucken was passiert und einfach mal ausprobieren. Grad, weil man ja auch, also ich war stolz darauf eben so ein bisschen mehr zu können, was zu programmieren und es hat mir Spaß gemacht. Und wenn man das andern Leuten noch zeigen kann und vielleicht auch gegen Geld, dann ist das natürlich dann schon ein Erfolg." (Interview Harald S., Z. 71-76)

Wie oben bereits erwähnt, kann sich Praxis weiterhin durch handwerkliche Fähigkeiten und Fertigkeiten definieren. Somit sind technische Projekte, die eine Bearbeitung von praktischen Materialien beinhalten, als praxisbezogen zu betrachten. Hier lassen sich Computerprogramme als technische Artefakte einschließen. Der Zusammenhang der Praxisbezogenheit der Arbeit am Computer könnte auch aus einer Art Parallele zur Funktionalität hergeleitet werden, die gerade auf das Erreichen eines auf Anwendungen bezogenen Ergebnisses ausgerichtet ist. Aus einer anderen Perspektive der Auslegung folgt, dass Projekte an sich mit dem Projektziel als eigenständige und fortwährende Anwendung schon eine Nähe zu praktischen Kontexten haben.

> „Und das was beim SKYLAB bei raus gekommen ist, in der Zeit, wo ich aktiv dran gearbeitet habe. (..) Waren einige Zeiten, wo wir sehr intensiv dran gearbeitet haben, Jugend forscht und der THINKQUEST- Wettbewerb waren da wohl der Höhepunkt. (..) Im Endeffekt ist ein schönes Konzept entstanden, wie wir eine Physik simulieren, um Experimente durchzuführen." (Interview Bernd H., Z. 430-434)

Ebenfalls dieser Ebene zuzuordnen ist der Aspekt, dass im Unterricht sich der P r a x i s b e -
z u g gelegentlich äußert durch den Wunsch „aktiv was machen" und „nicht nur beschult"
werden, wie im Fall Anton P. In anderen Fällen finden sich Hinweise im anwendungsorien-
tierten Lernen, z.B. dem Lernen an Beispielen oder der Prämisse „von der Anwendung zur
Theorie", wie im Fall David D. (Interview David D.).

> „Wenn man damit gearbeitet hat. Wenn man in einem einen Einblick darüber Schritt für Schritt
> bekommt. Wenn also, erstmal hat man 'ne kleine Anwendung, so was wie, ich log mich ein,
> starte mein PINE, log mich wieder aus. Da kriegt man das erste mit. Oder ich log mich ein, star-
> te mein X, starte mein NETSCAPE, surf 'n bisschen rum so richtig, ich nehm 'n Suchindex, su-
> che zu irgend 'nem Thema was oder gucke zu Spiegel oder irgendwelche Adressen, die mir be-
> kannt sind und klick da mal ein bisschen rum und lese was." (Interview David D., Z. 671-678)

Ein hoher P r a x i s b e z u g kann aber auch negative Auswirkungen haben, wie im Fall Gerald K (Interview Gerald K.) deutlich wird. Hier werden Lernhandlungen nur dann ausge-
löst, wenn es einen praktischen Nutzen oder einen praxiorientierten Hintergrund gibt. Eine
Konsequenz daraus ist die absolute Fixierung auf Noten, die sich in diesem Fall als Leitlinie des Interviews ergibt. Für Gerald ist das Ergebnis der Schulzeit nur im Abiturdurch-
schnitt zu sehen, weil dieser wiederum für seine berufliche Karriere den Ausschlag gibt.

> „Meine Mama meinte schon zu mir, Junge so gefällt mir das nicht, du willst dein Abitur ma-
> chen. Da habe ich gesagt, Mama, das ist die zehnte Klasse, die brauch' ich nur bestehen und
> dann bin ich in der Kursstufe und erst dann fängt 's an für mich für 's Abitur zu zählen. Und so
> habe ich weiter nicht gelernt. (Interview Gerald K., Z. 47-51)

> „Ich glaube nicht, dass ich in meinem späteren Leben noch mal wissen muss, wie man eine
> Tangentialgleichung bei einer Kugel berechnet. Das ist für mich ein Stoff, den muss ich bloß für
> das Fach mitbringen und da wieder[her – RF]beten können. Spätestens Abitur, da ist die Sache
> für mich eh abgeschlossen. Studium kommt alles noch mal wieder. Aber ich kann mir nicht vor-
> stellen, dass ich später mal viel mit analytischer Geometrie zu tun haben werde." (ebd., Z. 677-
> 683)

Im letzten Zitat wird weiterhin deutlich, dass in diesem Fall die Orientierung im Lernen
ganz klar auf eine spätere Verwendbarkeit gerichtet und so stets mit einer Einschätzung auf
die praktische Anwendung der Lerninhalte verbunden ist. Wie oben schon angedeutet, stellt
der Bezug zur Berufswelt einen Aspekt der Praxis dar.

Oftmals sind gerade Interessenlagen an eine bestimmte Vorstellung von einem zukünftigen Berufsbild gebunden. Dies zeigt sich dann nicht nur in der Art des Lernens, beispielsweise dem eigeninitiierten und außerschulischen Lernen, sondern auch in vielfältigen
Bedeutungszumessungen bis hin zur Einschätzung von Lehrern. Im Fall Anton P. wird die
Rolle des P r a x i s b e z u g s gerade in seinen Wertorientierungen beim Vergleich der Lehrerarten am deutlichsten. So ist die Anerkennung von Lehrern mit Praxishintergrund und
Bezug zu realen Problemen hoch.

Einen weiteren Beleg für einen P r a x i s b e z u g bietet die Betrachtung der Bedeutung von
Erfahrungswissen als ein in der Praxis erworbenes Wissen. Insbesondere in den Anfängen
des Internet aber auch im Umgang mit Computern hat die Erfahrung eine besonders große
Bedeutung. Dies ist in den Untersuchungen berücksichtigt worden, indem Erfahrung nicht
als alleiniges Indiz für den P r a x i s b e z u g betrachtet wurde.

> „So, wenn man da die Vorstellung für hat, dass es da Programme gibt und die haben bestimmt
> Quellen und das das Format ist 'n DVI dann nachher und POSTSCRIPT und was weiß ich nicht
> noch alles. So in dem Sinne kann man das irgendwo reduzieren." (David D., Z. 479-482)

> „Oder äh na ja, muss man dann wahrscheinlich schon ein paar Mal gemacht haben, um dann
> rauszukriegen, okay also wenn bei dem Suchwort kommt gar nischt und bei dem kommt zu viel,

dann muss man irgendwo die Vorstellung haben, was existiert alles so ungefähr im Netz, was für Informationen können da so kursieren." (ebd., Z. 495-500)

Die verschiedenen Anhaltspunkte geben Grund genug, in der Lerntätigkeit eine Handlungen auslösende Wirkung von praxisrelevanten Aufgaben anzunehmen. In der Zuwendung zu praktischen Anwendungen entstehen Denkweisen und Arbeitsweisen, die im Lernprozess angewendet werden.

Sowohl die Programmierung als auch die Wartung von Internetsystemen sind in hohem Maße ergebnisorientiert und tragen somit stets einen praxisnahen Charakter. So könnte wieder die Vermutung nahe liegen, dass durch die Auswahl der Schüler dieses Strukturmerkmal von vornherein begünstigt wird und somit in der Auswertung nicht verwertbar ist. Im Ergebnis der Untersuchung lässt sich jedoch feststellen, dass dieses Merkmal sehr differenziert in Art und Ausprägung über alle Fälle hinweg auftritt und sehr wohl als ein allgemeines Merkmal des Lernens in die Untersuchung einbezogen werden kann.

Andererseits ist es auch nicht zweckmäßig, das Merkmal P r a x i s b e z u g in zwei getrennte Merkmale mit dem Ziel zu unterteilen, die beiden Ebenen Realweltbezug und Anwendungsbezug zu trennen, da es doch sehr unterschiedliche Auslegungen sind. Die getrennte Untersuchung eines Realweltbezuges bringt keine wesentliche Unterscheidung der Fälle im Interesse der Forschungsfrage. Unabhängig von der Zuwendung zum Computer zeigen Schüler hier verschiedene Ausprägungen. Insbesondere gibt es sogar jeweils einen Fall, bei dem dieses Merkmal als dominant zu bezeichnen wäre. Ebenso ist es nicht sinnvoll, einen Anwendungsbezug als eigenständiges Merkmal anstatt des P r a x i s b e z u g s einzuführen. Dies zeigt sich in der Merkmalsausprägung, die fast analog über alle Falluntersuchungen erscheint. Dennoch ist Anwendung ein Aspekt von Praxis und sollte somit auf jeden Fall in diesem Merkmal enthalten sein.

3.4.1.3   Strukturbezug

Einen zentralen Gegenstand im ersten Interview (Fall Anton P.) bilden Ordnungen. In vielen weiteren Fällen wird der Begriff „Struktur" genutzt, von „Konzepten" gesprochen, die als Ausdruck für strukturelles Denken angesehen werden und eine Reihe von Argumentationen auf strukturelle Ordnungen aufgebaut. Durch den unmittelbaren Bezug zu Lerntätigkeiten ist die Einführung dieses Strukturmerkmals motiviert. Der S t r u k t u r b e z u g umfasst dabei folgende Aspekte:

- die Unterscheidung von hierarchischen und nicht hierarchischen Ordnungen,
- die Einführung und Verwendung von Ordnungsrelationen, insbesondere für eine Sortierung von gedanklichen Objekten,
- planende und strukturierte Tätigkeiten, wie z. B. Konzepte erstellen,
- die Beschäftigung mit Aufgaben und Projekten mit einem strukturellen Hintergrund und
- die Auseinandersetzung mit Strukturen im sozialen Umfeld.

Wie in der Untersuchung des Falls Anton P. gezeigt wurde, ist bei ihm der S t r u k t u r b e z u g nicht nur besonders auffällig und explizit erwähnt, sondern in den Ebenen der praktischen Tätigkeit, der geistigen Tätigkeit und sogar latent im Unterbewusstsein verankert. Für Anton sind die strukturellen Ordnungen notwendiges Mittel für fast jegliche Ausführung von Handlungen, auch und im Besonderen sogar das Interview selbst.

„Mit den Positivbeispielen ist das immer einfacher. Ich will da jetzt gar keinen gar keinen rein-
sortieren. Dann müsste ich mich jetzt (...) müsste ich wirklich überlegen. Ist so 'ne allgemeine
Einteilung, die mir so auffällt." (Interview Anton P., Z. 100-102)

    „Und dabei selbst gemerkt, man muss sich beschränken, bei so was (..) man muss sich be-
schränken, also Beschränkung heißt nicht, äh, Freiheitsentzug, sondern, äh tja, eigentlich Freiheit, weil man sich Komplexität wegnimmt, ja." (ebd., Z. 589-591)

Obwohl in keinem anderen Fall eine so starke Verinnerlichung zu verzeichnen ist, finden
sich auch in weiteren Interviews Anzeichen für einen S t r u k t u r b e z u g. In vielen Fällen
wird an den oben genannten Aspekten des Strukturbegriffs eine grundlegende Denkweise
deutlich, die als „strukturelles Denken" bezeichnet werden kann und die sich auch in Lernhandlungen repräsentiert.

In mehreren Interviews findet sich der Begriff des „Konzepts" als eine planende und
strukturierende Vorbereitung einer Tätigkeit, die sowohl auf der gedanklichen Ebene als
auch auf einer sich in Handlungen äußernden Ebene repräsentiert.

    „... da gab es Leute die VRML programmieren konnten, die dann das statische Gebäude vom
    SKYLAB aufgebaut haben (...) aber es hat noch an einem richtigen Konzept gefehlt (...) na ja
    nicht gefehlt (...) es gab ja diese Konzepte von ihnen (...) aber das war (...) pädagogisch (...)
    nicht technisch. Und ein richtiges Konzept hat sich so langsam entwickelt ..." (Interview Bernd
    H., Z. 419-424)

Unterschiede in der fallbezogenen Dimensionierung des Merkmals S t r u k t u r b e z u g
zeigen sich unter anderem in der Motivation von Einschätzungen der Qualität von Strukturen, die einerseits eine Frage der Eignung zur Problemlösung und andererseits eine auf
Konsistenz und Eleganz ausgerichtete Betrachtung sein kann. Die Strukturbetrachtungen
beziehen sich dabei auf Anwendungsprogramme, mehrfach wird hier das Microsoft-
Programm „Encarta" erwähnt, auf Datenbanksysteme und die Programmierung. Die Verbesserung von Strukturen wird in einigen Fällen zum alleinigen Ziel von Handlungen, die
umfangreichere Lerntätigkeiten einschließen. Im Fall Bernd H. verdeutlicht dies beispielsweise die Schilderung der Arbeit an seinem Projekt „Monopoly".

    „Das war dann wohl das Projekt Monopoly in Java mit M.S. zusammen. Ja. Und da habe ich
    dann Java gelernt. Und da ging's dann los mit Java und Netzwerkprogrammiererfahrungen. (..)
    Also das Monopoly war das erste, wo ich ein Client-Server-Konzept programmiert habe. (..)
    Und dieses Monopoly das vegetierte dann so vor sich hin. M.S. war nach der Projektwoche dann
    nicht mehr dabei.
    I: Ist das fertig geworden?
    S: Nein (..) Nein (..) ich glaube das ist soweit gekommen, dass es einen Spielplan gab, ich erin-
    ner' mich an die Zeit, wo ich das mit FORTRAN gemacht habe, da war es sehr aufwändig, die
    ganzen Positionen zu berechnen. (..) Und unter Java da dachten wir uns - ja da können wir doch
    ein Bild nehmen. Und dann haben wir da ein Bild rein gemacht. (..) Ich hab dann weiter ge-
    macht mit dem Event-System. (..) Ja und dann habe ich da immer weiter dran rumprogrammiert.
    (..) Immer wieder irgendwelche Strukturen komplett umgeworfen, weil ich sie nicht mehr für
    gut befand. D.h. ich habe sehr lange nach Konzepten gesucht. (..) Dann hatte ich also grundsätz-
    lich die Möglichkeit, TCP- basiert Client-Server-Architekturen aufzubauen und habe das an ver-
    schiedenen Dingen gemacht." (ebd., Z. 365-381)

Die Programmierung ist hier nur das Mittel, um zu besseren Strukturen zu gelangen. Mit
dem Fortschreiten der Programmierkenntnisse und der Wahl neuer Programmiersprachen
werden neue Möglichkeiten eröffnet, die es erlauben, das Programm mit neuen Eigenschaften (Bild, Netzwerk) neu zu gestalten. Anstatt nun die alten Strukturen zu übernehmen und
ergänzend weiter zu programmieren, stört Bernd sich an den Strukturen und strebt nach
einer Verbesserung. Die weitere Programmierung hat jetzt nicht mehr das Ziel der Funktio-

nalität und Zweckmäßigkeit, sondern das Programm optimal zu strukturieren. Im Fall Anton P. werden die Programmiermittel sogar in ihrer Leistungsfähigkeit ausgehend von den zugrunde liegenden Strukturen beurteilt. Bemerkenswert ist wiederum der direkte Bezug zu geistigen Operationen.

> „Aber eigentlich ist es das, was mir schwer fällt, mir so 'ne Sachen vorzustellen. Wie ich da irgendwelche Daten durch die Gegend schiebe oder mir da irgendwelche Algorithmen vorzustellen. Während, wenn ich (..) äh (..) mit OOP mir 'nen paar Strukturen bauen soll oder im Netz mir überlegen soll, wie das gegliedert ist, oder (..) Das geht mir von der Hand, das mach ich."
> (Interview Anton P., Z. 300-304)

Das besondere Interesse an Strukturen steht, wie eben gezeigt, eng im Zusammenhang mit der Programmierung und andererseits auch mit den Tätigkeiten im Internet. Die Gestaltung von Webseiten ist dabei eine der Tätigkeiten, die Strukturkenntnisse und die Auseinandersetzung mit Strukturen sehr stark beinhaltet. Allerdings ergibt sich gerade im WWW auch für den normalen Internetnutzer das Bild eines chaotischen Wirrwarrs (s. Kapitel 2.3.5). Die Schüler, die Erfahrungen im Internet surfen haben, verfügen über gewisse Lösungsstrategien, die es ihnen ermöglichen, Informationen zielgerichtet zu recherchieren. Dazu ist es hilfreich, eigene Strukturierungen vorzunehmen und diese auf das WWW geistig zu übertragen. Harald S. äußert diesen Gedanken und möchte diese Struktur als programmtechnische Lösung im WWW realisiert wissen.

> „Obwohl das ja jetzt auch schon immer im Chaos endet, wenn man irgendwas sucht, äh, es gibt halt keine bestimmte Ordnung. Das ist ein Problem und es wird auch sehr viel Geld rein gesteckt halt ähm, 'ne Unordnung zu schaffen. Also viele Sachen die man eigentlich nicht braucht. Ähm, man müsste irgendwie 'ne Struktur schaffen, die ja, dass die Informationen halt schneller abrufbereit sind und dass jeder seinen Teil dazu beitragen kann, aber eben in einer Struktur."
> (Interview Harald S., Z. 993-999)

Gerade die mit dem Internet aufgekommen Diskurse über die Vor- und Nachteile von hierarchischen und netzartigen Strukturen zeigen sich auch im Denken der Schüler. Dabei wird eine Hierarchie häufig mit den Begriffen Ordnung, Systematik aber auch Herrschaft verbunden. Netzartige Strukturen stehen eher für Liberalisierung und Gleichberechtigung. Während die Schüler im Umgang mit Information, insbesondere dem WWW, Hierarchien präferieren, sind es bei den Zugangs- und Zugriffsmöglichkeiten eher netzartige Strukturen. Im Fall Harald S. führt das zu dem Problem, dass er eine einheitliche Struktur im Internet realisieren, andererseits viele freiwillige Programmierer an der Ausführung beteiligen möchte. Der Widerspruch entsteht scheinbar dadurch, dass er Herrschaftsstrukturen, hier personifiziert in Bill Gates, ablehnt, Hierarchien aber als sinnvoll ansieht und dass er das liberale Wachsen des Internet, insbesondere die „Open- Source- Gemeinde"[7], befürwortet, aber eine netzartige (nichthierarchische) Strukturierung der Informationen von „Jedermann" bemängelt. Hier bilden Strukturprobleme einen Hintergrund für seine Positionierungen. Ein ähnlicher Transfer von Strukturprinzipien und Einschätzungen von Ordnungen finden sich auf das Schulsystem und das Lehrer-Schüler-Verhältnis bezogen in mehreren Fällen.

---

[7]   „Open Source" heißt, dass Programmierer ihren Quelltext offen legen, um einerseits möglichst vielen Programmierern die Möglichkeit zu geben, sich an den Projekten zu beteiligen bzw. den Quellcode weiter zu verwenden und andererseits zu zeigen, dass keine „bösartigen" Hintergrundprozesse (Trapdoors) ablaufen. Die Open- Source- Entwickler verstehen sich als Gegenbewegung gegen kommerzielle Softwarehersteller, insbesondere gegen die Firma Microsoft und Firmenchef Bill Gates.

„Und äh das wird sich aber wahrscheinlich auch, also wird sich die Schülerschaft, äh die Lehrerschaft auf der einen Seite und auch denn die Führungsliga aus der Lehrerschaft nicht nehmen lassen (..) ihre ja Macht." (Interview Carsten W., Z. 969-971)

Ein anderer Aspekt ist dagegen die Einschätzung von Aufwand und Nutzen in mehreren Fällen. Auch diese Positionierungen basieren auf der Grundlage von klaren Ordnungsprinzipien. Der Arbeitsaufwand bezüglich einzelner Aufgaben, die Einschätzung von Ressourcen und auch die Arbeitsverteilung in Gruppenarbeiten werden von mehreren Schülern angesprochen.

„Das war auch interessant, immer zu beobachten, wie man sich da gegenseitig die Arbeit 'nen bisschen zuschiebt,..." (Interview Anton P., Z. 754-755)

„Hähm, ne auch sich nicht zu viel zuteilen zu lassen. Weil es war grundsätzlich zu viel zu tun und zu wenig Leute um es zu machen. Also also meistens war es so. Das also auch das ausweichen hat man gelernt oder zu sagen, hier kann ich nicht. Das war eigentlich auch gut. Wenn ich da so zurückblicke, zu sagen, nein das packe ich nicht. Sich einzuschätzen von den Ressourcen her." (ebd., Z. 770-774)

„... das war eine Woche da, wo wir alleine in einem Raum gesessen haben mit 'n paar Rechnern und dann wirklich ein Konzept zusammen erstellt haben und das so zusammen durchgezogen haben mit wirklicher Arbeitsteilung." (Interview David D., Z. 122-125)

So ist besonders das Merkmal S t r u k t u r b e z u g klar durch den Kontext Internet und Programmierung geprägt, keinesfalls aber nur dort zu finden. Die Untersuchung der Interviews führt auch beim S t r u k t u r b e z u g zu weiteren Auslegungen. Diese umfassen im Wesentlichen soziale Aspekte. Der hier eingeführte Strukturgedanke lässt sich ohne weiteres auf die Einschätzung von Gruppen, Rangordnungen und Beziehungsgefüge übertragen. Ein Ausschluss dieser Bedeutung wäre in Anbetracht der Art der Interviews nicht gerechtfertigt.

„Ich kann mir vorstellen, dass sich das in der Arbeitswelt auch so entwickelt, dass immer mehr themaweit gemacht wird, dass es immer mehr weggeht von solchen autoritären, von solchen Herrschaftsstrukturen." (Interview Carsten W., Z. 921-924)

Im Ergebnis zeigt sich dann auch der S t r u k t u r b e z u g als eines der Merkmale, das sehr unterschiedliche Facetten aufweist. Einerseits spielen hier Ordnungen in mehreren Ebenen (Topologien), Hierarchien, Gruppierungen und Zuordnungen eine Rolle, die Schüler veranlassen, sich aktiv damit auseinanderzusetzen. Dabei sind nicht nur zielgerichtete Tätigkeiten in Bezug auf Strukturen interessant, sondern auch das „Bewegen" in diesen Strukturen, dies auch im Sinne von variablem Verhalten in sozialen Situationen. Andererseits besteht der S t r u k t u r b e z u g in sehr einfachen Schwarz- Weiß- Unterscheidungen, die lediglich ein Ablehnen oder Zuwenden erlauben. Auffällig ist bei diesem Merkmal nicht nur die Ausprägung, sondern auch die Ausrichtung, also die thematischen Zusammenhänge, in denen strukturelle Betrachtungen eine Rolle spielen. Dies führt insbesondere in der noch folgenden Beziehungsanalyse zu aufschlussreichen Erkenntnissen.

3.4.1.4   Reflexionsbezug

Die mit dem S t r u k t u r b e z u g verbundenen Möglichkeiten der Herstellung von Ordnungen und Einschätzung vorhandener Ordnungen unterstützen die eigene Positionsbestimmung. Daraus ergeben sich Relevanzkriterien, die für das Lernen maßgebend sind. Reflexivität ermöglicht auf einer operationalen Ebene Entscheidungen zu treffen, die sowohl die Richtungen der Aktivitäten als auch den Weg bestimmen. Des Weiteren kommen in diesem

Merkmal aus bildungstheoretischer Perspektive das Verhältnis des Selbst und das Verhältnis zur Welt ganz pragmatisch zum Ausdruck. Insofern handelt es sich hier um ein maßgebendes Strukturmerkmal nicht nur im Kontext von Lerntheorie, sondern auch mit einem bildungstheoretischen Hintergrund.

Der R e f l e x i o n s b e z u g umfasst im Wesentlichen

-   Explikationen von Denkhandlungen und
-   Selbsteinschätzungen, einschließlich der Einschätzung der eigenen Ressourcen und Bedeutungszumessungen,
-   reflexives Handeln im Lernen,
-   Einschätzungen von Gegebenheiten und abgeleitete Forderungen,
-   Reflexion von Lernhandlungen, dem sozialen Umfeld und der Schule.

Eingeführt wurde dieses Strukturmerkmal auf Grund der Auffälligkeit der spontanen Selbstbeobachtung im Gespräch im Fall Anton P. Anton äußert sich an mehreren Stellen aus dem Gesprächsverlauf heraus über seine momentanen geistigen Prozesse.

> „S: Erlebnisse (...) das ist immer lustig mit meinem Gedächtnis in dem Bezug (...) Erlebnisse ja (..)
> I: Na Sie haben vorhin von dem ersten Schultag so erzählt. Das wissen Sie noch ganz genau?
> S: Das weeß ich noch ja, das könnte ich auch noch auch noch mal (..) das ist immer lustig mit dem Kopf (..) hinterher hat man immer so'n Allgemeinbild von der Zeit, aber wenn man so ins Detail gehen will, dann verschwindet das immer 'nen bisschen." (Interview Anton P., Z. 151-155)

In etwas abgeschwächter Form finden sich auch bei Carsten und Gerald derartige Äußerungen in Bezug auf den Gesprächsstand. Selbstbeobachtung läuft hier offensichtlich mit zeitgleicher Reflexion ab. Auf der Grundlage solcher selbstbezüglichen Beobachtungen können nun auch die Einschätzungen der Schüler in den Gesprächen gesehen werden. Da die Schüler im Vorhinein nicht über den Inhalt des Gesprächs informiert waren, sind viele Selbsteinschätzungen zunächst als momentane Reflexion interpretierbar.

> „..., dass das mehr so die ruhigeren Typen waren (..) und ich denke mal, dass ich auch so ungefähr einer war. Der absolut ruhige Typ, der immer im Hintergrund blieb, der sich eigentlich wirklich nie besonders hervor getan hat äh außerhalb des Unterrichts." (Interview David D., Z. 62-65)

Der Bogen spannt sich hier weiter über die Einschätzungen von Situationen und die Sicht auf den persönlichen Beitrag in diesen Situationen bis hin zu generellen Einschätzungen des sozialen Umfelds und auch der Schule als Institution. Diese Einschätzungen stellen jeweils eine Sichtweise dar, die auf einer klaren Verortung des Selbst beruhen oder wo eine Verortung während des Sprechens stattfindet. Das folgende längere Zitat zeigt genau diesen Zusammenhang. Im Kontext einer kritischen Äußerung über Lehrer werden die Bedingungen für den Erfolg eines persönlichen Schüler-Lehrer-Verhältnisses auf der Grundlage seiner Erfahrungen und seiner Selbsteinschätzung abgeleitet. Die Einstellung zu sich selbst wird hier latent miterzählt.

> „Aber vielleicht das, was über 's fachliche hinausgeht, dass vielleicht auch, ich weiß nicht ob das zuviel wäre, ein gewisser persönlicher Kontakt zwischen Lehrer und Schüler? Das ist vielleicht, na ja wir haben hier ja eine autoritäre Unterrichtsform, in der also die Kompetenzen absolut klar sind. Es ist schon so, dass der Lehrer die Gewalt hat, zu bestrafen oder zu belohnen, da ist das wahrscheinlich nicht möglich, so auf einer persönlichen Ebene zu machen. Obwohl, gab es auch mit einigen Lehrern, dass man sich zum Beispiel in der Freizeit getroffen hat und ja einfach so. Also auch zum Beispiel was im Unterricht an Nichtfachlichem undiskutiert bleiben musste, dass man das da mal zur Sprache bringen konnte. Das waren auch sehr wertvolle, auch sehr wertvol-

ler Unterricht. Das hat dann da eigentlich geklappt. Aber eigentlich auch erst in der Kursstufe. Also ich weiß nicht, ob das früher geht. Vielleicht braucht das auch erst das Gerechtigkeitsempfinden beim Schüler selbst, dass er das auch akzeptiert, wenn er für eine schlechte Leistung eine schlechte Note bekommt. Also ich glaube, das kann erst klappen, wenn der Schüler das akzeptiert, wenn er für eine schlechte Leistung eine schlechte Note bekommt, dass er zu sich selbst, na ja, dass er das auch fair beurteilt, dass er zu sich selbst mal streng sein kann. Ja so ein Gerechtigkeitssinn." (Interview Carsten W., Z. 217-233)

Die Kritik in der Schule richtet sich oftmals gegen die Institution Schule und in vielen Aspekten gegen die starren Abläufe und institutionellen Rahmenbedingungen, wie z.B. das Kurswahlsystem und die Rahmenrichtlinien. Das Problem, das sich hier ergibt, besteht im Fehlen von Freiräumen, die ab einem bestimmten Grad der Selbstverortung erwünscht bzw. eingefordert werden. Mit dem Selbstbewusstsein und der Einschätzung des persönlichen Entwicklungsstandes tritt der Wunsch nach mehr Flexibilität, mehr Möglichkeiten für das Einbringen der eigenen Kreativität bis hin zum Bedürfnis nach Selbstbestimmung in Bezug auf die Lernziele auf. Die fehlende Möglichkeit, mit Schülern und Lehrern im Unterricht zu diskutieren und einen persönlicheren Kontakt zu den Lehrern zu haben, wird in mehreren Interviews thematisiert. Den dahinter stehenden Wunsch könnte man allgemein als Wunsch nach „Individualisierung des Unterrichts" bezeichnen.

„Ich meine, ich kann, es gibt ja viele Schüler, die dann wirklich noch äh, was lernen möchten und die auch die Schule brauchen, jetzt allgemein, nicht nur in dieser Woche. Aber wenn ich dann jetzt quasi dasitze und nichts davon hab, ja, aber genau weiß, ich muss noch die und die Sachen erfüllen und kann das nur Nachmittag machen, dann stört mich das schon. Aber äh, ist ja nicht möglich irgendwie oder glaub ich nicht, dass das möglich ist, den Schulunterricht so individual zu machen, dass ich halt sagen kann, ich geh zu dem Kurs, zu dem nicht und so." (Interview Harald S., Z. 282-289)

Eine andere Ebene der Reflexion zeigt sich in den unmittelbaren Lernhandlungen. Bestimmte Lernformen bedürfen eines zeitweiligen Verweilens im Tun, wie z.B. Lernen aus Fehlern, Probieren oder schrittweise Lernen, und einer Art Selbstbeobachtens des bisher Erreichten und Vollführten. In diesem Zusammenhang lässt sich auch von Reflexion sprechen, wenngleich die Ebene der Reflexion wesentlich pragmatischer Natur ist. Im Sinne der Forschungsfrage ist es sinnvoll, auch diese als „reflexive Lernhandlungen" bezeichneten Phänomene zu erfassen. Etwas fortgeschrittener zeigen sich weiterhin Reflexionen über erfolgreiche Lernhandlungen, die zu Handlungsmustern werden bzw. als Handlungsorientierungen verinnerlicht werden.

„Da fängt man dann an, das Ganze zu verstehen. Am Anfang ist es immer so bumm, groß. Aber wenn man klein anfängt, wenn man sagt: 'Hier hast 'n Login', egal wie das TELNET zustande kommt (..) wumm und es ähm es war mir auch bis vor 'nem Jahr irgendwie oder sagen wir bis vor 'nem halben Jahr absolut nich' klar, wie diese ganzen Login- Skripte funktionieren. Die gesamte Ausgabe beim Rechner- Hochfahren, beim Rechner-Runterfahren, war mir dermaßen egal, ich habe da keine Fehlermeldung von 'ner normalen unterscheiden können. Immer so Schritt für Schritt, vor allen Dingen auch durch diese Programmierung." (Interview David D., Z. 699-708)

Der R e f l e x i o n s b e z u g zeigt sich insgesamt in verschiedenen Abstraktionsebenen und auch oft in unterschiedlichster Ausprägung. Im Interesse des Forschungsgegenstandes ist es deshalb ein geeignetes Strukturmerkmal um Lernen zu charakterisieren.

3.4.1.5   Sozialbezug

Die Untersuchung des S o z i a l b e z u g s liefert viele Anknüpfungspunkte zum Lernen, die nicht einfach subsumiert werden konnten und insofern eine eigene Kategorie bilden. Die Suche nach Anschlussgruppen, die Zuwendung zu einzelnen Personen (Peers) und die Bedeutsamkeit der Stellung in der Öffentlichkeit ergeben unterschiedliche Lernsituationen und damit verschiedene Auslegungen des S o z i a l b e z u g s .

Grundsätzlich umfasst der S o z i a l b e z u g

- die Rolle der Familie,
- die Bedeutung von Peergroups,
- die Bedeutung von bzw. das Verhältnis zu Lehrern und
- als wesentlicher Aspekt das Lernen mit oder von Einzelpersonen.

Unter Berücksichtigung dieser Unterteilung lassen sich die Interviews im Sinne der Bedeutung des Computers und Internet für das Lernen sehr gut zuordnen. So ist es typisch, dass in fast allen Fällen der Vermittlung von Computerwissen die Rede von einem Freund ist, von dem gelernt, etwas gezeigt oder gemeinsam etwas erarbeitet wurde.

> „Na ja sagen wir mal so, ich hab seit der 10., 11. Klasse dann äh na ja wirklich angefangen mich hier bei diesen Informatik Sachen, hier Rechnernetz ein bisschen mit reinzuhängen und hab größtenteils eigentlich nur von S. gelernt. So und na ja (..) in dem Sinne hab ich mal erlebt, dass ich was eigenes irgendwie lernen konnte, dass ich mich selbst irgendwie weitergebildet habe und auch na ja gesehen habe, dass ich irgendwas geschaffen habe selbständig." (Interview David D., Z. 144-150)

Im Fall Emil S. tritt das Lernen mit einem Freund ausschließlich im Zusammenhang mit Lerntätigkeiten am Computer auf, obwohl er fest in Gruppen, der Schülerband und das Schülerradio, integriert ist, in denen gemeinsame außerunterrichtliche Arbeit auch zur Aneignung neuen Wissens führt.

> „Da war ich urst begeistert von und hab das dann, hab' mir das angeguckt mit ihm und hab dann noch den Quelltext gekriegt, hat mir noch erklärt so 'n bisschen, wie das geht. Das ist eigentlich 'ne schöne Sache." (Interview Emil S., Z. 486-488)

Die Signifikanz ergibt sich noch weiter durch die maximale Kontrastierung des Falls Gerald K., also eines zwar computerinteressierten aber in Hinsicht auf den Computer nicht stärker engagierten Schülers, im Verhältnis zu den anderen Fällen. Hier wird Lerntätigkeit generell ohne oder gar unter Ablehnung des Partnerlernens erwähnt. Im Kontext Computer äußert auch Gerald die Zuhilfenahme eines Mitschülers.

> „Freunde haben allerdings keinen Einfluss auf das Lernen, denn im Hinblick auf das Abitur... [gekürzt RF] ...lernt man ja für seine Abiturnote und nicht für die eines anderen." (Interview Gerald K., Z. 1483-1485)
> „Dann sitzt man wirklich eine Woche immer dran und, na gut hat man natürlich auch jemand einem hilft, das war für mich A. B., der war hier mal an der Schule erster, kennen Sie noch? Mit dem hab' ich da zusammengearbeitet." (Interview Gerald K., Z. 436-439)

Darüber hinaus spielt in allen Interviews die Peergroup generell eine größere Rolle als die familiären Beziehungen. Lediglich vereinzelt kommen ältere Geschwister als Vorbild und Helfer in einem Lernzusammenhang vor, z.B. im Fall David D. der ältere Bruder. Die Eltern werden meist nur am Rande in Bezug auf die Anschaffung des Computers oder die Veränderung von häuslichen Rahmenbedingungen erwähnt. Gelegentlich hat der Beruf der Eltern bei der Entscheidungsfindung für die Studienrichtung einen Anteil. Der größere Stellenwert des schulischen Umfeldes kann ursächlich auch an der Interviewsituation, alle Interviews wurden in der Schule geführt, oder der Lehrer-Schüler-Situation im Interview gesehen werden. In den Äußerungen werden die Beziehungen zu den Lehrern thematisiert bzw. Einschätzungen gegeben und Kritik an Lehrern geübt. Dies spricht für eine Offenheit in den Gesprächen.

In den Interviews zeigt sich, dass der Lehrer als Bezugspunkt einerseits und Distanzierung von Lehrern andererseits verbunden mit eingehender Kritik und dem Wunsch nach selbstständigem Lernen ein geeignetes Kriterium für die Fallunterscheidungen ist. Der Kritik an Lehrern hinsichtlich des zu großen Abstandes, der ungerechten Behandlung oder der Abhängigkeit des Lernens vom Lehrer, begegnet man in den Fällen der Nicht-Fachgehilfen öfters. Allerdings ist dabei ein größerer Zuspruch für die Lehrer zu verzeichnen, der den Lehrern ein gutes Fachwissen bescheinigt.

> „So war das auch im Fachbereich Physik, wo ich in der sechsten Klasse noch bei Herrn S. hatte, hatte ich 'ne Eins. Kam dann zu Herrn D., und das war dann mein erster Tiefpunkt. Hab' ich dann eine Vier bekommen in der siebenten Klasse." (Interview Gerald K., Z. 29-32)

> „Mittlerweile, sag ich mal ganz einfach, die Frau musste auch einfach mal respektieren dafür, was sie für ein Gewissen hat. Ich denke mal Frau H. ist jemand, der könnte locker an der Uni Mathematik als Dozent den Studenten vermitteln." (ebd., Z. 585-588)

Auf der anderen Seite richtet sich die Kritik auf zu geringe fachliche Kompetenz oder es wird den Lehrern ein gewisses Verständnis für die Probleme zugesprochen und die Kritik gänzlich auf die institutionellen Bedingungen projiziert. Dies ist vermehrt bei den computerinteressierten Schülern zu verzeichnen.

> „Also ich halt von Herrn T. nicht viel, äh auch von Herrn R. also was ich da von N. gehört hab, das hört sich an als hätte der überhaupt keine Ahnung. Und das find ich schon ziemlich schlecht, wenn das jetzt hier 'ne Spezialschule ist und äh, dann solche Lehrer herkommen, Frau T. ist auch nicht so, also(...)" (Interview Harald S., Z. 509-513)

Eine weitere Auffälligkeit des S o z i a l b e z u g e s ist die Einschätzung der Gruppenarbeit. In allen Interviews sind Situationen thematisiert, in denen die Arbeit in Teams, die Zugehörigkeit zu speziellen Gruppen, z.B. Schülerband, oder auch die Wirkung des unmittelbaren Freundeskreises zum Gesprächsgegenstand werden. Zumeist sind die positiven Wirkungen dieser Gruppen für die persönliche Entwicklung, die Erzählungen über Erfolge beim Lernen und in Projekten und gemeinsame Erfahrungen, z.B. bei öffentlichen Auftritten, der Kern dieser Textpassagen. Vereinzelt drücken die Schüler ihr Unbehagen darüber aus, dass sie mehr als die anderen engagiert sind aus.

> „Ähm, na ja, ich hab's gesehen, wir haben mal richtig als Team gearbeitet, als wir dieses JM Projekt gemacht haben, das war eine Woche da, wo wir alleine in einem Raum gesessen haben mit 'n paar Rechnern und dann wirklich ein Konzept zusammen erstellt haben und das so zusammen durchgezogen haben mit wirklicher Arbeitsteilung. Und es kommt ja dann immer dazu, wer Zeit hat, wer nicht. So und da war ich dann nu' immer der, zumindest hatte ich das Gefühl, der da immer bis nachmittags um sowieso da rumsaß, alleine, nicht alleine, S. B. war mit dabei, sicher aus der Tatsache heraus, dass die anderen früher weg mussten und auch einen längeren Schulweg hatten aber ich dann immer der war, der immer noch länger da saß. In dem Sinne hab ich mir dann irgendwann gesagt, na ja, okay, nee Leute ich mach' jetzt mal nichts mehr und dann ging 's irgendwie los und dann war ich bockig, dann waren die anderen bockig und so, na ja." (Interview David D., Z. 121-134)

Gegenüber dem institutionell verordneten Arbeiten in der Gruppe äußern sich viele Schüler im Gegensatz dazu sehr kritisch. Hier funktioniere die Gruppenarbeit überhaupt nicht. Der folgende Auszug erklärt mögliche Ursachen selbstredend.

> „Dann, was komischerweise nicht funktioniert, ich denke, das hat etwas damit zu tun, dass man einer Lern-, also einer (..) einer Didaktikphilosophie, die eigentlich relativ statisch ist, das ist das, was hier passiert im Moment, halte ich für relativ statisch, äh versucht dann was über zu

helfen, ist Gruppenarbeit. Das funktioniert dann meistens nicht. Also so wie das praktiziert wird. Da entsteht kaum, eigentlich macht niemand was. Das find ich immer traurig. Ich denke, dass das darauf zu schieben ist, dass die ganze Grundphilosophie und ganze Grundstimmung, die dann auch im Unterricht herrscht, äh, die ist dann überfordert. Das geht dann nicht. Auf einmal soll der Schüler dann kreativ und flexibel sein und dann trotzdem noch interessiert arbeiten und das aus 'ner gezwungenen Haltung heraus. Das muss dann natürlich schief gehen. Da nutzt er die Gelegenheit und schwatzt und die anderen spielen Magic oder was weiß ich, spielen Karten da oder tun da so 'ne Sachen." (Interview Anton P, Z. 1254-1265)

Somit sind die Lehrer und einzelne Schüler die wichtigsten Elemente im S o z i a l b e z u g und es ist an dieser Stelle zu überlegen, ob der S o z i a l b e z u g nach Lehrerbezug und Peerbezug getrennt werden kann. Daraus ergäbe sich eine diametrale Aufteilung der Schülerfachgehilfen und der sonstigen Schüler, wie sie im Sinne des Forschungsgegenstandes wünschenswert wäre. Die computerinteressierten Schüler geben fast durchgängig an, von oder mit einem anderen Schüler gelernt zu haben, sind also sehr peerbezogen. In der Folge wird die Lehrerrolle zurückgedrängt. Dies entspricht dem Bild des Computerlernens auch außerhalb der Schule und scheint zumindest plausibel. Dennoch sprechen mehrere Faktoren dagegen, diese Aufteilung in die Untersuchung einzubeziehen. Computerwissen wird in der Schule häufig nur im Kontext des Fachs Informatik benötigt. Die sporadische Nutzung des Internet und des Computers in anderen Fächern ist hierzu nicht vergleichbar. Damit ist die peerbezogene Lerntätigkeit der Schüler in anderen Fächern nicht so üblich, wie direkt bei der Arbeit am Computer. Die Kursbelegung der Schüler unterscheidet sich gerade in dem Schulalter, in dem selbstständiges Lernen verstärkt stattfindet. Daraus ergibt sich ein erstes Problem der Vergleichbarkeit. Die logische Frage, warum das peerbezogene Lernen nicht auch in anderen Kontexten auftritt bzw. sogar gänzlich abgelehnt wird, ist dagegen nicht Gegenstand dieser Untersuchung. Zu dieser Problematik finden sich Ergebnisse und Aussagen im Kontext der Entwicklung einer neuen Lernkultur, z.B. bei den Reformvorschlägen von KLIPPERT zum eigenverantwortlichen Lernen (Klippert, 2001).

Unter einer anderen Perspektive ist davon auszugehen, dass die Arbeit der Schülerfachgehilfen, also der computerinteressierten Schüler, weitestgehend selbstständig erfolgt. Die Wartung von Rechentechnik und die Erfüllung von Arbeitsaufträgen, die mit Lerntätigkeiten einhergehen, erfolgt möglichst unabhängig vom unterrichtlichen Kontext und erreichen ein Kenntnisniveau, bei dem nur wenige Lehrer maßgeblich nützlich sein können. Das auf den Computer und das Internet bezogene Generationenproblem zeigt sich in dieser Hinsicht auch in der Schule. So entstehen eher Rollenumkehrungen, beispielsweise im Fall David D., der selbst Lehrer unterrichtet, oder zumindest eine Reduktion der zentralen Rolle des Lehrers in der Wissensvermittlung. Insofern ist wiederum allein durch die Auswahl der Fälle eine Setzung in der Frage des Bezugs zu Lehrern im Lernen gegeben.

Demzufolge kann der S o z i a l b e z u g nicht nach diesen Kriterien aufgeteilt werden, sondern ist im Gesamtbild ein Ausdruck jeglichen sozialen Bezugs im Lernen, z.B. auch zu Lerngruppen. Der S o z i a l b e z u g stellt sich zusammengefasst als ein lernrelevantes Strukturmerkmal heraus.

3.4.1.6   Kreativitätsbezug

Ein in vielen Fällen und auch im ersten Interview gefundener Bezug ist die Kreativität. Die Begrifflichkeit wurde von den Schülern mehrfach selbst erwähnt. Die Konsistenz des Bezugs über fast alle Fälle hinweg lässt sich eventuell in der gesetzten Begabung der Schüler begründen. Somit ist die Ausrichtung mehr von Interesse als eine fast gleich hohe Ausprägung. Unter dem K r e a t i v i t ä t s b e z u g werden folgende Aspekte zusammengefasst:

- kreative Projekte und kreativer Umgang mit technischen Lösungen,
- künstlerische und schöngeistige Kreativität,
- kreatives Denken,
- Kreativität im Umgang mit Lehrern und im sozialen Umfeld und
- kreative Strategien im Lernen und Problemlösen.

In den Interviews äußern Anton, Carsten, Emil und Harald direkt den Wunsch etwas Kreatives zu tun. Auch in den anderen Gesprächen kommt dieser Wunsch zum Tragen. Anton bezieht in die Forderungen an den Unterricht explizit die Kreativität mit ein.

> „Aber allein dadruch, dass ich den Unterricht interessanter gestalte ebend, dass er abwechslungsreich ist, dass er mehr Freiräume schafft für Kreativität und Selbstarbeit von Anfang an ...“ (Interview Anton P., Z. 1341-1343)

Ein Aspekt in diesem Bezug bezieht sich auf die Kreativität in Projekten oder auch selbstständigen Arbeiten. Hier stellt sich schon die Frage, ob die Arbeit am Computer generell als kreative Tätigkeit angesehen werden kann. Dass dies aus der Sicht der Befragten nicht so ist, belegen die Beispiele, in denen davon die Rede ist, dass auch das Programmieren langweilig werden könne oder mehrfach von den computerinteressierten Schülern erwähnt, die geringe Bedeutung des Surfens in ihrem Alltag.

> „Aber in der Zukunft möchte ich ehrlich gesagt nicht mehr soviel mit Computern zu tun haben. Ich glaub das ist eher ein Hobby, aber beruflich möchte ich das eigentlich nicht machen, weil es ist zwar mal interessant auf der einen Seite, so neue Sachen lösen zu dürfen, zu können, zu müssen, aber auf die andere Seite wird's auch irgendwann monoton, find' ich. Irgendwann wird es langweilig, das is' es halt. In PHP gibt es halt nicht unendlich Befehle und irgendwann sagt man dann, das is' halt so, mach ich jetzt und dann funktioniert's auch. Da ist kein Reiz irgendwie dabei.“ (Interview Frank B., Z. 358- 364)

> „Einige sind ganz begeistert davon, durch das Web zu surfen und tolle Sachen downzuloaden. Für die ist das die Erfüllung im Internet. Aber das ist bei mir nicht so. Ich langweile mich, wenn ich vor dem Computer sitze und surfen würde.“ (Interview Bernd H., Z. 575-578)

Andererseits formuliert der nichtcomputerinteressierte Schüler Carsten W. dagegen, dass er es sich nicht vorstellen könne, am Computer kreativ zu werden.

> „Ansonsten, ich kann mir immer nicht so richtig vorstellen am Computer kreativ zu werden. Das also ich weiß nicht. (..) Also ich möchte nicht abstreiten, dass das geht, aber für mich ist es irgendwie nicht (..) nicht richtig.“ (Interview Carsten W., Z. 780-782)

Eine einfachere Form der Kreativität ist in diesem Zusammenhang der spielerische Umgang mit technischen Lösungen oder die im Kindesalter spielerische Zuwendung zu Basteleien. Im folgenden Interviewausschnitt zeigt sich besonders deutlich, wie der spielerische Umgang mit Technikbaukästen das kreative Denken förderte.

> „(...) aber wir waren ja beim LEGO (...) als dann der Westen auch im Osten war, gab es ja auch richtige schöne LEGO- Technikkästen. Und das wurde dann von Jahr zu Jahr und von Geburtstag zu Geburtstag mehr. Zahnräderstangen (...) technische Elemente, womit ich irgendwas gebaut habe. (...) Das Stärkste war wohl ein gekuppeltes 3-Gang-Getriebe mit Zahnrädern und Stangen (..) na ja vielleicht nicht das Größte, da waren auch Krane, die ich lange geplant habe (..) wo man was drehen lassen kann (...) ja und das hat wesentlich besser geklappt als ich das gewohnt war, wie etwas funktioniert, wie es funktionieren soll. Ja (...) Und da habe ich dann auch sehr viel mit dem LEGO gebaut und auch immer wieder Stunden lang vor den Kästen gesessen und immer wieder ausprobiert, wie es denn nun möglich sein könnte, wie man das nun

machen könnte. Immer wieder Ideen gesucht, irgendwas hat nicht funktioniert, man hat das immer wieder irgendwie anders gemacht." (Interview Bernd H., Z. 328-340).

Ein gänzlich anderer Aspekt ergibt sich durch die Zuwendung einiger Schüler zu künstlerischen oder schöngeistigen Gebieten. Durch die Gründung einer Schülerband, die es bis zu
einer eigenen CD bringt, zeigt sich bei Emil und Carsten die künstlerische Kreativität. Unter schöngeistiger Kreativität kann man die starke Zuwendung zu Literatur verstehen.

> „Also am Computer da mach ich eigentlich, na wenn man mal so was schönes schreiben muss
> oder Musik auch so, so mit Midi und so (.) äh (.) ja (.) mit dem Internet (..) also konnte ich mich
> noch nie so richtig anfreunden und ich geh lieber in die Bibliothek." (Interview Carsten W., Z.
> 652-655)

> „Äh und zwar also zum Beispiel ein Lexikon kann am Computer nur äh (..) nur einen Teil
> der Funktion erfüllen, nämlich äh (...) äh (..) in 'nem Computerlexikon würde ich nicht blättern.
> Da würde ich nicht durchblättern und einfach mal gucken, denn da findet man ja alles zu
> schnell, das ist sofort, na ja oder ja also, es ist da. Ohne, ohne dass davor Zwischenschritte, also
> ohne dass ich davor Seiten umblättern muss und zum Beispiel ein Bild sehe und daran hängen
> bleiben kann und denke, oh das ist ja mal interessant. Und äh (..) Man findet also nur das was
> man sucht, ja. Das ist auch der Unterschied zwischen 'ner Bibliothek also 'ner Bibliothek und
> dem Internet. In die Bibliothek kann ich auch reingehen und einfach an ein Regal gehen und gu-
> cken (...) Und so bin ich auch auf sehr schöne Bücher gestoßen." (Interview Carsten W., Z. 666-
> 675)

Bei Anton erstreckt sich die Kreativität im Denken auf viele Bereiche bis zu fast philosophischen Interpretationen.

> „Aber das war 'ne gute Übung, weil einfach mal so die Themengebiete, mit denen sich die
> Menschheit so beschäftigt, zu sortieren, (...) ich hab's auch noch irgendwo rumliegen, das ist so
> 'ne Struktur - mehrere A4-Blätter nebeneinander geklebt (..) fertig zu machen." (Interview An-
> ton P., Z.577-580)

> „Ist auch so 'ne Sache, die ich festgestellt hab, für mich jetzt erst so lang hin. Obwohl ich
> gerne in Abstrakta denke, brauch' ich immer noch den Praxisbezug dazu. Dass ich das irgend-
> wie, dass ich das, worüber ich da (..) worüber ich da mir Gedanken mache und philosophisch
> rumspinne irgendwo noch erlebe täglich oder mich damit befasse." (ebd., Z. 1114-1118)

> „Die [die Lehrerin – RF] dann eben drei oder vier verschiedene, ich weiß jetzt nicht, ob sie
> das so tut, ich hab sie nicht, drei oder vier verschiedene Sachen raussucht und dann (..) kann der
> Schüler sich da durchaus noch kreativ 'ne Meinung bilden und frei und frei arbeiten, aber kriegt
> 'ne Richtung vorgegeben (..) So 'n bisschen." (ebd., Z. 1192-1395)

Im letzten Zitat zeigt sich die Kreativität als Freiraum für eigene gedankliche Konstruktionen und für das Verfolgen eigener Zielstellungen bzw. Interessenlagen. Im Hinblick auf
künstlerische Themen ist ein Übergang zwischen tradierter Kunst, z.B. das Spielen in der
Schülerband, und moderne künstlerischer Ausrichtung wie z.B. Gestaltung von 3D-Welten
oder Web- Design zu verzeichnen.

> „Ich kann mir das immer nicht so genau vorstellen (...) Und da probier ich irgendwie rauszu-
> kriegen, wie so was funktioniert, weil ich find 's irgendwie sehr interessant, z.B. dass da diese
> Schiffe unten da durchfahren, also dieser, wie heißen die, also in der realen Welt sind die auf
> solchen Schiffen und bewegen sich dann durch den Raum - das sieht richtig echt aus (..) Da
> muss doch irgendwer die ganzen Pixel da zeichnen? Das ist das, was ich nich' versteh. Ich ver-
> such ja auch immer zu Hause, irgendwelche dreidimensionalen Sachen zu erstellen, aber mehr
> als 'ne Teekanne krieg ich schon nich' hin." (Interview Frank B., Z. 326-332)

Ein weiterer Aspekt von Kreativität zeigt sich im sozialen Engagement einiger Schüler und
im Umgang im sozialen Umfeld. Dazu sind Belege fast wörtlich in den Interviews auffindbar. Der kreative Umgang mit Lehrern in der Form, dass Lehrer Schülern die Möglichkeit

geben, in Diskussionen ihre Kreativität einzubringen, ist ein möglicher sozialer Anhaltspunkt.

> „Ja, und das ist zum Beispiel, also die Lehrer, die möchten, dass die Schüler ihre Meinung sa-
> gen, die schätze ich sehr. Das ist zum Beispiel Frau B., die freut sich immer wenn jemand 'ne
> andere Meinung hat. Wenn jemand dieselbe Meinung hat, och. Also im Geschichtsunterricht
> gab's sehr oft Diskussionen. Das hat dann wirklich ein gutes Maß, wenn der Lehrer akzeptiert,
> dass die Schüler anderer Meinung sind und das kann vernünftig geklärt werden. Wir sind ja nun
> langsam auch irgendwie erwachsen. Das sollte dann irgendwie eine Basis, wie das auch sein
> könnte." (Interview Carsten W., Z. 330-336)

Für Kreativität spricht auch die mehrfache Zuwendung zu „neuen Dingen". Hier ist der
häufige Wechsel von Themen, Projekten, Programmieraufgaben bei vielen computerinteressierten Schülern zu verzeichnen. Was in diesen Fällen mit vielen „interessanten Dingen"
beschrieben wird, ist ein Ausdruck von Ideenreichtum, der auf Kreativität fußt. Die häufige
Neuzuwendung zu anderen „Dingen" ist zugleich ein weiteres Anzeichen, da die letztendliche Ausführung der Lösung langweilig zu sein scheint, weil sie keine Kreativität mehr
erfordert.

> „... und die 2. Stufe habe ich mir auch mehrmals Konzepte gemacht und angefangen zu pro-
> grammieren und hat auch einiges funktioniert, aber ich hab nicht genügend Zeit investiert das
> weiter zumachen, weil einfach wieder neue Dinge da waren, die viel interessanter waren (...) es
> war einfach nicht so interessant und aufregend wie etwas Neues." (Interview Bernd H., Z. 441-
> 445)

Die Lernrelevanz des K r e a t i v i t ä t s b e z u g s zeigt sich sowohl in den kreativen Problemlösungsstrategien als auch direkt im Kontext Lernen. Im Einzelnen fallen dabei das selbstständige weiterführende Lernen, Lernen durch Probieren oder das Lernen aus Beispielen
und Fehlermeldungen auf. Das außergewöhnlichste Beispiel für Kreativität im Problemlösen ist im Fall Emil S. die Art und Weise des Lösens mathematischer Gleichungen.

> „Und irgendwann hab ich gemerkt, zum Beispiel gab's, also wusste ich nie, ich glaub nicht, dass
> mir das irgendwer erklärt hat, das hab ich irgendwann rausgekriegt, oder hat mir vielleicht dann
> doch irgendwer gesagt ziemlich spät, dass, wenn man eine Gleichung hat, wo ein X drin vor-
> kommt, wie ich auf das X komme, durch Umstellen, durch Umformen. Das wusste ich nicht.
> Und da hab ich im Prinzip irgendwie geraten. Also mir so durchprobiert und geguckt wie's sein
> könnte. Aber, ich weiß nicht, ich glaube, dass das irgendwo der Punkt war, wo ich dann wusste,
> man kann jetzt die Terme alle sortieren und rüberbringen und das ganz genau ausrechnen. Da
> war das dann irgendwie, das ist alles logisch, das ist kein Problem und seitdem war's einfach nur
> noch einfach." (Interview Emil S., Z. 513-522)

Die Kreativität im Lernen zeigt sich besonders in den Äußerungen des „Reindenkens".
Hierbei handelt es sich um eine geistige Kreativität, die den Schülern unbekannte Dinge
zugänglich machen bzw. Bekanntes auf neue Gebiete übertragen lässt.

> „... also der Unterricht wurde schon interessanter in Mathematik und Physik. (..) Das gab's ja
> vorher gar nicht. Man konnte sich eben immer tiefer Reindenken in die Themen. Da kam die
> Langeweile nicht auf. Das war sehr gut." (Interview Bernd H., Z. 525-527)

Schließlich sind Beschwerden über Nichtanerkennung eigener Lösungen ebenfalls ein Aspekt von Kreativität.

> „Aber als ich noch Unterricht bei ihm hatte, haben wir uns immer in den Haaren gelegen. Weil
> ich auch immer versucht habe, so was Eigenes zu versuchen, obwohl es war manchmal auch
> Blödsinn, aber manchmal hat es auch gestimmt." (Interview Carsten W., Z. 262-264)

Bemerkenswert sind auch die Konsequenzen, die aus dem K r e a t i v i t ä t s b e z u g folgen.
Bei den computerinteressierten Schülern bieten Internet und Computer den Ausführungen
zufolge die gewünschten Freiräume für Kreativität. Bezogen auf die Kritik am Unterricht

finden sich in logischer Folge Forderungen nach einem Einsatz von Medien im Unterricht, dem Arbeiten mit besseren Veranschaulichungen, der Individualisierung des Unterrichts, der Anwendungen offener Lernformen im Unterricht oder in Form von der Kritik am Zwang in der Schule. Interessant ist an dieser Stelle die Forderung nach einem fächerübergreifendem System, die ein kreatives Mitdenken des Systems Schule darstellt, und einem engeren Kontakt zu Lehrern, der offenere Diskussionen als Entwicklungspotential zulässt.

3.4.1.7   Medienbezug

Der Medienbezug ist ein Strukturmerkmal, das erst im Verlauf der Untersuchungen auffällig wurde. Da im Interesse der Forschungsfrage schon die Auswahl der Schüler sich auf die Internet- und Computernutzung richtete, zeigte sich stets eine Thematisierung der Medien Internet und Computer, die aber jeweils auch die herkömmlichen Medien Bücher, Aufzeichnungen und Presse mit einbezog. Somit bestand vorerst kein besonderer Anlass, eine Medienrelevanz zu sehen und sie als Merkmal einzuführen.

Erst im Fall Carsten W trat eine so gravierende Unterscheidung zwischen Computer und Büchern und insbesondere der Zuordnung der Bücher zum Lernkontext auf, dass dies Anlass gab, das Strukturmerkmal Medienbezug einzuführen.

Ein interessanter Aspekt ist bei Carsten, dass er nicht nur das Lesen und die Anregung durch das Buch bevorzugt, sondern sogar den unterschiedlichen Fächern eine Ausrichtung auf bestimmte Medien zuspricht. Andererseits bezieht er eindeutig eine distanzierte Position zum Computer und zum Internet, indem er formuliert, er könne sich damit nicht anfreunden. Durch sein medienbezogenes Verhältnis zum Lernen kommt er zu dem Schluss, man müsse zwischen Fächern mit und ohne Computerunterricht unterscheiden. Die folgenden Zitate veranschaulichen genau diese Problemlage.

> „Also es gefällt mir erst mal, dieses Wissen körperlich vor mir zu sehen. Also in Büchern. Ich äh würde auch, wie wie die Rede davon war, mir nicht so einen kleinen Bildschirm mit ein paar Knöpfen dran kaufen, in dem ich dann ein Buch lesen kann. Auch wenn 's in die Hosentasche passt und äh noch so viele Vorteile hat. Also das, ich finde, das gehört dazu, dass also dass der Geist irgendwie an also auch so an was Stoffliches gebunden ist. Wär's eigentlich auch mit dem Computer? Aber ich mag einfach Bücher." (Interview Carsten W., Z. 657-663)

> „Ich denke, da muss ein Unterschied gemacht werden zwischen (..) äh (..) äh zwischen (..) ja den Fächern, die so also so das Künstlerische ansprechen äh und zum Beispiel äh Naturwissenschaften. Also ich glaube, in Naturwissenschaften ist das Buch nicht so wichtig. Ich weiß nicht, vielleicht liegt es auch daran, dass ich nicht so ein Verhältnis zu ihnen hatte." (ebd., Z. 764-768)

> „Na ja aber, haben sie gemerkt, da ist so ein Widerspruch (....) hm (..) na vielleicht (..) könnt' man, also man müsste wahrscheinlich äh ja eine Unterscheidung treffen zwischen dem Unterricht, der vom Computer gemacht werden kann und dem, den ein Lehrer machen muss (...) hm." (ebd., Z. 813-816)

Im Fortgang der Untersuchungen finden sich bei allen computerinteressierten Schülern Hinweise auf die Verwendung beider Medien in ausgewogener Weise. Sie benutzen Nachschlagewerke aus dem Computer und das Internet für die Unterrichtsvorbereitung genauso wie Bücher zum selbstständigen Aneignen von Wissen. In einem Fall, der nicht in dieser Arbeit enthalten ist, wird dabei schon die Nützlichkeit von Büchern angezweifelt (Fall Jochen K.). Im Fall Harald S. steht die Verwendung der Medien bereits in einem Zusammenhang, der das herkömmliche Lernen in Frage stellt. Unter der Voraussetzung, dass

Nachschlagewerke und das Internet ständig verfügbar und leicht im Zugriff sind, sehe er keinen Sinn mehr im Auswendiglernen.

> „Ja, ich hätte viel lernen müssen. Also so, gerade irgendwelche Experimente da auswendig ler-
> nen, ohne auswendig lernen, mach ich überhaupt nicht mehr gerne und so. Merksätze lese ich
> mir höchstens mal vor der Klausur durch und dann hab ich die für kurze Zeit im Gedächtnis und
> weil ich da den Sinn einfach nicht drin sehe. Kann ich überall nachschlagen. Genau so hab ich
> das Tafelwerk wo ich alle Formeln nachschlagen kann und na ja. Muss ich halt sehn wie weit ich
> damit komm." (Interview Harald S., Z. 366-372)
>
> „Und äh, ja na es gibt da so viel Unterschiede, gerade N. muss für ihre Klausur lernen, ähm
> alle möglichen Definitionen, irgendwelche Formeln, auch irgendwelche Daten. Zum Beispiel
> *Bruttoinlandsprodukt von irgendwelchen Staaten, wo ich dann einfach mal irgendwo im Internet*
> *nachgucken kann oder in der Encarta."* (ebd., Z. 576-580)

Das Merkmal Medienbezug wurde motiviert aus einer einseitigen Ausrichtung eingeführt, die in der Mehrzahl bei den Computernutzern nicht zu finden ist. Somit ist das Kriterium für die Ausprägung nur in zwei Fällen relevant und in allen anderen Fällen zwar thematisiert, aber nicht relevant im Hinblick auf das Lernen. Zweifelsohne sind die Arten,
Zusammenhänge und Beziehungen im Kontext Mediennutzung durchaus interessant, dennoch ergibt sich im Hinblick auf die Charakterisierung des Lernens unter dem Aspekt einer
einseitigen Ausrichtung in der Mediennutzung kein größerer Erkenntnisgewinn. Die im
folgenden Abschnitt dargestellten Merkmalsprofile enthalten den Medienbezug als
Merkmal noch, doch bereits in dieser Darstellung wird deutlich, dass der **Medienbezug
an sich kein relevantes Strukturmerkmal des Lernens** ist. Wie eingangs beschrieben,
ergeben sich also **sechs Strukturmerkmale des Lernens**. Somit wurde im Fortgang der
Untersuchungen, insbesondere bei den Merkmalsbeziehungen der Medienbezug zwar
mit einbezogen aber nicht weitergehend interpretiert und dargestellt.

3.4.2   Merkmalsprofile

Neben der Ausrichtung der Strukturmerkmale des Lernens ist deren Ausprägung ein ent-
scheidendes Maß der Unterscheidung verschiedener Fälle. Wie im Kapitel 3.2.2.4 erwähnt,
wurden dazu vier Niveaustufen unterschieden.

Die erste Auffälligkeit bei der Zusammenstellung der Merkmalsprofile ist die geringe
Deckungsgleichheit (s. Abb. 48). Dies kann als Beleg für Güte der Strukturmerkmale aufgefasst werden, die einer Erfassung der Individualität der Schüler gerecht wird. Interessant
sind dabei partielle Übereinstimmungen, die Parallelen in der Art des Lernens vermuten
lassen. Diese Übereinstimmungen ergeben sich aber andererseits auch aus den Beziehungen, die schon in der Beschreibung der Strukturmerkmale deutlich und im Fortgang der
Untersuchung bearbeitet wurden.

Ein erster Ansatz für ein Ergebnis wäre eine Charakterisierung der Fälle auf der Grundlage
der dominanten Strukturmerkmale und somit die Unterscheidung von sechs verschiedenen
Ausrichtungen im Lernen, da der Medienbezug wie oben beschrieben an dieser Stelle
außer Betracht gelassen wird. Im Interesse der Forschungsfrage kann in diesem Ansatz
jedoch nicht zwischen den computerinteressierten und nichtcomputerinteressierten Schülern
unterschieden werden. Der Sozialbezug und der Praxisbezug würden hier zu Über-
lagerungen der beiden Gruppen führen. Insbesondere ist der Sozialbezug bei vier Schülern ein dominantes Merkmal. Für die zwei computerinteressierten Schüler ist dies wieder-

um ein Beleg gegen die schon des Öfteren widerlegte These der Vereinsamung am Computer. Diese Schüler zeigen im Lernen ein großes Interesse an einer sozialen Gemeinschaft,
sowohl in Form von Einzelpersonen als auch an Gruppen. Der Praxisbezug zeigt sich
ebenfalls bei einem computerinteressierten Schüler und einem nicht so interessierten Schüler als dominant. Die Dominanz ergibt sich in beiden Fällen in erster Linie auch aus dem
Realweltbezug. Unterschiede gäbe es lediglich im Hinblick auf den Anwendungsbezug. Da
aber, wie oben begründet, die Merkmale nicht in Untergruppen aufgeteilt werden sollten,
eignet sich die Betrachtung der Dominanz allein nicht für grundlegende Aussagen im Sinne
dieser Arbeit. Somit verbleibt als Ergebnis nur die deutlich differente Ausprägung der
Strukturmerkmale Problembezug und Strukturbezug zur Feststellung von signifikanten Unterschieden. Auf Grund der möglichen Vielfalt von Kombinationen der Merkmale und des möglichen Auftretens einer Dominanz unabhängig vom Interesse am Computer
erübrigt sich das Aufstellen einer Klassifikation von unterschiedlichen Lerntypen. Eine
solche Typologie würde keine klare Zuordnung der Besonderheit im Lernen von computerinteressierten Schülern ermöglichen und wäre somit im Sinne der Forschungsfrage nicht
zweckmäßig.

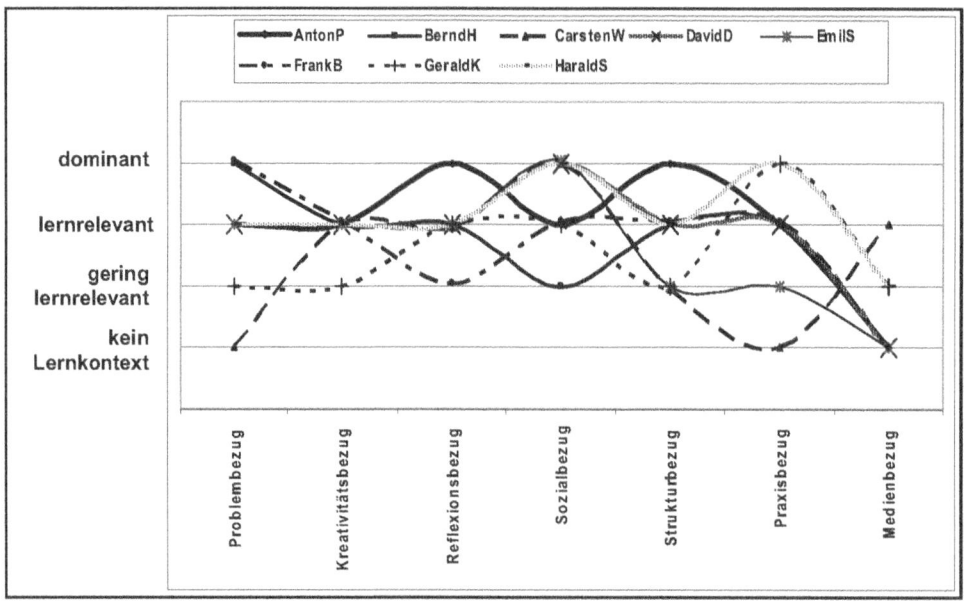

Abbildung 49: Fallübergreifende Darstellung der Merkmalsprofile

Vor diesem Hintergrund ist das entscheidende Ergebnis der Untersuchung der Merkmalsprofile die Feststellung, dass sowohl Problembezug als auch Strukturbezug bei
den computerinteressierten Schülern signifikant sind. Bemerkenswert ist dabei nicht nur die
Ausprägung, sondern auch die bei der Beschreibung der Merkmale gezeigten vielfältigen
Aspekte.
   Der Problembezug erstreckt sich dabei nicht nur auf das bereitwillige Übernehmen von Aufgaben oder Aufträgen, die Erarbeitung von Projekten oder die Programmierung am Computer, sondern oft gleichermaßen auch auf soziale Aspekte und die Sicht auf

die Schule und den Unterricht. Das Bewusstsein für Strukturen und die Beschäftigung mit solchen finden ebenso ihre Anwendung sowohl beim systematischen Problemlösen und Planen von Handlungen, aber eben vor allen Dingen auch in der Sicht auf Zusammenhänge im Kontext Internet, Schule, Unterricht und soziale Beziehungen. Die explizite und bewusste Auseinandersetzung mit Strukturen ist das Kennzeichen für die computerinteressierten Schüler. Wie die Darstellung der Merkmalsprofile (Abb. 62) zeigt, sind auch die anderen Strukturmerkmale auf relativ hohem Niveau lernrelevant. Es wird deutlich, dass jeweils nur einzelne Merkmale bei den Schülern gering lernrelevant sind. Aus dieser Perspektive lassen sich ebenfalls schülerspezifische Aussagen zum Lernen formulieren. Diese Aussagen wären sehr differenziert, plausibel begründbar und würden eventuell helfen gewisse Phänomene im Lernen zu erklären, wie im Fall Frank B angedeutet, liegen aber wiederum nicht im Interesse der Forschungsfrage.

3.4.3   Merkmalsbeziehungen

Der nächste Untersuchungsschritt richtete sich auf die Beziehungen zwischen den Strukturmerkmalen, also den bereits erwähnten Merkmalsketten. Im Ergebnis sind dabei vier wesentliche Beziehungen konsistent über die untersuchten Fälle zu beobachten, zwei weitere bei den computerinteressierten Schülern sowie eine, die nur bei den nicht computerinteressierten Schülern auftritt (s. Abb. 63). Die Untersuchung konzentriert sich auf die interessierenden Merkmale Problembezug und Strukturbezug. Der Medienbezug bleibt aus den schon erläuterten Gründen an dieser Stelle außerhalb der Betrachtungen.

Bereits im ersten Fall ergibt sich eine interessante Nähe zwischen den reflexiven Bezügen und dem Strukturbezug. Der Strukturbezug begünstigt die Reflexionen. Andererseits ist das Entdecken und Analysieren ordnender Strukturen nicht ohne Reflexion möglich. So ergibt sich unter Berücksichtigung der weiteren Untersuchung eine erste wesentliche Beziehung, dass der **Reflexionsbezug eine notwendige Bedingung für Strukturbezug bildet**.

Das Denken in Strukturen, die Einteilung von Hierarchien und das Ordnen bzw. Einordnen spielen im Rahmen des Merkmals Strukturbezug eine zentrale Rolle. Diese Denktätigkeiten bilden eine wichtige Grundlage für das Handeln, im Besonderen das „Kritik üben". Der Strukturbezug ermöglicht den Schülern zudem, sich ihrer sozialen Positionierungen klar zu werden und somit reflexiv eine Standortbestimmung vorzunehmen. In dieser Hinsicht zeigt sich, dass **für den Sozialbezug sowohl der Strukturbezug als auch der Reflexionsbezug eine generelle Voraussetzung** bildet. Dies ist auch gleichzeitig ein weiterer Beleg für die Nähe zwischen dem Strukturbezug und dem Reflexionsbezug.

Bei den computerinteressierten Schülern äußert sich der Strukturbezug direkt oder mittelbar über den Problembezug im Praxisbezug, in der Art, dass sie strukturierende Denkweisen beim Problemlösen anwenden, die ihre Tätigkeiten, insbesondere Lerntätigkeiten, beeinflussen. Die Konsequenzen dieser Beziehung zeigen sich dann weiterhin in dem hohen Praxisbezug in der Tätigkeit, der sich wie oben schon erwähnt um ordnende Tätigkeiten rankt und in konzeptionellen Arbeiten fußt.

Die Beziehung zwischen Praxisbezug und Problembezug verdeutlicht außerdem, dass die computerinteressierten Schüler ihre Problemlösungen im Kontext einer Anwendung sehen und erläutert nun auch die oben geführte Diskussion um die zwei unterschiedlichen Ausrichtungen des P r a x i s b e z u g e s . Es ist also der Anwendungsbezug, aber eben auch der Realweltbezug, der die Differenzierung der computerinteressierten Schüler von den anderen im P r a x i s b e z u g ermöglicht. Strukturelles und problemorientiertes Denken richten sich auf praktische Tätigkeiten und vor allem praktische Anwendungen bzw. Anwendungsmöglichkeiten in einem wirtschaftlichen bzw. gesellschaftlichen Umfeld. Daraus erklärt sich auch, warum für diese Schüler Projektarbeiten und Wettbewerbe eine größere Bedeutung haben. Auch die Wertschätzung von Lehrern mit einem praktischen Umfeld, das hier als außerschulisches Engagement gemeint ist (s. Fall Anton P.) erläutert sich an dieser Stelle.

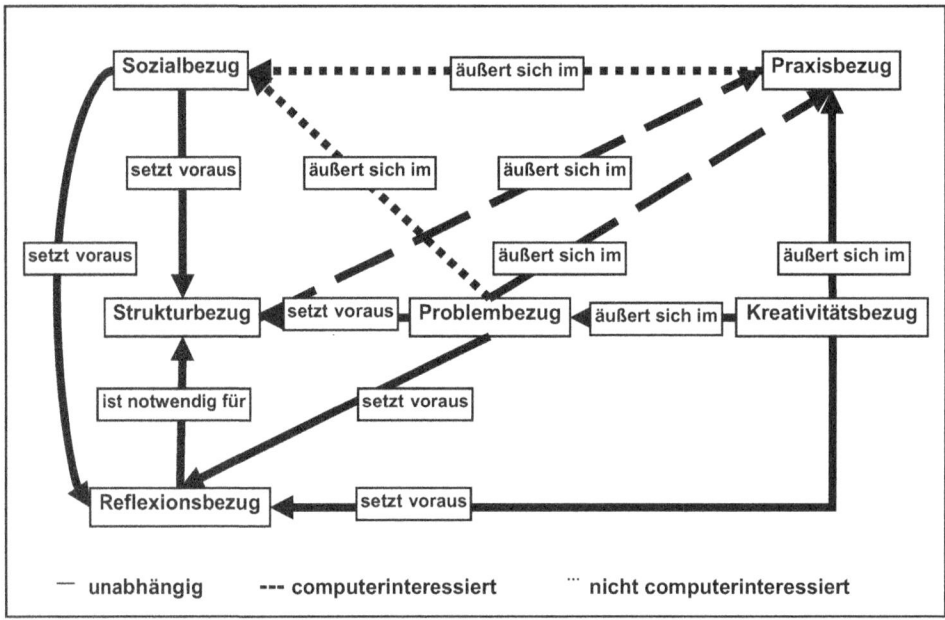

Abbildung 50: Beziehungen zwischen den Strukturmerkmalen (vereinfachte Darstellung)

Bei den nicht computerinteressierten Schülern richtet sich die Anwendung des S t r u k t u r b e z u g e s in seiner geringeren Ausprägung im Wesentlichen auf den S o z i a l b e z u g . Soziale Standortbestimmungen, Kritik am sozialen Umfeld sind in diesem Fall durch Strukturen gekennzeichnet, wenn auch zum Teil nur durch einfache Strukturen, wie z.B. Schwarz-Weiß-Beziehungen. Eine wesentliche Unterscheidung ergibt sich bei der Betrachtung der Ausrichtung des P r o b l e m b e z u g s . **Bei den nicht computerinteressierten Schülern äußert sich der P r o b l e m b e z u g im S o z i a l b e z u g** und nur bei diesen Schülern. Das heißt aber dann auch, dass genau die Ausrichtung des P r o b l e m b e z u g e s das Unterscheidungsmerkmal schlechthin für die Beantwortung der Forschungsfrage ist. Bei den nicht computerinteressierten Schülern erhält der S o z i a l b e z u g durch die vorgefundene vorrangige Ausrichtung des P r o b l e m b e z u g s auf den S o z i a l b e z u g einen scheinbar höheren Stellenwert. Diese Feststellung entspricht dem allgemeinen Bild des unterschiedlichen Sozialverhaltens von Schülern, im Speziellen in der Unterscheidung computerinteressierter Schüler von anderen Schülern. Dies betrifft aber eben nur die Problemausrichtung auf soziale Belange und keineswegs den S o z i a l b e z u g an sich.

Der K r e a t i v i t ä t s b e z u g als ein weiteres Strukturmerkmal **äußert sich** ebenfalls **im P r a x i s b e z u g**. Dieses Kennzeichen ist bei allen Schülern gleichermaßen zutreffend. Im Fall der nicht computerinteressierten Schüler wird Kreativität mittelbar über den P r a x i s b e z u g im S o z i a l b e z u g deutlich. **Hier verbindet sich in auffälliger Weise der S o z i a l b e z u g mit dem P r a x i s b e z u g**. Eine Interpretation dieser engen Verbindung erläutert die oben angeführte Feststellung des höheren Realweltbezuges der nicht computerinteressierten Schüler. Praxis außerhalb der Schule definiert sich scheinbar bei diesen Schülern im Wesentlichen durch ein Problemverständnis in sozialer Hinsicht, also einer Sicht auf die Lebenswelt als soziales Gefüge. Diese Unterscheidungen können in einer weiteren Interpretation auch einen Aufschluss über Phänomene im Kontext Lernen geben. Beispielsweise wären Lernformen, wie das selbstständige Lernen und Gruppenarbeit, im Besonderen aber die Probleme in der Gruppenarbeit erklärbar. Die Fortführung einer Interpretation in dieser Richtung ist jedoch nicht im Forschungsinteresse.

Schließlich ergibt sich, dass **unabhängig von Computer und Internet der R e f l e x i o n s b e z u g eine notwendige Voraussetzung für den K r e a t i v i t ä t s b e z u g** ist. Diese Merkmalsbeziehung, die bei fast allen Schülern durch eine hohe Relevanz gekennzeichnet ist, zeigt sich in besonderer Hinsicht im Lernen. Die Zuwendung zu Lernstrategien, wie z.B. Lernen durch Probieren, Lernen aus Fehlermeldungen, Lernen anhand von Beispielen und nicht zuletzt das „Reindenken" in Probleme veranschaulichen genau diesen Zusammenhang von K r e a t i v i t ä t s b e z u g und R e f l e x i o n s b e z u g .

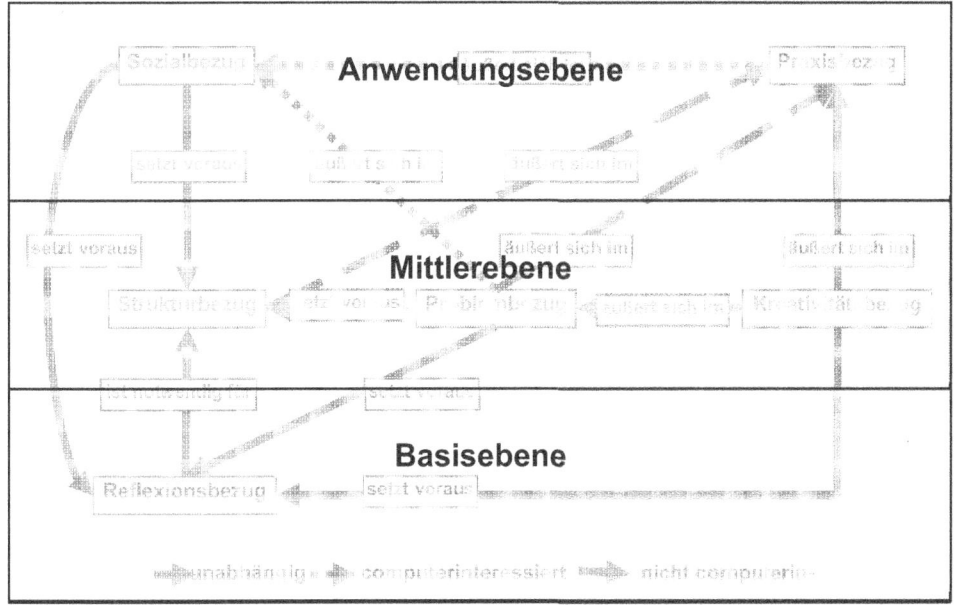

Abbildung 51: Ebenenmodell der Strukturmerkmale

Ausgehend von den Beziehungen können die Strukturmerkmale in einem **Ebenenmodell** (s. Abb. 51) erfasst werden. Eine grundlegende Ebene bildet hier in erster Linie der R e - f l e x i o n s b e z u g , da alle Beziehungen zum R e f l e x i o n s b e z u g mit „setzt voraus" oder „ist notwendig für" gekennzeichnet sind. **Der R e f l e x i o n s b e z u g bildet somit einen Basisbezug**, auf dem weitere Merkmale aufbauen. Dies wird auch dadurch bestätigt, dass alle Schüler eine mindestens hohe Lernrelevanz im R e f l e x i o n s b e z u g zeigen. Auf einer mittleren Ebene finden sich die Merkmale, die eine grundlegende Voraussetzung für die obere Ebene sind, die man als Anwendungsebene auffassen könnte. In der **Mittlerebe- ne stehen der S t r u k t u r b e z u g , der P r o b l e m b e z u g und der K r e a t i v i t ä t s - b e z u g** . Alle drei Merkmale stützen sich auf den R e f l e x i o n s b e z u g und sind glei- chermaßen Voraussetzung für die Merkmale S o z i a l b e z u g und P r a x i s b e z u g . In der **Anwendungsebene sind die Strukturmerkmale S o z i a l b e z u g und P r a x i s b e z u g** zusammengefasst, die eine Veräußerlichung der anderen Ebenen bilden. Für die Verbin- dung zwischen Mittler- und Anwendungsebene ist die Kennzeichnung „äußert sich im" maßgebend

Für das Ergebnis der Arbeit ist nun besonders interessant, dass die beiden fokussierten **Strukturmerkmale P r o b l e m b e z u g und S t r u k t u r b e z u g in zentraler Position** zwischen der Reflexion und der Anwendung stehen. Sie nehmen somit eine wichtige Ver- mittlerrolle ein und gewinnen offensichtlich an Bedeutung. Die Untersuchung der Bezie- hungen stärkt also die zentrale Bedeutung der als wesentliches Unterscheidungsmerkmal erkannten beiden Strukturmerkmale S t r u k t u r b e z u g und P r o b l e m b e z u g .

3.4.4   Annäherung an eine gegenstandsbezogene Theorie

Die Untersuchung der Strukturmerkmale ergab sechs Merkmale, die die Lerntätigkeiten hinreichend erfassen. In spezifischen Merkmalsprofilen drücken sich die Eigenheiten im Lernen der Schüler aus. Die konsistente Besetzung und die vielfältigen Variationen in der Ausprägung sprechen für die Eignung dieses Modells, Lerntätigkeiten genauer zu charakte- risieren. Hinsichtlich der Forschungsfrage zeigt sich, dass der S t r u k t u r b e z u g und der P r o b l e m b e z u g in der Ausprägung signifikant bei den computerinteressierten Schüler- fachgehilfen sind.

Die Untersuchung der Merkmalsketten zur Analyse der Beziehungen zwischen den Merkmalen ergab ein Modell der Abhängigkeiten in Form von Voraussetzungen, Veräuße- rungen und notwendigen Bedingungen. Dieses Modell lässt sich als Ebenenmodell interpre- tieren. In der Einordnung der Strukturmerkmale des Lernens zeigt sich, dass die beiden Merkmale S t r u k t u r b e z u g und P r o b l e m b e z u g im Beziehungsgefüge in zentraler Position zwischen dem grundlegenden Merkmal der Reflexion und den Veräußerungen in sozial bestimmten und praxisorientierten Lernhandlungen stehen.

Der P r o b l e m b e z u g setzt aber seinerseits den S t r u k t u r b e z u g voraus. Daraus ergibt sich, dass der S t r u k t u r b e z u g das zentrale Strukturmerkmal für die Lerntätigkei- ten von computerinteressierten Schülern ist.

Die grundlegende Voraussetzung, die bei Schülerfachgehilfen gegeben ist, ist eine ak- tive lernbezogene Arbeit am Computer. Insbesondere kann hier ein Zusammenhang zur Programmiertätigkeit, also der Auseinandersetzung mit Programm- und Datenstrukturen gesehen werden. Hier ist der Begriff der Programmierung durchaus in einem erweiterten

Verständnis auch auf eine wesentlich intensivere Nutzung von Anwendersoftware erweiterbar, da moderne Standardsoftware zunehmend Möglichkeiten des Ausbaus bietet, z.B. durch Makroprogrammierung oder der Spezifizierung von Parametern. Darüber hinaus ist für die computerinteressierten Schüler eine aktive Beschäftigung mit dem Internet als Kommunikationsmittel und Informationsquelle typisch. Aktive Beschäftigung umfasst dabei im Besonderen auch die kreative Gestaltung von Inhalten und damit verbunden die Erschließung der grundlegenden Kenntnisse über die Funktionsmechanismen, technische Standards und vor allem auch außerschulische Bedeutungen.

Wie die Untersuchung zeigt, muss die den S t r u k t u r b e z u g fördernde Beschäftigung mit dem Computer und dem Internet einen gewissen Intensitätsgrad erreichen, der vom Informatikunterricht allein nicht gegeben ist. Dies zeigt sich an den Schülern, die den Computer nur zum Spielen nutzen und sehr wohl am grundlegenden Informatikunterricht teilgenommen haben. Auch die gelegentliche Nutzung des Internet als Informationsquelle, wenn sie in Hinsicht auf das Lernen hauptsächlich als Literaturquelle genutzt wird, führt nicht unweigerlich zur stärkeren Ausprägung des S t r u k t u r b e z u g s. Die Konsequenzen brauchen an dieser Stelle nicht weiter diskutiert zu werden, denn wesentlich aussagekräftiger ist die Formulierung eines Umkehrschlusses.

Wenn durch intensivere und akzelerierte Computer- und Internetnutzung der S t r u k t u r b e z u g und der P r o b l e m b e z u g bei Schülern steigt, so wächst bei gleichzeitigem erhöhten Bedarf des R e f l e x i o n s b e z u g s in der Folge der S o z i a l b e z u g und im besonderen Maße der P r a x i s b e z u g (s. Abb. 52).

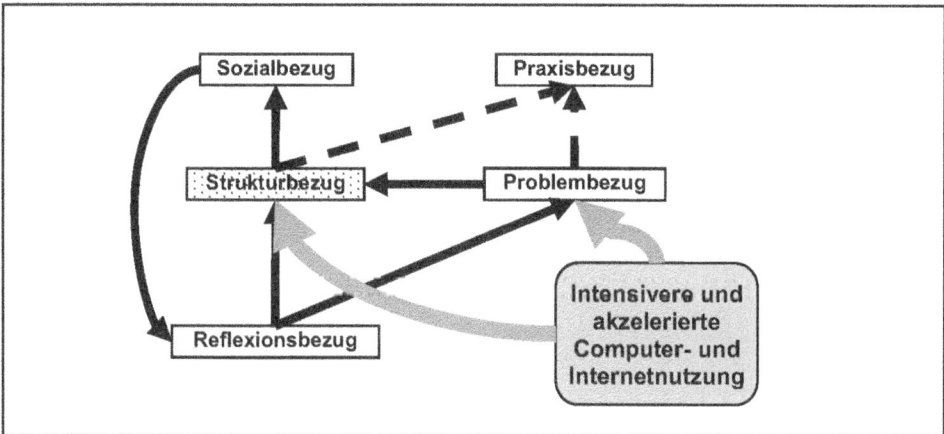

Abbildung 52: Strukturmerkmale im Kontext der Computer- und Internetnutzung

Diese Aussage hat weit reichende Konsequenzen für die Schule und berechtigt von einem veränderten Lernen der Schüler zu sprechen. Damit ist die pragmatische Frage, was das Internet und eine erweiterte Nutzung des Computers für die Schule und das Lernen erbringt, zumindest teilweise beantwortet.

3.4.5   Anschlussmöglichkeiten an die Ergebnisse

Die vorgestellten Merkmale, die Merkmalsprofile und das Beziehungsmodell basieren auf den vorgestellten Fällen und der Betrachtung einiger weiterer Fälle. Im Rahmen dieser qualitativen empirischen Arbeit wird die Frage der Generalisierung im Sinne einer Übertragbarkeit auf andere Schülergruppen nicht bearbeitet, wenngleich die Beobachtungen im Untersuchungsfeld diese Möglichkeit in Betracht kommen lässt.

Die weitere Untersuchung der Strukturmerkmale und insbesondere der Merkmalsketten lässt noch andere Interpretationsrichtungen zu. Beispielsweise ist das auffällige Merkmal M e d i e n b e z u g vernachlässigt worden, da es in der hier eingeführten Form nicht genügend Aufschluss über verschiedene Arten des Lernens ergab. Eine andere Betrachtungsweise bzw. eine differenzierte Betrachtung des M e d i e n b e z u g s könnte weitere Erkenntnisse erbringen.

Das Datenmaterial bietet nicht die Möglichkeit, die formulierte Theorie auf Geschlechterunterschiede zu untersuchen. Die Übertragbarkeit, Anwendung oder ein Differenzmodell auf der Basis einer analogen Forschungsarbeit unter Mädchen, wäre in Anbetracht der zu erwartenden Geschlechterunterschiede (s. Kapitel 3.1.4) eine weitere interessante Perspektive.

Auf Grund des langen Beobachtungszeitraums könnte eine Untersuchung des Materials auf die veränderte Sichtweise auf das Internet in der Schülerschaft interessant sein. In vielen Interviews sind direkte Bezüge auf die zur jeweiligen Zeit stattgefundenen Diskussionen über die Unzugänglichkeiten, Hoffnungen, Abgrenzungen, Vor- und Nachteile des Internet enthalten. Ausgehend von einem hohen Wissensstand der hier interviewten Schüler über die technischen Hintergründe aber auch Beobachtungen in ihrem sozialen Umfeld sind diese Passagen sehr aufschlussreich. Die genannten Perspektiven würden in jedem Fall den Rahmen der vorgelegten Arbeit überschreiten und werden hier nicht eingehen.

4 Interpretation der Ergebnisse

Die Darstellung der Ergebnisse vor dem theoretischen und praktischen Hintergrund konzentriert sich in den drei folgenden Schwerpunkten.
- der Plausibilität der Strukturmerkmale des Lernens und des Ebenenmodells,
- Verwertbarkeit der Ergebnisse und
- der Auswirkungen auf die Schulpraxis.

Im Zusammenhang der letzten beiden Fragestellungen sind die Ergebnisse in verschiedene Richtungen interpretierbar, wie dies in der Ergebnisbeschreibung (Kapitel 3.4.) schon angedeutet wurde. Zum einen steht die Frage nach den Konsequenzen in der Hinsicht, dass man davon ausgeht, dass die verstärkte Nutzung von Computer und Internet den Strukturbezug und Problembezug erhöhen und somit von einer neuen Schülergeneration gesprochen werden kann, die es offensichtlich schon gibt. Das hieße in diesem Fall:
- Was folgt aus der größer werdenden Bedeutung des Struktur- und Problembezugs in Lernkontexten für die Schule?
- Wie kann oder muss die Schule auf diese Veränderung reagieren?
- Welche Konsequenzen ergeben sich für das gesellschaftliche Umfeld?

Der andere Gesichtspunkt folgt aus der schon erwähnten Umkehrung, indem man der Schule die Rolle des aktiven Vermittlers überträgt und so zu einer Position gelangt, die eine zielgerichtete Erhöhung des Struktur- und Problembezugs beinhaltet, um die Schuljugend auf eine moderne medienbestimmte Umwelt vorzubereiten. Hierbei könnten sich beispielhaft folgende Fragen ergeben.

Wie kann der Unterricht gestaltet werden, um diesen neuen Bedürfnissen gerecht zu werden?

Welche Rahmenbedingungen sind dabei sinnvoll zu setzen?

Welcher grundlegenden Änderungen bedarf es und ist überhaupt eine Schulreform nötig?

Beide Gesichtspunkte fließen punktuell in die folgenden Darstellungen gleichermaßen ein und ergeben verschiedene Ansätze zur Diskussion. Die Fragen können auf Grund der Breite der Betrachtungsweisen im Rahmen der Arbeit nicht ausführlich dargestellt werden, dafür wurden einige Gesichtspunkte ausgewählt. Für die Darstellung der Problemlagen werden exemplarisch einzelne Fragen insbesondere zur Schulpraxis konkret an Beispielen erörtert.

4.1 Plausibilität des Modells der Strukturmerkmale des Lernens

Die erste Frage, die hier diskutiert werden soll, ist die Plausibilität und die Anschlussfähigkeit des Modells der Strukturmerkmale des Lernens an vorhandene theoretische Modelle. Im Rahmen der Arbeit wurden die Strukturmerkmale an vier Fällen erarbeitet und an weiteren Fällen auf Konsistenz und Anwendbarkeit geprüft, von denen vier Fälle als weitere Falldarstellungen in dieser Arbeit enthalten sind. Insofern kann die Suche nach strukturel len Merkmalen im Lernen im Sinne dieser Arbeit als relativ abgeschlossen gelten. Warum gerade diese Merkmale als Eigenschaften aufgenommen wurden, wurde schon ausgeführt und soll hier nochmals hervorgehoben werden. Die Merkmale entstanden durch die Ausführungen der Schüler in den Interviews und auf Grund ihrer Emergenz als dominierendes Erzählmuster, Handlungsstrategie und Lernweise. Die Frage, ob es nicht noch weitere Merkmale geben könnte, wird im nächsten Abschnitt am Beispiel der „Selbstständigkeit" ausgeführt.

In einem weiteren Abschnitt wird gezeigt, welche Bedeutung die Strukturmerkmale im theoretischen Kontext haben und wie sie im Konsens zu den vorhandenen Lerntheorien stehen. In der Darstellung wird dabei vorrangig auf das Merkmal Strukturbezug eingegangen. Die Bedeutung des Ebenenmodells wird im letzten Abschnitt dieses Kapitels erörtert.

4.1.1   Relative Abgeschlossenheit der Strukturmerkmale

Während der Arbeit am Datenmaterial war eine der drängenden Fragen die Abgeschlossenheit der Aufzählung der Strukturmerkmale des Lernens. In Bezug auf das Internet und den Computer zählt die Selbstständigkeit im Lernen zu einem der auffälligsten Phänomene. Fast in jeder Quelle zum Thema „Lernen im Internet" finden sich dafür Belege.

> „Seiner individuellen Lern- und Auffassungsgabe entsprechend, entwickelt jeder Netzwerker eigene Lehrpläne, Unterrichtzeiten und Themenbereiche, die ihn zu einer persönlichen Netz-Literalität führen. Es ist deshalb durchaus zutreffend, in Bezug auf die Aneignungsformen der befragten Netzwerker von ‚Selbstbildnern' zu sprechen." (WETZSTEIN 1995, 248)

Zunächst kann gefragt werden, ob es für die Schule überhaupt wünschenswert ist, Selbstlernprozesse zu initiieren bzw. vermehrt in den Unterricht aufzunehmen. Diese Frage kann insofern bejaht werden, dass der Selbstlernprozess selbst zum Gegenstand wird oder er genutzt wird, um Wissen individuell zu konstituieren. Dies kann durch eigene Beobachtung, selbstständiges Experimentieren oder „das eigene Erfahrungen machen" erfolgen. Dagegen spricht, wenn der Selbstlernprozess lediglich einer Informationsaufnahme durch ein Medium dient. Dies bestätigt auch Herr E. als Schulleiter aus G. in einem Interview.

> „Und wir müssen schauen, dass wir bei aller problematischen Sicht der Verdichtung von Arbeit, stärker darauf achten, dass in der Schulzeit, in der Zeit wo Schüler in der Schule sind, spezifisch die Vorteile von Schule zum Zuge kommen. Die Vorteile liegen darin, dass hier verschiedene Menschen zusammenkommen, dass sie verschiedene Ideen haben. Das heißt also, die Zeit sollte man nutzen, um Schüler stärker diskursiv in Kontakt zu bringen. Die kostbare Schul- und Lernzeit braucht auch reproduktive Phasen. Das ist richtig, aber viele Stunden, die ich z. B. beobachtet habe als Schulleiter, als Fachleiter zeigen einen hohen Anteil an Informationsaufnahme. Dafür ist eigentlich die Zeit in der Schule zu schade." (Interview Herr E., 167-176)

Gerade in dieser Hinsicht kann man auch das Lesen von Fachtexten im Unterricht als eine Form nicht „produktiver" Unterrichtszeit sehen, es sei wiederum, es geht um die Förderung von Lesekompetenz. Damit richtet sich die Frage gleichzeitig auf einen Aspekt, der sich möglicherweise auf alle Medien übertragen lässt und im Zusammenhang mit der noch nicht stattgefundenen Institutionalisierung steht. Die bei WETZSTEIN als typische Lernform gefundene eigenständige Aneignung von Computer- und Internetkenntnissen könnte damit eine temporäre Erscheinung sein, die vielleicht auch für das Buch vor Jahren zutraf. Dieser Argumentation folgt scheinbar auch Burkhard SCHÄFFER, wenn er schreibt

> „Mit der Einführung neuer Medientechnologien etablieren sich zumeist neue Formen des Selbst-
> lernens bzw. der autodidaktischen Aneignung von (sozialen) Informationen, die zuvor nur auf
> institutionalisiertem Weg zu erlangen waren." (SCHÄFFER 2000, 262)

Ein Vorzug des Internet und dies wurde in den grundlagentheoretischen Betrachtungen
dargestellt, ist nun aber gerade die ständige Verfügbarkeit des zu erlernenden Stoffes, die
Telepräsenz, und dies in einer Situation, die ein selbstständiges Lernen begünstigt, nämlich
unabhängig von einer Institution. Somit scheint das Internet in besonderem Maße das
Selbstlernen zu begünstigen und es ist eher anzunehmen, dass Selbstlernprozesse zu einer
„natürlichen", wenn nicht am meisten angewandten Methode der Wissensaneignung in der
Zukunft wird. Im Kontext des informellen Lernens tauchen diese Ideen ebenfalls auf.

> „Die Kommunikationsstruktur, als welche das Internet entwickelt wurde, ist [...] von Anfang an
> unwiderruflich so realisiert, dass theoretisch jeder User Sender und Empfänger in einer Person
> sein kann." (Münker/Roesler 2002, 21) – und das bedeutet nichts anderes, als dass jeder 'User'
> Lehrer und Lernender zugleich sein kann." (TULLY, 2006, 15)

Dieser Darstellung ist lediglich kritisch anzumerken, dass der Lernprozess hier stark auf
Informationsaufnahme reduziert wird und die Funktion eines Lehrers weit mehr als die
Weitergabe von Information umfasst. Dennoch ist und wird weiterhin die Lernfunktion, die
Zuwendung zu Lehrern und zu Themen vielfältiger und differenzierter. Es entwickelt sich
in diesem Kontext eine neue Lernkultur als ganzes, die durch höhere Selbstständigkeit im
Lernen gekennzeichnet ist.

Insofern verliert dann aber diese Form der Aneignung als Eigenschaft des spezifischen
Lernens ihre Bedeutung. Dies ist aber nicht der alleinige Grund, warum Selbstständigkeit
sich nicht als ein Strukturmerkmal des Lernens eignet. Selbstständiges Lernen setzt zunächst Fähigkeiten und Fertigkeiten voraus, die diese Aneignungsform überhaupt erst möglich machen. In den Interviews der Schüler war in diesem Zusammenhang mehrfach die
Rede vom „Lernen lernen".

> „Fragt man nach den Fähigkeiten, die jemand erwerben muss, um selbst gesteuert zu lernen,
> dann werden immer wieder an erster Stelle die so genannten metakognitiven Fähigkeiten ge-
> nannt (vgl. Flavell 1983; Weinert/Kluwe 1983). Etwas vereinfacht kann man sagen, dass Meta-
> kognition das Wissen um eigene, individuell verschiedene kognitive Struktur bezeichnet. Ein
> zentrales metakognitives Element bezieht sich auf die grundlegende Reflexivität, d.h. die Fähig-
> keit, zu sich selbst auf Distanz zu gehen und sich gleichsam mit den Augen eines Fremden zu
> beobachten, um auf diese Weise die eigenen Wege des Lernens, des Suchens und des Problem-
> beschreibens kennen zu lernen." (MAROTZKI/NOHL/ORTLEPP 2005, 150)

Im Kontext Internet kommt nach dem Ergebnis dieser Untersuchung noch die konstruierten
geistigen Strukturen hinzu. Damit löst sich die Selbstständigkeit aber in den hier gefundenen Merkmalen R e f l e x i o n s -, P r o b l e m - und S t r u k t u r b e z u g auf.

Die hier angeführte Betrachtung spricht also für die Konsistenz der Strukturmerkmale,
die auch aktuelle Phänomene des Lernens in sich aufnehmen.

4.1.2   Bedeutung der Strukturmerkmale

Die Strukturmerkmale besitzen in erster Linie im lerntheoretischen Kontext eine große
Bedeutung in theoretischer und auch praktischer Hinsicht. Einerseits lassen sie sich als
Beschreibungsmodell für die Art des Lernens heranziehen, die bei Einzelfällen ein charakteristisches Profil ergeben. Neigungen und verinnerlichte Fähigkeiten werden ebenso abge-
bildet, wie beeinflussende Faktoren bis hin zum sozialen Umfeld. In der Beschreibung der

dargestellten Fälle ist dies gut nachvollziehbar und gilt über den Rahmen der Fragestellung, der Wechselwirkung von Schule und Internet, hinaus, wie in einzelnen Fällen gezeigt wurde. Gerade in dieser Hinsicht ist das Modell aber auch besonders geeignet, die Veränderungen durch die neuen Medien auf der lerntheoretischen und bildungstheoretischen Ebene zu verdeutlichen. Andererseits sind die Zusammenhänge von einem theoretischen Interesse, wie in den nächsten Abschnitten noch näher ausgeführt wird. Hier ergeben sich Einblicke in mögliche Bedingungsgefüge und Abhängigkeiten aber auch Fragen der Verschiebung von Schwerpunkten. Insbesondere führt die Interpretation von Beziehungen zwischen den Merkmalen zu neuen Fragestellungen.

4.1.2.1   Strukturbezug als Hauptmerkmal lerntheoretischer Veränderungen

Der Gesichtspunkt der Strukturrelevanz ist aus lerntheoretischer Sicht interessant, da bereits AEBLI (AEBLI 1993, 24 ff.) eine Verbindung zwischen Programmierung bzw. Informationsverarbeitung und den Denktätigkeiten sieht. Denken sei reine Informationsverarbeitung. Demzufolge kann die intensive Beschäftigung mit der Programmierung zur Verinnerlichung von Denkweisen führen. Auch PAPERT (PAPERT 1994, 171 ff.) bestätigt den engen Zusammenhang von Programmierstilen und Denkweisen. AEBLI kommt gar zu dem Schluss, die ordnende Tätigkeit sei das grundlegende Element von Denkprozessen und Lernen einfach Strukturausbau und Verbesserung.

Strukturbezug, der ja geistiges Operieren mit Ordnungsrelationen, Unterscheidungen und Anwendungen von Hierarchien und Nichthierarchien und auch das Erstellen von Konzepten umfasst, zeigt sich in vielfacher Weise und hat auch in der Lerntheorie einen vielschichtigen Charakter. In den Theorien AEBLIS finden sich mehrere Anknüpfungspunkte zum Begriff Struktur. Einerseits sei Denken Arbeit mit Strukturen schlechthin. Schließlich gibt dies der Buchtitel „Denken: Das Ordnen des Tuns" schon an sich an.

> „Das ist das Wesen der Kognition. Sie hat die Strukturen und ihre Ordnung zum Gegenstand."
> (AEBLI 1993, 21)

Ausgehend von den Handlungen und damit verbundenen Handlungsschemata, die eine hierarchische Struktur besäßen, zieht AEBLI die Verbindung zum Wissen, welches in nichthierarchischen Netzen sich niederschlage. Lernen sei möglich durch das „Einebnen" der hierarchischen Beziehungen in „kumulative" Netze.

> „Der wichtigste psychologische Werdensprozess, den wir postulieren, ist der Strukturaufbau. Durch ihn entstehen neue Handlungsschemata und Begriffe." (AEBLI 1994, 348)

Zwei der wesentlichen Momente des Strukturaufbaus sind bei ihm das Problemlösen und die Begriffsbildung. Beides steht im unmittelbaren Kontext des Operierens mit Strukturen. Beim Problemlösen seien das Analysieren, Erkennen und Auflösen der Strukturen sowie die Neuordnung der Elemente der zentrale Gegenstand. Offensichtlich bestätigt dies auch genau ein Ergebnis der hier vorgelegten Untersuchung. Der ebenfalls durch Computer- und Internetnutzung in den Vordergrund tretende P r o b l e m b e z u g zeigt eine enge Beziehung zum Strukturbezug, in der Art, dass der S t r u k t u r b e z u g die Voraussetzung bildet. Der Kontext der Begriffsbildung ist ebenso interessant, da hier aus gegebenen Wissensobjekten durch „Merkmalsbündel" hierarchisch eine Struktur entstünde, die im Begriff gipfele". (AEBLI 1994, 103 ff und Kapitel 2.3.5).

Genau hier ergibt sich erneut ein direkter Zusammenhang zur Informationsverarbeitung, also der intensiveren Beschäftigung mit Computern und Internet. Es sind sowohl in der Arbeit mit dem Computer also auch dem Internet neue ordnende Prinzipien anzuwenden, die es ermöglichen den Überblick zu behalten. Ein grundlegender Gedanke im Bereich der Computerprogrammierung ist dabei der Begriff des „Objekts", das Eigenschaften besitzt und über Methoden verfügt. Das Erlernen von Anwendungsprogrammen hat in dieser Sichtweise zum Gegenstand, dass z.B. ein „Absatz" als Objekt von einer „Seite" oder einem „Zeichen" unterschieden wird und genau diesem Objekt die veränderbaren Eigenschaften zugeordnet werden (FEUERSTEIN 2001, 45 ff.). Erfolgreiches Arbeiten am Computer beinhaltet die Struktur zu erkennen, zuzuordnen und dann eine gewünschte Reaktion auszulösen. Ähnlich stellt sich dieser Zusammenhang im Kontext Internet gleich mehrfach dar. Hier sind beispielsweise räumliche Strukturen aufzulösen, die durch Eigenschaften, z.B. Verfügbarkeit und Authentizität, gekennzeichnet sind, die ein erfolgreiches Operieren im Netz ermöglichen, technische Strukturen zu verstehen, um zwischen verschiedenen Diensten und Anwendungsmöglichkeiten zu wählen und Probleme zu bewältigen und schließlich auch Objekte eines Dokuments, z.B. HTML, zu unterscheiden, um mit ihnen zu operieren, z.B. speichern oder bearbeiten, zu können. Diese Vielschichtigkeit gerade im Kontext Internet stellt auch David (s. Interview David D.) in seinen Bedenken über die Vermittlung von Internetkenntnissen und seinen Erfahrungen beim ersten Kennenlernen des Internet sehr anschaulich dar. Somit ist der S t r u k t u r b e z u g eben gerade im Hinblick auf Computer und Internet ein markantes Merkmal, da er hier in zweifacher Weise gefordert ist, zum einen zum Operieren und des Weiteren zum Problemlösen. Diesen theoretischen Ableitungen ist im Ergebnis dieser Untersuchung nun ein empirischer Beleg hinzugefügt worden.

Die Bedeutung des S t r u k t u r b e z u g s und der direkte Zusammenhang mit den Kontexten Internet und Computer werden schon in sehr frühen Untersuchungen zum Lernen im Internet erwähnt.

„Der hier [im Interviewausschnitt – RF] alltagssprachlich verwendete Begriff der ‚Strukturen' symbolisiert eine ordnungsbildende Funktion. Aus kognitionspsychologischer Perspektive ließe sich an dieser Stelle auf den Schema Begriff verweisen. Schemata sind gleichsam semantische Ordnungskriterien, die helfen, Komplexität zu reduzieren und Realität zu erfahren. Neues Wissen kann durch deren Verfügbarkeit leichter in bereits bestehendes Wissen integriert werden. Die eigenständige Ausbildung solcher abstrakter, vom konkreten Gegenstand losgelöster Schemata setzt vielfältige Erfahrungen mit einem Inhalt voraus." (WETZSTEIN 1995, 260)

Das, was hier als Schemata formuliert ist, eröffnet eine weitere wichtige Perspektive in der Bedeutung des Strukturbezugs. Der S t r u k t u r b e z u g bildet einen kognitiven Rahmen, in dem Konstruktionsleistungen erst möglich werden. Weiterhin werden durch den S t r u k - t u r b e z u g die kognitiven Rahmen als solche erkennbar und bewusst. Somit ist die Grundlage für den Wechsel zwischen diesen Rahmen, das Übertragen von Strategien, vergleichende und ordnende Betrachtungen des Tuns gegeben. Hieraus ergibt sich eine grundlegende Bedeutung in Bezug auf das Lernebenenmodell von BATESON (s. Kapitel 2.2). Eine der wesentlichen Perspektiven im Lernebenenmodell geht unmittelbar vom Bewusstsein struktureller Gegebenheiten, also einem Strukturbewusstsein und einem zielgerichtetem „Handeln" mit kognitiven Rahmen aus. Insofern kann ein Strukturbewusstsein nur den höheren Lernebenen zuträglich sein. Im Sinne der Bildungstheorie von MAROTZKI (Kapitel 2.2) dient ein hoher S t r u k t u r b e z u g dem Erkennen der Prinzipien der Selbst- und Weltreferenz ohne weiteres und begünstigt potentiell die Veränderungen dieser Prinzipien. Damit erhöhen sich die Chancen, Bildungsprozesse auszulösen. (MAROTZKI 1990, 224 ff.) Erst ein höherer S t r u k t u r b e z u g bei gleichzeitiger Ablösung von den Kontexten, so

auch WETZSTEIN (WETZSTEIN 1995, 260 ff.), ermögliche selbstständiges Lernen auf höhe-
rem Niveau und ist damit eine Vorraussetzung für solche Anforderungen, wie das Lernen
zu erlernen. Bezieht man nun die Sichtweise von MAROTZKI mit ein, so bedeutet die Erhöhung des Strukturbezugs durch Lernen von Computer- und Internetkenntnissen und
eine aktive Tätigkeit in diesem Bereich, eine Erhöhung der Flexibilisierung (s. Kapitel
2.2). Damit bestätigt die hier vorgelegte Untersuchung eine von MAROTZKI aus sozialisati-
onstheoretischer Sicht aufgestellte These.

> „Diese neue Art der Flexibilität, das ist die hier vertretene These, findet man immer wieder the-
> matisiert, wenn man den Diskussionen um virtuelle Räume folgt." und weiter
>
> „Ein erwartbarer Effekt könnte in der Ausbildung einer sehr hohen Flexibilität im Umgang
> mit Selbst- und Weltzuschreibungen sein, durchaus im Sinne BATESON." (MAROTZKI 1997, 194
> ff.)

Die Interviews der Schüler bestätigen dies und die gesteigerte Bedeutung des Strukturbezugs im Lernen dieser Schüler kann als ein Ausdruck dafür genommen werden, dass
der Effekt der Flexibilisierung nachweisbare Spuren hinterlässt. Es deutet sich hiermit auch
gleichzeitig ein engerer Zusammenhang zwischen bildungstheoretischer und lerntheoretischer Perspektive an. Diesem Gedanken wird in den weiteren Abschnitten noch nachgegangen.

Die Verbindung zwischen Strukturbezug und Denken einerseits und der Programmierung andererseits wird auch von PAPERT ausgeführt. Seine primäre Forderung nach
einer Zuwendung zum Konkreten (s. Kapitel 2.3.2) enthalten vielfältige Konsequenzen.
Seine Vorstellungen lassen sich dahingehend interpretieren, dass die Zuwendung zum
Konkreten zunächst eine genaue Analyse des Problems oder des Objekts erfordert, um in
einem nächsten Schritt eine Modellierung im Computer im Rahmen einer Programmierung
zu erreichen. Genau in diesem Punkt sind nun in erster Linie Strukturkenntnisse nützlich.

> „Der Schüler soll ein Programm für die Zeichnung einer Blütenpflanze entwickeln; die struktu-
> rierte Programmierung würde es nahe legen, das Programm in 'Unterprogramme' für die ver-
> schiedenen Teile der Blütenpflanze aufzuteilen. Der Schüler steht dann vor der Wahl, dies in ei-
> ner Weise zu realisieren, die der Struktur der Blütenpflanze entspricht, oder aber diese nicht zu
> berücksichtigen." (PAPERT 1994, 74)

An diesem Beispiel wird erneut deutlich, wie eng Computerwissen mit Strukturbezug
verbunden ist und wie Strukturkenntnis und Strukturbewusstsein sich auf andere Gebiete
übertragen. Gleichzeit wird wiederum in diesem Kontext die Eröffnung von Optionen hervorgehoben, also auf eine an dieser Stelle sehr marginale Form von Flexibilität verwiesen.

Ausdrücklich sei bemerkt, dass die Herausbildung von grundlegender und vielfältiger
Strukturkenntnis und die Fähigkeit Strukturen in Denkprozesse in allen möglichen Kontexten einzubeziehen nicht allein durch den Umgang mit dem Computer, der Programmierung
oder dem Internet gefördert wird. Jegliche strukturierende Auseinandersetzung mit einem
Thema führt zur Verbesserung von Strukturkenntnis. Somit treten die fachlichen Inhalte bei
der Berücksichtigung dieser Lerneigenschaft in den Hintergrund.

Ebenso wenig lässt sich die Herausbildung eines Strukturbezugs auf ein lerntheo-
retisches Paradigma (s. Kapitel 2.3.1) beschränken. Der Strukturbezug zeigt sich
transversal zu diesen Paradigmen. Bezogen auf die im Kapitel 2.3.1 Einstufung von Lernprogrammen nach KLEINSCHROTH (KLEINSCHROTH 1996), ergeben sich in allen Ebenen
Möglichkeiten der Förderung von Strukturbezug. Beispielsweise wären auf der Ebene
der einfachen behavioristischen Lernprogramme durchaus ordnende Tätigkeiten, Struktu-
rierungsaufträge sowie der Umgang mit Hierarchien als Übungen denkbar. Im Rahmen

kognitivistischer Lernprogramme kann Strukturkenntnis in Bezug auf verschiedene Handlungsstrategien bzw. den Umgang mit alternativen Konzepten gefördert werden. Schließlich bieten konstruktivistische Ansätze stets Möglichkeiten des individuellen Strukturaufbaus. Genau genommen setzen komplexe moderne konstruktivistische Lernumgebungen einen hohen S t r u k t u r b e z u g voraus. Fasst man das Internet als eine solche komplexe Lernumgebung auf, so ist der Zusammenhang zum S t r u k t u r b e z u g eine logische Konsequenz. Diese Transversalität des Strukturbezugs lässt sich auch aus der Sicht der Medientheorie begründen. Computer und Internet stellen zumindest eine medial vermittelte Welt dar, die ihre Ordnung und Strukturprinzipien besitzt. Johannes FROMME und Norbert MEDER machen darauf aufmerksam, dass diese Strukturen in der Welt der Computer und des Internet ihre Abbildung finden.

> „Die Interaktivität macht nun aus, dass wir beim Computer von einem Medium der Simulation sprechen. Simulation folgt nicht nur der Strukturtreue in der Abbildung wie ein Modell, sondern auch der Handlungstreue." (FROMME/MEDER 2001, 14)

Die Abbildung von Struktur- und Handlungstreue erfordern vom Programmierer die Auseinandersetzung und strukturelle Aufschlüsselung von Handlungen und vom erfahrenen Anwender die Fähigkeit des Erkennens dieser Strukturen. Auch in dieser Perspektive verlaufen die Aneignung und Auseinandersetzung quer zu den lerntheoretischen Paradigmen.

Aus der Transversalität des S t r u k t u r b e z u g e s ergibt sich nun die interessante schulpraktische Schlussfolgerung, dass die Fokussierung und Bevorzugung eines lerntheoretischen Paradigmas nicht im Zentrum von Reformbemühungen stehen muss, sondern vielmehr die Möglichkeiten im Rahmen des Paradigmas auf ein Ziel ausgerichtet sein sollten.

4.1.2.2   Problembezug und Praxisbezug als Kennzeichen des neuen Pragmatismus

Neben dem S t r u k t u r b e z u g ist der P r o b l e m b e z u g das Strukturmerkmal des Lernens, das in direktem Zusammenhang mit der Computer und Internetnutzung zu sehen ist. Im Vordergrund dieser Eigenschaft steht eine Zuwendung zu Problemen in der Art, dass sie Auslöser von Lernhandlungen sind. Vielfältige und tiefgründige Kenntnisse im Bereich des Computers und des Internet werden so erlernt und versetzen somit die Schüler in die Lage selbstständig komplexere Aufgaben zu übernehmen. Die Folge ist, eine Bereitwilligkeit sich Aufgaben zustellen, die dann durchaus als Herausforderungen empfunden werden. Man kann hier von einer Expertenpraxis sprechen.

> „Expertenpraxis, wie das planvolle Selbstlernen, bedeutet aber nicht nur die Verfügbarkeit bereichsspezifischen Sachwissens, sondern auch die – auf diesem so genannten deklarativen Wissen aufbauende – Verfügung über Fertigkeiten (prozedurales Wissen) und das Vorhandensein und die Anwendung von Problemlösungsstrategien im Sinne 'higher oder skills'. Letztere erlauben die Bewältigung komplexer, unbestimmter Situationen und begünstigen so Transferleistungen. Der Aufbau solcher Expertenstrategien und Problemlösungskompetenzen ist – neben der Ausbildung des Sachwissens – ein wichtiges Element dieses Prozesses." (WETZSTEIN 1995, 261)

Der hier gefundene und in dieser Arbeit empirisch belegte Zusammenhang zwischen Internet bzw. Computer und einem gesteigerten P r o b l e m b e z u g lässt sich insofern erweitern, dass davon ausgegangen werden kann, dass allgemein die Internetnutzung und die Computeranwendung einen erhöhten P r o b l e m b e z u g im Lernen eröffnen. Dies zeigt sich in den

Erfahrungen bei der Vermittlung von Kenntnissen im Rahmen von internetbasierten Projekten.

> „Internetbasierte Projekte führen zu einer starken Problemorientierung des Lernprozesses und zu einer Individualisierung von Lernwegen." (Marotzki/ Nohl/ Ortlepp 2005, 158)

In diesem Sinne lässt sich auch PAPERT verstehen, wenn er sich für eine Gleichberechtigung des Konkreten gegenüber dem Abstrakten ausspricht. Hier geht es einerseits darum, vor dem konkreten Gegenstand aus den eigenen Ressourcen eine Lösungsstrategie zu entwickeln und diese dann im Zuge der Realisierung zu verfeinern. Das Lösen von Problemen ist dann einer der grundlegenden Bereiche der Lerntätigkeit.

Eine weitere Erkenntnis aus der vorliegenden Untersuchung ist die Ausrichtung des Struktur- und des Problembezugs auf den Praxisbezug bei computerinteressierten Schülern. Erst bei Berücksichtung dieser Beziehungen ergibt sich die große Bedeutung dieser Merkmale für das Lernen. Der Praxisbezug war vor allem ein Kennzeichen für eine Zuwendung zur „Realwelt" also zu Problemen außerhalb der Schule. Diese Realwelt wird von den computerinteressierten Schülern mit ihren Strukturkenntnissen reflektiert, Probleme identifiziert und gelöst. Die Problemlösungen haben also nicht nur einen theoretischen Wert, sondern erweisen sich auch außerhalb der Schule als anwendbar und praktisch. Damit ist es möglich, im Rahmen der Schule Problemlösekompetenz in der Art zu entwickeln, die das Kriterium der praktischen Anwendbarkeit in sich schließt. Es kann in diesem Sinne auch von einer Öffnung der Schule gesprochen werden, die immer wieder in Abrede gestellt wird.

> „Im Vordergrund der Untersuchung steht das Lernen durch Verantwortungsübernahme in Ernstsituationen, welches sich - so eine Hypothese des Projektes - grundlegend vom schulischen Lernen in Als – Ob - Situationen unterscheidet." (DÜX/ SACHS 2006, 201)

Aus dem Bereich der Vertreter der informellen Bildung wird diese Kritik teilweise noch schärfer formuliert.

> „Während formale Bildung institutionalisiert, curricular verfasst und durch Zertifizierung anerkannt ist, zeichnet sich informelles Lernen dadurch aus, dass es sich alltags- und lebensweltbezogen, pragmatisch, nicht notwendigerweise intentional und auch nicht immer bewusst vollzieht." (POHL/ STAUBER/ WALTHER 2006, Fußnote 1, 184)

Lerntheoretisch gesehen gibt es allerdings keinen Anhaltspunkt, im Rahmen der formalen Bildung eben genau diese Forderungen nicht zu realisieren. Die hier untersuchten Schüler zeigen genau diese Ausführung in und außerhalb der Schule. Bereits 1902 hat DEWEY die Forderung gestellt, die Erfahrungen aus der Realwelt der Kinder in den Unterricht zu integrieren.

> „Was also ist das Problem? Eben das, die vorgefasste Ansicht loszuwerden, dass irgendeine Kluft der Art (wohl dem Grad) nach verschieden zwischen der Kindeserfahrung und den verschiedenen Formen des den Lehrgang ausmachenden Stoffes besteht." (DEWEY 1902, 88)

Das offensichtlich hier noch Defizite bestehen, lässt sich anhand der Aussagen von Schülern in anderen Studien im Widerspruch zu den hier untersuchten Interviews, belegen. Während hier die Verbindung von Problembezug und Praxisbezug klar nachgewiesen werden konnte, die Berichte der Schüler von einem realweltbezogenen Lernen ausgehen und praktische Anwendungen thematisieren, ist in anderen Untersuchungen gerade der Praxisbezug einer der wichtigsten Reformvorschläge Jugendlicher.

> „Dies sind zum einen, die Berufsbereitung und der Praxisbezug der Schule und des Lernens, zum zweiten ein besseres Verhältnis zwischen Lehrern und Schülern, insbesondere ein Ernstnehmen der Schüler. Als weitere Punkte werden eine Veränderung des Fächerkanons und der

Themenauswahl genannt. Es liegen keine Anhaltspunkte vor, in welche Richtung hierzu gedacht wird, man kann aber vermuten, dass es mit dem ersten Punkt, also dem Praxisbezug des Lernens, zu tun haben dürfte. Weit vorne unter den Verbesserungsvorschlägen ist auch das Lernen mit den neuen Medien, also Computer, Internet usw. angesiedelt, ..." (TULLY/ WAHLER 2006, 71)

Es scheint nun nahe zu liegen, dass die Ausrichtung der Medienbildung an dem Schema einer pragmatischen Lerntheorie im Sinne von KERRES und DE WITT (s. Kapitel 2.3.1) genau diesen Anforderungen gerecht zu werden scheint. Auch sie gehen davon aus, dass Formulierung neuer Lerntheorien zur Integration der neuen Medien und zur Überwindung der eben hier beschriebenen Probleme quer zu den Paradigmen erforderlich sei und betonen, dass die Diskussionen, welches Paradigma das Richtige sei, den Forschritt bei der Einbeziehung der Medien in den Unterricht nur behindere (KERRES/ DE WITT 2002, 14). Eine gute Relation zwischen Theorie und Praxis sei für diesen pragmatischen Ansatz sinnvoll.

> „Aus den Überlegungen des Pragmatismus wäre zu fordern, dass eine einseitige Theorievermittlung oder eine beliebige Praxiorientierung vermieden wird." (ebd.)

Die Merkmale des Lernens sind ebenso nicht paradigmenabhängig, wie am Beispiel des S t r u k t u r b e z u g s schon gezeigt wurde und scheinen eine pragmatische Ausrichtung zu präferieren. Der herausgearbeitete P r o b l e m - und der P r a x i s b e z u g könnten das Kennzeichen einer pragmatischen Medienbildung sein, die Theorie und Praxis im Sinne DEWEYS verbindet und die die Schulen öffnet für eine lebensweltliche Bildung.

4.1.2.3   Reflexionsbezug und Kreativität

Als weitere Merkmale des Lernens wurden der K r e a t i v i t ä t s b e z u g und der R e f l e x i o n s b e z u g herausgearbeitet. Beide Merkmale sind im Ergebnis dieser Untersuchung unabhängig von der Nutzung des Computers und des Internet zu sehen, da sie gleichermaßen bei den computerinteressierten und auch weniger interessierten Schülern zu verzeichnen sind. Der bei allen Schülern etwa gleich stark ausgeprägte K r e a t i v i t ä t s b e z u g ist im Zusammenhang mit der Setzung der Begabung in der Untersuchungsgruppe zu sehen. Dennoch entsteht Kreativität nicht ohne ein entsprechendes Umfeld und begünstigende Faktoren.

> „Der kreative Mensch agiert in einer längeren evolutionär verlaufenden Phase aktiver Auseinandersetzung mit einem Gegenstand. Die eigentliche Lösungsidee, der „Geistesblitz", die Inspiration, erwächst in einem revolutionären Akt. Die Idee wird bewusst und kann beschreibend dargestellt werden. In einer nachfolgenden neuen evolutionären Phase kann (muss nicht) die Idee in der Praxis Anwendung finden. Solche Ideenverwertungen bzw. Erkenntnisanwendungen erfordern wiederum Kreativität." (HÜTTNER 2005, 6)

In dieser Beschreibung von Kreativität finden sich gleich mehrere Merkmale des Lernens im Verbund wieder. Dies zeigt sich auch im Ergebnis der hier vorgelegten Untersuchung. Zum einen steht der K r e a t i v i t ä t s b e z u g im Zusammenhang zum P r a x i s b e z u g und andererseits zum P r o b l e m b e z u g. Beide Merkmale des Lernens sind Räume in denen sich Kreativität veräußert. Bei den computerinteressierten Schülern ist bei einer hohen Ausprägung des P r o b l e m b e z u g s und des S t r u k t u r b e z u g s auch noch der Zusammenhang auf die Strukturkenntnisse zu beziehen. Unter Bezug auf WERTHEIMER (ebd.) formuliert Andreas HÜTTNER als drei Phasen eines kreativen Prozesses das Bemerken eines Problems, das Erfassen einer konkreten Struktur und mehrfaches Umgruppieren der Denkergebnisse. Auf der Grundlage eines Modells geistiger Operationen des schöpferischen Denkens kommt er dann zum Schluss:

> „Kreativität ist für das Lösen von Problemen, mit denen der Mensch in unterschiedlichen Lebensbereichen konfrontiert wird, wichtig und notwendig. Die moderne Industriegesellschaft verlangt nach kreativ denkenden, teamfähigen Menschen. Diese Fähigkeiten sind erlernbar. Hier liegt eine bedeutende Aufgabe für das Bildungswesen insgesamt." (ebd.)

Der Auffassung der Erlernbarkeit kann vom Standpunkt der hier vorgelegten Untersuchung nur zugestimmt werden. Offensichtlich liegt ein entscheidender Aspekt auf der Problemlösefähigkeit, die gerade in der Beschäftigung mit dem Internet und dem Computer gesteigert werden kann. Kreativität kann also nur im Zusammenspiel mit den Merkmalen des S t r u k t u r b e z u g s, des P r o b l e m b e z u g s, des P r a x i s b e z u g s und auch des R e f l e x i o n s b e z u g s sich entwickeln. Insbesondere ist letzterem eine grundlegendere Bedeutung zuzumessen.

Der R e f l e x i o n s b e z u g ist nicht nur für den K r e a t i v i t ä t s b e z u g eine wichtige Grundlage sondern ebenso für den S t r u k t u r -, S o z i a l - und P r o b l e m b e z u g, so das Ergebnis der Untersuchung. Dabei umfasst der Reflexionsbezug nicht nur die lerntheoretische sondern im Besonderen auch bildungstheoretische Ebenen (s. Kapitel 3.4.1.4). Die Bedeutung des R e f l e x i o n s b e z u g s ergibt sich in vielfältiger Weise sowohl als Voraussetzung als auch Konsequenz gesellschaftlicher Wandlungsprozesse. Aus bildungstheoretischer Perspektive ist Reflexion die grundlegend notwendige Voraussetzung für Sozialisation und Identitätsbildung (s. Kapitel 2.2.1 und 2.2.2), also Biographisierung insgesamt. Unter Bezugnahme der These der reflexiven Moderne von GIDDENS würden Prozesse der Biographisierung den Menschen reflexiv begleiten (MAROTZKI 2000, 247). Diese Einsichten spielen in Beratungskontexten und Professionalisierungsstrategien schon seit langem eine größere Rolle. Hier wird Reflexion bewusst genutzt um den Handelnden Einsichten in ihren Möglichkeitsraum zu geben. Sandra TIEFEL unterscheidet zwischen verschiedenen biografischen Funktionen von Reflexion.

> „Geht es um Stabilisierung von Selbst- und Weltverständnissen, bietet sich ein Rekurs auf Rezept- und Regelwissen an. Zur Initiierung von Innovation bedarf es mit Strukturwissen und reflexivem Wissen einer Basis, die Nichtwissen als personales Defizit oder strukturales Nichtwissenkönnen bewusst werden lässt." (TIEFEL 2004, 275)

Eine Erkenntnis der vorgelegten Arbeit könnte nun sein, dass derartige Betrachtungsweisen auch der Entwicklung Schuljugendlicher nützlich werden könnten. Einzelne Modellversuche an Schulen mit Sozialarbeitern scheinen dies zu unterstreichen.

In den letzten Jahren wird gerade der Umgang mit verschiedenen biografischen Entwürfen im Bereich der Erwachsenenbildung und des Übergangs aus der Schule in das Berufleben, somit auch im Kontext des informellen Lernens, thematisiert.

> „Unsere Biographie enthält deshalb ein beträchtliches Potential an 'ungelebtem Leben' – ein außergewöhnlich anregender Begriff, der von dem unorthodoxen Mediziner Victor von Weizsäcker (1956) stammt. Das intuitive Wissen darüber ist Teil unseres "praktischen Bewusstseins" (Giddens 1988). Es ist reflexiv nicht einfach zugänglich, dennoch stellt es in doppeltem Sinn eine ganz zentrale Ressource für Bildungsprozesse dar." (ALHEIT 2003, 15)

Gerade für Jugendliche, die die Schule immer weniger mit klaren Perspektiven verlassen und einen Platz im Berufsleben erst ausloten müssen und somit vielfältig sich neuen Lebenslagen anzupassen haben, sind verstärkt konfrontiert mit einer reflexiven Auseinandersetzung über ihren eigenen biografischen Entwurf. Das stets neue Ausbalancieren wird von Axel POHL, Babara STAUBER und Andreas WALTHER als Yoyo - Effekt beschrieben.

> "Die Grundanforderung in yoyo-isierten Übergängen heißt: mit den Yoyo-Bewegungen so um-
> zugehen zu lernen, dass sie produktiv werden können, ...[gekürzt - RF]. Dimensionen wie das
> Erleben eigener Wirksamkeit (Bandura 1997), aber auch die Ebene der Selbstinzenierung (Stau-
> ber 2004) werden hier wichtig, manchmal vielleicht entscheidend.
> Hierzu ist grundsätzlich Anpassungslernen nötig, im Sinne einer Reflexivität, die es ermöglicht,
> da, wo es nicht weh tut, Kompromissleistungen zu erbringen (an eine Ausbildung, an ein Studi-
> um), aber immer wieder genau auszuloten: Wie lassen sich solche Kompromisse mit dem eige-
> nen Lebensentwurf vereinbaren?" (POHL/ STAUBER/ WALTHER 2006, 188)

Dieses Verständnis von Reflexivität führt nun unweigerlich zu einem engen Zusammenhang mit dem Strukturmerkmal S o z i a l b e z u g , der ebenfalls bei allen Schülen gleichermaßen zu verzeichnen ist. Das hier eingeführte Merkmal des R e f l e x i o n s b e z u g s ist
also Ausdruck genau solcher bildungstheoretischer Dispositionen.

Andererseits ist im Merkmal R e f l e x i o n s b e z u g auch eine lerntheoretische Ebene
enthalten. Der Bezug auf eigene Erfahrungen im Lernen u. a. in der Form einer Analyse
von erfolgreichen Vorgehensweisen und Praktiken unterstützt die Schüler beim Übertragen
dieser Handlungsstrategien in neue Lernbereiche. Insofern klären sich die engen Beziehungen zum P r o b l e m b e z u g und zum S t r u k t u r b e z u g .

> „Lernen wird über die Handlung als authentische Aktivität definiert, die in Relation zu dem In-
> halt steht. Der Lernprozess beinhaltet dann z.B. die Fähigkeit kritisch in den Inhaltsbereichen zu
> denken, Informationen zu beschaffen, die in Relation zu einem Problem stehen und sie dann ü-
> ber eine Reflexionsphase zur Geltung zu bringen." (KERRES/ DE WITT 2002, 20)

Dass Reflexion in dieser Hinsicht eine wichtige Voraussetzung für das Lernen bildet, ist
sicherlich eine der älteren Einsichten der Lerntheorie, die aber angesichts der strengen curricularen Organisation und der fortwährenden Bürokratisierung der Schule nicht oft genug
erneut betont werden kann. Schließlich fordert auch PAPERT das Prinzip „Nimm Dir Zeit!"
ein (s. Kapitel 2.3.2.2) und dies wiederum im engen Bezug zur Computernutzung. Die
Beschäftigung mit dem Computer und dem Internet gibt der reflexiven Auseinandersetzung
mit der Welt, dem Selbst und der Gesellschaft einen weiteren Raum. Dabei ist im Kontext
Computer und Internet Reflexivität nicht nur in Bezug des Erkennens dieser drei Verhältnisse entscheidend, sondern eben auch im Ermöglichen von Wahlmöglichkeiten.

> „Über das Instrument Computer reflektieren wir von daher im Modus der Sprache über alle vor-
> gängigen Welten [die reale, die sozial konstruierte, die medial vermittelte – RF]. >Reflektieren<
> ist hier nicht im streng philosophischen Sinne – als Sprache über Sprache (Metasprache und Me-
> tatheorie) – zu verstehen, sondern als Reflexiv – werden einer Darstellung von Welt." (FROMME/
> MEDER 2001, 14)

Schlussendlich rücken bei der fortschreitenden Entwicklung der Gesellschaft zur Wissensgesellschaft das reflexive Wissen, in Form von „Wissen wie man Wissen erlangt" in den
Blickpunkt der lerntheoretischer Forschung. Das Lernen lernen wird auch von den Schülern
in den Interviews mehrfach als eine wesentliche Fähigkeit herausgestellt, die sie im Laufe
der Schulbildung erlernt haben oder auch nicht (s. Interview Carsten).

> „In der heutigen (Wissens-) Gesellschaft ist Wissen flüchtig geworden; es umfasst mehr als die
> Aneignung von Informationen. Der sich vollziehende technologische und wirtschaftliche Fort-
> schritt führt zu einem immer rascheren Veralten spezifischen Fachwissens (Wissensexplosion).
> Aufgrund der Informations- und Wissensüberflutung verschieben sich Lerninhalte zunehmend
> von der Vermittlung von Wissen hin zur Vermittlung von Lernmethoden, die schnelleres Ver-
> und Neulernen ermöglichen. Damit liegt der Fokus nicht mehr auf abfragbaren Einsichten,
> Kenntnissen und Zusammenhängen (Know-how), sondern verstärkt auf reflexiven Wissensfor-
> men (Know- how- to- know)." (ARNOLD/ LERMEN 2003, 25)

4.1.3   Das Ebenenmodell der Strukturmerkmale als Verbindung von bildungstheoretischen und lerntheoretischen Aspekten

Aus den im letzten Abschnitt beschriebenen Zusammenhängen der Strukturmerkmale des Lernens wurde im Rahmen der Ergebnisdarstellung ein Ebenenmodell entwickelt, das zum einen die Verbindungen der Merkmale und andererseits die zentrale Stellung der für Lernprozesse am Computer oder im Internet entscheidenden Merkmale verdeutlicht. Neben dieser Ausarbeitung lässt sich das Modell auch noch in einem weiteren Blickwinkel auslegen. In den Interpretationen des S t r u k t u r b e z u g s und des R e f l e x i o n s b e z u g s wurde bereits erwähnt, dass diese Merkmale Aspekte lerntheoretischer als auch bildungstheoretischer Fragestellungen umfassen. Das Ebenenmodell kann nun in dieser Hinsicht als Interpretationsfolie für beide Aspekte aufgefasst werden. Während S t r u k t u r -, P r o b l e m -, P r a x i s - und K r e a t i v i t ä t s b e z u g sich vordergründig in lerntheoretischen Kontexten widerspiegelt, haben R e f l e x i o n s - und S o z i a l b e z u g primär eine bildungstheoretische Ausrichtung. Die Zuordnung ist keinesfalls so eindeutig, wie hier vorgeschlagen, was beispielsweise an der Vielschichtigkeit des R e f l e x i o n s b e z u g s klar wird. Bemerkenswert ist aber an dieser Stelle und das ist somit auch eine Erkenntnis dieser Arbeit, dass lerntheoretische und bildungstheoretische Aspekte im Kontext des Lernens mit Computer und Internet näher zusammenrücken. Diese Erkenntnis könnte weit reichende Konsequenzen für die Entwicklung von Konzepten in lerntheoretischer, didaktischer und schulpraktischer Hinsicht haben.

Das Wissensvermittlung bildungstheoretische und lerntheoretische Dimensionen in einem didaktischen Modell vereinen sollte, dies ist auch eine Interpretation des obigen Zitats von KERRES und DE WITT, und ist auch anhand erfolgreicher Erprobungen nachvollziehbar. Winfried MAROTZKI, Arnd NOHL und Wolfgang ORTLEPP berichten beispielsweise von der Durchführung von Internetprojekten (MAROTZKI/ NOHL/ ORTLEPP 2003). Wissensvermittlung finde in diesem Projekt unter der Berücksichtigung der Akquisition und Strukturierung, des normativen Abgleichs bei wechselnden Perspektiven und der Artikulation von Wissen statt. Diese Art von Wissensvermittlung lässt sich im Ebenenmodell so beschreiben, dass alle Merkmale einbezogen sind und alle Ebenen somit Bestandteil des Prozesses sind. Lernprozesse in dieser Setzung unterscheiden sich sehr deutlich von den Arbeiten mit dem Internet in der Schule und auch von den „E-Learning"- Angeboten.

> „Die entscheidenden Potentiale der neuen Informationstechnologien gehen über Lernen hinaus und verweisen auf Bildung: Zur Wissensarbeit gehört eine systematisierende Reflexion und Kritik, die in eine artikulierende Haltung mündet. Mit dieser bildungstheoretischen Orientierung, das ist der Kern unserer langjährigen Erfahrungen, kann ein Beitrag dazu geleistet werden, mit der heranwachsenden Generation so zu arbeiten, dass sie sich wie selbstverständlich in einer digitalen Kultur bewegen und deren Möglichkeiten nutzen kann." (MAROTZKI/ NOHL/ORTLEPP 2003, 16).

Die Aktualität dieser Erkenntnis führt zu der vielfachen Forderung den Lernbegriff neu zu fassen.

> „Der Lernbegriff benötigt folglich eine bildungstheoretische Komponente, die die reflexive Konstruktion von Sinn, das Stiften von Kontinuität über die Lebensspanne durch das Subjekt in den Blick nimmt." (DICK/ MAROTZKI 2005, 2)

Im letzten Kapitel werden schulpraktische Einflüsse auf die Arbeit und Konsequenzen der eben beschriebenen Interpretationen umrissen. Aus dem schulpraktischen Umfeld werden einige ältere Themen aufgegriffen, die mit der Einführung des Internet an den Schulen zu grundlegenden Debatten führten, um den kritischen Blick aus der Perspektive der hier vorgelegten Ergebnisse auf die Entwicklung der letzten Jahre zu richten.

4.2   Internet und Schulpraxis

Die folgende Darstellung enthält neben den Rahmenbedingungen für die Internetarbeit in der Schule zwei grundlegende Relationen zur Schulpraxis. Einerseits sind dies die praktizierbaren Möglichkeiten, die sich für eine Internetnutzung ergeben und andererseits um erste schulpraktische Erfahrungen auf diesem Gebiet. Diese Erfahrungen im Kontext Internet wurden im Rahmen der ersten theoretischen Erarbeitung und praktischer Schulexperimente, also in einer frühen Phase der Arbeit, gemacht. Nach dem Abklingen der anfänglichen Euphorie ist es in der Schulpraxis allgemein „ruhig" geworden um das Thema Internet. Erst in den letzten Jahren wird ein zunehmendes aber dennoch sehr verhaltenes Interesse an der Nutzung von Computersoftware und dem Internet spürbar. Das Auffälligste an dieser Entwicklung ist, dass es heute keiner gesonderten Begründung mehr bedarf, warum man den Computer im Unterricht einsetzt, sondern eher mit Verwunderung reagiert wird, wenn z.B. Vorträge nicht mit einer Präsentation begleitet werden. Insofern hat sich schon eine „Kultur" des Vortragens mit der Unterstützung der „neuen Medien" in der Schule verbreitet.

Auf der anderen Seite sind die lerntheoretischen Einflüsse aus den Erkenntnissen nun schon einer ganzen Reihe von Untersuchungen kaum spürbar. Weder die informationstechnische Grundbildung oder Medienbildung, der fächerübergreifende Einsatz des Internet im Unterricht, die Veränderungen von Lehrformen noch die organisatorisch technischen Voraussetzungen im Bereich der Computer und des Internet haben sich in den letzten zehn Jahren spürbar geändert. Zumindest zeichnet sich langsam ein Richtungswechsel, der durchaus mit den Erkenntnissen der Nutzung von Computer und Internet in Zusammenhang gebracht werden kann, in Richtung des „eigenverantwortlichen Arbeitens" (Klippert 2001) und des selbstgesteuerten Lernens ab. Entsprechende Landesschulversuche zum Thema „Lernmethoden" beenden derzeit die Evaluationsphase. Ob diese Veränderungen aus dem politischen Druck oder aus lerntheoretischen Erkenntnissen motiviert sind, soll hier nicht weiter diskutiert werden. Diese Sicht auf die Schule, die Erkenntnis der Flexibilisierung von Lernorten und Möglichkeit einer freieren Gestaltung führt nun gerade zum Aufleben der nonformalen und informellen Bildungseinrichtungen.

> "Intrinsische Motivation kann demnach als leistungsförderndes Element bei selbst gesteuerten Freizeitbeschäftigungen sehr viel mehr zum Tragen kommen als bei formalisierten und festgelegten Bildungsinhalten der Schule, die nicht ohne weiteres mit dem Interesse am Gegenstand rechnen kann, sondern Lernerfolge eher über Kontrolle und Sanktionen absichern muss." (HÖSSEL 2006, 166)

Zweifelsohne steigt die Bedeutung der informellen Bildung und der außerschulischen Bildungseinrichtung in einer zukünftigen modernen Bildungslandschaft. Das Zitat wirft aber zwei interessante Fragestellungen auf. Einerseits wird deutlich, wie dringend erforderlich eine Analyse von Bildungsinhalten und die Einbeziehung aktueller lerntheoretischer Erkenntnisse ist. Andererseits wird hier der alltagspraktische Blick von Außen auf die Schule

resümiert, dass Lernen in der Schule im Wesentlichen auf Sanktionen beruhe. Für das Fortbestehen des Lernorts Schule ist schon aus diesen Gründen ein tief greifender Wandel erforderlich. Angesichts der massiven Veränderungen in der Gesellschaft von einer Arbeits-
gesellschaft zur Informations- und Wissensgesellschaft ist auch aus der Sicht der Jugendlichen dieser Wandel gefordert.

> "Die meisten der überkommenen Bildungsziele, die darauf abzielen, mittels formeller Qualifika-
> tionen zur beruflichen Erwerbsarbeit zu befähigen sind für Heranwachsende vor dem Hinter-
> grund ihrer eigenen Realitätserfahrungen und Zukunftsaussichten heutzutage dermaßen obsolet,
> dass sie sie bestenfalls als irrelevant ansehen, schlechterenfalls als das, was man im Jargon 'Ver-
> arsche' nennt." (HITZLER /PFADENHAUER 2006, 237)

4.2.1   Zur Stellung des Informatikunterrichts in der Schule

Ein grundlegender Standpunkt in der Betrachtung des Computers und des Internet ist der
Konsens über die Unterordnung dieser Themen in den Bereich der „neuen Medien". Die
Medienerziehung, Medienpädagogik und Mediendidaktik erhebt dagegen den Anspruch,
dass alle Medien in den Blickpunkt zu nehmen sind. In den genannten Bereichen haben
sich in den letzten Jahren moderne Konzepte entwickelt, die eine bewusste Auseinander-
zung mit den grundlegenden Fragenstellungen, wie z.B. der Medienwirkung, im Unterricht
fordern. Die basale Position dieser Konzepte ist die Nutzung der Medien für Lehr- und
Lerneffekte bei gleichzeitiger medienerzieherischer Wirkung. Dies bestätigt zunächst die
These des letzten Kapitels 4.1.3, dass lerntheoretische und bildungstheoretische Aspekte
unter der Verwendung der modernen Medien enger zu verbinden sind. TULODZIECKI und
HERZIG machen auf die Notwendigkeit aufmerksam, *„die Medienverwendung mit spezifischen Erziehungs- und Bildungsaufgaben im Bereich von Medien und Informationstechnologien zu verbinden. Es ist allerdings unerlässlich, dass die medienbezogenen Erziehungs-
und Bildungsaufgaben durch besondere medienerzieherische Unterrichtseinheiten und
Projekte realisiert werden."* (TULODZIECKI/ HERZIG 2004, 252)

Dieses Prinzip eines integrativen Ansatzes für Medienbildung ist nicht neu. Detlev
BARTSCH verstand unter integrativer Medienerziehung acht Jahre zuvor,

> „neben der (möglichen) Einbeziehung aller Unterrichtsfächer und Lernbereiche auch eine me-
> thodische Vielfalt meint sowie die Ausrichtung medienerzieherischer Aktivitäten auf den ge-
> samten Kanon der Medienarten in der Spannbreite vom Printmedium bis zum Computer und
> seinen vielfältigen Erweiterungen (insbesondere Einbeziehung moderner Informations- und
> Kommunikationstechnologien wie Datenfernübertragung, Multimedia, Interaktivität)."
> (BARTSCH 1996, 3)

Neben dem integrativen Konzept der informationstechnischen Grundbildung, das in vielen
Bundesländern versucht wurde einzuführen, wird ein fächerübergreifendes Konzept Me-
dienerziehung neu geschaffen. Die Erfahrungen mit integrativen Konzepten in den letzten
Jahrzehnten sollten eigentlich klar machen, dass diese Ansätze nicht dem oben beschriebenen möglichen Veränderungen gerecht werden können. Gerade im Hinblick auf das Internet
findet man immer wieder die Auffassung, dass eine intensivere Beschäftigung mit dem
Internet nicht weiter von Nöten sei und „das bisschen Bedienung nebenbei" erlernbar wäre.
Zur Veranschaulichung der Problematik können verschiedene Positionen herangezogen
werden. Geht man von den grundlagentheoretischen Betrachtungen aus (Kapitel 2.1), so
wäre die Nutzung der Computer- und Internettechnik, der des Buches oder auch Bildes

gleichzustellen. Selbstständiges Problemlösen mit dem Computer, also die algorithmische und strukturelle Denkweise auf abstrakter und konkreter Ebene der Informationstechnologien käme einem Problemlösen mit zahlentheoretischen Einheiten nahe. Dazu sei angemerkt, dass die Informationstechnologien sich erst am Anfang ihrer Entwicklung befinden. Von diesem Standpunkt aus ergibt sich die Einführung eines Faches zur Vermittlung der Grundlagen, in der gleichen Funktion wie die Fächer Mathematik, Deutsch und teilweise Kunst für die anderen Medien ihre Berechtigung im Fächerkanon haben. Eine integrative Nutzung schließt sich dann immer noch nicht aus, so wie es auch für die anderen Grundlagenfächer unfraglich ist. In diesem Sinn wäre dann die Forderung von PAPERT der Entwicklung einer Computerkultur in eine realisierbare Nähe gerückt. Dass dieser Gedanke in der Medienpädagogik bereits sich etabliert, zeigt der Hinweis ein Schulprofil auf Mediennutzung auszurichten.

> „Wünschenswert ist darüber hinaus eine Verankerung von Mediennutzung und Medienerziehung im schulischen Alltag im Rahmen von Schulprofil- oder Schulprogrammentwicklung. Dies kann durch die Entwicklung medienpädagogischer Konzepte in der jeweiligen Schule geleistet werden." (TULODZIECKI 2004, 252)

Diese Aussage ist gekennzeichnet durch die Verlagerung der gesellschaftlichen Verantwortung einer modernen Bildung auf die Lasten der Schule. Jeder der dem schulpraktischen Umfeld nahe steht, kann diese Forderung nur schwer nachvollziehen. In Anbetracht einer ganzen Reihe von möglichen Profilen, z.B. naturwissenschaftlich, technisch, europäisch, fremdsprachlich, musisch, integrierend usw. hieße diese Forderung, dass in Schulen, die sich für ein anderes Profil entschieden haben, der Umgang mit neuen Medien eine nachgestellte Bedeutung hat. Folglich wird die auch aus Sicht der Lehrkräfte notwendige Medienerziehung zu einem weiteren Addendum.

Aus Sicht der hier geführten Untersuchung ergibt sich nun zumindest im Rahmen der Computer- und Internetnutzung eine Veränderung im Lernen durch den verstärkten S t r u k t u r - und P r o b l e m b e z u g . Dies ist eine wichtige Konsequenz und gleichzeitig eine Grundlage für die Orientierung und für den befähigten Umgang mit dem Computer und dem Internet sowie dem Lernen mit modernen Medien. Die Veränderung zeigt sich auch nur dann, so die Ergebnisse, wenn ein bestimmter Intensitätsgrad der Beschäftigung mit den Medien, einen ein- bis zweistündigen Informatikunterricht überschreitet.

Schließlich kann man die Entwicklung des Einsatzes des Computers in der Schule betrachten und so feststellen, dass nach rund 30 Jahren, in denen es Computer in der Schule gibt, die Einführung und Nutzung im Unterricht nur schleppend voranschreitet. Obwohl in allen Bundesländern die Existenz eines Faches oder eines integrativen Konzeptes unter dem Namen „Informationstechnische Grundbildung" eine erschöpfende, breit gefächerte Nutzung vermuten ließe, sieht die Realität m. E. doch eher so aus, dass in vielen Schulen ein Informatikraum mit besonderen Nutzungsregeln und Sicherheitstüren existiert und die Unterrichtsplanung lediglich den Informatikunterricht bzw. Arbeitsgemeinschaften für die Nutzung vorsieht. Genau dies mahnt auch PAPERT an, wenn er von Assimilation des Computers spricht (s. Kapitel 2.3.2.1). Die Gründe für die ausbleibende intensivere Nutzung des Computers in anderen Fächern lassen sich in verschiedenen Richtungen suchen. Möglicherweise stehen der gesteigerte Aufwand der Unterrichtsvorbereitung, inklusive des eigenen Erlernens und der Nutzen einer andersartigen Vermittlung des Unterrichtsstoffes in einem schlechten Verhältnis. Eventuell existieren auch Hemmschwellen, den Computer zu nutzen, da die Schüler bereits größere Fähigkeiten im Umgang besitzen. Vielleicht wird aber der Nutzen nur falsch bewertet. Über den Einstieg einer Zeitreise von Medizinern und

Lehrern aus einem vorigen Jahrhundert in die heutige Zeit veranschaulicht PAPERT die Trägheit des Bildungssystems bei der Einführung der neuer technischer Mittel, hier speziell des Computers, verbunden mit einer grundlegenden Wandlung der Lerntheorien und Lernmethoden im Gegensatz zu der schnellen Integration neuer technischer Möglichkeiten in anderen Lebensbereichen, von der Industrie bis in die private Nutzung. Die Frage

> „Warum gab es in einem Zeitraum, in dem so viele Bereiche menschlicher Aktivität revolutioniert wurden, keine vergleichbare Veränderung bei den Methoden, mit denen wir unseren Kindern beim Lernen helfen?" (PAPERT 1994, 28)

wird umso drängender, wenn der Hintergrund der Verringerung der Halbwertzeit des Wissens und die Forderungen nach „lebenslangem Lernen" bzw. „Lernen als Beruf" für die Informationsgesellschaft bestimmend ist. Dass die veralteten Lernmethoden zur Unzufriedenheit der Schüler führen können, belegen auch die Interviews mit Schülern, wenn dort Folgendes geäußert wird.

> „Das lässt sich vielleicht noch aufbauend von der Methodik her, ... [gekürzt- RF], dass das fand ich nie so berauschend, da mittlerweile weiß ich, dass es da ′ne ganze Menge anderer Sachen noch gibt, was man da machen kann. Und wie man gezielt die verschiedenen Lernfähigkeiten des Gehirns nutzen kann. Also in der Hinsicht ist absolut Nachholebedarf da.". (Interview Anton P, 120-124)

Die neuerlichen Versuche in einigen Bundesländern ein Fach „Lernmethoden" einzurichten, gehen m. E. ebenfalls in diese Richtung. Erste Beobachtungen zeigen jedoch, dass der gute Ansatz nicht in der erwünschten Form greift, da sich wieder einmal eine Resistenz der anderen Fächer dem Erfolg entgegen stellt. Es sind also zwei Phänomene, die Neuerungen im Schulsystem abhalten. Einerseits wirkt ein neues Fach nicht in der gewünschten Weise auf andere Fächer zurück, andererseits fehlt bei einem integrativen Konzept eine grundlegende Begleitung durch ein Fach. Dies ergeben auch Beobachtungen erster Internetprojekte im schulischen Umfeld.

Für die informationstechnische Grundbildung ergäben sich gute Chancen, wenn ein eigenständiges Fach Informatik als durchgängige Ausbildung konzipiert wäre. Dabei leistet der moderne Informatikunterricht eben nicht nur, die Bedienung von Geräten abzusichern, sondern bringt das Denken als Gegenstand in den Unterricht ein, fördert das strukturelle Verständnis und erhöht die Bereitschaft sich mit Problemlösungen auseinanderzusetzen. Unter diesem Verständnis, das sich auch aus den Ausführungen AEBLIS ergibt, wird das Fach Informatik aufgewertet. Ein wesentliches Ziel des modernen Informatikunterrichts sind Problemlösungsstrategien, der Prozess des Problemlösens an sich und in erster Linie das Analysieren von Strukturen, z.B. im objektorientierten Sinn (s. FEUERSTEIN 2001). Der Gegenstand Information, das grundlegende technische Verständnis von Computern und die lern- und bildungstheoretischen Potenzen machen ein eigenständiges Fach mit einer Auseinandersetzung mit modernen Medien nach den heutigen Maßstäben unabdingbar. Insbesondere dann, wenn man davon ausgehen muss, dass in der Welt des „digitalen Kapitalismus" (SCHRÖER/BÖHNISCH 2006, 46 ff.) die Datennetze eine wesentliche Lebensgrundlage bilden und Dienstleistungen immer mehr auf den Kunden im Rahmen einer „Selfservice-Gesellschaft" (TULLY 2006a, 14) übertragen werden.

> „Die Benutzung moderner Informationstechnologie ist sozial folgenreich; sie setzt Equipment und Fähigkeiten im Umgang voraus, sie erweitert und rekonstruiert den Alltag nachhaltig." (ebd.)

Im Gegensatz zu TULLY, der das informelle Lernen gegenüber dem institutionellen Lernen vorzieht und dabei letzteres für obsolet erklärt, kann im Ergebnis dieser Arbeit festgestellt werden, dass bei richtiger Rahmensetzung, durch Grundlagenausbildung und hoher Flexibilität in der informationstechnischen Anwendung, eine Vorbereitung auf das Leben nach der Schule institutionell gesichert werden kann.

4.2.2 Potenzen der Internetnutzung in der Schule

4.2.2.1 Motivationale Aspekte der öffentlichen Darstellung

Aus der Entwicklungspsychologie sind die Wirkung der wechselnden Vorbilder (Eltern, Lehrer, Idole) und die Akzeptanz in der Gruppe als wesentliche Lernanreize bekannt. Darüber hinaus werden durch die Lernsituation und Lernmedien künstliche Motivationen geschaffen, die außerhalb der Schule nur geringe Relevanz besitzen. DÖRING spricht hier von einer künstlichen, hermetischen Informationsumwelt, in der Notenpunkte, schöne Bilder oder freundliche Sprüche der Lohn der Bestrebungen der Schüler wäre (DÖRING 1995, 325). Selbst bei den Ergebnissen eines Projektes oder Schaffung eines praktischen Gegenstandes wird die Anerkennung für die Leistung die Schulgrenzen selten verlassen. Mögliche Alternativen sind Wettbewerbe und Projekte in Zusammenarbeit mit außerschulischen Instanzen. Diese Anerkennung bleibt aber nur einem geringen Teil von Schülern nach einer Vorauswahl durch Lehrer vorbehalten. Projekte mit einer Veröffentlichung im Internet stellen einen Anschluss an die „Realwelt" dar und gewinnen somit für die Schüler eine praxisrelevante Prägung. Dieser P r a x i s b e z u g ist einer der wesentlichen Ausrichtungen des P r o b l e m b e z u g s bei computerinteressierten Schülern (vgl. Kapitel 4.1.2.2).

Für jeden Schüler erreichbar ist der Zugang in die Öffentlichkeit über das Internet. Auf die bildungstheoretische Dimension der Artikulation im öffentlichen Raum wurde in den voran stehenden Kapiteln bereits hingewiesen (MAROTZKI/ NOHL/ ORTLEPP 2003). Durch den Informationsdienst WWW erhalten die Schüler die Möglichkeit, sich selbst in einem weltweiten Rahmen darzustellen. Selbst wenn die Reflexion von Arbeitsergebnissen nur im Rahmen der Schule erfolgt und Schüler anderer Altersstufen die Web- Seite kommentieren können, ist eine zusätzliche Motivation für die Arbeit im Internet gegeben. Eine Anerkennung von Personen außerhalb der Schule kann unter Umständen neue Denkweisen einführen, die zu werten und zu reflektieren sind. Dies belegen u. a. die Erfahrungen in der Arbeit mit Schülern, die Bewertung der Schulseiten im Schulweb oder die Vielzahl von Wettbewerben im Internet. In den vorgestellten Interviews werden diese Momente mehrfach thematisiert.

Die Entwicklung von außerschulischen Vorbildern durch das Internet oder auch der Anschluss an Fanclubs ist realisierbar. Schüler verfolgen die aktuellsten Meldungen über Sportmannschaften, Ligen (z.B. Football, Basketball) und ihrer Lieblings-Comic- oder Film-Helden mit großem Interesse im World-Wide-Web. Für die Sozialisation und die Identitätsbildung der Schüler ergeben sich hier verschiedenste Rahmungen. Auch die Darstellung des Lehrers und seine Publikationen geben für den Schüler ein neues Bild der Person, die sie unterrichtet. Durch im WWW veröffentlichte Dokumente wird die über die Schule hinausgehende Tätigkeit des Lehrers für die Schüler transparent. Diese Tätigkeiten erlangen wiederum auch in der veränderten Sichtweise der Schüler auf die Schule an Bedeutung. Die gerade bei den hier untersuchten Schülern festgestellte stärkere Ausrichtung auf den P r a x i s b e z u g könnte zur Folge haben, dass außerschulische Tätigkeiten der Lehrer für Schüler eine Orientierung bilden, wie die Person in der „Realwelt" agiert und welche Anerkennung er dadurch erlangt.

4.2.2.2   Aktualität und Vielfalt der Information

Eines der wesentlichen Merkmale des Internet und im Besonderen des Informationsdienstes WWW ist seine hohe Dynamik in Bezug auf die inhaltliche Gestaltung. Kein Lehrbuch und keine CD-ROM können in so kurzer Zeit sich auf aktuelle Themen beziehen und neueste Entwicklungen veröffentlichen. Der personelle Aufwand moderner und aktueller Websites nimmt trotz spezialisierter Content – Management – Systeme auf der Grundlage komplexer Datenbanken stetig zu. Oft beschränken sich kleinere Firmen im Internet auf eine Darstellung der Produkte und Bestellmöglichkeiten und bestenfalls auf die Angabe einer Servicehotline. Die stetig steigende Informationsvielfalt und die zunehmende Geschwindigkeit der Veröffentlichungen sind auf eine wachsende Anzahl von Autoren zurückzuführen. In Wissensdatenbanken, den so genannten Knowledge-Bases, kollektiven Autorentools (Wikis, Weblogs) und unzähligen Foren werden täglich neue Veröffentlichungen getätigt.
Die Kommunikationsstruktur des Internet zielt, wie MÜNKER und ROESLER (s. Zitat TULLY 2006a, Kapitel 4.1.1) konstatieren, auf die heterogene Verteilung der Anwender ab, so dass jeder User Sender und Empfänger in einer Person sein könne. TULLY überträgt dies auf die Lernsituation und folgert, „dass jeder 'User' Lehrer und Lernender zugleich sein kann." (TULLY 2006a, 15). Allerdings ist die Bemerkung auch ein Hinweis auf eine Flexibilisierung der Orte des Lernens. So ist die Institution Schule nur noch ein Lernort unter mehreren, dessen Vielfalt eben durch das Internet noch zunimmt.

> „Die potenziellen Einsatzfelder neuer Medien sind nahezu unüberschaubar. Letztendlich entscheiden die Subjekte wann und inzwischen auch wo sie moderne Informationstechnik einsetzen." (ebd.)

So beziehen sich Fragen der Schüler immer öfter auf aktuelle Themen z.B. in Politik und Wissenschaft. Aktuelle Ereignisse können durch Schüler „live" miterlebt werden und führen zu neuen Erfahrungen. Neben der hohen Aktualität ist ein weiteres Kennzeichen des Informationssystems WWW eine mehrschichtige Vielfalt. Zu einem aktuellen weltweiten Thema finden sich die Darstellungen der Sachverhalte in unterschiedlichsten Perspektiven. Insbesondere in Bezug auf gesellschaftliche Diskurse spielen kulturelle und soziale Zusammenhänge dabei eine prägende Rolle. Die Auseinandersetzung bzw. das Aufeinandertreffen dieser Diskurse fördern das Kulturverständnis, Toleranz und Flexibilität der Jugendlichen. Sie bilden in der heutigen dynamischen Gesellschaft, in der die tradierte Sozialisationsinstanzen, insbesondere das Elternhaus, stetig mehr an Bedeutung verlieren (s. Kapitel 2.2.1), wichtige Elemente der Biographisierung. Insofern ändern sich S o z i a l - und R e - f l e x i o n s b e z u g im Merkmalsmodell.
   Die Vielfalt der Information hat aber noch weitere entscheidende Vorteile. Die Konfrontation mit einer großen Zahl von Quellen erfordert von Schülern grundlegende Fähigkeiten wie Konkretisierungen, Kontextualisierungen und Differenzierungen. Dies wird auch so bleiben, wenn die Mechanismen der Informationsbereitstellung sich verbessern, und Strukturierung und Normierung eine leichtere Erlernbarkeit der Informationsrecherche ermöglichen. Somit stellt sich der S t r u k t u r b e z u g und R e f l e x i o n s b e z u g als unab-

dingbare Voraussetzung dar. Individuelle Lern- Reflexion werden zu einem zentralen Punkt moderner Wissensvermittlung.

> „Denn um produktiv mit Wissen und in Wissen umzugehen, bedarf es der Reflexion. Ansonsten bleibt man in Information stecken." (FROMME/ MEDER 2001, 21)

Gleichzeitig ergeben sich hieraus Konsequenzen bezüglich des Verständnisses von Wissen. Wissen hat nicht mehr ausschließlich den Charakter eines beständigen, in der Welt fest etablierten und durch die Gesellschaft legitimierten Unumstößlichen. Sondern Wissen ist stets unter neuen Perspektiven zu rekapitulieren. Insbesondere wird in der Schule diese Dichotomie von Wissen ein zunehmendes Thema werden. Die Möglichkeit des Hinterfragens eines Faktums, das durch den Lehrer vorgegeben wurde, im Internet und die konstruktive Auseinandersetzung, die das erstrebenswerte Ziel des Lernens ist, führt gleichzeitig zu einer kritischen Haltung dem Lehrer gegenüber. Der Aktualität und Vielfalt von Informationen sind also generelle Änderungen im Verständnis der Lehrerrolle geschuldet.

4.2.2.3   Kooperative und interaktive Problemlösung

Die Informations- und Kommunikationsdienste des Internet tragen wesentlich zur Entwicklung des Kooperationsverhaltens der Schüler bei. In den Interviews zeigen sich vielfältige Anlässe des kooperativen Lernens im Bereich der Vermittlung von Computerkenntnissen. Zweifelsohne sind diese Ansätze, des Lernens von Peers, im Bereich der Computer und Internetfertigkeiten üblich (s. Ergebnisse – Sozialbezug, Kapitel 3.4.1.5). Gerade in der hohen Spezialisierung, die bei den untersuchten Schülern angenommen werden kann, sind dabei andere Bezüge, etwa zu Lehrern oder Eltern, nicht förderlich. Wie auch HITZLER und PFADENHAUER feststellen, spielt bei der Auswahl der Peers weniger das Alter eine Rolle, als vielmehr der pragmatische Drang ein Problem zu lösen.

> „Entwicklung und Aneignung von durch praktische Interessen motivierten und zunächst einmal auf so geartete Interessen gerichteten Kompetenzen geschehen infolgedessen [der kaum brauchbaren Problemlösungen der Erwachsenen -RF] immer weniger in überkommenen (institutionalisierten) Sozialisationsmilieus, sondern wesentlich im Umgang und Austausch, im Zusammenleben mit 'peers'. Zu beachten ist dabei, dass die Qualität des bzw. der 'peers' heutzutage immer weniger aus Gleichaltrigkeit als vielmehr aus (relativer) Gleichartigkeit jener Interessen resultiert,..." (HITZLER / PFADENHAUER 2006, 238)

Ein Ergebnis der hier vorgelegten Untersuchung liegt nun in der Feststellung, dass die Entwicklung dieses Verhaltens jedoch nicht ohne P r o b l e m b e z u g erfolgt. Die Erfahrungen zeigen, dass Schüler sehr schnell das Interesse an den Möglichkeiten des Internet verlieren, wenn sie allein oder ziellos im WWW surfen. Ebenso war nach dem ersten Auftauchen von Foren nach einer anfänglichen regen Beteiligung, zunehmend eine gewisse „Lähmung" in der Nutzung zu beobachten. Selbst der hohe Unterhaltungswert des WWW, insbesondere durch kommerzielle Unternehmen und Informationsanbieter, beispielsweise der Fernsehsender, führt aus dieser Passivität nicht heraus. Die Nutzung der Informations- und Kommunikationsdienste und die kreative Auseinandersetzung mit den Anwendungen sind stark abhängig vom Bezugsrahmen. Dieser Bezugsrahmen sind nun entweder der besagte P r o b - l e m b e z u g und die Freude am Problemlösen oder aber ein S o z i a l b e z u g , der bestimmte Kommunikationskanäle bevorzugt. Dies ist ein Ergebnis der vorliegenden Untersuchung und wird in den Interviews mit den Schülern deutlich. Der Einfluss von Peergroups oder einzelnen Bezugspersonen bezieht sich auch auf das Kommunikationsverhalten der Schüler. Auf dem Wege zum Erlernen der Techniken und Erkunden der Möglichkeiten des Internet und auch in der neuen Generation von Online-Spielen werden viele Schüler unbewusst mit der kooperativen und interaktiven Lösung ihrer Probleme bekannt gemacht. So bietet auch das aktuelle Online-Spiel „World of Warcraft" jederzeit die Möglichkeit, sich mit anderen auszutauschen. Hier erleben Schüler eine große Hilfsbereitschaft beim Erfüllen ihrer „Quests" und darüber hinaus auch bei technischen Fragen. Es entwickelt sich dabei eine grundlegende Bereitschaft, zu helfen und über Probleme zu diskutieren.

Ähnliche Beobachtungen lassen sich auch in der Schule anhand von Chats machen. Gerade bei jüngeren Schulkindern im Alter von 12 bis 14 Jahren findet m. E. das „Chatten" größeren Anklang in der Hinsicht, dass ihre „Erfahrungen" und „Sorgen" mit andern ausgetauscht werden können oder dass sie einfach nur gemeinsam Spaß haben. Hier spielt offensichtlich der soziale Rahmen zunächst eine größere Rolle. In wachsendem Alter nehmen die Bedeutung geschlossener Gruppen und einzelner Bezugspersonen zu. So ist die Verwendung des Kommunikationsdienstes ICQ sehr häufig bei älteren Schülern zu beobachten. Dies lässt sich zum einen als Fortschritt der Sozialisation und Identitätsbildung interpretieren oder aber den Einsatz der Kommunikation zur Problemlösung.

Diese Potenzen könnten aus lerntheoretischer Sicht genutzt werden und offenbaren sich bereits im Unterricht. Meine Beobachtungen im Informatikunterricht belegen, dass die Schüler es „gewohnt" sind, sich bei Computerproblemen gegenseitig zu helfen. Eine charakteristische Situation besteht in der unaufgeforderten „Versammlung" mehrerer Schüler bei einem auftretenden Problem am betreffenden Computer. Diese Voraussetzungen könnten aufgegriffen werden, wenn Schüler im projektartigen Unterricht zur kollektiven Problemlösung aufgefordert werden. In einem Projekt eingebunden, werden selbstständig Bearbeitungsmethoden angewandt, wie sie in der systematischen Problemlösung notwendig sind. Auf der Grundlage der selbst erarbeiteten klaren Strukturierungen von komplexen Aufgaben oder Themen, womit die Bedeutung des S t r u k t u r b e z u g s ein weiteres Mal hervorgehoben werden kann, wären die Schüler in der Lage, arbeitsteilig und kooperativ sich den Problemlösungen anzunähern.

4.2.3   Die schulische Praxis von Internet und Schule

Der folgende Abschnitt zeichnet einige Erfahrungen aus schulischen und Unterrichtsbeobachtungen nach. Dabei werden spezielle Probleme benannt und mögliche Interpretationen angeboten.

Der Einsatz des Internet lässt sich sowohl in der außerunterrichtlichen Arbeit als auch im Unterricht auffinden. Besonders im erstgenannten Bereich gibt es vermehrt Beispiele für Ansätze im Umgang mit dem Internet (s. FEUERSTEIN 1999,173 ff.). Die Gründe für die außerunterrichtliche Schwerpunktlagerung sind in verschiedenen Zusammenhängen zu vermuten. Die erste Auseinandersetzung mit den Problemen der Hardware und Software geben dem Lehrenden ein Gefühl der Unsicherheit und möglicherweise der Unterlegenheit in fachspezifischer Hinsicht gegenüber den erfahrenen Schülern. Die Schüler sind sozusagen mit dem Computer „aufgewachsen" und besitzen vielseitige Erfahrungen. Die Lehrer sind in den letzten zehn Jahren gefordert gewesen, grundlegende Kenntnisse im Bereich der Hard- und Software sowie der Anwendung von Programmen und des Internet sich weitestgehend neben der Arbeitszeit autodidaktisch anzueignen. Auch in der derzeitigen Lehrerausbildung findet m. E. eine informationstechnische Grundbildung nicht in genügendem Maße statt.

Eine mögliche zweite Ursache ist die häufig von Lehren vertretene Ansicht, dass es kaum gesicherte Erkenntnisse über Vorteile der Wissensvermittlung durch den Einsatz des Mediums gibt und dagegen eine Vielzahl von Vorbehalten gegenüber dem Internet und Computer. Letzteres scheint in Anbetracht der allgemeinen gesellschaftlichen Legitimität, die diesen Medien entgegengebracht wird, bald obsolet. Hinzu kommt allerdings, dass für eine intensivere Nutzung der neuen Medien, die Unterrichtsmaterialien aufzubereiten und methodisch neu zu durchdenken sind. Die große Vielfalt an Lernprogrammen, deren Nützlichkeit auch aus lerntheoretischer Sicht unterschiedlich zu bewerten ist, wirkt in diesem Zusammenhang wenig hilfreich. Spezielle für die unterrichtlichen Anforderungen didaktisch aufbereitete Materialien, wie Unterrichtsbeispiele oder exemplarische Lerneinheiten, sind so vielfältig, dass eine Auswahl schwer fällt. Genau hier fehlen dem Lehrer die praktischen Erfahrungen im strukturierten Durchsuchen und Bewerten von Informationsquellen, jener wichtigen lern- und bildungstheoretischen Ziele in der Arbeit mit dem Internet.

Weiterhin lassen sich die präferierten Methoden des selbstständigen Erarbeitens und des entdeckenden Lernens in der Auffassung vieler Lehrer eher in den Arbeitsgemeinschaften als im Unterricht realisieren. Die Gründe sind nach vielfältigen Meinungen der Lehrer, die straffe Organisation ihres Unterricht zur Erreichung der Ziele der Rahmenrichtlinien, die wiederum in einzelnen Fällen sehr kleinlich für Vorbereitung von Prüfungsarbeiten wie dem Abitur herangezogen werden. Bei einem Zentralabitur kann also die Auslegung der Rahmenrichtlinien als Rahmen zu schwerwiegenden Folgen führen. Diese Argumentation ist zwar verständlich, jedoch ist ihr nicht unbedingt zu folgen, da eine frühe Schulung von Arbeitstechniken und Verfahrensweisen auch im Kontext von Internet und Computer in der Qualifikationsphase zu entsprechenden Freiräumen führen würde.

Die Arbeit mit dem Internet in der Schule hat auch für die Situierung des Lernens in der Schule eine neue Bedeutung. Viele Schüler, die einen privaten Zugang besitzen und diesen intensiv nutzen, stellen auf dieser Ebene eine Verbindung zu Schule her. Zum einen werden Arbeitsergebnisse, Materialien und Rechercheergebnisse zwischen Schule und häuslichem Arbeitsplatz transferiert und dies in beiden Richtungen. So ist es heutzutage durchaus üblich Manuskripte und Präsentationen von Lehrer- und Schülervorträgen als Vorbereitung auf Projekte oder Klassenarbeiten auf dem Schulserver anzubieten. Andererseits gelangen auf diesem Wege die Hausaufgaben in die Schule, z.B. als E- Mail- Attachment. Nur in wenigen Fällen verfügen Schulen über einen permanenten Zugang zum Internet. Dennoch bieten viele Schulen ein Webportal, das die wichtigsten Informationen über die Schule bereithält. Die Funktionalität eines Webportals bzw. eines eigenständigen Schulservers kann in der Hinsicht ausgebaut werden, das eine Reihe von zusätzlichen Funktionalitäten insbesondere in Richtung Kommunikation hinzukommen. Auch hier ergibt sich für Schüler und Lehrer dann eine Möglichkeit einer gemeinsamen Plattform und somit eine außerunterrichtliche private Nutzung.

Eine inhaltliche Auseinandersetzung mit dem Internet findet zumeist in Arbeitsgemeinschaften, die die Informationsdienste des Internet thematisieren, statt. In erster Linie steht hier das Ziel der Aneignung spezieller Kenntnisse zur Erstellung von HTML-Dokumenten. Einige Arbeitsgemeinschaften beschäftigen sich mit modernen Programmiersprachen, wie z.B. Java und bisher schulfremden Betriebssystemen, wie z.B. Linux. Zunehmend werden auch in anderen Fächern die Arbeitsgemeinschaften unter Verwendung des Computer und Internet gestaltet. Dies trifft m. E. in erster Linie für die Förderungen von begabten Schülern zu. In Verbindungen mit Wettbewerben und durch Firmenausschreibungen sind die Ziele so gesetzt, dass eine Arbeit im Internet notwendig wird. Als ein besonderes Beispiel kann hier die Initiative der CISCO AG genommen werden, die die Einrichtung von einer Netzwerktechnik-Arbeitsgemeinschaft fördert durch die Bereitstellung der Hardware aber auch der Lehr- und Prüfungsunterlagen. Die Schüler können sich ihre Kenntnisse nach einer Online-Prüfung durch die Firma CISCO zertifizieren lassen.

Der Einsatz des Internet in der Schule schafft den Bedarf für eine eigenständige Nutzung der Schulräume und Schultechnik durch Schüler und Lehrkräfte. Ähnlich einer Bibliothek erweisen sich freie Nutzungszeiten als beliebte Möglichkeit zur Beschäftigung mit dem Internet. Schließlich geht es bei der Kommunikation auch um eine Privatsphäre, die einen entsprechenden Freiraum benötigt. Als Modell für die Realisierung an den Schulen könnten die Rechnerlabore der Universitäten oder Internetcafes dienen. Die Frage, ob die institutionellen Bedingungen an der Schule dann durch die Schüler akzeptiert werden und somit sich auch pädagogische Ziele verbinden lassen, bleibt offen. An Schulen mit einer freien Nutzungszeit lässt sich neben dem freien Surfen auch die Begeisterung der Schüler am experimentellen Umgang mit virtuellen Räumen (MUD, IRC) feststellen. Insbesondere üben die abstrakten Welten der Online-Spiele eine besondere Faszination aus. Die Suche nach Requisiten für Figuren, das Erkunden von Informationen rund um das Spiel und auch die Unterhaltung und Hilfe bei Problemen durch Online-Mitspieler sind einige der wesentlichen Aspekte dieser Faszination. Mit der zunehmenden Verbreitung von Hochgeschwindigkeitsanschlüssen (DSL) in den privaten Haushalten in den letzten Jahren verlagert sich die Online-Tätigkeit ebenfalls aus der Schule heraus. Der offensichtliche Nachteil dieser Entwicklung ist das Ausbleiben eines gemeinsamen Tuns in der Institution Schule. Hier hätte die Schule die Gelegenheit, mehr in den Mittelpunkt von Sozialisationsprozessen zu gelangen. Dennoch empfiehlt es sich freie Nutzungszeiten in irgendeiner Form zu realisieren. Der derzeitige Trend zu Ganztagsschulen könnte hier neuerliche Perspektiven eröffnen, wenn die Planung sich gleichzeitig mit neuen Konzepten, also auch mehr Möglichkeiten des eigenständigen Lernens verbindet.

4.3   Ausblick

Das Ergebnis der hier vorgelegten Arbeit lässt sich in zweierlei Perspektive interpretieren. In einer Mikroperspektive zeigt sich aus lerntheoretischer Sicht eine Verschiebung durch die Nutzung der neuen Medien in den hier aufgestellten Strukturmerkmalen des Lernens zugunsten des Strukturbezugs und des Problembezugs. In der Makroperspektive ergibt sich aus den Strukturmerkmalen ein Ebenenmodell, das sowohl lerntheoretische als auch bildungstheoretische Aspekte berücksichtigt. Die Konsequenzen aus diesen Ergebnissen könnten Rückwirkungen auf die Schule haben und weisen auf tiefer greifende Änderungen im System Schule. Ein Ausbleiben dieser Änderungen führt zu einer Verlagerung des Schwerpunktes des Lernens in informelle Bildungskontexte.

Die Interpretation der Ergebnisse führt dazu, dass grundlegende Forderungen an einen Wandel zu stellen sind, wie z.B. keine Kleinschrittigkeit, Planung von Lernen mit den Schülern, bewusste Strukturvermittlung im Unterricht, Phasen der Reflexion oder Lehrpläne von unnötigem Inhalt zu befreien. Diese Forderungen sind keineswegs neu und in anderen europäischen Ländern, z.B. Finnland, längst realisiert.

„'Der Einfluss der Medien auf die Bildung von Kindern und Jugendlichen soll zum Anlass genommen werden, die inhaltliche Zielsetzung schulischen Lernens gründlich zu überprüfen und die Chancen einer Entlastung der Schule von überflüssiger Informationsvermittlung zu nutzen. Lehrplanrevisionen, welche die Lernmöglichkeiten von elektronischen Medien nicht entschieden einbeziehen, sind kaum geeignet, das Lernen in der Schule neu und wirksam weiterzuentwickeln helfen.' (Bildungskommission 1995, S. 138; vgl. allgemein Schnoor 1998)" (MAROTZKI/NOHL/ORTLEPP 2005, 158)

Literaturverzeichnis

AEBLI, H. (1993): Denken: Das Ordnen des Tuns. Band 1: Kognitive Aspekte der Handlungstheorie. 2. Auflage, Stuttgart.

AEBLI, H. (1994): Denken: Das Ordnen des Tuns. Band 2: Denkprozesse. 2. Auflage, Stuttgart.

ALHEIT, P. (2003): "Biographizität" als Schlüsselqualifikation. Plädoyer für transitorische Bildungsprozesse. In: QUEM-report, Heft 78, 2003, 7-22

APPELSMEYER, H.(1996): Die methodologische Bedeutung unterschiedlicher Textsorten im Rahmen der Biographieforschung. In: Krüger/ Marotzki (Hrsg.) 1996, 103-115

ARNOLD, R.; LERMEN, M. (2003): Lernkulturwandel und Ermöglichungsdidaktik -Wandlungstendenzen in der Weiterbildung. In: QUEM-report, Heft 78, 2003, 23-34

BARTSCH, D. u. a.(1996): Wege zur Medienkompetenz, Halle.

BAUER, W (2000): Demokratie online. Politische Öffentlichkeiten im Zeitalter des Internet. In: Marotzki / Meister/ Sander (Hrsg.) 2000, 287-316

BAUMGÄRTNER, T. (2002): Lehren und Lernen mit Neuen Medien (Multimedia) in der universitären Ausbildung – Entwicklung und Evaluation eines multimedialen Tauch-Lern-Systems. Dissertation. Universität Karlsruhe.

BMBF (2005): IT-Ausstattung der allgemein bildenden und berufsbildenden Schulen in Deutschland. Bestandsaufnahme 2005 und Entwicklung 2001 bis 2005. Bonn/ Berlin.

BOLTER, J. D. (1997): Das Internet in der Geschichte der Technologie des Schreibens. In: Münker/ Roesler (Hrsg.), 37-55

BRENNER, J. P. (2000): Schulen ans Netz – Schüler ins Netz. In: Die Welt. 10.11.2000

CHOE, H. (2005): Zu einer gemäßigten Perspektive des Konstruktivismus. Dissertation FU Berlin.27.07.05. [http://www.diss.fu-berlin.de/2005/195/index.html] (14.02.2006)

DEWEY, J. (1902): Das Kind und der Lehrplan. In Dewey 2002, 83-100

DEWEY, J. (2002): Pädagogische Aufsätze und Abhandlungen (1900-1944). Zürich.

DICK, M.; MAROTZKI, W. (Hrsg.)(2005): Biografie und Lernen – Einführung in den Themenschwerpunkt. ZBBS Zeitschrift, Heft 1/2005 [http://www.uni-magdeburg.de/iew/zbbs/zeitschrift/hefte/heft11/11-2.html] (19.06.06)

DOLLASE, R. (1999): Selbstsozialisation und problematische Folgen. In: Fromme/ Kommer/ Mansel/ Treumann (Hrsg.) 1999, 23-42

DÖRING, N (1995): Internet- Bildungsreise auf der Infobahn. In: Issing/ Klimsa (Hrsg.) 1995, 305-335

DÖRING, N. (1999): Sozialpsychologie des Internet - Die Bedeutung des Internet für Kommunikationsprozesse, Identitäten, soziale Beziehungen und Gruppen. In: Batinic, B. (Hrsg.) 1999: Internet und Psychologie - Neue Medien in der Psychologie. Bd. 2. Göttingen.

DUBS, R. (1995): Konstruktivismus - Einige Überlegungen aus der Sicht der Unterrichtsgestaltung. In Zeitschrift für Pädagogik, 41, Jg. 1995, Heft 6, 888-903

DÜX, W. ; SASS, E. (2006): Lernen in informellen Settings. Ein Forschungsprojekt der Universität Dortmund und des DJI. In: Tully (Hrsg.) 2006, 201-218

ECARIUS, J.; BOCK, K. (1999): Sozialisationsprozesse und biographisches Lernen in familialen Generationbeziehungen. In: Fromme/ Kommer/ Mansel/ Treumann (Hrsg.) 1999, 75-87

ETZOLD, S.(1997): Engagierte Dilettanten. In: Die Zeit, 25. Jg., 34

FEUERSTEIN, R. (1997): Entwicklung, Stand und Perspektive eines Landesschulnetzes in Sachsen-Anhalt. In: Hoppe, H.U.; Luther, W. (Hrsg.) 1997: Informatik und Lernen in der Informationsgesellschaft. Berlin u.a.

FEUERSTEIN, R.(1999): Der Einsatz des Internet in der Schule und im Unterricht. In: Meister/Sander (Hrsg.) 1999, 173-195.

FEUERSTEIN, R. (2001): Informatik ab Klasse 7 - Handreichung für Lehrer. Berlin

FRIEBERTSHÄUSER, B., PRENGEL A.(Hrsg.)(1997): Handbuch qualitative Forschungsmethoden in der Erziehungswissenschaft. Weinheim.

FROMME, J.; KOMMER, S.; MANSEL, J.; TREUMANN K.-P. (Hrsg.) (1999): Selbstsozialisation, Kinderkultur und Mediennutzung. Opladen. In: Melzer, W.; Neubauer, G.; Sander, U.; Treumann, K.-P.; Volkmer, I.: Reihe Kindheitsforschung, Bd. 12

FROMME, J.; VOLLMER, N.(1999): Mediensozialisation oder Medienkultur? Lernprozesse im Umgang mit interaktiven Medien. In: Fromme/ Kommer/ Mansel/ Treumann (Hrsg.) 1999, 200-224

FROMME, J.; MEDER, N.; VOLLMER, N.(2000): Computerspiele in der Kinderkultur. Opladen.

FROMME, J.; MEDER, N. (Hrsg.) (2001): Bildung und Computerspiele. Zum kreativen Umgang mit elektronischen Bildschirmspielen. Opladen.

FROMME, J. (2006): Socialisation in the Age of New Media. In: MedienPädagogik – Zeitschrift für Theorie und Praxis der Medienpädagogik. [http://www.medienpaed.com/05-1/fromme05-1.pdf] (28.03.2006)

FROMME, J. (2006a): Mediensozialisation im Zeitalter der Neuen Medien. Aufgaben und Perspektiven der erziehungswissenschaftlichen Medienforschung. In: Volkmer/ Wiedemann (Hrsg.) 2006, 110-124

GLASERSFELD V., E. (1995): Konstruktion der Wirklichkeit und des Begriffs der Objektivität. In: Gumin, H./ Meier, H.(Hrsg.) 1995: Einführung in den Konstruktivismus. München. 9-40

HABERMAS, J.(1981): Theorie des kommunikativen Handelns. Frankfurt. Bd.1, 3. Auflage

HANSEN, G. (2000): Memory Effekte – Neue Medien und pädagogische Schnittstellen. In: Marotzki / Meister/ Sander (Hrsg.) 2000. 59-81

HEIDEGGER, G. (2003): "Bloggen" im 18. Jahrhundert. In: Telepolis, 15.9.2003 [http://www.telepolis.de/r4/artikel/15/15601/1.html] (10.06.2006)

HITZLER, R.; PFADENHAUER, M. (2006): Bildung in der Gemeinschaft. Zur Erfassung von Kompetenz-Aneignung in Jugendszenen. In: Tully (Hrsg.) 2006, 237-254

HÖSSL, A.(2006): Die Bedeutung nonformaler und informeller Bildung bei Schulkindern. Ergebnisse einer Studie zu Freizeitinteressen. In: Tully (Hrsg.) 2006, 165-182

HUBER, P. (1997): Internet im Unterricht. Neuried

HÜTTNER, A. (2005): Produktiv-schöpferisches Lernen. Beiträge zur Kreativitätsentwicklung im Technikunterricht. In: TU - Zeitschrift für Technik im Unterricht, Heft 118, 2005, Schwenningen. 5-11

ISSING,J.L. (1995): Instruktionsdesign für Multimedia. In: Issing, J.L./ Klimsa, P. (Hrsg.) 1995. 195-220

ISSING, J.L./ KLIMSA, P. (Hrsg.) 1995: Information und Lernen mit Multimedia. Weinheim.

ISSING, J.L.; ORTHMANN, C. (2000): Lernen im Internet – ein integrativer Ansatz. In: Marotzki / Meister/ Sander (Hrsg.) 2000. 83-96

ISSING, J. L. (1998): Lernpsychologische Überlegungen zum Bildungswert des Internet. Vortragsmanuskript zur Tagung „Der Bildungswert des Internet". Halle.

KELLE, U.; KLUGE, S. (1999): Vom Einzelfall zum Typus. Opladen.

KERRES, M. ; DE WITT, C. (2002): Quo vadis Mediendidaktik? Zur theoretischen Fundierung von Mediendidaktik. 8.11.2002. In: MedienPädagogik – Zeitschrift für Theorie und Praxis der Medienpädagogik. [http://www.medienpaed.com/ 02-2/kerres_dewitt1.pdf] (28.03.2006)

KIRCHHÖFER, D. (1999): Kinder zwischen selbst- und fremdbestimmter Zeitorganisation. In: Fromme/ Kommer/ Mansel/ Treumann (Hrsg.) 1999, 100-112

KLEINSCHROTH, R. (1996): Neues Lernen mit dem Computer. Hamburg.

KLIPPERT, H. (2001): Eigenverantwortliches Arbeiten und Lernen – Bausteine für den Fachunterricht. Weinheim.

KOLLER, H.-C. (1993): Biographie als rhetorisches Konstrukt. In: BIOS. Zeitschrift für Biographieforschung und Oral History, Heft 6. 33-45.

KORING, B. (2000): Probleme internetbasierter Bildung. Untersuchungen über den Zusammenhang zwischen Bewusstsein, Lernen, Information, Bildung und Internet. In: Marotzki / Meister/ Sander (Hrsg.) 2000. 137-158

KRÄMER, S. (1997): Vom Mythos „Künstliche Intelligenz" zum Mythos „Künstliche Kommunikation" oder Ist eine nicht- anthropomorphe Beschreibung von Internet-Interaktionen möglich? In: Münker/ Roesler 1997, 83-107

KRAIMER K.(Hrsg.) (2000): Die Fallrekonstruktion – Sinnverstehen in der sozialwissenschaftlichen Forschung. Frankfurt am Main.

KRÜGER, H.-H.; MAROTZKI, W. (Hrsg.) (1996): Erziehungswissenschaftliche Biographieforschung. 2. Auflage. Opladen

KUTSCHER, N.; OTTO, H.U.(2006): Ermöglichung durch kontingente Angebote. Bildungszugänge und Internetnutzung. In: Tully (Hrsg.) 2006, 95-110

LOVINK, G. (1997): Der Computer: Medium oder Rechner? - Eine Begegnung im Netz mit Hartmut Winkler. In: Winkler 1997, 355-381

LOER, T.(2006): Entstandardisierung der Berufswelt - Transformation des Habitus? Veränderungen des Verhältnisses von Person und Personal – eine Problemskizze. In: Tully (Hrsg.) 2006, 145-164

LÜCK V., W. 1993: Gestaltung und Erprobung von Hypermedia- Arbeitsumgebungen zum Lernen und Üben. In Troitsch, K.G. (Hrsg.): Informatik als Schlüssel zur Qualifikation. Berlin, 148-155

MANDL, H., u. a. (1995): Situiertes Lernen in multimedialen Lernumgebungen. In: Issing, J.L./ Klimsa, P. (Hrsg.)1995. 167-178

MANDL, H.; GERSTENMAIER, J. (1995a): Wissenserwerb unter konstruktivistischer Perspektive. Zeitschrift für Pädagogik, 41.Jg. 867-888.

MANDL,H.; REINMANN-ROTHMEIER, G.; GRÄSEL, C. (1998): Gutachten zum BLK-Programm: Systematische Einbeziehung von Medien, Informations- und Kommunikationstechnologien in Lehr-Lernprozesse. (Forschungsbericht Nr. 93). München (LMU)

MANDL, H.; WINKLER, K.(2003): Auf dem Weg zu einer neuen Lehr-Lern-Kultur – Der Beitrag der neuen Medien. In: Deubel, V.; Kiefer, K. H. (Hrsg.): Medienbildung im Umbruch. Lehren und Lernen im Kontext der Neuen Medien. Bielefeld, 2003. In: Scheffer, B.; Jahraus, O. (Hrsg.): Schrift und Bild in Bewegung. Bd. 6

MANSEL, J. (1999): Persönlichkeitsentwicklung im Spannungsfeld von Realität, Deutungen und konstruierten Bildern. In: Fromme/ Kommer/ Mansel/ Treumann (Hrsg.) 1999, 43-57

MAROTZKI, W. (1990): Entwurf einer strukturalen Bildungstheorie- Biographietheoretische Auslegung von Bildungsprozessen in hochkomplexen Gesellschaften. In: Hansmann, O.; Marotzki, W.1990: Studien zur Philosophie und Theorie der Bildung. Weinheim. Bd. 3

MAROTZKI, W.(1996): Forschungsmethoden der erziehungswissenschaftlichen Biographieforschung. In: Krüger/ Marotzki (Hrsg.)(1996), 55-89

MAROTZKI, W. (1997): Digitalisierte Biographien? Sozialisations- und bildungstheoretische Perspektiven virtueller Welten. In: Lenzen, D.; Luhmann, N.(Hrsg.): Bildung und Weiterbildung im Erziehungssystem- Lebenslauf und Humanontogenese als Medium und Form. Frankfurt/M. 1997, 175-198

MAROTZKI, W.(1998): Virtuelle Realität, ubiquitäres Wissen – Eine bildungstheoretische Herausforderung?, Vortragsmanuskript auf der Expertentagung „Der Bildungswert des Internet", Halle.

MAROTZKI, W. (2000): Zukunftsdimensionen von Bildung im neuen öffentlichen Raum. In: Marotzki / Meister/ Sander (Hrsg.) 2000, 233-258

MAROTZKI, W. (2000a): Neue kulturelle Vergewisserung: Bildungstheoretische Perspektiven des Internet. In: Sandbothe/ Marotzki 2000, 236-258

MAROTZKI, W; MEISTER, D.; SANDER, U. (Hrsg.) (2000): Zum Bildungswert des Internet. Opladen.

MAROTZKI, W.; NOHL, A.M.; ORTLEPP,W (2003): Bildungstheoretisch orientierte Internetarbeit am Beispiel der universitären Lehre. 21.7.2003. In: MedienPädagogik – Zeitschrift für Theorie und Praxis der Medienpädagogik. [http://www.medienpaed.com/03-1/marotzki03-1.pdf] (28.03.2006)

MAROTZKI, W. (2004): Interaktivität und virtuelle Communities. In: Bieber, C.; Leggewie, C. (Hrsg.): Interaktivität – Ein transdisziplinärer Schlüsselbegriff. Frankfurt/M./New York. 2004. 118-131

MAROTZKI, W.; NOHL, A.M.; ORTLEPP, W.(2005): Einführung in die Erziehungswissenschaft. In: Krüger, H.- H.: Einführungstexte Erziehungswissenschaft. Wiesbaden. Band 1

MAROTZKI, W. (2006): Pädagogik und Bildung im Zeichen neuer Informationstechnologien. In: Volkmer/ Wiedemann (Hrsg.) 2006. 50-59

MEDER, N. (2000): Wissen und Bildung im Internet - in der Tiefe des semantischen Raumes. In: Marotzki / Meister/ Sander (Hrsg.) 2000, 33-58

MEISTER, D. M.; SANDER, U. (Hrsg.)(1999): Multimedia – Chancen für die Schule. Neuwied, Berlin.

MITCHELL, W. J. (1997): Die neue Ökonomie der Präsenz. In: Münker/ Roesler (Hrsg.) 1997,15-33

MOELLER, E. (2001): Treffen unter Gleichen oder die Zukunft des Internet, Teil III. In: Telepolis, 19.03.2001 [http://www.telepolis.de/bin/tp/r4/artikel/7/7170/] (10.07.2006)

MÜLLER, J. 1998: Suchwerkzeuge. In LOGIN 3/4, Jg. 1998, Berlin, 10-21

MÜNKER, S.; ROESLER, A. (Hrsg.) (1997): Mythos Internet. Frankfurt am Main.

OEVERMANN, U. (2000): Die Methode der Fallrekonstruktion in der Grundlagenforschung sowie der klinischen und pädagogischen Praxis, In: Kraimer K.(Hrsg.) 2000, 58-153.

PAPERT, S. (1994): Revolution des Lernens – Kinder, Computer, Schule in einer digitalen Welt. Hannover.

PARK, E. (2003): Ist Lernen steuerbar? Dissertation FU Berlin.05.12.2003. [http://www.diss.fu-berlin.de/2003/308/index.html] (14.02.2006)

PETERS, O. (2000): Ein didaktisches Modell für den virtuellen Lernraum. In: Marotzki / Meister/ Sander (Hrsg.) 2000. 159-187

POHL, A.; STAUBER, B.; WALTHER, A.(2006): Zur Bedeutung informeller und partizipativer Lernprozesse für die Übergänge junger Erwachsener in die Arbeit. In Tully (Hrsg.) 2006, 183-200

POSTER, M.(1997): Elektronische Identitäten und Demokratie, In: Münker/ Roesler (Hrsg.) 1997, S. 147 ff.

POSTMAN, N.(1996): Das Internet taugt nicht für die Hausaufgaben. In: Die Zeit.18.10.1996. [http://www.archiv.zeit.de//zeit- archiv///daten/pages/postman.txt.19961018.html] (23.05.97)

QUEM (2003): Weiterlernen – neu gedacht. Erfahrungen und Erkenntnisse. In: Quem-Report: Schriften zur beruflichen Weiterbildung, Heft 78. [http://www.abwf.de/content/main/publik/report/2003/Report-78.pdf] (26.06.06)

RICHTER, V. (1997): Telekommunikation als Bestandteil der IKG - Versuchsbericht und Unterrichtsbeispiele. Halle.

RÖHNER, C. (2000): Jungen im Netz. Selbstsozialisation im virtuellen und realen Raum. In: Kaiser, A..; Röhner, C. (Hrsg.): Kinder im 21. Jahrhundert. Münster. In Reihe: Beiträge zur Welt der Kinder. Bd.8

SACHER, W. (2000): Schule und Internet: Informations- und Wissensmanagement als zeitgemäße Bildungsaufgabe. In: Marotzki/ Sander/ Meister (Hrsg.) 2000, 97-114

SAGAWE, H. (1994): Einfluss „intelligenter" Maschinen auf menschliches Verhalten. Opladen.

SANDBOTHE, M.; MAROTZKI, W.(Hrsg.)(2000): Subjektivität und Öffentlichkeit - Kulturwissenschaftliche Grundlagenprobleme virtueller Welten. Köln.

SANDBOTHE, M.(1996): Interaktive Netze in Schule und Universität - Philosophische und didaktische Aspekte. [http://www.sandbothe.net/31.html] (20.02.2006) auch in: Kursbuch Internet. Anschlüsse an Wirtschaft und Politik, Wissenschaft und Kultur, Mannheim,1996, 424-433.

SANDBOTHE, M.(1997): Interaktivität-Hypertextualität-Transversalität. Eine medienphilosophische Analyse des Internet. In: Münker/ Roesler(Hrsg.) 1997, 56-82

SANDBOTHE, M.(1997a): Das Internet als Massenmedium. [http://www.sandbothe.net/42.html] (20.02.2006)

SANDBOTHE, M.(1998): Mediale Temporalitäten im Internet - Zeit- und Medienphilosophie nach Derrida und Rorty. [http://www.sandbothe.net/41.html] (20.02.06)

SANDBOTHE, M. (2000):Lehren und Lernen im Zeitalter des Internet - Medienphilosophische Aspekte. In: Denkräume. Szenarien zum Informationszeitalter (Tagungsdokumentation des Forum Kommunikationskultur 1999), hrsg. von der Gesellschaft für Medienpädagogik und Kommunikationskultur sowie dem Bundesministerium für Familie, Senioren, Frauen und Jugend, Bielefeld. 31-43. auch [http://www.sandbothe.net/46.htm] (20.02.06)

SANDER, U./ MEISTER, D.M./ EBERT O. 1997:»Schulen ans Netz« in Sachsen-Anhalt: Eine Dokumentation zum Stand der Schulvernetzung in Sachsen-Anhalt. Halle

SCHÄFER, E. (2000): Lernwelten für Kinder im Internet. In: Marotzki/ Sander/ Meister (Hrsg.) 2000, 317-340

SCHAUMBURG, H. (2003): Konstruktivistischer Unterricht mit Laptops? Eine Fallstudie zum Einfluss mobiler Computer auf die Methodik des Unterrichts. Dissertation FU Berlin.14.03.03. [http://www.diss.fu-berlin.de/2003/63/index.html] (14.02.2006)

SCHELHOWE, H. (2006): Medienpädagogik und Informatik: Zur Notwendigkeit einer Neubestimmung der Rolle digitaler Medien in Bildungsprozessen. 22.3.2006. In: MedienPädagogik – Zeitschrift für Theorie und Praxis der Medienpädagogik.
[http://www.medienpaed.com/05-2/schelhowe05-2.pdf] (28.03.2006)

SCHRÖER, W.; BÖHNISCH, L. (2006): Die Entgrenzung der Jugend und die sozialbio-graphische Bedeutung des Junge-Erwachsenen-Alters. In TULLY (Hrsg.) 2006, 41-58

SCHÜTZE, F. (1996): Verlaufskurven des Erleidens als Forschungsgegenstand der interpretativen Soziologie. In: Krüger/ Marotzki(Hrsg.) 1996, 116-157.

STOLL, C.(1998): Die Wüste Internet - Geisterfahrten auf der Datenautobahn. Frankfurt/M. 2.Auflage

STRAUSS, A.; CORBIN, J. (1996): Grounded Theory: Grundlagen Qualitativer Sozialforschung. Weinheim.

TAPSCOTT, D. (1998): Growing up digital. The Rise of the Net Generation. New York u.a.

TOMAN, H. (2004): Lesenlernen am PC. In: MERZ – Medien und Erziehung. Zeitschrift für Medienpädagogik. 48.Jg., Heft 1, 25-32

TROITSCH, K. G. (Hrsg.)(1993): Informatik als Schlüssel zur Qualifikation. Berlin.

TULLY, C. J. (1994): Lernen in der Informationsgesellschaft. Informelle Bildung durch Computer und Medien. Opladen.

TULLY, C.J. (2000): Jugendliche Netzkompetenz: just do it - Surfen im Cyberspace als informelle Kontextualisierung. In: : Marotzki/ Sander/ Meister (Hrsg.) 2000, 189-216

TULLY, C. J. (2006a): Vom institutionellen zum informellen Lernen. Anmerkungen zum Wandel des Lernens und den absehbaren Trends zur informellen Bildung. In TULLY 2006, 9-22

TULLY, C. J. (Hrsg.) (2006): Lernen in flexibilisierten Welten. Wie sich das Lernen der Jugend verändert. Weinheim und München 2006

TULLY, C. J.; WAHLER, P. (2006): Neue Lernwelten Jugendlicher. Ergebnisse einer empirischen Untersuchung. In TULLY (Hrsg.) 2006, 59-76

TULODZIECKI, G.; HERZIG, B.(2004): Mediendidaktik. Medien in Lehr- und Lernprozessen, Stuttgart. In: DICHANZ, H.; u. a.: Handbuch Medienpädagogik. Bd. 2

TURKLE, S.(1996):Die Männer sind nicht allein am Computer, auch die Frauen haben Lust im Cyberspace. Interview mit M. Sandbothe. [http://www.taz.de/archiv/sherry.html] (05.02.1998) auch in: TAZ Nr. 4878 vom 19.03.1996, 14-15

TURKLE, S. (1998): Leben im Netz – Identitäten in Zeiten des Internet. Hamburg. Im Original: Life on the screen- Identity in the Age of the Internet. New York. 1995.

ULRICH, P.S. (1998): Wer sucht, der findet...vielleicht – aber erst muss man lernen, wie man sucht. In: Login 3/4, Jg. 1998, Berlin, 29-35.

VOLKMANN, M.(1997): Xenia, Städte des Wissens als Stätten der Begegnung. Eine Forschungsinitiative der Siemens AG unter der Leitung von Dr. Helmut Volkmann, München. [http://www.xeniapolis.de/xenia%20layout%201.2/index.html] (22.02.2006)

VOLKMANN, M. (1997a): 2.5 Kondratieff- Zyklen: Analyse und Projektion - Probleme für die Mitwelt lösen!
[http://www.xeniapolis.de/xenia%20layout%201.2/kon/ewelt2e.html] (22.02.2006)

VOLKMER, I.; WIEDEMANN, D. (Hrsg.) 2006: Schöne neue Medienwelten? Konzepte und Visionen für eine Medienpädagogik der Zukunft. In: Schriften zur Medienpädagogik Bd. 38. Bielefeld.

WEBER, K. (2006): Privates wird öffentlich, Öffentliches privat. Privatsphäre und die Auswirkungen von Informations- und Kommunikationstechnologien. In: Telepolis13.06.2006
[http://www.telepolis.de/r4/artikel/22/22860/1.html] (10.07.2006)

WETZSTEIN, Th. A. u.a.(1995):Datenreisende - Die Kultur der Computernetze. Opladen.

WEIZENBAUM, J.(1996):Fernsehen und Wirklichkeit - Computer und Wahrheit - Über die Zwiespältigkeit des technologischen Fortschritts.6. Düsseldorfer Gespräche 20. März 1996.Landesanstalt für Rundfunk Nordrhein-Westfalen (LfR) [http://www.lfr.de/] (21.05.1996)

WILLE, R. (2000): Begriffliche Wissensverarbeitung: Theorie und Praxis. Informatik Spektrum 6/2000, 357-369

WINKLER, H.(1997): Docuverse - Zur Medientheorie der Computer. Regensburg.

WIRTH, U. (1997): Literatur im Internet. Oder: Wen kümmert´s, wer liest? In: Münker/ Roesler(Hrsg.), 319-337

W3B20 (2005): 20. WWW-Benutzer-Analyse W3B vom 4.April bis 9.Mai 2005.
[http://www.w3b.org/ergebnisse/w3b20/] (22.02.06)

W3B21 (2005): 21. WWW-Benutzer-Analyse W3B vom 4. Oktober bis 9. November 2005.
[http://www.w3b.org/ergebnisse/w3b21/] (22.02.06)

ZAKON, R. H. (2005): Hobbes' Internet Timeline. [http://www.zakon.org/ robert/ internet/ timeline/]
(10.02.2006)

Abbildungsverzeichnis

Handbücher Erziehungswissenschaft

Jutta Ecarius (Hrsg.)
Handbuch Familie
2007. 701 S. Br. EUR 59,90
ISBN 978-3-8100-3984-2

Mit dem Handbuch wird erstmals eine der zentralen Erziehungs- und Sozialisationsinstanzen aus einer dezidiert erziehungswissenschaftlichen Perspektive ausgeleuchtet. Dabei wird ein umfassendes Bild von Familie als einer pädagogischen Institution gezeichnet, in das die aktuellen wissenschaftlichen Erkenntnisse und Forschungsergebnisse einfließen.

Uwe Sander / Friederike von Gross / Kai-Uwe Hugger (Hrsg.)
Handbuch Medienpädagogik
2007. ca. 500 S. Br. ca. EUR 39,90
ISBN 978-3-531-15016-1

Das neue Handbuch Medienpädagogik greift die gesamte und aktuelle Breite des pädagogischen Handlungsfeldes auf und gibt einen exzellenten Überblick zu Geschichte, Theorie und Forschung. Gleichzeitig weist es die gegenwärtigen Diskussionsfelder aus und stellt umfassend die Praxisbezüge pädagogischen Handelns in der Arbeit mit Medien her.

Rolf Arnold / Antonius Lipsmeier (Hrsg.)
Handbuch der Berufsbildung
2., überarb. und akt. Aufl. 2006. 643 S.
Br. EUR 59,90
ISBN 978-3-531-15162-5

Das aktualisierte Handbuch der Berufsbildung umfasst die gesamte Breite des pädagogischen Handlungsfeldes und gibt einen Überblick zu Didaktik, AdressatInnen, Vermittlungs- und Aneignungsprozessen und Rahmenbedingungen der Berufsbildung. Alle Beiträge des Handbuchs sind von ausgewiesenen FachexpertInnen geschrieben.

Heinz-Herrmann Krüger / Winfried Marotzki (Hrsg.)
Handbuch erziehungswissenschaftliche Biographieforschung
2., überarb. und akt. Aufl. 2006. 529 S.
Br. EUR 49,90
ISBN 978-3-531-14839-7

Erhältlich im Buchhandel oder beim Verlag.
Änderungen vorbehalten. Stand: Juli 2007.

www.vs-verlag.de

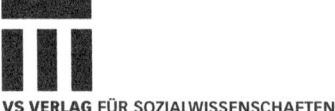

VS VERLAG FÜR SOZIALWISSENSCHAFTEN

Abraham-Lincoln-Straße 46
65189 Wiesbaden
Tel. 0611.7878 - 722
Fax 0611.7878 - 400

The manufacturer's authorised representative in the EU is Springer
Nature Customer Service Centre GmbH, Europaplatz 3, 69115 Heidelberg,
Germany. If you have any concerns regarding our products, please
contact ProductSafety@springernature.com

Printed and bound by CPI Group (UK) Ltd, Croydon, CR0 4YY
27/04/2026
02097657-0003